Grandes maestros de la historia de la gastronomía

Almudena Villegas

Grandes maestros de la historia de la gastronomía

Segunda edición

ALMUZARA

© Almudena Villegas, 2015
© Editorial Almuzara, s.l., 2015

Primera edición: mayo de 2015
Segunda edición: mayo de 2024

EDITORIAL ALMUZARA • COLECCIÓN HISTORIA
Edición de Antonio de Egipto

www.editorialalmuzara.com
pedidos@almuzaralibros.com - info@almuzaralibros.com

Editorial Almuzara
Parque Logístico de Córdoba. Ctra. Palma del Río, km 4
C/8, Nave L2, nº 3. 14005 - Córdoba

Imprime: Black Print
ISBN: 978-84-10523-21-0
Depósito Legal: CO-1048-2024

Hecho e impreso en España — *Made and printed in Spain*

A Carlos, mi brillante hijo, que hizo de crítico de muchas escenas de esta obra. Con instinto para el ensayo.

Índice

9

INTRODUCCIÓN

Es evidente que el avance en el tiempo no siempre representa progreso y que a pesar de que estamos en el momento histórico en el que sin duda más se habla de gastronomía, también se trata de la coyuntura en que más devaluado está el concepto a pesar de encontrarse en todas partes y quizás precisamente por esto mismo.

Sentada ante esta compleja historia de la alimentación, la selección de unos pocos protagonistas y no otros ha sido una tarea ardua. No era fácil, había que elegir ante tantos nombres importantes, decidir cuáles sí y cuáles no. La primera lista era enciclopédica, y ahí ha quedado, era solo un muestrario del que extraer una selección posterior. Ante la elección era consciente de que la crítica sería implacable en uno u otro sentido, sin embargo, ésta no tiene demasiada importancia, es mucho peor no hacer nada y era claramente imposible escribir sobre todos ellos en una sola obra. Tomar decisiones y actuar en consecuencia es positivo, aún a costa de ser tachada de no haber incluido esta o aquella biografía. A pesar de todo estoy segura de que la aportación a la construcción del conocimiento gastronómico es positiva. Si bien ésta no es una obra estrictamente académica, todos los datos que se apuntan en cada una de las biografías son veraces y representan el fruto de una ardua labor investigadora. Una labor realizada mediante un espejo gastronómico, que me permitiera desvelar qué han hecho por la gastronomía estos grandes personajes, cuál es su relación con este tema.

Los protagonistas seleccionados no son recién llegados a mi vida, hace muchos años que conozco a estos grandes personajes, que me he interesado por ellos y no solamente por lo que han ofrecido a la gastronomía o a la historia de la alimentación, sino por ellos mismos: ¿Por qué llegan a las conclusiones que llegan y practican en sus vidas?, ¿cómo lo hacen? y ¿por qué trascienden? Averiguar cuál era el impulso que generaba en ellos la necesidad de ofrecer algo de interés real, su implicación en la gastronomía de su época y posterior y cómo se ha imbricado su conocimiento, su experiencia, en la historia de la alimentación, me parecía de gran importancia.

Y es que la selección de algunos de los grandes personajes de la historia, de aquellos que más han impulsado, beneficiado o proporcionado conocimiento a lo largo de ella no ha resultado una cuestión baladí. La selección ha sido casi dolorosa por verme obligada a la necesidad de no mencionar algunos nombres clave, autores de los que apenas hay datos biográficos o incluso son anónimos, o que simplemente no era posible introducir en este volumen por falta de espacio. Algunos quedan atrás, como Francisco Delicado quien, sin ser un gastrónomo propiamente dicho, deja en *La lozana andaluza* un rastro de comidas finas y complejas, adobos, berenjenas mojíes, pestiños, pepitorias, cazuelas moriscas, pescado cecial y adobos de ajo, comino y vinagre... de sus páginas salen aromas a cocina antigua, a comida viva, ésa que es el fruto de remover con larga y sólida cuchara de madera el asado o el puchero, la que hace salir el perfume de los cochinillos finos, de los jamones, de las salsas densas alegradas con un chorrillo de limón ceutí. Es esa cocina andaluza antigua que hasta hace pocos años se podía comer y que las cocineras pretéritas, sólidas, redondas, fuertes, aderezaban en unas cocinas que eran su territorio exclusivo. Como Delicado, pasan por mi lado sin encontrar un lugar en este libro muchos de los grandes, desde Taillevent a Salsete, el cocinero navarro; también Teodoro Bardají, que sirvió en casa de Infantado en el s. XX y después se instaló por su cuenta; también se deslizan junto a mí desde los grandes cocineros griegos de época tardía a nuestro español Néstor Luján. Entre los españoles que han quedado fuera destacan Francisco Martínez Montiño, Ruperto de Nola y Diego Granados, que dejan tres importantes tratados de cocina aunque sus biografías son prácticamente inexistentes.

Pero de la eliminación de muchos salieron algunos otros, pocos pero depurados, selectos, personas que han representado algo importante en la historia de la alimentación y entre ellos era inexcusable referirse a figuras como Moisés, Apicio o Escoffier. Algunos de los personajes seleccionados no parecen ser gastrónomos en el estricto sentido de la palabra, quizás algunos se pregunten, por ejemplo, qué hacen Moisés o Buda en esta lista. Y sin embargo, son dos de los grandes de la historia de la alimentación, ya que el primero reglamenta y organiza la alimentación judía y el segundo desarrolla en Asia una forma de alimentación basada en elementos vegetales de tal importancia que hoy se sigue practicando. En ambos casos, se trata de formas de alimentación que han trascendido hasta la actualidad. Químicos, médicos y agrónomos son otras de las profesiones que han proporcionado más finos gastrónomos, pero también escritores y por supuesto cocineros. Muchos de estos grandes hombres tienen relación con Francia o son franceses en un gran número, y esto tiene su explicación en la calidad y antigüedad de los procesos relacionados con la cocina en este país. La cocina francesa estaba organizada en gremios desde la Edad Media y, al contrario que otras profesiones, estaba muy jerarquizada. Durante el reinado de Enrique IV, en el s. XVI, los cocineros se fragmentaron en sus especialidades, creando a su vez diferentes profesiones: pasteleros (se ocupaban de las aves, patés y empanadas), asadores, vinagreros (salsas) y los *traiteurs*, que eran organizadores de comidas a domicilio. La de la cocina fue una ocupación muy bien considerada, y algunos cocineros fueron incluso ennoblecidos como Taillevent. Hasta el s. XVIII, se consideraba diferente ocupación en cuanto al rango las tareas profesionales del *officier de bouche* o *maître d´hotel*, y el chef era el oficial o escudero de cocina. Después de este siglo, los *officier de bouche* llevaban un gran gorro blanco frente a un antiguo gorrillo negro, gracias al cual se distinguían.

Quizás, el más grande de todos ellos fuera Carême, que no habría podido hacer nada si no hubiera encontrado quién o quiénes apreciaran y disfrutaran de sus platos, así que: ¿Cómo hablar de este gran cocinero sin referirnos al príncipe de Gales, al zar Alejandro I o al príncipe de Talleyrand? Una persona sobresaliente también necesita un entorno que la valore adecuadamente, y en todas las biografías se traza un esbozo del mundo en el que viven para poder explicarse los motivos de sus actos.

Todos ellos son personajes por sí mismos, no solo son brillantes por su trabajo, por lo que descubren o inventan. Tienen personalidad, tienen ese *no se qué* que lo es todo en la vida. Una suerte de fuerza, de magia, de empatía y personalidad que les diferenciaba claramente de otros. La voz extraña y desgarrada, algo angustiosa, de Julia Child, la personalidad bondadosa de Parmentier, el fuerte temperamento del engolado y excéntrico Grimod de la Reynière... todos ellos tienen una rareza, una curiosidad, algo diferente y natural, nunca forzado. Desde luego, todos fueron creativos, originales, trabajadores y diferentes de otras personas de su época, personas con una idea que han querido hacer realidad. Llaman la atención por su carácter, porque no se cansan de su cometido y por su entrega a una idea, a una manera de hacer las cosas.

En España la gastronomía tendría una historia muy distinta a la francesa, y pasando la brillante historia antigua romana en un gran salto hacia la época moderna, el siglo XX se inicia con los recetarios de Ángel Muro y sigue con los de Doña Emilia Pardo Bazán, se perfeccionan con los de la Parabere, extraordinaria obra que aún hoy, noventa años después de la primera edición, se sigue publicando. Simone Ortega consigue modernizar el recetario español y sus *1080 recetas de cocina* aún son de uso cotidiano en muchas casas españolas. Es extraordinario ver cómo Parabere y Ortega, ambas de origen francés, son las que realmente traen la modernidad a la anticuada cocina que se hacía en España antes de ellas. Curioso porque hasta entonces habían sido hombres los que publicaran recetarios, y doblemente interesante por el origen francés de ambas, que provoca la aparición de orden, organización y disciplina en la cocina, cosa que no existía antes de ellas. Ni siquiera el recetario de la ilustre Pardo Bazán se puede seguir fácilmente ya que en él no hay cantidades, las orientaciones son genéricas y falta mucha información. No es un recetario en el sentido moderno de la palabra, ni está concebido para cocineros, sino quizás a modo de entretenimiento de las señoras e incluso como formación destinada a las mujeres de la época, una de las grandes preocupaciones de Doña Emilia.

Las aportaciones al mundo de la gastronomía no solamente llegan de manos de cocineros. No es suficiente escribir un recetario para ser gastrónomo, para hacer y permanecer en la historia. El pensamiento de hombres de gran formación e inteligencia les lleva con frecuencia a presentar un interés en todos los aspectos de la vida y no estrictamente a la hiper especialización que predomina en la actualidad. Y así, bajo este prisma, nos encontramos que hombres como Jefferson tomaron la iniciativa de comer bien, de conocer los productos, los cultivos, la industria relacionada, ése es el espíritu de la auténtica gastronomía. Y es que en paralelo, y saltando al presente más rabioso, la gastronomía no puede ser un recurso más para que los ayuntamientos se dediquen a turistizar las ciudades. Europa terminará siendo un parque temático para hordas de japoneses y chinos, o un blanco fácil para los extremistas islámicos y no quisiera participar de este horror que supone destrozar una cultura, momificarla, quitarle el corazón y meterla en una urna para ser contemplada. Muchas ciudades y barrios de diferentes localidades se están convirtiendo en espacios desconocidos, estandarizados y a gusto de un monótono cliché, incluso con una gastronomía determinada y no con otra, buscando siempre el gusto uniformado y aburrido del turista medio ¿Qué es eso, quién es ese? Así, las ciudades van abandonando su crecimiento natural para convertirse en una golosina empaquetada y preparada para un turismo que espera encontrar algo concreto, lo que hará sin lugar a dudas, de manera que ese excursionista guiado podrá encontrar en sus viajes a la medida ese paquete de masas que las empresas de turismo ofrecen a sus clientes, a costa de la frescura de una ciudad viva, de una gastronomía de verdad.

Los últimos años hemos conocido una auténtica explosión de la gastronomía, todo un Big-Bang, y de ser un tema apenas tocado y, si somos sinceros, prácticamente carente de interés para el gran público, ha disfrutado de un surgimiento tan potente que lejos de provocar una mejora lo ha conducido a una cierta banalización. Todos asistimos a cuchipandas de salchichas gigantes, a presentaciones de récords ridículos y a una diversión generalizada que como estrategia de marketing para ventas fue original cuando comenzó, pero que no es suficiente ni tiene que ver con la auténtica gastronomía ni con lo que debe existir tras el concepto. Sin duda, falta criterio, falta organización y adolecemos de un pensamiento que proporcione contenido a todo ese enorme elenco de iniciativas que crecen desordenadamente, sin rumbo, y cuya rápida acción solo las puede hacer caer tan rápidamente como han surgido.

Las singularidades de las sociedades se pueden observar a través de diferentes aspectos, y en nuestro caso, hemos asistido a la aparición de una burbuja gastronómica. Y digo burbuja porque en muchos casos solamente había aire dentro. Nada. Falta conocimiento, hay mucha divulgación, mucho ruido, pero escasa trascendencia, la cual tampoco nos extraña, ya que es otra de las características de la sociedad en la que vivimos. La gastronomía, de ser apenas una desconocida, en la actualidad pulula por todas partes, parece una pócima capaz de aliviar cualquier mal. ¿Economía en riesgo? Gastronomía. ¿Falta de trabajo? Gastronomía. ¿Instituciones inactivas, perezosas? Gastronomía. ¿Diversión de masas? Gastronomía. Además de estúpido es absurdo, la gastronomía no crece en todos los prados ni es por sí misma una solución a nada, y lo único que se está provocando es una sobreexplotación abusiva del término. La gastronomía es un fenómeno culto, complejo y elitista. No es la cocina, ni es la glotonería, ni siquiera se trata de un vulgar entretenimiento de masas que se dedica a fabricar bocadillos gigantes. Todo tiene su sitio y su espacio, pero los anteriores no son los de la gastronomía. La gastronomía no es algo concreto, no es una adquisición física, es una actitud, es el conocimiento, es saber qué es, porque es, cuando y como ha sido. Es inteligente, culta y reflexiva como lo son otras ciencias, está penetrada de otras ramas de conocimiento y es solamente cuando uno se entrega a ella cuando se vislumbra esto. Comprende la cocina, como no, pero no se restringe a ella ni mucho menos. Es por esta razón que hay un género literario gastronómico que se ocupa de expresar las preocupaciones de un conjunto de conocimientos de tal magnitud.

Gastronomía es algo más, mucho más, y no un recurso para ser explotado a la medida del poder de la política o del dinero. Porque ellos saben poco del pensamiento ni de sus herramientas. Y como la única enseñanza útil es el ejemplo, las biografías gastronómicas forman parte de ese concepto complejo y total de gastronomía, son una parte que nos ayuda a entender los motivos de la gran gastronomía, su desarrollo en la historia y sus posibilidades como fuente de conocimiento histórico. La mediocridad del mundo actual espera la aparición de otras personalidades que brillen como ellos. Personas que se han dedicado a muy diversas labores, desde políticos —Jefferson—, grandes líderes —Moisés— escritores, comunicadores, intelectuales o cocineros. No eran personas ocurrentes, como sucede con los políticos del s. XXI, sino talentos reales, profundos, bien enraizados, y con una capacidad de convicción que provoca que se desee conocer algo más de ellos tras la lectura de las biografías de las siguientes páginas. Quizás ése sea el reto, provocar al lector a un conocimiento más profundo de algunos de los personajes que presento, los cuales sin duda son capaces de estimular, incitar, engrandecer y espolear a cualquiera que, un poco atento, pueda descubrir sus talentos nada ocultos.

La experiencia de acercarse tanto a todos estos grandes hombres los ha convertido en algo muy cercano a mí, hasta tal punto que se hacen modelos de vida, amigos de los que conozco muchas intimidades, patrones y patronos de la gastronomía. No sin dolor tuve que desechar a muchos de ellos, valiosos ejemplos, hitos gastronómicos e históricos, pero sabía que tenía que ser así, progresar es elegir, y en este sentido si bien no están todos los que son, sí son todos los que están. Todos y cada uno de los personajes seleccionados consiguieron algo importante en su momento, han sido personas gracias a las cuales ha eclosionado y progresado la gastronomía, y más que una revolución —que en algunos casos sí lo ha sido—, representan un hito, han dado de sí algo importante, son el antes y el después, y muy probablemente sin ellos la gastronomía no sería en la actualidad como es.

Es estimulante comprobar cómo hay ciertas cosas que los grandes hombres tienen en común, y que no son exactamente cosas concretas sino más bien circunstancias inexactas, una cierta conciencia de que quieren, pueden y van a hacer algo importante. Una actitud ante la vida que no es heroica, que no tiene misterio, no es extraordinaria, pero sí es lúcida y se nutre de valor, constancia y claridad mental. Ellos son en el sentido más exacto, guías, estos hombres representan modelos de vida en sus distintas experiencias y actividades, son ejemplo de cómo una vida bien llevada es extraordinariamente productiva, rinde el tiempo y es capaz de ofrecer algo a la sociedad además de grandes satisfacciones a ellos mismos.

Por otro lado, las biografías están centradas en las aportaciones gastronómicas que hicieron cada uno de ellos, si bien respetando todos los datos históricos y tratando de que sus vidas y hazañas resulten entretenidas y formen parte de la literatura de corte gastronómico. La literatura gastronómica es un género que eclosionó hace ya un par de siglos, cuando Brillat Savarin y Grimod de la Reynière escribieron con gran éxito algunos de los primeros best-seller modernos del género. Pero no serían los únicos ni los primeros, podemos remontarnos muy atrás, siglos incluso, ya que mucho antes, en pleno imperio romano escribiría Apicio un cuaderno de recetas, *De re coquinaria*, Ruperto de Nola su *Libre de Sent Soví* en el s. XIII, Bartolomeo Sachhi —Platina— una obra que sería un éxito, *De honesta voluptate et valitudine*, en el 1475, o incluso la *Opera* de Bartolomeo Scappi en 1570. Estos son solo una muestra de las obras que, cada una en su momento, obtuvieron un gran éxito; sin embargo, no son ni mucho menos los únicos que fueron aclamados por el escaso público que entonces adquiría y leía libros. Si bien la literatura gastronómica no ha sido un género de multitudes, ha contado con lectores fieles y atentos a la presentación de diferentes obras de este género.

Escribir en clave gastronómica representa ciertos compromisos y hay que decir al respecto que la gastronomía necesita ser repensada, que hay que proporcionarle una estructura para que crezca ordenadamente. Si algo hay que decir, es que, como los historiadores de la Antigüedad decimos, *Ex oriente lux, pues lux,* también para la gastronomía desde las letras. Oxígeno para la gastronomía, conocimiento, expansión en clave de cultura. La gastronomía es un área capaz de ser tan fructífera intelectualmente como cualquier otra, y no solo debe entenderse como comida física o fuente de placer para *gourmands* —lo cual es perfecto, por otra parte, pero incompleto—. Así se entiende la gastronomía no solo en forma de alimento, que ya lo es, que siempre lo ha sido, sino como una forma de expresión del pensamiento.

Sin embargo, tampoco creemos que el pensamiento se baste a sí mismo, que sea suficiente retroalimentar un concepto teórico sobre la gastronomía sin conocer ésta a fondo, sin haberse manchado las manos con harina, sin haber entrado en cientos de restaurantes y cocinas, sin haber conocido la realidad, los beneficios y los peligros de la tecnología aplicada, sin haber probado los productos o pisado la tierra, conocido las necesidades humanas, los placeres de una buena comida, los peligros de una mala, escasa, excesiva o deficitaria alimentación. La situación del pensador sobre gastronomía, en nuestro caso, le debe llevar, como decía Nietzsche[1] a: «No aceptar ningún pensamiento que no haya nacido al aire libre, y en momentos de libre movimiento». Algo que en este caso encaja perfectamente: pensamiento y práctica, ciencia y arte, son facetas conjugadas de facto en el reino de la gastronomía. Y en sus vidas, las de los grandes de la gastronomía de los que tanto se puede aprender.

1   Nietzsche, J., 1970, 286.

Posible retrato de un Apicio imaginario.

MARCO GAVIO APICIO[2]

*Millonario, sibarita, modelo de la gastronomía
más exquisita en época romana, escribió una obra
de cocina por la que hoy le conocemos cuyo título
es «De re coquinaria» y fue el inventor de muchas
preparaciones nuevas y recetas de todo tipo en su
época, siendo por su afición a la buena mesa uno de
los hombres más famosos de Roma. Nació en Roma
entre los años 30 y 20 a. C., y se suicidó entre el 31 y
el 41 d. C., también en Roma.*

Aliter patina de asparagis frigida

Sibarita, millonario, apasionante personaje que vivió los mejores años
de la gran Roma, experto en cómo organizar una mesa, una cocina y las
mejores fiestas y banquetes para sus amigos, que eran políticos, patricios, militares y poderosos romanos.

El siglo que dio comienzo a la era cristiana fue pródigo en acontecimientos relevantes en el mundo Mediterráneo. La política romana
había sufrido una gran transformación desde que Octavio Augusto
había subido al poder. Julio César, el último de los grandes, tras la bru-
tal muerte se había convertido en el icono republicano, aunque todos
sabían que sus aspiraciones habían ido mucho más allá del espíritu de
la República, al que, avanzando los nuevos tiempos, no siempre se había
mantenido fiel. Augusto marcó el gran cambio. Fue el antes y el después, y la antigua *moralitas romana*, la *virtu*, la existencia de un modelo
moral cuya representación era el tradicional campesino-político que
había encarnado el viejo Catón de Utica, hacía varias generaciones que
no existía. El mundo era diferente. Las fronteras no conocían límites y
las conquistas cada día eran mayores, los límites más lejanos. El mundo
entero era romano. Roma ordenaba, organizaba, administraba. Labraba

---

2   Sobre la vida de Apicio, ver Villegas, A. Triclinium, Almuzara, Córdoba, 2016.

los campos incultos y poblaba las ciudades, levantaba edificios para el disfrute público y saneaba las poblaciones con modernos sistemas de alcantarillado. Roma hacía caminos y a lo largo de su recorrido diseñaba postas preparadas para el necesario descanso de viajeros y monturas.

Mapa del imperio romano en el siglo I.

Pero el progreso trajo consigo los grandes lupanares a todos los puntos del imperio, lupanares organizados exactamente como en la capital, llevó a todos los lugares los excesos, la comodidad y el confort, alejando a las masas de población de una vida campesina hacia otra urbana, fomentando deseos de cosas de las que los más ancianos ni siquiera habían oído hablar y contra las que los antiguos romanos clamaban. Las cosas empezaban a ser muy distintas de como eran en los viejos tiempos, por lo que sería irremediable que en este camino destruyeran el ser más íntimo de una de las más grandes civilizaciones que la tierra haya conocido. Su fin se fraguó desde su inicio, los días estaban contados desde el momento en que Roma fue infiel a sí misma olvidándose de su frugalidad, de su rústico acento campesino y de sus dioses lares, los del hogar, que competían con los humanos para ser más fuertes, más poderosos, más fructíferos. En su victoria llevaba el germen de su destrucción, de la derrota; la civilización que amparó a los bárbaros de más allá de sus fronteras encontró que, abriéndoles las puertas, los extranjeros corroyeron desde dentro la rica nuez romana, mientras ellos miraban impasibles... No sería la primera vez que las invasiones extranjeras, pacíficas y silenciosas, destrozaban desde el interior una civilización, ni tampoco será la única si no aprendemos de nuestra historia. Las invasiones más difíciles de detener son las pacíficas, las que penetran mansamente.

La permisividad con los cultos orientales, más místicos y complejos que la sencilla devoción a los dioses del panteón clásico, llevó aparejado un cambio de pensamiento que socavó, como termita oculta e inevitablemente, lo más invisible de Roma: sus principios. La destrucción no llegó de un día para otro, no se fraguó como un gran complot. Apareció despacio, lentamente, a través de los siglos, destruyendo pequeñas cosas sin importancia que en realidad sí la tenían, modificando minúsculas estructuras, abriéndose a otras, permitiendo que los cambios afectaran a las costumbres y al concepto de romanidad. Provocando que se carcomieran los principios de los hombres y mujeres de Roma, cuyas expectativas, deseos y vidas eran muy distintas bajo el reinado de Trajano que en las ya casi míticas y olvidadas épocas de los cónsules.

El cambio de costumbres fue perceptible en todos los aspectos de la vida, aún en aquellos tan sencillos como las comidas y en la forma de sentarse a la mesa. La mesa de los primeros tiempos en la que esclavos y amos compartían una frugal sencillez bajo el cabeza de familia, en la que la agricultura era lo primero, ya no era la mesa del gran Octavio o del selecto Tiberio. La hipocresía se asentó con gran comodidad en una sociedad en la que algunos se permitían criticar ese visible cambio de costumbres, mientras ellos mismos se instalaban en el confort de la modernidad. Gentes tan incongruentes, con unas vidas tan cómodas, cimentadas en el lujo, mientras que el discurso era patriota, frugal, repleto de reflexión y aparente comprensión, colmado de crítica hacia lo que no se comprendió, como las novedades que llevaron consigo el buen comer y los fogones.

Apicio fue uno de los objetivos de la aguda lengua de muchos viejos romanos, y entre ellos de la de Lucio Anneo Séneca, el viejo y poderoso cordobés, y las agrias bromas sobre él y la corte de cocineros, pasteleros, panaderos y pinches establecidos en su casa, plagaron la ciudad de Roma, llenándolas de envidia y carcajadas a partes iguales por parte de los críticos más ácidos, que no fueron pocos. Pero todos, a la vez, deseaban comer en casa de Apicio.

En lo relacionado con la expansión gastronómica, el mundo romano ha sido una de las épocas de mayor riqueza y desarrollo: sobresaliente en cuanto a la aparición y valoración de nuevos productos alimentarios, así como en lo relativo al desarrollo de las técnicas de cocina y a la aparición de cocineros especializados. Fue un tiempo casi comparable a la actualidad, con la única pero gran diferencia de la aparición de la tecnología en nuestra época.

La historia de la alimentación conoció una época de gran esplendor en Roma, hasta tal punto que llegó a convertirse en auténtica historia de la gastronomía. Nos dejan una interesante muestra de cómo se desarrolló algunos personajes de la gran aristocracia romana —como Lúculo o Mecenas—, la podemos ver en los agrónomos— como sucedió con Columela, Catón y Varrón— que tanta información dejaron sobre la forma de cultivar y cocinar, e incluso podemos verla en las extravagancias y los excesos de varios emperadores como Vitelio o Heliogábalo; todos ellos enriquecieron y dieron fuerza a una extraordinaria forma de alimentarse, así como a la impactante gastronomía de época romana.

La romana fue una época de grandes viajes y conquistas, un ciclo largo por cierto, ya que se prolongó entre los siglos VIII a.C. al V d. C., cientos de años de un mediterráneo pacificado en líneas generales, de un tiempo en el que Roma se ocupó de organizar, administrar y crear infraestructuras que aún perduran y son útiles en la actualidad. Fue entonces cuando se creó el mundo en el que vivimos todavía... podemos ver algo más que sus cenizas entre nosotros.

Apicio nació en este gran mundo en el que el universo mediterráneo era romano. En una época en la que Augusto —bajo cuyo imperio nació Apicio— y después Tiberio, gobernaban el mayor imperio que el mundo hubiera conocido hasta la época. Corría la segunda mitad del s. I a.C. y Apicio nacía hijo de una familia rica, fortuna que él se ocupó de aumentar hasta llegar a ser un auténtico millonario, uno de los hombres más poderosos de su época. Fue padre de varios hijos entre los que se encontraba Apicata —de la que hablaremos más adelante porque la historia del padre y la hija se entrecruza a lo largo de las vidas de ambos—. Y tuvo, al menos, una gran *domus* en Roma y otra finca en la zona del Lacio, en la ciudad de Minturnas, donde pasaba temporadas, y en la que se levantaba una bella mansión en la costa, mirando al mar. Pero es indudable que uno de los hombres más poderosos de Roma tendría enormes posesiones y grandes casas en muchos más puntos del imperio, a donde podría viajar siempre que quisiera.

Apicio no solamente era rico, era extraordinariamente rico. Su fortuna le permitió estar excelentemente bien relacionado en Roma, ya que las élites, la gran aristocracia e incluso la familia imperial lo tuvo por aliado. Él fue amigo de Druso —que vivió entre los años 10 a.C. al 23 d. C.— y que era el hijo del emperador Tiberio, y aunque era algo mayor de edad que él, formaban parte del mismo grupo de amigos. Vivió en la privilegiada situación que le proporcionaba una primera línea de influencia con el emperador, su familia y la administración del Estado.

Tras la muerte de Augusto y la llegada de Tiberio al poder, la administración imperial sufrió una crisis económica que se veía venir, y que nacía de las grandes necesidades de liquidez para financiar a los ejércitos romanos, que se encontraban en continua actividad y expansión. Dada su enorme riqueza y la cercanía con el emperador, Apicio ayudó en varias ocasiones a que la administración tiberina se sostuviera inyectándole liquidez, de manera que tanto el emperador como la propia administración romana tenían una importante deuda pendiente con él, una deuda sobre todo de lealtad. Séneca, que fue contemporáneo de Apicio y al que no le era nada simpático como podemos comprobar en sus obras, nos cuenta que al final de su vida Apicio había gastado en comer bien cien millones de sestercios —un importante capital en la época—, y que además dio innumerables comidas a príncipes y magnates, así como que se había gastado el enorme tributo o renta del Capitolio. Quizás con este comentario se refiera a la devolución que Tiberio le hizo de alguno de los préstamos realizados al erario público.

El caso es que Apicio se hizo muy famoso en su época y su fama se prolongó en siglos posteriores por su glotonería —hoy simplemente lo llamaríamos *gourmand* o *foodie*—, así como por su riqueza y por la capacidad de disfrutar del arte de la cocina, hasta tal punto que, como vemos, invirtió innumerables esfuerzos y recursos para gozar de los mejores alimentos y de las comidas de los más expertos cocineros de su época. Un buen paladar, Apicio.

Desde luego, hay que dejar claro que no fue un cocinero sino un sibarita, un *gourmet* auténtico cuyo interés por el buen comer llegaba a tal extremo que se decidió a compilar algunas de las recetas que más le gustaban y que son parte de la obra que hoy conocemos como *De re coquinaria*, obra que le ha proporcionado la fama de que goza. Es el primer y más antiguo recetario concebido como tal y con un propósito de mantener de forma idéntica diferentes preparaciones a lo largo del tiempo.

Este epicúreo romano vivió una vida intensa, lujosa, exótica, en el centro de la gran capital latina, Roma, donde se desarrollaba la actividad política y económica de una de las épocas más interesantes de la Roma imperial; sin embargo, ni su riqueza ni su poder le libraron de sufrir algunas de las mayores atrocidades y dolores que se pueden imponer a un ser humano. Y a pesar de todo, la fama de Apicio ha trascendido por su modesta obrita de cocina y por lo que sus contemporáneos consideraron excentricidades, más que por haber sido uno de los personajes más poderosos e influyentes de su época, o por el drama que le tocó vivir. La crítica que Séneca hizo de él, los comentarios que otros contemporáneos suyos hacen de sus excesos ha llamado la atención de la posteridad.

Aun así, sabemos que existieron otros Apicios de cierta fama también, lo que produce algo de confusión, pero es relativamente fácil aclararlo brevemente: hubo un Apicio de época de Sila —dictador que vivió entre los años 138 al 78 a. C.— y otro de época de Trajano —emperador que vivió del 98 al 117 d.C.—, con lo que se explicaría la presencia de algunas recetas presentes en la colección y que están dedicadas a personajes posteriores a nuestro Apicio, como recetas dedicadas al emperador Vitelio, a Cómodo o platos al estilo de Trajano. Pero nuestro Apicio es el de época de Tiberio, de quién sí tenemos algunos datos biográficos, que fue un gran *gourmet*, y quizás nos atreveríamos a decir que el primer gastrónomo entendido como tal, en su totalidad, y conocido por la historia. Además, a todos los cocineros posteriores se les llamaba «Apicio», despreciativamente, por cierto, lo que viene a complicar aún más la cuestión de definir al auténtico Apicio con exactitud.

Sin embargo, Apicio no fue el primer autor de obritas de cocina. Antes que él diversos autores del mundo griego se volcaron con este tipo de literatura ligera, que al final ha resultado ser una interesante fuente de información con respecto a los recursos agronómicos, de mercados y alimentarios, y que nos han proporcionado una visión de la vida diaria de la sociedad romana. Eruditos como el griego Ateneo de Naucratis, en su obra *Deipnosofistas*, nos relatan la cantidad de cocineros y obras publicadas antes de su época, algunas muy especializadas en distintas materias como pescados, carnes, repostería o panadería, lo que nos habla del interés que convocaba ya entonces la buena cocina.

Y es que el interés por la cocina refinada proviene del mundo griego. El romano lo retoma con ganas y lo hace suyo, pero mucho antes existían diferentes obras además de las que cita Ateneo, las cuales desgraciadamente se han perdido aunque conservamos sus nombres. Ya en el mundo romano hay un autor que se llamaba Marco Ambivius y que escribe una obra de cocina y panadería en época de Mecenas[3]. Además, un amigo de Julio César, Cayo Matius[4], escribe varios manuscritos sobre las obligaciones del cocinero, del despensero y del conservero, y así vamos viendo que la importancia que adquiriría la buena mesa en época de Apicio nacía de un interés ya existente y de la presencia de muchos implicados en esta gastronómica cuestión. A todos les gustaba comer, y les gustaba hacerlo lo mejor posible.

La vida de Apicio debió transcurrir interesante y divertida —ya que es criticado ampliamente por su búsqueda constante de la diversión y la gastronomía—, sensual, debido a que además de una inclinación natural hacia la comida disfrutó de inmensas posibilidades para gozar de su riqueza y de su pasión por el buen comer... Todo marchó viento en popa hasta que llegó el momento en que su vida personal se entrecruzó con la gran política. Séneca[5], Lampridio[6], Plinio[7] y Dión Casio[8], entre otros autores, hablan de un derrochador, pródigo y liberal Apicio que gastó en comidas e invitaciones unas cantidades desorbitadas de dinero, considerado corruptor de jóvenes a los que, en lugar de filosofía, les enseñaba las artes de la cocina. Se le reprocha que llamara la atención sobre su conducta gastronómica, considerada entonces intemperante, y se le criticó especialmente el mal ejemplo y que llamara la atención de los jóvenes con la cocina, incitándoles a los placeres sensuales de la buena mesa, considerada como un exceso, un vicio y un mal ejemplo. Su nombre y sus hazañas se convirtieron en un motivo reiterado de bromas y chanzas, ejemplo de perversión y modelo para no imitar. ¿Cuánto de realidad hay en esta crítica? ¿Se utilizaron el nombre y la historia de Apicio para ejemplificar un modelo negativo, en el marco de una sociedad en la que la presencia de modelos era importante? Todo esto no lo sabemos de momento y no es posible calibrar las intenciones de los diferentes escritores romanos sobre la opinión que tenían acerca de la importancia que habían adquirido tanto la cocina como la figura de los cocineros.

---

3   Col., *R.R.*, 12, 4,2.
4   Col., *R.R.*, 12, 44.
5   Sen., *Ad Helv.*, 10, 8-10.
6   Lamprid., *Heliog.*, 24, 5.
7   Plinio, *Nat. Hist.*, 10, 133.
8   Dion Casio, *Hist.*, 57, 19, 5.

Algunas anécdotas nos dicen que Apicio debió ser inquieto y persistente en su búsqueda por encontrar los mejores productos, y lo demuestra una divertida anécdota que narra sus peripecias cuando se enteró de que en la costa africana se criaban unas gambas de tamaño excepcional: aquello le interesó enormemente. Y no esperó ni un minuto para conocer el fenómeno, no dudó en fletar uno de los barcos de su pequeña armada para ir a probarlas y conocer un producto tan extraordinario de primera mano. Aquella excursión provocó en Roma una gran expectación y rápidamente corrió la voz. Salió de Roma habiendo provocado la envidia por un lado y la crítica por otro de muchos romanos. Casi llegando a su destino, con el litoral a la vista pero aún sin desembarcar, los pescadores que habían oído que llegaba un millonario romano a buscar sus gambas se acercaron con sus pequeñas embarcaciones a mostrarle el producto, encantados de poder hacer un buen negocio por una vez en sus miserables vidas. Pero... ¡Qué decepción para los romanos! Las gambas no eran diferentes a las que Apicio ya conocía y una vez vistas, comprobando que no eran mayores que las que tomaba en Minturna, en su casa de verano, junto al mar; pagó —seguro que generosamente— a los pescadores su producto y, en lugar de atracar y descansar unos días, ordenó que la nave diera la vuelta encaminándose, decepcionado, a Roma, donde la leyenda de aquella simple excursión se transformó en un auténtico halo de misterio.

Mosaico con bodegón.

Tal punto alcanzó su fama que, ya en las generaciones posteriores y durante muchos años, hubo muchas personas que trataron de imitar a Apicio comiendo grandes cantidades de alimentos o incluso preparando platos extravagantes o imposibles, platos elaborados de forma disparatada y sin sentido. El mismo Juvenal nos cuenta cómo solo una generación tras el fallecimiento de Apicio se podían contemplar desatinados casos de personas extravagantes en relación con la comida, y se podían ver muchas cosas que no hizo el pobre y frugal Apicio[9]. Se utilizó sin duda su figura para todos los desatinos que los emperadores de épocas posteriores cometieron de forma absurda.

Pero volviendo a su vida, Apicio tuvo al menos una esposa cuyo nombre desconocemos, de la cual le nació una hija a la que pusieron Apicata. Esta hija es clave para entender la historia de Apicio y también para comprender cómo sus circunstancias influyeron en la historia romana. Apicata se casó muy joven, como era costumbre, con Lucio Aelio Sejano, un caballero de origen etrusco que pertenecía a la pequeña nobleza romana, pero que no era ni mucho menos patricio, y que vivió entre los años 20 a. C. al 31 d.C. Con toda probabilidad era solo algo más joven que el propio Apicio, por lo cual podemos hacer nacer a Apicio entre el año 30 y el 20 a. C. Sejano se formó como militar, actividad a la que también se dedicaron otros miembros de su familia: su padre, su tío paterno y su abuelo, y aunque todos tuvieron puestos relevantes en el ejército, Sejano destacó sobre todos ellos y llegó a formar parte de la guardia pretoriana del emperador, desplegando una brillante carrera hasta que llegó incluso a ser prefecto de ésta —un cargo de confianza y mucho poder— en el año 14 d. C. Un hombre fuerte, ambicioso y sin escrúpulos.

La guardia pretoriana que comandaba no era muy antigua, ya que se había creado una generación antes, en época de Augusto, con el único objetivo de organizar una escolta personal del emperador que asegurara su protección en Roma y durante sus viajes. Pero, poco a poco, la guardia se fue transformando bajo mandato de Sejano en un cuerpo militarizado y sumamente influyente. Este Sejano, militar y político, hombre de estado y mano derecha de Tiberio, ha sido considerado uno de los más perversos y ambiciosos personajes de la historia; y aunque no tiene ninguna relación con la historia de la alimentación, sí la tendría para poder entender la vida de Apicio y ayudarnos a comprender algo más de las causas de algunos de sus actos.

---

9   Juv., *Sat.*, 4, 23.

Sejano, en una inteligente maniobra, ya casado con Apicata y con una rica dote como patrimonio, se ganó la confianza del emperador Tiberio. El emperador había llegado al poder ya maduro, con 56 años, y aunque muy bien de salud, pocos años después, cuando sucede nuestra historia, se encontraba muy cansado, especialmente fatigado de la corte y de todas las incomodidades que ésta le originaba. Tiberio tenía un carácter difícil, melancólico y endurecido por la espera del poder. Aprovechando la debilidad y la tristeza constante del Emperador, el cual se retiró a vivir a Capri en el año 26, Sejano asumió *de facto* el poder en Roma, se hizo con el control de las instituciones más importantes, apoyado siempre por la seguridad que le proporcionaba el cuerpo de los pretorianos, el cual seguía liderando. Desde luego que es obvio que Sejano deseaba el poder, que ya había asumido de forma práctica, pero aspiraba a algo más, quizás no tanto a suplantar a Tiberio como a convertirse en parte de la familia imperial y quizás incluso con algunos derechos más que otros miembros. Él quería asegurarse la garantía de su propia estabilidad en un poder que ya era suyo de hecho. Pero no lo tenía todo tan fácil como aparentemente se podría pensar, ya que existía una persona que sí poseía de forma legítima todos esos derechos: Druso, el hijo del emperador. Entre ellos —Druso y Sejano—, para colmo de las dificultades del militar, existía un fuerte antagonismo que les causaría a ambos complicaciones de terribles consecuencias.

El ambicioso Sejano rivalizaba con Druso desde los sucesos del año 15, cuando Tiberio envió hacia la lejana Panonia al responsable de la seguridad del Estado. Sejano era entonces un hombre de treinta y cinco años, experto militar, y viajó por deseo del emperador junto a su aún joven hijo Druso, de veintinueve años, con el fin de sofocar una rebelión que se había producido en un campamento de legionarios, y quizás con la idea de ir formando al príncipe en las obligaciones de un jefe de estado. Aquel viaje y las diferentes perspectivas, absolutamente divergentes, de ambos hombres —el joven príncipe, futuro emperador, y el prefecto del pretorio—, fueron el comienzo de una profunda enemistad y de un gran desastre para muchos de los implicados en nuestra historia. Finalmente, la revuelta de Panonia se aplacó pero el ánimo de Sejano y la situación de tirantez entre ambos se iba a deteriorar gravemente y continuaría así durante años.

A Sejano le importaba alcanzar el poder antes que cualquier otra cosa. Primero se había servido del dinero y los recursos de su suegro, Apicio, y también de sus propios méritos para alcanzar una posición privilegiada. Sin embargo, era consciente de que aquello no era suficiente para alcanzar su meta. Y es que el objetivo de Sejano era muy concreto: trataba por todos los medios de formar parte de la familia imperial, él sabía que vinculándose familiarmente con ellos, siendo uno más de los julio-claudios, su posición se afianzaría. Si bien contaba con la confianza de Tiberio, aquello no era suficiente para convertirse en su sucesor ya que éste podía cansarse de él y Sejano podría perder fácilmente su puesto. Así que Sejano ya había intentado estrechar el vínculo familiar cuando obtuvo del emperador la promesa de una boda entre su hija Jumilla —hija también de Apicata— y un hijo de Claudio, el futuro emperador; pero el pequeño murió siendo aún un niño —atragantado con una pera— con lo que la boda se frustró y con ella, y solo por el momento, los planes de Sejano de pertenecer a la familia imperial.

Pero aquello sería únicamente un contratiempo y no el final de sus intentos: Sejano no cejaba en su empeño y se le puso por delante un bocado mucho más interesante que le situaría en primera línea de sucesión: la joven y bellísima Livila, esposa de Druso, el hijo de Tiberio. Las circunstancias eran prometedoras, todo se le presentaba fácil, ya que Livila era ambiciosa como él, calculadora y coqueta, una pareja perfecta para el joven prefecto. Además, el matrimonio con Druso hacía tiempo que era solo pura apariencia, sin duda el complot estaba servido: Livila pertenecía a la familia imperial y además tenía un hijo varón, que era nieto del emperador, el posible sucesor para Tiberio. Y si Druso, su esposo, fallecía, quién mejor que la mano derecha del emperador convertido en consorte de la princesa para sucederle durante la regencia del pequeño. Eso ponía a Roma en manos de Sejano, un Sejano sin escrúpulos ni principios de ningún tipo, un Sejano hostil a todo lo que no fuera su inclusión como miembro clave dentro de la familia imperial.

Todavía casado con Apicata, y sin que nadie sospechara nada, Sejano sedujo a Livila, afianzándose muy pronto la relación amorosa entre ambos, lo que traería como consecuencia que entre los dos tomaran la determinación de ir envenenando lentamente a Druso; y sin dudarlo mucho se pusieron manos a la obra. Ambos querían fortalecer sus posiciones y el otro era un buen aliado para conseguirlo. El propio Druso lo puso todo muy fácil, ya que era desgraciadamente aficionado a una vida de excesos: ejercicios gimnásticos constantes y violentos, diversiones sin fin y una vida de libertinaje durante años, noches en blanco y escasas obligaciones habían hecho de él todo un *sportman*, encantador y vacío. Todos aquellos años de vida alocada habían ido socavando su salud desde su más temprana juventud, por lo que a nadie le pareció raro que el príncipe empezara a sufrir alguna enfermedad indeterminada y desconocida que le iba mermando la salud hasta que falleció en el año 23 d. C., con tan solo treinta y tres años. Esto dejó a Tiberio desecho, sin descendencia y sin hijo... pero con un nieto.

La muerte, como es natural, fue muy sentida por la familia imperial y vista como un contratiempo en lo que se refería a la sucesión, pero nadie sospechó de Livila o de Sejano. Como el pretoriano esperaba, la muerte de Druso sumió a Tiberio en un ostracismo casi total que le alejaba más y más de las obligaciones que un emperador tenía con su pueblo, y que terminó haciéndole delegar totalmente el poder en Sejano. Todo, por momentos, parecía conjurarse a su favor y Sejano era el auténtico emperador de Roma. Tenía el poder, y el emperador solo le escuchaba a él; nadie más tenía tanta ascendencia con el melancólico Tiberio.

A Sejano solo le quedaba ya un pequeño problema que no le daría mucho que hacer, un problema menor llamado Apicata. Hacía mucho tiempo que su matrimonio no funcionaba, por lo que a nadie le extrañó que se produjera una ruptura en la pareja, mientras que la relación secreta entre Livila y Sejano era desconocida. El pretoriano anteriormente se había separado de Apicata dos veces, y volvía a ella según su interés y los recursos que necesitara de su suegro, Apicio, que era realmente el dueño de la fortuna. Pero finalmente, y viendo que sus planes progresaban y que su esposa solo sería una traba en su ascenso, se divorció definitivamente de Apicata y pidió al emperador la mano de Livila en el año 25. Tiberio, en principio, no terminó de rechazar ni aceptar la propuesta y puso como excusa que Sejano solo era un caballero, pero no un patricio. ¡Sus aspiraciones eran excesivas!, y por tanto, el matrimonio sería inusual y poco apropiado para una princesa. La nuera de un emperador, viuda de un príncipe y probablemente madre de otro no podía pertenecer a un simple militar, por poderoso que fuera. Pero de cualquier forma, ambos —Sejano y Livila—, seguían juntos, esperando su momento más propicio que finalmente llegó, ya que terminaron casándose.

Mientras, y a pesar de todo, la vida seguía para Apicio y su familia. Apicata, ya sin marido, pero con sus tres hijos —y por tanto nietos de Apicio—: Estrabón, Capito Eliano y Jumilla, veía junto a su padre cómo los acontecimientos se iban complicando hasta para ellos que no habían participado en la sangrienta conjura de Sejano. Y es que, aprovechando el vacío de poder, con un emperador aislado y fuera de Roma, Sejano no tardó mucho en preparar el ambiente a su favor, y hacer todo lo posible para eliminar a todo aquel que representara una posible oposición; de manera que comenzó a promover una serie de juicios falsos con los que trataba de eliminar a todos sus enemigos. Y eran muchos y poderosos: senadores, patricios, gente importante de la gran Roma, fueron condenados y ejecutados, dejando así el camino libre para que Sejano gobernara Roma a su placer y sin oposición que dificultara sus actuaciones. Pero Sejano no contaba con que se estaba ganando demasiados enemigos, algo que tendría sus consecuencias y que le haría pagar un alto precio. Los acontecimientos rodaban cada vez más rápido.

Sus planes se desarrollaban muy a su placer, casi había llegado a conseguir ser el emperador, debido a que, en ausencia de Tiberio, Roma era de verdad suya. Había desterrado o ejecutado a casi toda la oposición, eliminando todas las trabas para alcanzar su objetivo, y Tiberio era —o así lo creía él— su títere. Aunque no todo es siempre tan fácil y en aquella ocasión había un resquicio con el que los conjurados no habían contado: existía una persona que, aun no siendo partícipe de los actos de Livila y Sejano, y más aún, en contra de ellos, no había sido todavía ejecutada, y que tendría una gran importancia en el desarrollo de los acontecimientos. Se trataba de Antonia la menor, la mismísima —y recta— madre de Livila, a la que habían alertado los extraños comportamientos de su propia hija. Cuñada de Tiberio y educada al viejo estilo de los romanos antiguos, con preceptos morales y claramente firmes, Antonia fue consciente del peligro que supondría para el Imperio la unión de su hija con Sejano. Ella conocía bien la traición del pretoriano y había vivido todos los acontecimientos terribles, asesinatos y destierros provocados directamente por el prefecto, callada y oculta, pero presente. Y así, sin decir nada a nadie, ni llamar la atención, se decidió a enviar a un emisario de su absoluta confianza hasta Capri, donde vivía su cuñado. El mensajero era un liberto llamado Palas, que con toda discreción —su vida peligraba— llevó hasta Tiberio una carta de Antonia, larga y explícita, en la que detallaba con todo lujo de detalles lo que ocurría en Roma en su ausencia, y todas las fechorías de Sejano.

A Tiberio le temblaría la tierra al recibir la misiva de Antonia, mujer recta y de su absoluta confianza. Y al comprobar que ella decía la verdad, fue arrolladoramente consciente de que había sido objeto de una grave e inopinada traición. Y como era de esperar no se quedó impasible ante la felonía cometida en su entorno más íntimo, ideó un plan y lo llevó a cabo sigilosamente, sin levantar sospechas, para evitar que nadie recelara. Tiberio era astuto y precavido y comenzó enviando algunas cartas ciertamente confusas al Senado, con idea de provocar expectación —lo que consiguió—, preparando su complicada y oscura maniobra. Poco después de esta primera, envió una segunda carta, más trascendente, en la que expresaba unos motivos claros y directos. Esta carta estaba dirigida a Sejano y en ella prometía investirlo con los poderes de tribuno, un cargo importante que seguramente el prefecto esperaba ansioso, y que seguramente celebró con Livia. ¡Juntos iban consiguiendo sus objetivos! A la vez, el emperador también envió otras dos cartas, una de carácter público convocando al Senado para formalizar públicamente el nombramiento de Sejano y otra secreta que quedaba en manos de un oscuro militar, Macro, el cual tenía órdenes de entregarla en el Senado después de la investidura de Sejano. En esta segunda carta daba una serie de inesperadas instrucciones a los senadores y al cuerpo militar —después de aquello los años pasarían y se podría comprobar como Macro era un traidor, ya que finalmente, asesinaría al emperador.

Sejano llegó aquel día al Senado expectante, orgulloso y feliz, confiado en que su suerte iba a cambiar y, en efecto, así fue. Con todo el protocolo que correspondía a la solemnidad del acto, un lector del senado dio lectura al nombramiento del pretor, en una ceremonia pública con los padres de la patria como testigos; los senadores del pueblo romano. Seguro que Sejano se sentiría más que arrogante y envanecido, aunque aquella sensación le duraría muy poco, ya que pocos minutos después de terminar la primera parte se comenzó a dar lectura a la segunda parte de la carta del emperador, en la que las instrucciones eran radicalmente diferentes: en ella conminaba a la policía romana, con Macro al frente, a detener a Sejano y convocaba a que los senadores apoyaran la acción.

El Senado fue entonces un caos, apenas dio tiempo a terminar de leer la misiva que enviaba Tiberio, los senadores acusaron a Sejano, haciéndose eco de la carta del emperador, y la policía lo detuvo, llevándolo al Tullianum; una conocida —y durísima— prisión romana. El escándalo estaba servido y se organizó un gran tumulto. El Senado, reunido en circunstancias de extrema gravedad, no solamente condenó a muerte a Sejano, sino que también lo castigó con una terrible pena, la *damnatio memoriae*; que su memoria se aniquilara, como si esa persona no hubiera existido para la posteridad. Todos tenían miedo y la ira del emperador podía ser aún peor que las ejecuciones de Sejano, así que condenarlo solidariamente era la mejor forma de evitar que nadie sospechara que se apoyaba al caído. Esta pena, en la que tanto el emperador como los senadores estaban de acuerdo, incluía destruir las estatuas de Sejano, las monedas que se habían acuñado con su efigie, los edictos y proclamas escritas en piedra que había por toda la ciudad, la información existente en los archivos públicos y también... eliminar a sus descendientes; que eran los nietos de Apicio e hijos de su esposa, Apicata.

Así, en medio de un gran revuelo en Roma y de mucha inseguridad y miedo en los que el propio Estado hubiera podido padecer una grave crisis, llegaría el fin de los días de Sejano. En poco tiempo, el que había sido dueño del mundo murió en el Tullianum, estrangulado por Macro, el nuevo amo de Roma. Pero lo peor estaba por llegar y la familia de Apicio se llevaría la parte más infame y terrible. Tras la ejecución, el cuerpo de Sejano fue arrojado por las enormes escaleras de las Gemonías, donde fue despedazado por la multitud, que satisfizo macabramente en él todas sus desdichas. De su cuerpo no quedó nada.

Poco después, los pretorianos se llevaron de casa de Apicio a los tres niños; el mayor, Estrabón, no alcanzaba la adolescencia aún. Ellos no sabían qué ocurría, los pequeños lloraban y la niña decía a los pretorianos que si se había portado mal le pegaran con la vara de los niños, pero que la dejaran en casa. Ejecutaron a Estrabón el día 24 de octubre del año 31, pocos días después que a su padre, en el mismo *Tullianum*, estrangulándolo. El horror que se debió vivir en casa de Apicio, el espanto de los niños, el miedo en toda Roma a la venganza tiberina y a la guardia de Macro debieron convocar algunas de las jornadas más negras y espantosas de la historia romana.

Y las macabras noticias llegaron pronto a casa de Apicio. Nada más tener noticias de la ejecución de su pequeño, Apicata escribió una carta al emperador contándole con todo detalle lo que conocía de la conjura de Sejano y Livila y cómo entre los dos habían envenenado a Druso. No dejó atrás ninguna información, deseaba venganza para Livia ya que no se podía vengar de Sejano. Después de enviar la carta, el día 26 de octubre, Apicata se suicidó: ya no tenía esperanzas ni fuerzas para ver más muertes, que sabía que llegarían pronto, la de su hijo mayor había sido suficiente.

Los otros dos pequeños, Capito Eliano y Jumilla, también fueron condenados a muerte por estrangulamiento, como Estrabón. Pero la niña era virgen y la ley romana no permitía la ejecución de una virgen, por lo que antes de estrangularla los pretorianos la violaron. El horror de estas escenas, el dolor que convocaron era tan innecesario como espantoso y sin duda indujeron a una hecatombe personal a todos los miembros de la familia. Por injustas, por innecesarias y por lúgubres.

Apicio no murió de viejo. Sí, debía tener una edad más que madura, era abuelo y había vivido, pero, después de todos estos horribles y sórdidos acontecimientos, resulta francamente extraño que Séneca cuente que Apicio se suicidó[10] por una banalidad... porque no le quedaba suficiente dinero para vivir con el ritmo de vida que había llevado hasta entonces. Su patrimonio era de sesenta millones de sextercios[11] y solamente le quedaban diez millones, los cuales ya le hacían millonario de sobra para vivir como hubiera querido. Y hay muchas preguntas que se nos quedan sin respuesta; por ejemplo, la dureza del antiguo amigo y aliado, Tiberio, para con Apicio y sus nietos, al no impedir la aplicación estricta de la *damnatio memoriae* que había pronunciado el Senado, y que recaía directamente sobre unos inocentes a los que hubiera podido salvar con facilidad.

No es un asunto difícil, sino imposible, calibrar las intenciones de una persona. Apicio debió sufrir extraordinariamente la tortura, la violación de la niña y la muerte de sus nietos, horrores que culminaron con el suicidio de su propia hija. Cualquiera de ellas, una sola, hubiera bastado para llenar una vida de dolor. Abandonado por el emperador, que le debía mucho, traicionado por Sejano que también murió a manos de la guardia imperial, la veleidad de quitarse la vida por no tener suficientes sextercios —de los que no carecía— parece un argumento inconsistente para justificar la muerte de un personaje de esta talla. El caso es que su muerte, aun habiendo sobrepasado la edad adulta, era prematura, fue voluntaria y cerró el ciclo de un personaje que se convertiría en un auténtico mito.

De cualquier manera, la muerte de Apicio se tuvo que producir después del año 31 d.C., año de todas las muertes de sus familiares, ya que él les sobrevivió y como cabeza de familia tendría la obligación —al menos moral— de esperar para ver si podía hacer algo por los suyos. Seneca escribe sobre su contemporáneo Apicio en su obra *Ad Helviam*, escrita a su madre cuando el emperador Claudio desterró al filósofo a Córcega, esto es, en el año 41. Hacía diez años de la muerte de Apicata y de sus hijos, y entre estas dos fechas, el año 31 y el 41, se debió producir la muerte de Apicio, el cual sería recordado siempre por su afición a la gastronomía, y por la obra o partes de ella que escribió: *De re coquinaria*.

Fue célebre en su época y mítico en las siguientes, tanto que, durante muchos años posteriores, en Roma, a los sibaritas se les llamaba «apicio», y con el tiempo, ya en época de Tertuliano[12] al menos, a los cocine-

---

10   Sen., *Ad Helv.*, 10, 8-9.
11   Mart., *Epigr.*, 3, 22, 1-5.
12   Tert., *Apol.*, 3, 6.

ros se les comenzó a llamar «apicios», y algunos platos populares, como un pastel de queso también tomó su nombre, por lo sonado y bueno que era.

De re coquinaria, el libro de recetas de Apicio que conocemos en la actualidad, es una colección de recetas, más que un libro entendido de forma ordenada. Consta de diez capítulos o libros, y un añadido, *Excerpta*, redactado en época posterior a la primera parte. Esta obra la descubrió Enoch de Ascoli, en el año 1454, en época del Papa Nicolás V; era un manuscrito del monasterio de Fulda, y la edición *príceps* se editó en Venecia, en el año 1498. Posteriormente existe una de 1542, editada por un médico de Zúrich cuyo nombre es Humelberg. En 1705 la edita Martin Lister, médico de la reina Ana de Inglaterra. Hay otra del año 1867, de C. T. Schuch, de Heidelberg. Estos diez libros no tienen continuidad pero sí cierta unidad, y seguramente recogen preparados y recetas correspondientes a diferentes autores y tiempos. Aunque es difícil saber cuáles son de redacción apiciana, podemos aventurar que los libros de salsas y de pescados podrían pertenecer a su época y a su ingenio.

El libro I o Epimeles, que quiere decir el experto en cocina, mantiene cierta unidad de redacción, por lo que parece escrito por una sola persona, y trata sobre la mejor forma de conservar las frutas y acerca de la elaboración de vinos; además, presenta la forma de arreglar algunas preparaciones que están algo estropeadas o para corregir defectos en ellas.

El libro II o Sarcoptes explica la forma de elaborar todo tipo de albóndigas y salchichas de carne y pescado; en general, la manera de preparar platos realizados con carnes picadas. Proporciona las recetas de las famosas salchichas lucánicas, que van ahumadas y las *farcimina*, otra especialidad. Por cierto, que las salchichas eran muy populares en toda Roma, y se vendían por las calles mediante vendedores ambulantes y también se preparaban en las casas; a los romanos les encantaban además todos los embutidos.

El libro III o Cepuros (hortalizas) expone recetas de verduras e incluso algunas con fines medicinales. Presenta la forma de cocer las hortalizas para que queden verdes, la realización de purés y cremas, y recetas de espárragos, calabazas, melones y puerros, rábanos y ortigas, achicoria, cardos y muchas otras verduras de la época.

El libro IV o Pandecter (miscelánea) es el de las pátinas, algo así como budines elaborados con elementos de lo más variopinto: carnes o pescados, huevos, espesantes, hierbas aromáticas y condimentos de todo tipo.

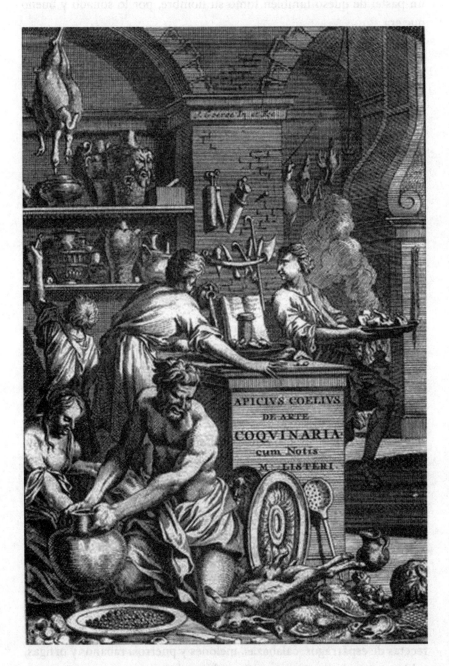

Frontispicio de una edición de 1709.

También presenta desde guisos de hortalizas y pescados hasta platos con huevos, diferentes salsas, caldos y platos de pescado. Un libro muy interesante porque podemos observar la importancia para los consumidores de los platos de este recetario la importancia de conocer sabores nuevos, que se conseguían a base de mezclas inauditas de ingredientes.

El libro V u Ostropeon (legumbres) está dedicado a los guisos más sólidos y de cuchara y a las legumbres. Desde los garbanzos a las lentejas, las alubias, los guisantes y también a diversos cereales como la espelta, la cebada o el fenogreco. Además, presenta guisos como *pultes* y *concicla*, dos típicos platos romanos antiquísimos y muy populares.

El libro VI o Trophetes es uno de los que con casi total seguridad están redactados por nuestro Apicio, y explica la preparación de diferentes salsas. Son muy numerosas y variadas, algunas agridulces, otras picantes, salsas para caza y para aves grandes como el avestruz, y para el pollo, y todas ellas son realmente interesantes.

El libro VII o Politeles es muy variado, pero casi todas las recetas son de lo que llamaríamos hoy alta cocina: caracoles, setas, huevos, jamón, y platos en general muy elaborados. Introduce elementos originales, muy apreciados en la época, como las carísimas y famosas por su calidad: vulvas y tetillas de cerda; también presenta recetas de lomo y riñones, de *foie* de champiñones y de trufas. Que por cierto, Plinio atribuye la invención de la preparación del *foie* a Apicio[13] cuando no fue él sino Metelo[14] quién lo trajo desde Egipto, donde se cebaban las ocas para este fin, introduciendo la víscera extraída en una mezcla de leche y miel. En cualquier caso, la invención no es de ninguno de los dos, sino egipcia, y Metelo la conoció en Egipto, donde aprendió la elaboración y la llevo a Roma. Quizás allí Apicio pudo mejorar o adaptar la receta original[15].

El Libro VIII o Tetrapus se refiere a las carnes de todo tipo, desde caza al buey; también al diminuto y graso lirón, a la liebre, al cochinillo y al cabrito. Presenta recetas de salsas para diferentes carnes, muy complejas y elaboradas, que se deshuesan y rellenan de muchas formas diferentes, platos muy sofisticados que se debían acompañar de salsas diversas.

El libro IX o Thalassa (el mar) trata sobre pescados y mariscos: langostas, sepia, pulpo, calamares, ostras, pescados azules, mejillones

---

13   Plin., *Nat. Hist.*, 8, 209.
14   Plin., *Nat.Hist.*, 10, 22.
15   Ver Villegas, A., *Gastronomía Romana*, 2011, 68.

y almejas, atún..., hay salsas para cada tipo de pescado y preparaciones muy complejas de cada uno de ellos. Para elaborar estas recetas seguro que era necesario ser un cocinero experto y saber manejar bien estos delicados productos, que se llevaban hasta Roma con transportes especiales.

El *libro X o Alieus*, como el anterior, trata sobre productos de mar y salsas. En especial sobre la anguila y la morena, difíciles pescados técnicamente hablando para un cocinero. Presenta diferentes variedades y tipos de salsa alejandrina con distintas variantes, y salsas para el atún, para los pescados asados o los hervidos, para la dorada... Un interesante libro que es sin duda alguna complemento del anterior.

Al final de la obra, el libro presenta un último documento llamado *Excerpta*, un añadido más tardío, del s. V, dedicado a Vinidario, un nombre germánico y no latino, algo congruente con la época que vivía Roma entonces. Parece escrito por alguien que domina el latín de Italia del norte, pero la lengua ya está algo degradada con respecto al latín clásico. Se trata de una colección de recetas de carnes, salsas, pescado e incluso bastantes preparaciones de cochinillo, pero en sus páginas se revela un tipo de cocina diferente, más simple y tosca, con respecto a la culinaria mucho más sofisticada del resto de la colección.

El libro completo presenta 499 recetas en total, de las que un alto porcentaje son salsas, aunque también hay elaboraciones para mejorar la salud, como algunas que están indicadas para los que padecen del estómago, o para los que han hecho algún exceso, también caldos para reponer a los enfermos y similares. Es una obra enmarcada en la tradición mediterránea, que usa aceite de oliva entre los ingredientes más importantes y numerosos, por supuesto *garum*, la gran salsa romana, para condimentar; también por el uso de frutos secos y de productos de la tierra como: pescados, carnes —especialmente el cerdo—, pero no la ternera, vísceras y, sobre todo, multitud de salsas que podían conseguir proporcionar un cambio rápido y efectivo a cualquier plato.

Los contemporáneos de Apicio nos cuentan que éste hizo cosas realmente extraordinarias, y no tanto en cuanto a que abusara y presentara grandes cantidades de comida, en lo que muchos incidieron y de lo que se lamentaban, sino en los productos que utilizaba, los cuidados en las técnicas, la calidad de los cocineros. Precisamente por estas críticas podemos ver cómo desarrolló su talento para la gastronomía, poniendo el acento precisamente en la calidad de los descubrimientos que hacía y en la fina intuición de gastrónomo que tuvo: comió lengua de flamenco, hizo paté de hígado de salmonete, sacrificó algunos salmonetes dentro de *garum*, una salsa que debía empapar y proporcionar mucho sabor al pescado. También hacía engordar a las ocas y a las cerdas con higos secos y vino con miel, para tomar después el hígado elaborado en forma de *foie* y disfrutar de su rico sabor engordado de esta forma. Apicio, sin duda alguna, fue todo un adelantado que hizo, con los medios de que disponía en su época, cocina fusión, cocina de mercado y todo tipo de invenciones y platos sofisticados de los que aún hoy tenemos constancia y somos herederos.

BIBLIOGRAFÍA

André, J., *Apicius, l'art culinaire*, París, 1987.

Brothwell, D., & P., *Food in Antiquity*, Baltimore, 1996.

Columela, *Los doce libros de la agricultura*, Castro, C.J., (ed.), Barcelona, 1959.

Juvenal, *Sátiras*, Balasch, M., (ed.), Madrid, 1991.

Lampridio, «Heliogábalo», en: *Biógrafos y panegiristas latinos, Escritores de la historia augusta*, (trad., García, B.,) 840-848, Madrid, 1969.

Lindsay W.,M.. «Review of Ediderunt C. Giarratano Apicius 'de re coquinaria'», en: *The Classical Review*, 36, pp. 131-132. (1922).

Marcial, *Epigramas*, vols., I-II, A., Fdez. Valverde, J.; Ramírez de Verger, (eds.), Madrid, 1997.

Paniagua, D., *El panorama literario técnico-científico en Roma (siglos I-II)*, Parte 3, Salamanca, 2006.

Plinio El viejo, *Historia Natural* (36 vols.), Beaujeu, J., et al, (eds.), París,1947-1985.

—*Historia Natural* (Libros VII-XI), Del Barrio, E., et al., (eds.), Madrid, 1995.

Séneca, *Epistulae Morales*, vols. I, II, III, Gummere, R., (ed.), Londres, 1970.

—*Ad Helviam*, Mariné, J., (ed.), Madrid, 1996.

Villegas, A., *Gastronomía romana y dieta mediterránea: el recetario de Apicio*, Indiana, 2011.

—*Saber del Sabor, Manual de cultura gastronómica*, Córdoba, 2008.

Retrato anónimo de Brillat-Savarín

JEAN ANTHELME BRILLAT-SAVARÍN

*Gastrónomo, abogado y escritor, apasionado por
la buena mesa, inventó diversos artilugios, platos
y preparaciones, pero el mundo le recuerda por su
obra «Fisiología del gusto o meditaciones de gastronomía trascendente», que publicó con enorme
éxito justo el año de su muerte, en 1826. Nació el 1
de abril del año 1755, en Belley, Francia, y murió con
setenta años en París, en 1826.*

Adán nació en ayunas

Impenitente soltero, gastrónomo, glotón, auténtico *gourmand*, viajero
en una época en la que pocos lo hacían y amante de las mesas refinadas
y bien presentadas. Francés hasta la médula, coqueto y culto, Brillat
encarna el perfil más cabal del gastrónomo que no solamente ama la
buena comida, sino que trata de ordenar, refinar y reunir todo el conocimiento de su época al respecto. Fue el primero, y en consecuencia es
citado continuamente por miles de personas cada día.

Nació el 1 de abril del año 1755, en Belley, Francia, y murió con
setenta años en París, en 1826. Belley, su ciudad natal, se situaba al
sudeste del país, en la región de Ródano-Alpes. La pequeña localidad se encuentra en una de las zonas agrícolas más ricas de Francia,
Buguey, que comprende el franco condado, la región de Borgoña y la
de Ródano-Alpes. Se trata de una zona donde la gastronomía preside
muchas actividades, ya que es constante fuente de riqueza y de disfrute
de sus habitantes, un lugar en el que los suculentos pollos de Bresse
—de la misma región— se convirtieron en objeto de la primera deno-
minación de origen de un producto francés. Era el lugar perfecto para
criar a un joven y prometedor amante de la *gourmandise*.

Su madre, Claudine Aurore Récamier, era hija de un importante personaje que fue notario real y *châtelain* de Rochefort, y su padre fue Marc Anthelme Brillat, un reputado abogado de la ciudad, de antigua y prestigiosa familia de juristas. Anthelme era el mayor de ocho hermanos, tres chicos y cinco chicas, y su madre debió ser una gran cocinera, algunas fuentes aseguran que fue incluso *cordon bleu*, pero si lo fue debió ser en los inicios de esta asociación, cuando todavía no tenía la reputación mundial que hoy tiene. De su padre heredó el amor por la música y una sólida formación como violinista, la cual le permitió ganarse la vida cuando tuvo que exiliarse a Estados Unidos. La combinación entre los ricos productos del territorio, la riqueza gastronómica, la tradición por el buen comer y las habilidades maternas en la cocina, resultaron una composición crucial en su vida y fueron decisivos para las inclinaciones del joven Jean Anthelme. Observador, atento, inteligente y culto, pero obeso y pasivo según sus detractores, nació en el seno de una familia próspera y bien enraizada, burgueses acaudalados y profesionales altamente cualificados, con un espléndido patrimonio que les permitiría disfrutar de las delicias de una vida acomodada y confortable, así como paladear las delicias de las mesas bien abastecidas. Su infancia transcurrió en Belley y cuando tuvo edad universitaria estudio derecho en Dijon. Allí también cursó estudios de química y medicina —si bien no era médico titulado—, de ahí la tremenda exactitud al definir en su obra las sensaciones, en especial la del gusto, mediante términos correctos y afinados. Se percibe a lo largo de su libro que tiene conocimientos anatómicos y que sabe aplicar la teoría que domina a la práctica que despliega, aunque no ejerza profesionalmente la química o la medicina. Es un conocedor, en el más amplio sentido de la palabra.

Fue un hombre culto que leyó a fondo a los clásicos, que conocía muy bien tanto el latín como la literatura griega, pero también a los autores de su tiempo: a Buffon, Voltaire, a Rousseau, a Fenelón, a Cochin y Aguesseau, como reconoce él mismo[16]. De carácter metódico y ordenado, apasionado únicamente ante la mesa y sus placeres, incluso a la hora de escribir se percibe su capacidad e interés por implantar un método en el ejercicio de la escritura gastronómica, y escribe con un sistema que se autoimpone para mantener un orden en sus escritos, para usar determinadas palabras y no otras, y para incluso forzar a los futuros traductores a usar unos términos en concreto, de ahí que

---

16   Brillat-Savarín, 1987, 18.

hayan pasado a todas las lenguas las voces del léxico francés que tan bien describen los conceptos a los que se refiere Anthelme. Es decir, Brillat constituye una de las explicaciones de porqué el lenguaje universal de la cocina es francés y no de otra nacionalidad.

Si bien el apellido paterno era Brillat, él agregó el Savarín haciendo así un apellido compuesto, debido a que una de sus tías, Marie Gaspard de Savarín, hermana de su abuela paterna y que se llamaba de apellido Savarín, le legó una pequeña fortuna en el año 1733 a cambio de que llevara su apellido; y así lo hizo.

El prometedor joven se convirtió primero en abogado y finalmente en juez, ejerciendo en su Belley natal, pero la Francia de la época estaba muy agitada, y cuando tenía treinta y cuatro años comenzó la gran revolución que conmocionó los cimientos de aquel país. Su posicionamiento intelectual como liberal, pero a la vez perteneciente a la rica burguesía de provincias, le obligó a mantener una situación destacada durante la Revolución pero no siempre le benefició.

No parece que su propia familia fuera ajena a los placeres de la buena mesa: su madre era una excelente cocinera y sentó las bases de la que fuera gran afición de Brillat-Savarín durante toda su vida; su prima por parte materna, la bella *socialité* madame Recamier, recibía en su casa cada día a numerosos intelectuales y políticos franceses. También otros de sus primos eran aficionados al buen comer, tres solteros de apellido Dubois que ya de ancianos vivían juntos: un doctor, un capitán y su hermana, Juanita. Junto a este simpático trío, asentado ya Brillat en Belley, y de cierta edad, cuenta una anécdota muy simpática, y es que un buen día invitó a desayunar a los dos primeros —según sus propias palabras, dos viejecitos aún ternes y airosos— cuando tenían respectivamente setenta y ocho y setenta y seis años. Tomaron entre los tres dos docenas de ostras regadas con limón y una botella de vino de Auternes, pasando después a unas brochetas de riñones, una lata de *foie-gras* trufado y una *fondue* que preparó el propio Brillat sobre la mesa cubierta con manteles blancos, plato que era la estrella del día y para el cual hacían todos los honores. Para postre sirvió a sus primos frutas del tiempo, confituras, un café moka preparado *a la Dubelloy* y dos clases de licor. Como ejercicio para hacer la digestión dieron una vuelta por la casa, para disfrutar de la decoración y de los recuerdos que Brillat tenía en ella y que debían ser muchos. Las horas pasaron y llegaba el momento del almuerzo, cuando convinieron los hermanos que era necesario volver a casa: su hermana había preparado la comida y no había que desairarla. Pero Brillat-Savarín les animó a quedarse, invitación que aceptaron de inmediato. Los tres, encantados y divertidos, tomaron un potaje con queso parmesano y vino de Madeira seco. Se impuso un poco de descanso, con buena charla ante la chimenea acompañada de unas tazas de té, un bol de ponche —un combinado de ron, azúcar y limón— y unas ligerísimas tostadas untadas de manteca y espolvoreadas con sal. Se lo comieron todo, a pesar de que hubo alguna protesta, «¡nos vas a matar!», decían, pero no dejaron ni las migas. Las ocho de la tarde marcaron la hora de volver a casa y la de disfrutar de la cena que su hermana había preparado y a la que no querían menospreciar. Y ni siquiera notaron la digestión, la noche fue perfecta y los tres durmieron espléndidamente, la comida había estado tan bien planeada que nadie tuvo una mala digestión, solo buenos recuerdos del día en común.

Por su lado, madame Recamier, prima de Brillat-Savarín por parte de madre y una de las mujeres más interesantes del París posrevolucionario, abrió sus elegantes salones para él, lo que permitió a Anthelme relacionarse con lo mejor del país. Su nombre de pila era Juliette y fue el gran amor platónico de Brillat-Savarín hasta tal punto que el *gourmand* tenía un busto de ella, de barro, obra de Clúnard, y un retrato en miniatura, de cuya autoría era responsable Agustín. Juliette fue una de las musas de los salones parisinos, opositora del régimen de Napoleón y amiga de los más célebres personajes de la época, como madame de Stäel. Amante del príncipe de Chateubriand —otro gran gastrónomo— y amada por muchos de los hombres que visitaban sus salones en las llamadas tertulias literarias, probablemente en secreto. Según su devoto primo, ocupó durante veinte años el trono de la belleza en París y era extraordinariamente caritativa. Un día fue a visitar a un sacerdote que se disponía a cenar, con una mesa sencilla pero exquisitamente dispuesta, entre otras cosas, una tortilla de atún tan fina y bien elaborada que después de que Juliette elogiara con entusiasmo la receta a su primo, éste se vio obligado a repetirla y mejorarla, presentando incluso la receta en su *Fisiología* con todo detalle. No era ni mucho menos una sencilla tortilla, sino que tenía toda una técnica y era un colosal plato como para satisfacer al más exigente.

En la familia Brillat y Savarín, el gusto por la gastronomía venía de antiguo: los tíos abuelos de Brillat, al terminar el ayuno cuaresmal, palidecían de contento, según sus propias palabras, cuando se les presentaba en la mesa ¡por fin! un jamón, o cuando se trinchaba un pastel. Otra tía abuela que había llegado a los 93, años en pleno estado de salud y de apetito, sintió que agonizaba al percibir un claro síntoma: había disminuido algo su apetito. Brillat se acercó a hacerle una visita y la anciana le pidió un vaso de vino generoso pocas horas antes de morir, yéndose al otro mundo mucho más contenta; aunque no sabemos si apenada porque apenas había podido comer.

LE POTAGE.

«La sopa». Ilustración de la *Fisiología del gusto*.

Conoció las dulzuras de la gastronomía de la gran cocina anterior a la Revolución y también las novedades que ésta llevó a Francia. Brillat-Savarín escribe que: «nadie puede saber realmente qué fue la vida golosa si no ha vivido los últimos años del Antiguo Régimen. Creo que en esta afirmación hay algo más que la clásica nostalgia de juventud...». Ciertamente, el periodo que corresponde a la juventud de Brillat-Savarín ofrece una síntesis única entre cocina de aficionado y cocina profesional, cocina tradicional y nueva cocina, cocina de terruño y cocina de laboratorio, cocina campesina y cocina burguesa, cocina regional y cocina internacional[17]. Serán la época prerrevolucionaria, su infancia, su familia y la zona donde se crió y creció, las claves de su posterior y definitivo amor por el buen comer y todo lo que se relacionara con éste. Finalizado el Antiguo Régimen, cuya clave gastronómica fue la cocina palaciega y de corte, en el que las grandes presentaciones, solemnes y teatralizadas tuvieron un gran éxito, comienza el auge de la cocina burguesa que tan bien representa Brillat.

Como para todos los franceses, la Revolución supuso en su vida un antes y un después. Aún bajo el reinado de Luis XVI, y a punto de comenzar la efervescencia revolucionaria, en el año 1789, fue nombrado diputado de su ciudad para actuar como representante de ésta y acudir a los Estados Generales dentro de lo que se llamó el Tercer Estado. Esta reunión finalmente se convertiría en la Asamblea Nacional Francesa y pocos meses después, el 20 de junio del mismo año, hizo, como el resto de los diputados del Tercer Estado, el Juramento del Juego de la pelota por el que se obligaban mutuamente a desarrollar una Constitución, y que sería el auténtico inicio de la Revolución Francesa. Brillat-Savarín fue un defensor en ella de la pena de muerte. Sin embargo, y debido a que no fue elegido para continuar como miembro de la asamblea legislativa de 1791, pudo volver a Belley. Pero su carrera durante la Revolución fue corta y la caída de los girondinos, como a muchos otros franceses, le obligó a exiliarse. Como sucedió con otros políticos de la época, la Revolución fue ingrata con él y al radicalizarse ésta, con el ascenso de los jacobinos al poder, tuvo que emigrar temiendo por su propia vida en plena época del Terror, viajando en primer lugar a Suiza, después a Holanda y finalmente a Estados Unidos, donde vivió durante tres años.

La huida de Francia tras la caída de los girondinos le obligó a salir del país apresuradamente en el año 1793, mientras se sucedían los peores y más crueles días de la Revolución. Todo fue tan rápido que solo tuvo tiempo de montar en su caballo *la Joie* —la alegría— por las lomas del Jura, con apenas unas pocas pertenencias, y salió de su ciudad para buscar un salvoconducto que le permitiera cruzar a Suiza. Se dirigía hacia Dôle, buscando a un representante llamado Prôt para que le fir-

---

17   Revel, J.F., 1996, 175-6.

mara un documento que le facilitaría la salida. El viaje debió ser difícil: Brillat temía por su seguridad e incluso por su vida, la prudente huida se había impuesto muy oportunamente pues, como supo muy pronto, llevaba tras los talones al comité revolucionario, con el peligro consiguiente. Cuando llegó a Mont-sous-Vaudrey, una pequeña localidad, le resultó fácil encontrar a Prôt, pero los tiempos no invitaban a la confianza y el representante no parecía muy contento de verle, más bien al contrario; estaba algo prevenido contra el magistrado y seguramente tenía más miedo que el propio Brillat-Savarín. La época no era la más propicia para hacer amigos, ¡cuanto menos como para fiarse de desconocidos! Brillat habló con él, explicó su situación y usó todas sus artes diplomáticas, hasta que consiguió que no le arrestara. Y aunque no ganó la confianza del representante del pueblo, al menos lo tranquilizó: aquel era un hombre de poca capacidad, pero poderoso en aquel momento y el miedo que pudiera sentir ante su presencia, si se sentía amenazado, podía hacer peligrar a Brillat, y nuestro gastrónomo lo sabía. Aquella misma noche, un conocido de ambos animó a la familia del representante para que se celebrara una cena en casa del mismísimo Prôt y que se invitara a Brillat, de manera que aquellas horas en compañía suavizaran la tensión entre ellos y se concediera al magistrado el deseado salvoconducto. No dejaba de ser natural que el anfitrión se sintiera intranquilo, y aun así abrió personalmente la puerta de su casa por la noche para un pequeño grupo. Sin embargo las cosas fueron distintas con madame Prôt: Anthelme y ella descubrieron en la velada una común pasión por la música que fue tema de conversación durante toda la noche, lo que les permitió disfrutar de este inocente entretenimiento. Comentaron las últimas óperas celebradas, hablaron sobre los autores de moda, también disfrutaron de las novedades acerca de las últimas composiciones y sobre las de instrumentos y partituras. Ella había sido profesora de canto y Brillat era un gran violinista y amante de la música. Finalmente, tras la cena, cantaron a dúo varias melodías de moda, disfrutando mucho de la diversión y cuando el señor Prôt sugirió que la velada se debería acabar —cosa que apenó mucho a los dos músicos— ella le dijo en un aparte lo siguiente: «Ciudadano, cuando se cultiva las bellas artes, como vos hacéis, no se traiciona a la patria. Sé que le pedís algo a mi marido; lo obtendréis, yo os lo prometo». Y así fue, al día siguiente recibió su salvoconducto firmado y sellado, y consiguió salvar su vida huyendo de Francia.

La primera parada fue Suiza, donde se encontró como en su casa. Había salido de Francia con un pariente, el barón Rostaing —que posteriormente fue intendente militar en Lyon— y llegaron a Mondon, donde tenían unos familiares de apellido Trolliet. Brillat-Savarín conoció allí de primera mano la situación de otros emigrados, dos de los cuales representaban dos tipos dispares de entender la vida, y que le llamaron poderosamente la atención. En primer lugar, conoció el caso de un oficial francés reconvertido en tejedor, hábil y capaz, trabajador, que recondujo su vida sin ñoñerías ni remilgos de ningún tipo y su capacidad manual le llevó a poder ganarse la vida muy dignamente, a pesar de su anterior rango como oficial y de la escasa consideración que las artes manuales tenían en su tiempo. Muy al contrario que éste, Brillat conoció el caso de otro joven que se entregó a su mala suerte y que, sumido en la desidia, no trabajaba en nada, apenas comía dos días por semana por pura caridad de un hostelero y, como era de prever, finalmente enfermó de gravedad. Brillat le invitó a comer un par de veces, pero nada más, porque el magistrado era un hombre activo y capaz, trabajador y animoso, y le disgustó profundamente encontrar a alguien que era capaz de morir por no trabajar pudiendo hacerlo.

Después de esta pequeña parada se encaminó a Lausana, que fue también ciudad anfitriona del gran *gourmet*. Solía comer en un famoso restaurante, el León de Plata, donde por unos pocos francos era posible disfrutar de tres servicios completos de caza, pescado y además un excelente vino como acompañamiento. Tras su experiencia en Suiza, viajó por Holanda acompañando a un rico comerciante de Danzing, que vendía aguardiente al detal, pero esta actividad no duró mucho. Su gran destino y la mejor experiencia de su vida fueron los Estados Unidos, donde según narra él mismo: «Encontré asilo, trabajo y tranquilidad».

Y así, terminó embarcándose hacia la recién nacida América, donde vivió en las ciudades de Hartford, Nueva York y Filadelfia sin patrimonio ni fortuna alguna. Allí se sustentaba de dar clases particulares de francés y de un trabajo como primer violín en el Park Theater, de Nueva York, aunque no hizo ascos a empleos como camarero, comerciante, pintor y dependiente. América le enseñó grandes cosas, no solo una forma de vida, sino una gastronomía diferente y allí descubrió el delicioso pavo —que le gustaba especialmente asado—, el *welsh rarebit*, el ponche, la oca estofada y el *corn beef* —buey semisalado—. Pero no solo aprendió, también enseñó parte de sus conocimientos gastronómicos, especialmente a un chef francés de Boston, de nombre Julien; a preparar los huevos revueltos con queso, especialidad que se le daba muy bien y que repetía para sus amigos con frecuencia. Aquel plato fue un gran éxito, hasta tal punto que el cocinero, agradecido por la numerosa concurrencia que concitó en su restaurante, le mandó a su casa un suculento lomo de corzo de Canadá, que Brillat-Savarín compartió, completamente feliz, acompañado de su grupito de franceses emigrados y muy probablemente hambrientos. Uno de estos franceses que había viajado al nuevo mundo como él, el capitán Collet, puso en marcha una industria de helados y sorbetes en Nueva York durante los años 1794 y 95. Y tuvo un éxito inmediato, a las señoras les encantaban los helados, que no habían probado nunca, según comenta el propio Brillat, y lo manifestaban muy expresivamente: nunca se cansaban de los excelentes helados de Collet.

Aquel era un país nuevo en otro continente y un Brillat sin recursos económicos, solo las pocas monedas ganadas día a día por él, le llevaron a poner en práctica otras costumbres y a probar diferentes cosas, algo que seguramente no le desagradó y que supuso una excelente experiencia para el emigrado. En Nueva York tomaba sopa de tortuga a mediodía y compartía las noches con otros emigrados franceses, bebiendo cerveza ligera —ale— y *welsh rarebit* —una rica especialidad galesa que consiste en una salsa densa de queso dispuesto sobre una tostada. A pesar del nombre, el plato no tiene conejo, pero sí mucho sabor—. Gracias a su buena disposición hizo muchos amigos, no solamente franceses, sino americanos, desde cocineros a músicos e incluso algunos ricos hacendados de la zona. Un día aceptó el envite de uno de estos últimos amigos americanos, M. Wilkinson, el dueño de una plantación jamaicana, para comprobar quién podría beber más durante un banquete: si los ingleses —así llamaban los franceses a los americanos— o el trío de franceses emigrados. Preparados y bien organizados, mediante una estrategia inteligente que dispuso el mismo Brillat —beberían en pocas cantidades, comiendo a la vez y previamente habían tomado una buena cantidad de almendras amargas—, los franceses ganaron la apuesta mientras los ingleses tuvieron que ser retirados, en total y absoluto estado de embriaguez.

Su estancia en América le llevó a amar un buen pavo asado, una exquisitez que ya se criaba en cautividad pero que aún era posible conseguir en estado salvaje en los campos de Conneticut. Allí fue invitado por un granjero bien situado a cazarlos y a disfrutar después de esta exquisita ave, rellena y bien asada. Aunque en Europa todavía eran caras y difíciles de encontrar, en Francia, después de su exilio, ya se podían conseguir trufados, rellenos de castañas o de salchichas, el pavo asado era una de las exquisiteces que se podían presentar en una buena cena. Según el propio Brillat la calidad de un pavo cazado que había vivido en libertad —y que tan bien había conocido en los Estados Unidos— era infinitamente superior al del pavo estabulado. «El jesuita», como cuenta que en su época se llamaba al ave, era el gran protagonista de sus cenas más apreciadas. Se llamaba así a los pavos porque habían sido los jesuitas los importadores de estos y los criaban en una granja de Bourges desde finales del s. XVII.

Finalmente, en el año 1796 consiguió la autorización para regresar a Francia. Después de tres años en los Estados Unidos y de haber transcurrido estos de forma feliz, con un Brillat acomodado al país y bien acogido por sus habitantes, había llegado el momento de volver a Francia. Brillat-Savarín había tomado la mejor de las posturas ante el infortunio, la cual finalmente le reportó tanto placer que cuando tuvo que irse salió de América muy apenado. Su postura fue inteligente: habló como ellos, se comportó como ellos, se vistió como ellos y no alardeó de su vida afortunada en Francia ni de sus bienes o de su pasado. De esta forma, amable y diplomático como era su carácter, encontró hospitalidad y afecto en todas partes. Había vivido en paz con todos, hizo buenos amigos y no encontró problemas... salía de aquel país con algo de melancolía por los buenos ratos pasados, y a la vez pidiendo al cielo ser tan feliz en el viejo continente como lo había sido en el nuevo mundo. Rumiaba agradecido este pensamiento, ya montado en el paquebote que le trasladaba desde Nueva York hasta Filadelfia. La marea estaba alta, como debía ser en el momento de la salida, ya que con la marea baja resultaba imposible la navegación, por lo que el tiempo disponible para la salida quedaba muy ajustado, pero lo sería aún más, ya que dos americanos del grupo que debía viajar con ellos se retrasaban. Aquello traería consecuencias.

El capitán del paquebote tuvo la amabilidad de esperarles unos minutos, tiempo que se hizo muy largo para los viajeros por el natural nerviosismo ante la posibilidad de perder el barco, mientras por algún motivo desconocido para Brillat se comenzó a oír un gran ruido en la otra punta de la pequeña embarcación. En aquel momento pudo observar cómo uno de los franceses —amigo suyo—, de nombre M. Gauthier, propinaba una fuerte bofetada a uno de los americanos. Y allí empezó el barullo, de manera que sin saber la causa, tanto franceses como americanos comenzaron a proferirse insultos mutuamente, pero como solo había ocho galos frente a once americanos, estos últimos intentaron pasar de las palabras a los hechos y solucionar la disputa tirando a todo el bando francés al agua. A pesar de no haber participado en el inicio de la pelea, el entonces joven Brillat, de treinta y nueve años, grande, alto y orondo, no estaba dispuesto a aceptar el gélido trasbordo, pero comprobó cómo se acercaba a él con esta intención un marinero alto como una torre y fuerte. Rápidamente decidió que no iba a permitir el atropello y que tenía que tomar las riendas de la situación o se vería realmente comprometido; se dirigió al marinero todo lo amenazadoramente que le fue posible y le retó con tirarle al agua en vez de esperar que el otro tomara la iniciativa y le tirara directamente. El oponente solo dispuso de un instante para comprender que Brillat-Savarín podría ser peligroso para él y tuvo una reacción algo más lenta de la que había iniciado, unos segundos que fueron tiempo suficiente para proporcionar a Anthelme un dominio absoluto de la situación. Así, en lugar de tirar al francés al agua comenzó a proferir una tanda de insultos, lo que llevó a los dos contendientes a medir sus fuerzas verbalmente en lugar de con los puños. Estos pocos segundos ganados con tanta habilidad fueron suficientes para que llegaran los americanos atrasados, y entre todos y finalmente hicieron las paces en el pequeño barco, que se encaminaba hacia alta mar a toda prisa. Brillat se había asustado realmente, había temido durante la pelea que aquel fuerte marinero le hubiera lanzado al agua, por lo que fue a buscar al instigador de la pelea, Gauthier, para recriminarle haber comenzado la discusión y lo encontró con su contendiente, ante una mesa a bordo en la que había un jamón y varias jarras de cerveza. Todo se encontraba en paz, aquello no había tenido mayor importancia y podía dar comienzo tranquilamente a su nueva vida rumbo a Francia.

Durante los tres largos años que él había estado fuera, la situación en Francia había sufrido numerosos cambios políticos que modificaban el país radicalmente. Pero él mantenía su hogar de Belley, aunque había perdido muchas cosas, ya que el gobierno le había despojado de casi todos sus bienes. Si bien no se encontraba en situación de necesidad, pero sí de dificultad, finalmente pudo ver resueltos todos sus problemas en este sentido, ya que fue consejero en la Corte de Casación, lo que le permitió vivir desahogadamente ocupando este cargo hasta su muerte.

Por fin había acabado el terrorífico reinado de Robespierre y llegado el Directorio, con el ascenso de Napoleón al poder. La Revolución había terminado a la llegada a Francia de Anthelme, e inmediatamente después de su llegada, Brillat Savarín estuvo agregado al estado mayor del mariscal Augerau en grado de comandante. El espléndido mariscal invitaba cada día a todo su estado mayor a almorzar en su compañía, aunque el comandante Brillat acudía muy raramente a su mesa. Esto se debía a que había observado que el mariscal se ponía de muy mal humor después de comer —lo que atribuía a sus malas digestiones—, y lo último que deseaba Brillat era un problema innecesario e inmerecido; y así pasó la campaña almorzando solo o al menos no con su mariscal. Después de muchos años, ambos se encontraron casualmente en París, y el mariscal le comentó que le había echado de menos en su mesa durante las campañas, se sentía extrañado de que un joven comandante no aceptara alegremente las invitaciones a comer. Liberado de la preocupación de tener a un superior ante él, Brillat le confesó la verdad: había tenido miedo a que por cualquier frase inocente que pudiera decir y que hubiera molestado al mariscal le enviara a prisión —como había visto que sucedía con relativa frecuencia—. Tras aquella confesión ambos se rieron de buen grado y continuaron siendo buenos amigos.

Durante aquellos difíciles años posteriores a su llegada a Francia, Brillat consiguió mantenerse a flote e incluso fue distinguido con la Legión de Honor y nombrado Caballero del Imperio. En 1798 vivió en Versalles en calidad de comisario del Directorio[18], y finalmente fue alcalde de su localidad natal. Fue en esta época cuando desarrollo con más intensidad su gran pasión por la comida: le gustaban los restaurantes buenos, pero al estilo antiguo, aunque no era incompatible con el gran disfrute que le proporcionaba tener invitados en su casa, incluso a veces hacía pequeñas preparaciones él mismo. Eran cosas simples pero refinadas: un ponche, unas tostadas... solo que muy delicadas y bien ejecutadas hasta el máximo. Inspirado por una musa de su invención, Gasterea, sin duda, el placer que Brillat sentía ante una buena comida no impedía que conociera a fondo los aspectos más prácticos de la anatomía humana, la fisiología y el aparato digestivo en sus más pequeños detalles, fruto de su formación en medicina, y que podemos ver en las descripciones que hace en su obra. Un poco poeta, excelente músico, algo médico y químico, riguroso y organizado por su formación como magistrado, la combinación de todas aquellas características le permitió conocer y disfrutar muy a fondo de la buena comida.

Pero Brillat no descuidó algo muy importante para el ser humano: el hecho de que compartir en agradable compañía el buen alimento con frecuencia conduce a las personas a un disfrute superior. Para ello, se ocupaba de que a su mesa acudieran combinaciones de contertulios de lo más variopinto, de manera que las veladas resultaran entretenidas y animadas, y para ello organizaba los menús a gusto de todos. Su primera regla era que nunca sentaba a su mesa a más de doce comensales;

---

18   Brillat-Savarín, 1987, 91.

eso sí, de profesiones y ocupaciones variadas pero gustos análogos, y los situaba en salones con excelente iluminación, bellos, y cuando podía, lujosos. Se ocupaba de que todas las señoras tuvieran un acompañante que las distrajera y de que después de la comida, a la hora de acompañar el café y los licores, hubiera en las sobremesas juegos entretenidos y diversas distracciones, pero sin exageración.

Pacificado al fin el país y modificado radicalmente, en Francia se vislumbraba la emergencia de la gran cocina francesa, la cual se había cocido a fuego lento durante siglos en los hornos de los palacios y pronto llegaría a las calles de París para extenderse posteriormente por todo el país, nutrida en los recetarios burgueses y en el excelente producto que se prodiga en todo el territorio. Pero sería la aparición de los *gourmands* el hecho que confirmó la llegada de la alta cocina: personas bien informadas, con buen gusto, educación literaria y «viajadas». En la mayoría de los casos, eran las que ocupaban el lugar del antiguo y aristocrático anfitrión[19], que ahora eran un grupo de individuos más expertos y conocedores. Estaban dotadas del concepto burgués de acomodarse confortablemente en un espacio ganado por el esfuerzo y enriquecido por la experiencia, y con un bien desarrollado sentido de la *gourmandise*. La gran cocina, si bien provista de antiguas raíces, se nutre de este concepto burgués que tan bien representa Brillat-Savarín y que se muestra en el cuidado con la elaboración de las recetas y en la selección de los alimentos; también en la manera de desarrollar los platos y de organizar los menús. Pero el punto clave en la nueva época fue la aparición de cocineros fuera del ambiente privado, con su artesanía al servicio público, son ellos los que ayudan a institucionalizar esa gran cocina, y poco a poco dan lugar a la aparición de modernos establecimientos.

En esta época, y después de la caída del antiguo Régimen, se había multiplicado el número de tenderos en París y estos no solamente expendían viandas sin elaborar, sino también comidas preparadas, como pavos trufados. De esta forma se imponían nuevas modas y nacía un creciente interés por la gastronomía. En 1825, por ejemplo, la trufa se encontraba de plena actualidad, era el alimento más exquisito en boga, el interés por ella se encontraban en su apogeo y así, literalmente todo lo comestible —para fortuna de los parisinos de la época, a los que envidio— se guarnecía con este delicado hongo. Como no podía ser de otra forma, en su obra, Brillat-Savarín dedica elogios encomiables a alimentos como éste, también al azúcar —que ya se había comenzado a extraer de la remola-

---

19   Barlössius, E., 2000, 1213.

cha—, y por supuesto al pavo. Además, el café y el chocolate, que aunque sobradamente conocidos eran de consumo mayoritario en su época, cuentan con capítulos específicos sobre ellos, en su obra en los que se explica la forma de preparación, sus cualidades y efectos además de proporcionarnos algunos datos históricos y anécdotas de su tiempo de lo más entretenido. Además de los productos, las técnicas fueron otro de los intereses de Brillat-Savarín. Entre todas ellas, quizás la que más le interesó —y él se aplicó personalmente en su ejecución— fue la forma de elaborar una buena fritura, para la que recomienda el uso del aceite de oliva y aplicación de una alta temperatura. Sin duda, conocía bien los efectos de ambos, método que se sigue practicando en la actualidad de forma idéntica. También comenta, y conoce, el efecto de los alimentos y las bebidas sobre el cuerpo, y cómo éste mejora o se deteriora con el consumo de ciertos productos. Brillat consideraba que fue antes de la Revolución, a partir de 1774, cuando comenzaron a producirse una serie de mejoras en los banquetes. En primer lugar, progresaron según él las profesiones relacionadas con la alimentación como la de los cocineros, fondistas, pasteleros, confiteros, distribuidores y almacenes de comestibles, que se multiplicaron progresiva y rápidamente, prosperando todos ellos y proporcionando al pueblo de París una diversión continua —cara, desde luego—. Además, se comenzaron a aplicar conocimientos de física y química a las labores culinarias y surgieron nuevos dispositivos y con ellos nuevas profesiones, como el elaborador de masas dulces y el fabricante de productos en conserva. En lo relativo a la gastronomía, fueron años muy productivos, sin duda. Veinte años después de ese inicio, en 1795, es cuando la actividad de Appert comenzaría a desarrollarse en torno a la experimentación del nuevo sistema de conserva de alimentos —aunque hasta 1810 no consiguió el premio que le proporcionó fama—, en plena efervescencia de trabajo, y patenta el método que lleva su nombre —la appertización—, mediante el cual se podían conservar los alimentos durante un tiempo más prolongado que al natural, lo que cambió la forma de entender la alimentación en todo el mundo y promovió un nuevo tipo de sustento que no ha parado de desarrollarse hasta la actualidad. El progreso de la actividad científica del siglo comenzaba a dar sus frutos en el terreno práctico. La horticultura también mejoraba, comenzaban a establecerse invernaderos y se perfeccionaban las técnicas agronómicas poco a poco, pero con continuidad. La cocina francesa se nutría de exóticos productos como el *karik* y el *beefsteak*, también de caviar, de salsa de soja, de ponche, de negus y de café. Todo había cambiado, y no solo políticamente: la gente estaba preparada para asistir a revoluciones en la alimentación, de la misma forma que había asistido a los cambios sociales. Por otro lado, no solo se apreciaban estas novedades, sino que, como el propio Brillat asegura: «todo cuanto precede, acompaña o sigue a los festines se trata con un orden, un método y un cuidado que evidencian el deseo de agradar y complacer a los comensales». Importaban —y mucho— la cocina y la mesa, y todo lo que con ellas se relacionaba, la gente deseaba novedades y las apreciaría. Las costumbres en la mesa, por tanto, también cambiaban: se instituyen desayunos fuertes, de tenedor, y en ellos se prodigan los encuentros sociales. Comienzan a tener gran éxito los tés, en los que se tomaba además de esta infusión toda una batería de golosinas y *mignardises*; y por supuesto se prodigaban los banquetes políticos, a los que asistía todo representante público que se preciara. La inclinación por el buen comer ya no era pecaminosa ni había que ocultarla; no solamente se permitía, incluso se alentaba y estaba bien vista, los *gourmands* eran el centro de atención y de entretenimiento en todas las reuniones. Y Brillat-Savarín era uno de ellos.

En lo que respecta a la gastronomía, el mayor cambio que sucedió en su tiempo fue la aparición de los restaurantes, algo que modificó el panorama de la restauración pública provocando que una necesidad evidente en la época tuviera una resolución satisfactoria. Francia había padecido las brutalidades de la caída del régimen antiguo, pero estaba dispuesta a seguir viviendo, y a hacerlo bien. Los restaurantes se prodigan, comenzaban a ser casi una necesidad porque el estilo de vida había cambiado. París era el centro de mayor vida de toda Europa, pero, como cuenta Brillat, hasta aproximadamente el año 1770, los forasteros contaban con muy pocos recursos en lo relativo a componer una buena mesa. Era necesario acudir a los malos fogones de las hospederías y a algunos hoteles que en contadas ocasiones ofrecían un menú escaso y malo a una hora fija. Por otra parte estaban los bodegueros, que expendían piezas completas —por ejemplo, un pollo entero o un gran asado, pero no porcionado—, o hacían comidas por encargo. De la misma forma que sucedía en el resto de Europa, en Francia solamente se comía bien en las casas privadas y la cocina parisina no existía como tal fuera de las paredes de las cocinas y de los salones particulares.

Para Brillat, la creación del primer restaurante fue obra de un hombre inteligente, una aparición previsible además de deseada, dado que todos los hombres necesitan comer todos los días, y que no siempre era posible comer en casa. El hecho de que se produjera la creación de estos locales con precios fijos, que ofrecieran comidas de calidad y que, según sus perspectivas, aquello fuera todo un éxito, era algo esperado.

LE CUISINIER.

«El cocinero». Ilustración de la *Fisiología del gusto.*

Así fue, y no solamente en París, sino en toda Francia proliferaron muy rápidamente los restaurantes mientras Europa entera los acogía con júbilo por sus numerosas ventajas. Entre ellas estaba la de poder comer a la hora que conviniera a cada persona, gastando lo que se ajustara a su bolsillo y no más. También era una ventaja el suplir la falta de cocina propia durante el desarrollo de los viajes o de diversas circunstancias personales de cada uno. Pero los tiempos habían cambiado y mientras antes de 1770 solo viajaban y comían bien los ricos, muy poco después, con la llegada de nuevos sistemas de coches de tiro y el establecimiento de los restaurantes, tanto los viajes como la buena gastronomía serían una posibilidad que se abría a todos; ya no eran un privilegio de pocos.

Brillat-Savarín comprendió que las necesidades de las personas en su época eran diferentes, todo el mundo tenía acceso a todo y podía ser suficiente para hacer fortuna presentar un *ragoût* muy bien dispuesto, ofrecer un comestible nuevo, o idear la forma de extraer sabor de sustancias que anteriormente no se valoraban. Pero sobre todo, fue motivo de aparición de grandes fortunas y un gran éxito comercial la importación de productos extranjeros, que desde entonces se hizo un imperativo en la gastronomía francesa, la cual apreciaría las novedades celebrándolas con alegría.

Y efectivamente, uno de estos excelentes negocios serían los restaurantes, donde muchas personas podrían comer desde entonces y en el futuro a un precio muy razonable para una persona normal, de forma agradable y sin tener que trabajar para preparar la comida. El problema de dar de comer bien a precio moderado estaba resuelto: el restaurante ya dominaba la ecuación. Beauvilliers marcó un antes y un después en la historia de la gastronomía. Creador y dueño del restaurante parisino más famoso de su época, abrió su establecimiento en el año 1782, en París, en la Rue de Richelieu, y le puso por nombre: *La Grande Taverne de Londres*. Con un salón elegante, buena bodega, excelente cocina y buen servicio —disponían de los primeros camareros profesionales—, hizo fortuna y se arruinó varias veces. Algunos le copiaron la genial idea, como Méot, Robert, Rose, Legacque, los hermanos Véry, Hermeven y Balcine, todos ellos propietarios de restaurantes en París. Y cada uno de ellos tenía sus propias especialidades, lo que convertía su oferta en única y personal. Beauvilliers abrió otro local en la galería de Valois del Palais-Royal y finalmente cerró en 1825.

Sin embargo, ninguno destacó más que Beauvilliers, quién publicó una obra, *L'art du Cuisinier* y que contó en su local con las visitas frecuentes de los más reputados gastrónomos de la época, y no solo burgueses, sino visitantes de postín, aristócratas, políticos y artistas, además de la asistencia de todo aquel que quisiera probar las delicias del recién nacido *restaurant*. En realidad, este Beauvilliers fue un auténtico restaurador que no solamente conocía la cocina, sus trucos y sus técnicas, sino que también sabía venderlos, que conocía a sus clientes y sus gustos, y cómo conseguir que la voluntad de un comensal se inclinara hacia un plato que era necesario vender. Durante la ocupación de París que se produjo durante los años 1814 al 15 por las fuerzas de la Sexta Coalición, a lo largo de las guerras napoleónicas, las fuerzas extranjeras de ocupación, de alto rango, visitaban con frecuencia su restaurante. Y Beauvilliers —excelente negociante— se hizo con ellos: conocía sus coches y a sus cocheros, por supuesto a los jefes de los servicios de la Coalición, e incluso aprendió a chapurrear todos los idiomas para poder comunicarse con sus clientes. Como buen restaurador tenía excelente memoria, conocía nombres y los relacionaba con las caras.

Brillat elogia mucho la oferta de los diferentes restaurantes parisinos, a sus especialidades y a la gran variedad de platos que era posible consumir en ellos. Además, le entusiasma la cantidad de productos internacionales que se puede disfrutar en ellos: desde la piña americana, el vino de Shiraz o el arroz indio hasta cualquier menudencia de los países vecinos. Incluso la extraordinaria olla podrida española, los vinos generosos españoles y de otras procedencias o el salchichón de Polonia. Es entonces cuando París comienza su gran época dorada, convertida en una ciudad cosmopolita donde toda comida y producto tuvo un espacio y un público, donde se podía encontrar todo lo que fuera gastronómicamente posible y donde Brillat-Savarín disfrutaría muy probablemente de infinidad de comidas exquisitas.

El 8 de diciembre de 1825, justo dos meses antes de su muerte, apareció un librito sin nombre, la *Fisiología del Gusto*, que obtuvo un gran éxito de inmediato. Pero es el subtítulo el que nos habla de las intenciones de su autor: *O meditaciones de gastronomía trascendente*. A pesar del pomposo nombre, muy propio de su época por otra parte, este subtítulo explica que el autor no dedicaba sus páginas únicamente a narrar anécdotas, en una suerte de autobiografía; pero tampoco las desechaba, y que su principal intención era explicar algo nuevo sobre la gastronomía, sobre el arte del buen comer, pero de una forma diferente. Su criterio en este sentido pretendía partir del conocimiento científico para proporcionar a este arte una cierta trascendencia, en un concepto literario en el que se mezclan la estética, el placer, el conocimiento y la disposición para disfrutar de una buena mesa.

Cada frase de su obrita tiene un sentido, cada detalle nos habla de él y de cómo amaba el momento en que se sentaba a la mesa y disfrutaba de la compañía de sus amigos con los platos de su invención. Parece que su vida discurría en torno a este pensamiento y a las actividades que le reportaba, que consistía básicamente en comer de la mejor forma posible en cada circunstancia de su vida.

La *Fisiología* está muy bien escrita, repleta de datos interesantes, dotada de sentido del humor, es obra de una pluma culta y experimentada, que ofrece una novedad importante en el mundo de la gastronomía: hacer que el lector reflexione sobre el alimento. Explicar que la comida es algo más que puro combustible, que no solamente se puede disfrutar con ella —cosa que él hacía sobradamente—, sino que es objeto y fuente de salud, que conforta el cuerpo y el alma, que proporciona un goce estético importante y que es una forma de expresión de las sociedades y de los hombres.

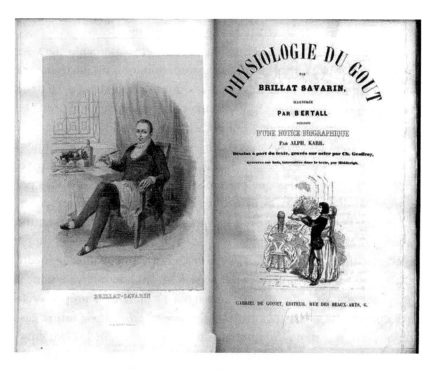

Portada de una edición de la *Fisiología del gusto*,
con retrato del autor a la izquierda.

En este pequeño y único libro del autor sobre la gastronomía, Brillat-Savarín habló de la delgadez y de la obesidad, de los conocimientos que se tenían sobre la incipiente ciencia de la nutrición y de cómo era importante combatir la corpulencia, de la que había visto ejemplos en todo tipo de hombres, desde príncipes europeos —como el duque de Vendöme o el rey de Polonia— hasta en amigos antiguos —M. Rameau, alcalde de la Chaleur— o en neoyorkinos famosos —uno francamente obeso, de nombre Eduardo—, y cómo la obesidad había arruinado sus vidas. También narra los peligros de las dietas de moda en su época, como tuvo que ser la del uso del vinagre como bebida, cuya práctica afectó especialmente a las mujeres; y preocupado por esto proporciona en sus páginas algunos remedios prácticos para adelgazar de forma saludable e incluso apetecible pero sin enfermar, comiendo ajustadamente a los conocimientos de que se disponía entonces. Y por otro lado insiste en los peligros de una extrema delgadez y en las técnicas para hacer engordar especialmente a las mujeres, a las que en su época no se consideraba atractivas excesivamente delgadas, sino más bien curvilíneas y redonditas. El ayuno todavía no había llegado a ser de interés excepto como norma religiosa o por prescripción facultativa, y seguro que no era motivo de alegría para el gran gastrónomo.

Por otro lado, su obra llegaba en un excelente momento para ser disfrutada por la ya bien instalada y próspera burguesía ilustrada que había sufrido los excesos revolucionarios, que era respetuosa del pasado y admiradora del progreso, preocupada por regocijarse en el presente, por vivir confortablemente y por comer bien. Las mejores páginas de la *Fisiología* son las referentes a las observaciones sobre ciertos alimentos y preparaciones: el azúcar, el café, las trufas, el chocolate, el pavo, e incluso aquellas en las que presenta algunas recetas inventadas por el propio Brillat, muy expresivas y apasionadas además de pormenorizadamente detalladas. Es por todo esto por lo que se le considera uno de los padres de la gastronomía, ya que en su obra trasciende la simple receta, cuyos elaboradores, los cocineros, eran los ocupados de medir, practicar y transmitir, para enfrentarse a un mundo que ya entonces necesitaba algo de orden. Él da un paso más, y fuera de la propia receta se ocupa de desarrollar incipientes puntos de interés para la futura gastronomía. Y si bien no los desarrolla totalmente, sí pone los cimientos sobre los que poco a poco ha ido creciendo, teniendo como vehículo literario la mejor tradición del ensayo francés, en el que reflexiona y hace pensar sobre el tema que le apasiona, la *gourmandise*.

Pero además de hablar de los alimentos, de la historia de los alimentos, de la buena nutrición y de la salud, hace referencia a la importancia del ejercicio y del sueño, a los que dedica capítulos completos. En las pirámides alimentarias modernas se recoge ya el ejercicio como parte del ciclo de la alimentación, pero con mucha probabilidad se terminará recogiendo en el futuro la importancia del sueño —como sugería Brillat— entendido como el tiempo que tiene el cuerpo para repararse mediante el descanso. A lo largo de sus páginas explica la influencia de la dieta sobre el reposo, sobre el sueño y sobre los sueños, y hasta el agotamiento e incluso los excesos tienen un espacio en su obra.

Algunos platos y útiles de cocina que aún se usan tomaron su nombre del gastrónomo, como son el famoso «molde savarín», un recipiente en corona que presenta un hueco en el centro que se solía rellenar de algún picadillo o salsa. Además existe una elaboración que también lleva este nombre —Savarín— y que es un babá clásico, cuajado precisamente en este molde y mojado con almíbar de ron. El hueco central se rellena con fina crema pastelera o nata montada, adornada con frutas confitadas.

También en relación con las recetas inventadas por él se encuentra una preparación muy famosa, el *Oreiller de la Belle Aurora*, cuya receta se detalla en la obra de Lucien Tendret *La table au pais du Brillat Savarin*, y que consiste en un pastel salado relleno, cortado en forma de cuadrado y cuyo relleno presenta una doble farsa. Por un lado, una de ternera y cerdo y por otro una farsa de hígado de pollo, perdiz, champiñones y trufas, a las que se añaden filetes de ternera adobado, *aiguillettes* de perdiz roja y de pato, un lomo bajo de liebre, trozos de pechuga de pollo y mollejas de ternera blanqueadas. Tan ligero plato estaba dedicado a la madre del autor, Claudine Aurora Récamier. Pero además de los grandes platos, a Brillat le gustaba preparar *fondue* con queso y huevos para sus invitados, tostadas delicadísimas, infusiones y ponches, y diversas variedades de huevos, entre ellas la que llama «la tortilla del párroco». Pero no hacía ascos a vigilar un buen asado o preparar un café moka, mientras, claro está, se deleitaba con un poco de su jugo o una cucharadita de aquel delicado extracto de café.

Como le gustaba comer, y comer bien, su afición le llevó no solo a perfeccionar recetas como la *fondue*, sino a crear nuevos adminículos de cocina y a pulir los existentes: su cocina contaba con un excelente horno para asar, con una «olla económica», un asador de péndulo y de un vaporizador, este último de invención propia. Además, creó un sistema para cocinar al vapor con un gasto mínimo de combustible y obteniendo con él unos resultados de gran calidad. Con este sistema cocinó por primera vez un rodaballo de un tamaño tan grande que no había recipiente lo suficientemente amplio como para contenerlo, y aguzando el ingenio ideó un invento que le permitió prepararlo al vapor en un lecho de hinojo y otras aromáticas, conservando así todo su sabor.

Defensor del *faisandage*, una costumbre muy extendida en su época y que consistía en dejar madurar la carne de faisán o perdiz, le gustaba excepcionalmente la caza: el corzo, el faisán, las codornices y perdices, el delicado becafigo e incluso —y sobre todo— los pavos salvajes americanos.

Sin embargo, la *Fisiología* no fue su única obra. Escribió sobre su profesión, el derecho, obras que apenas se recuerdan en la actualidad: *Vues et projets d'économie politique* (1802), *Fragments d'une théorie judiciaire* (1808) y *Essai historique et critique sur le duel* (1819). Su *Fisiología del gusto*, sin embargo, es una obra totalmente diferente, que, sin pretender ser una autobiografía, presenta muchos datos personales, aunque conceptualmente parte del ensayo. Brillat expresa en sus páginas su pensamiento, la importancia que le da al buen comer y la forma de cocinar; es visible que está impregnado por la culta herencia del enciclopedismo que sin lugar a dudas había vivido en su juventud.

Aunque visto desde la actualidad parece que la época animaba a la gastronomía, según Brillat la edad postrevolucionaria era solo un recuerdo de los placeres antiguos anteriores a la Revolución. Y una vez publicada, su obra enseguida tuvo importantes y entusiastas seguidores, como Balzac, aunque a Baudelaire no le gustó en absoluto y Grimod de la Reynière hizo como si no existiera. Pero Brillat-Savarín sabía de qué hablaba: había viajado, era un músico aceptable, jurista de profesión, diplomático y excelente conocedor de su propio país, y sobre todo un apasionado *gourmand*, amante de los placeres de la buena mesa antes que nada. Seguramente tuvo muy claro que su librito crearía controversia y de ahí que lo publicara sin nombre, o quizás pensó que su tiempo aún no estaba maduro para entender la obra. El caso es que —pensara lo que pensara— la presentó de forma anónima y que la primera edición se agotó rápidamente. Es curioso porque la *Fisiología* no es un texto científico, ni es novela, ni es autobiografía. Se trata de un texto original, concebido como a modo de ensayo sin serlo, exponiendo sin tapujos su pensamiento y sus anécdotas personales, y sin embargo manifiesta claramente su vida y su pensamiento, gritando desde sus páginas que la gastronomía debe ser considerada como ciencia. Esto encaja muy bien con el tiempo en el que vive: la Ilustración ha dejado su huella en los hombres de su tiempo, y él trata de aplicar el conocimiento científico, la pasión por conocer las cosas más a fondo y ordenarlas, a lo que más le gusta; la comida.

Además, se autodenomina a lo largo de sus páginas como «el profesor», quizás en recuerdo a su actividad como tal en los lejanos días pasados en los Estados Unidos, y admite en las primeras páginas su celibato como una cualidad que le preserva y que mantiene su capacidad de *gourmand*. Para él, que conoce cientos de recetas de primera mano, había algo más agradable que escribir libros de cocina, que era escribir sobre lo esencial del disfrute de la cocina: ésa y no otra es la idea clave de su obra, como reconoce en el prefacio a ésta. Fue un avanzado en su época, provocando conscientemente el uso de neologismos que usaba con toda la intención, incluso algunas palabras que se inventa para describir ciertos movimientos de la lengua —*spication, rotatión* y *verritión*—, las cuales no existían en el francés de la época, pero tampoco en el castellano actual[20], y otras que por su intuición de químico presagiaba pero que tampoco existían, como el término «osmazomo», una mezcla sápida muy potente, a caballo entre el extracto de carnes y el sabor peculiar que proporciona a los alimentos el pardeamiento no enzimático o reacción de Maillard. Su interés por la gastronomía va más allá de la simple *gourmandise*, exquisita y delicada, sí, pero insuficiente, y le lleva, en su «Meditación 3ª», a hablar del origen de las ciencias y del de la gastronomía, donde se ocupa de definir el concepto, así como los objetos de que trata, de su utilidad. También explica que en el futuro será una necesidad la creación de las academias de gastrónomos y augura que serán de tal provecho y envergadura que los gobiernos se ocuparán de regularizarlas, protegerlas y usarlas en beneficio del pueblo. Brillat, además, impone desde su tiempo, el uso de las palabras *gourmand, gourmande* y *gourmandise*, aconsejando a sus posibles traductores —y futuros, él aún no los conocía ni sospechaba del éxito de su obra— que las mantuvieran en francés, debido a que en otras lenguas no existían. Para él, la *gourmandise* es un difícil equilibrio entre calidad, delicadeza, afición e inclinación por los alimentos mejores, más delicadamente preparados y tomados en excelente compañía. Un concepto que además incita a los viajes, a la diplomacia, al conocimiento y a mejorar los aspectos mediocres de la alimentación. Y en un toque muy francés, al estilo más mundano, elogia la *gourmandise*, y dice que la coquetería y la *gourmandise* son las grandes modificaciones que la

---

20   Brillat-Savarín, 1987, 44.

extrema sociabilidad ha aportado a las más imperiosas necesidades del ser humano... y que no casualmente, ambas, son de origen francés.

Una vez definida la *gourmandise* como un conjunto de placeres estéticos y sensuales, llega la definición del *gourmand*... a los cuales les estaba prevista una longevidad mayor que al resto de los hombres ¡Placer sobre placer! Vida larga y capacidad de disfrutar de los mejores alimentos, la felicidad para los *foodies* de la época. Cuerpos mejor mantenidos, capaces de hacer frente a la enfermedad con más fortaleza, esperanza de poder disfrutar de nuevo, una vez más, de la *gourmandise*, alegría de la vida.

Despliega una prosa elegante, dotada de sentido del humor, entretenida y amena, aunque el marqués de Cussy criticó tanto su obra como a su persona y lo consideró un simple tragón, pero en ningún caso un *gourmet*. Sin embargo, hay que decir en su defensa que su libro es ordenado, que representa una forma nueva de entender la gastronomía y lo hace a través de una nueva fórmula literaria, en la que encaja el ensayo, la narración, el recetario y la autobiografía.

Setenta y un años después de su nacimiento, Brillat murió en París, habiendo paladeado y disfrutado de todos los mejores platos, alimentos y recetas de su tiempo, el 2 de febrero de 1826.

BIBLIOGRAFÍA

AA.VV., *Larousse gastronomique en español*, Barcelona, 2004.

Barlössius, E., «France, the Dominance of the French Grande Cuisine», en: *The Cambridge World History of Food*, Kiple, K.; Ornellas,K., (eds.), New York, 2000.

Brillat-Savarin, A., *Fisiología del gusto o meditaciones de gastronomía trascendente*, Madrid, 1987.

Depery, M., *Biographie des Hommes Célèbres du Département de L'ain*, Bourg, 1835.

Fink, B., «Jean-Anthelme Brillat Savarin», en: *Culinary Biographies*, Arndt, A. (ed.), Texas, 2006.

Garval, M.D., «The Physiology of Taste», en: Chevalier, T. (ed.), *Encyclopedia of Essay*, Chicago, 1997.

Ory, P., *Le discours gastronomique français des origines a nos jours*, París, 1998.

Revel, J.F., *Un festín en palabras*, Barcelona, 1996.

Thangka budista con la representación de la vida de Buda.

GAUTAMA SIDDHARTA. BUDA

Fue un religioso, reformador, místico, que inauguró
una nueva etapa religiosa en el mundo hindú del s
VI a. C., la cual incluía prácticas alimentarias. Gracias
a sus enseñanzas, hoy todos los budistas —más de
quinientos millones— se alimentan con productos
de origen vegetal. Nació en el 563 a.C., en el actual
Nepal, en la capital del antiguo país de Sakia, Lum-
bini. Falleció el 482 a. C. muy cerca de su ciudad
natal, en Kushinagar.

Vivimos nutriéndonos de alegría,
como los resplandecientes en su resplandor.

Siddharta el iluminado, el Buda, no se considera un dios sino hombre, pero sin embargo no un simple mortal... era un ser especial dotado de una capacidad de clarividencia extrema. Su nacimiento se debió producir alrededor de 563 a.C. en un entorno palaciego, ya que Siddharta nació como príncipe, hijo de un rey y heredero de su país. Fue el creador de una religión que dos mil quinientos años después siguen practicando millones de personas en el mundo, una religión cuyas reglas forman parte de una manera de vivir, que incluye un tipo de alimentación y productos, y con ellos una gastronomía característica. Sin Siddharta, sin su pensamiento, sin su influencia o sus enseñanzas, no habría sido posible el estilo de vida y la alimentación de esos budistas de todos los países que han seguido su doctrina a través de la historia y cuyas creencias y hábitos permanecen en la actualidad.

Son budistas los seguidores de Buda, del que toman el nombre, y no son pocos, sino millones de personas las que son vegetarianas por influencia de Siddharta Gautama. Y no lo son tanto porque él lo exigiera formalmente sino porque sus enseñanzas revelaban una forma de entender la vida que, al igual que sucede con otras religiones, también incluía un estilo de alimentarse, una selección de lo que se considera apropiado para el budista, evitando lo que chocara contra sus principios. Los budistas forman un numeroso grupo en la actualidad, alrededor de quinientos millones de personas principalmente radicados en la India. Todas ellas siguen unas pautas de alimentación que Siddharta establecería en su tiempo, adecuadas para que el hombre continuara la vía que conduce a la perfección según su forma de entender la vida. La idea de que la alimentación forma parte de unas prácticas que conducen a un estado de gracia no es solamente budista, se trata de un principio común a varias religiones, porque como diría Brillat-Savarin muchos siglos después: «Somos lo que comemos y según sean las intenciones de un hombre y lo que desee ser en la vida, su alimentación deberá estar en consonancia con sus propósitos». Y Siddharta lo sabía. Una alimentación selecta e intencionadamente adoptada se compone de diferentes combinaciones de alimentos elaborados de formas concretas, cuyo objetivo es facilitar al hombre la vía para lograr sus objetivos, para que el camino hacia ellos sea más fluido y fácil, y de este modo se consigue que el pensamiento y la vida tengan unidad. La práctica de la compasión con todos los seres vivos llevaría a Siddartha a evitar la carne, y la necesidad de purificación para alcanzar el Nirvana le conduciría a aconsejar a sus seguidores el evitar ciertos alimentos, el alcohol y las drogas. Y es que el budismo aparece como parte de la experiencia vital de Siddharta una vez transformado en Buda y después de haber vivido una proceso contemplativo, un arrebato o éxtasis que cambiaría radicalmente su vida para siempre. Formaría parte de él, se desgaja naturalmente de su pensamiento y de su vida, y si bien Siddharta lucharía durante muchos años consigo mismo, cuando alcanzó el estado de Buda se siente finalmente cómodo, ya sabe quién es y qué quiere, ya puede ofrecer algo al mundo.

La aparición del budismo no se enmarca en un entorno total y radicalmente diferente distinto a la vida religiosa anterior, más bien lo contrario. El budismo nacería en un entorno de hinduismo, que no era una religión propiamente dicha sino un conjunto de creencias basadas en distintos libros sagrados conocidos como Vedas. En realidad el budismo es más una cultura que una religión, una forma de acercarse a la realidad y de entender el mundo, la cual comprendería prácticas filosóficas y religiosas, un estilo de vida determinado y unos hábitos concretos para poner en práctica en la vida cotidiana. El budismo partiría sin rupturas desgarradoras desde un estilo de vida y religión preexistente practicadas por la población, aunque Siddharta lo perfeccionaría y purificaría, provocando que las novedades discurrieran serena y fácilmente, impregnando a la población apaciblemente. El hecho de no se produjera una fractura muy intensa o difícil de superar, originaría que el budismo fuera una religión naturalmente aceptada en el seno de una sociedad que ya se encontraba preparada para el cambio. Las modificaciones que Siddharta proponía no eran radicales por una parte, pero por otra ofrecían más frescura, una novedad que fue también aceptada y que consistió en una mayor pureza en las costumbres y más coherencia en lo referente al rígido sistema social previo de castas. El hinduismo se caracterizaba por varias peculiaridades, la primera de ellas era la existencia de las castas que ya entonces eran cerradas y estancas y que no presentaban posibilidad alguna de penetración en ningún aspecto. Por otro lado estaba administrado por unos religiosos que pertenecían a la casta de los brahmanes, los sacerdotes encargados de las ceremonias religiosas. Y precisamente con respecto a los brahmanes aparece uno de los aspectos más importantes de diferenciación entre ambas religiones, debido a que el antiguo culto religioso incluía una serie de ritos muy cruentos que consistían en sacrificios de animales prohibida posteriormente por Buda. Por otro lado, y debido al gran poder que ostentaban los brahmanes, con frecuencia rivalizaban con la autoridad de los reyes e incluso estos se sometían a los primeros, lo que causaba una gran inestabilidad en las pequeñas monarquías del s. VII a.C. La falta de un poder central vigoroso, e infiltrado por el poder religioso que además era una casta, provocaría que tanto los gobernantes importantes como el pueblo llano se vieran atormentados por este poderoso y cruel sacerdocio.

En este panorama complejo de castas cerradas, fuerte poder sacerdotal y pequeñas monarquías fragmentadas vivió Siddharta Gautama, el Buda; el hombre que encontró lo que llamaría el término medio para alcanzar el Nirvana. Pregonaría que este camino se haya en un lugar intermedio y equilibrado entre la práctica de una vida sensual, confortable y de gozo y por otro lado el ascetismo más estricto y riguroso. Su doctrina, si bien contempla la presencia de monjes y monjas, carecería de sacerdotes, lo que en aquel momento tendría como consecuencia la desaparición de la casta de los brahmanes si el budismo se extendía —como de hecho sucedió—, de ahí que fueran los propios brahmanes los más interesados en quebrar una expansión que buscaba la desaparición de sus privilegios y de su poder. En realidad ellos fueron los únicos opositores, ya que el budismo beneficiaría tanto al poder político como a los laicos. La postura de Siddharta fue muy clara al respecto y tenía su explicación: durante su propia infancia, el culto sacrificial de carácter cruento que practicaban los brahmanes le había dejado imborrables recuerdos en la impresionable mente infantil provocándole un tremendo rechazo hacia ellos, por lo que su oposición al sacrificio y a sus rituales fue pacífica pero radical y firme. Como consecuencia, su visión de la necesidad de compasión entre los seres vivos le llevaría a estar en contra de los sacrificios de animales. Esto le conduciría a practicar y recomendar una alimentación vegetariana no necesariamente estricta. Es decir, los cinco preceptos de Buda incluían el no maltratar a ningún ser vivo, sin ambages, rigurosamente: «No quitarás ninguna vida». Así que si bien ser vegetariano no era una obligación escrupulosa del budista, se terminó convirtiendo en una forma de entender y practicar la nueva religión. Los preceptos de Buda son una guía y no una obligación, por lo que hay variantes en la forma de seguir este tipo de alimentación que divergen en los detalles: por un lado hay ramas estrictamente vegetarianas las cuales incluso no toman aquella parte de la planta que la haría morir si se retirara, por ejemplo, las patatas, pero sí consumen los frutos de la planta en el caso de las moras, por ejemplo. Por otro lado hay diferentes ramas que no son tan estrictas y que admiten el consumo de carne siempre que el propio consumidor no haya sacrificado al animal ni permita que se sacrifique para su estricto consumo personal. La explicación de la negativa a sacrificar se explica fácilmente mediante otra de las creencias más importantes de los budistas: la reencarnación. Y es que la última intención del budismo es conseguir la liberación del hombre de todo deseo, para permitir que tras la muerte no se vea en la obligación de reencarnarse, sino que pueda disfrutar de la liberación final, lo que conocen como el camino al Nirvana. El hombre se reencarnaría una y otra vez en diferentes seres vivos, y no únicamente en seres humanos, hasta conseguir la total liberación de sus pasiones. Así, prescindir de comer carne y pescado significaría en gran medida la purificación y la posibilidad de apagar el deseo por un camino que facilitaría la llegada al Nirvana. El Nirvana consiste, entonces, en la liberación del hombre de todo lo que es fútil, de todo lo que está dentro del mundo material; el Nirvana es un estado en el que el hombre alcanzaría un mundo pacífico y vacío pero también en el que no existirían el lastre de las pasiones, la felicidad, el odio o los problemas de la vida, únicamente vacío. ¿Paz?

Es por esto que la cuestión de la reencarnación es clave para entender por qué Siddharta animaba a sus fieles a no consumir carne o pescado, ya que, al participar todos los seres vivos de la continua reencarnación hasta su estado de purificación total, existía la posibilidad de que un animal destinado a ser comida hubiera podido ser una persona en otra reencarnación. ¿Cómo se solucionaba esto? Sería tan sencillo como cortar un nudo gordiano, evitando sacrificar a cualquier animal, de manera que soslayando la ocasión se eliminaba toda confusión.

El entorno en el que vivió Siddharta era muy diferente al de la India actual, aquella era una sociedad que había vivido varios cambios importantes a lo largo de su historia, cambios que fueron incluso drásticos y que comenzaron a tener lugar aproximadamente en el 2500 a.C. Era la época en la que en la gran península vivían en relativa paz grupos de hindúes, hombres de piel oscura, chatos, de cabello oscuro y cuya ocupación principal era la labor de la tierra. Un día cualquiera, rompiendo la paz habitual de la vida de aquellos simples campesinos, aparecieron invasores a lo largo de todo el subcontinente: eran los arios védicos del norte. Aquella invasión no fue ni mucho menos pacífica y representó una serie de cambios muy importante en la vida de todos ellos, invadidos e invasores. Por un lado, los invasores llevaban con ellos una lengua, unos dioses, diferentes costumbres y una sociedad radicalmente distinta de la preexistente. Provenían de las estepas rusas, eran seminómadas y por tanto los lugares de origen eran amplios e inespecíficos... la gran llanura, madre de muchos pueblos. Físicamente eran hombres aguerridos, de piel blanca y cabello rubio, guerreros y excelentes jinetes cuyo animal tótem era el caballo, lo que parece natural en una sociedad que necesitaba a este animal para el transporte y la comida. Además eran belicosos, agresivos y rudos, y su sociedad se organizaba con pautas de corte militar, así que todas las características propias de los arios les facilitaron subyugar con mucha facilidad a los campesinos indígenas, organizados en sociedades pacíficas y sin apenas defensa. Los invasores no eran muy numerosos, pero a pesar de su corto número proporcionalmente eran mejores militares y disponían de una tecnología más avanzada: usaban carros de dos ruedas tirados por caballos, armas de bronce y potentes arcos. Las visibles diferencias físicas entre unos y otros llevaría a los arios a crear un sistema de separación racial en la que ellos se sintieron superiores —y físicamente lo fueron— . Sería entonces cuando se crearía el sistema de castas que en realidad no era tanto una diferenciación social o de poder como la puesta en práctica de una auténtica segregación por racismo. Y de nuevo nos encontramos, como ha sucedido en otros momentos históricos, con la clásica confrontación entre campesinos y ganaderos, que es inherente a estas dos ocupaciones y que significa la presencia en un mismo territorio de estilos de vida radicalmente distintos, pero que necesariamente tienen que encontrar un medio de convivir.

Además de ser excelentes guerreros, los arios eran buenos ganaderos y por el contrario la población dominada era campesina, pacífica y carecía de experiencia guerrera. Pero después de los primeros tiempos en los que se produjo una conquista más agresiva, los arios se fueron estableciendo y comenzaron a cultivar, como la población preexistente, cereales, principalmente cebada y arroz. Aquella era una sociedad dividida por criterios de clase, riqueza y color: unos trabajaban y otros eran expoliados. El nuevo sistema de las cuatro castas se convertiría entonces en una forma clásica de división social: guerreros, sacerdotes, campesinos y siervos, aunque también había esclavos que ni siquiera se consideraban parte de la última de las castas. Poco a poco la actual India se iría conformando en una gigantesca región dividida en pequeños reinos y regiones con distintas formas de gobierno, muy diferentes unos de otros en cuanto al tamaño, la riqueza y la organización social. Estos arios de carácter guerrero y seminómadas, que conquistaron la tierra y se asentaron finalmente en ella, terminaron creando un clima de fragmentación política además de una gran inestabilidad que junto a la fuerza ejercida sobre las poblaciones terminaría provocando graves hambrunas e incluso revueltas populares. En cuanto a su religión, los guerreros eran politeístas y su dios principal era Indra; la religión era profundamente vital y enraizada con los placeres sensuales de la bebida, la comida, el sexo, el juego y la guerra. Como la propia sociedad, también la religión era de corte militar y el caballo, héroe de muchas batallas juntos a los arios, cumplía en ella ese papel predominante; era el compañero imprescindible para que el guerrero consiguiera su objetivo final que era la victoria. Era una religión en la que el dios principal no buscaba el perfeccionamiento espiritual de sus fieles sino que solo deseaba sus ofrendas, gracias a las cuales les regalaría a su vez más prosperidad en un simple toma y daca. Era una religión que admitía entre sus prácticas comunes el sacrificio de seres vivos que podían ser tanto hombres como animales, y cuya consecuencia directa era que la vida de todos ellos careciera de valor, muy al contrario que sus valores más venerados: el combate, el triunfo y la victoria, que eran lo realmente importante. Aquella era una religión primitiva y de supervivencia, ruda, cruel y lúbrica.

Sin embargo, era inevitable que lentamente y con el paso del tiempo la primitiva religión fuera modificándose y cambiando, por un lado por la propia relación de los arios con los habitantes de los nuevos territorios, cuyas costumbres eran tan diferentes que tendrían que buscar puntos en común. Por otro lado por el inevitable desarrollo interno inherente al paso de los años. Y así fue, poco a poco se iría plagando de rituales mágicos, adquirirían importancia los momentos de trance provocados a los sacerdotes y gurús mediante el consumo de alucinógenos, y finalmente se terminaría creyendo en la reencarnación. Además, y esto sería importante para el futuro budismo, también la práctica del ascetismo adquiriría importancia. A través de todos estos cambios, el hinduismo iba tomando cuerpo y forjándose, aunque más que una religión con un corpus cerrado y una doctrina estricta, sería un conjunto de hábitos y creencias con variantes locales en la que los sacerdotes o brahmanes irían adquiriendo cada vez más importancia hasta conseguir tanto peso en la sociedad como la propia aristocracia. Y este fue el mundo en el que nacería Gautama Siddharta, el Buda, el iluminado. En realidad era un mundo estratificado, inestable, muy fragmentado en pequeños reinos que constantemente luchaban unos con otros, y sumamente injusto en lo social.

Siddhartha nacería cerca de la capital del reino de Shakya, cuya capital era Kapilavastu, y cuyo rey era su propio padre, él nació príncipe. Era un país ubicado al sur del Himalaya en lo que hoy es el actual Nepal, al norte de la India. En cuanto a su ascendencia, si aria o local, aunque hay opiniones de todo tipo, parece más lógico que Buda fuera de origen autóctono que ario. Su padre se llamaba Suddhodana Gautama —su primer nombre hace referencia a un plato de la época que se preparaba con leche, mantequilla y alubias y que era propio de sibaritas— y era el rey de un modesto país con escasa potencia en el entorno. La madre de Buda se llamaba Maya y tenía relación familiar con la tribu de los koliyas. Según la leyenda, Maya, que no mantenía relaciones con su esposo —una leyenda con la que se reafirmaría el carácter sobrenatural de Siddharta—, tuvo una experiencia sobrenatural en la que un elefante blanco de seis colmillos y cabeza roja penetró en ella a través del costado. Inmediatamente después comenzaría un embarazo de diez meses y pariría a su hijo por ese mismo costado, sin sufrir los dolores de parto normales, dando a luz agarrada a un árbol pero sin esfuerzo. El niño no habría estado en la matriz, por tanto, sino creciendo dentro de un cofre de piedras preciosas en el interior de su madre, con lo cual no estaría manchado o contaminado por los flujos naturales maternos y del parto. Recién nacido el pequeño, los dioses lo regaron con lluvia perfumada, fría primero y después caliente, y él, de inmediato daría siete pasos cuatro veces, en dirección hacia los cuatro puntos cardinales, lo que significaba que era el primero del mundo.

El caso es que Maya, en estado de avanzado embarazo fue a visitar a su familia, que vivía cerca, pero durante el camino se pondría de parto, a unos veinte kilómetros de la capital, en los jardines de Lumbini. Allí alumbró al pequeño, falleciendo una semana después. En la actualidad, en el lugar donde nació Buda hay un espacio de oración y peregrinaje, se trata de un lugar concreto en el que se ha encontrado un antiguo fragmento escrito en piedra que hace referencia a este hecho, y al que se ha peregrinado durante cientos de años. La leyenda dice que su nacimiento estuvo precedido de muchos milagros, que las imágenes de los dioses se alzaron de sus lugares y cantaron un himno en honor al recién nacido y que hubo todo tipo de prodigios en la tierra. En las fiestas de su nacimiento, que debieron ser importantes porque era el varón mayor y por tanto primogénito del rey, un asceta vidente, Ásita, que voló por los aires desde el Himalaya para conocerlo, solicitó tomar al recién nacido en sus brazos. Aquel día Ásita comprendió que el niño llegaría a ser Buda y lloró porque no viviría lo suficiente para conocer su doctrina, tras lo cual haría una predicción sobre él: dijo a su padre que el niño llegaría a ser o bien un gran hombre de estado o, en otro caso, un gran religioso. Su padre, por supuesto, se quedó encantado con que su sucesor pudiera ser un gran hombre de estado, pero no le hizo ni pizca de gracia que fuera sacerdote en el futuro, por lo que buscó todas las estrategias posibles para que se arraigara en su reino. Y como no tenía madre, trató de proporcionarle desde su más tierna infancia todo tipo de comodidades y diversiones para vincularle a la corte y al territorio, evitándole sufrimientos y escenas desagradables, haciendo su vida lo más agradable posible. Además, Suddhodana estaba avisado de que su hijo trataría de irse del palacio, así que procuró que no saliera y que su vida en el interior fuera plena y completa durante toda su infancia y su juventud. Pero el caso es que el niño había quedado sin madre al nacer y una de sus tías maternas, Mahaprajapati, que era también esposa del rey, se ocupó de criarlo hasta que cumplió siete años. Él se sentiría siempre desvalido, perdido y triste por la pérdida de su madre, lo que nos dice que esta tía no debió ser muy afectuosa con el pequeño, hechos que repercutieron en su visión negativa de la existencia y en la tristeza que le acompañaría constantemente durante la primera mitad de su vida y hasta su estado de iluminación.

De su infancia sabemos poco, solo que al pertenecer a la casta de los ksatriyas tuvo entrenamiento militar, que conoció el uso de los carros y los caballos y que vivió una vida voluptuosa, rodeado de todo tipo de comodidades: ropas de calidad, siervos que lo protegieran del sol o de la lluvia, casas de verano o de invierno, y protegidas en la estación de las lluvias... Además Siddharta era muy bello y su apariencia física le hacía ganar fácilmente el favor de los que tenía a su alrededor. La suya sería una infancia en la que nada le faltaría y en la que podría disfrutar de todo, menos de la madre que tanta falta hace a un niño, sobre todo cuando éste sabe que fue su nacimiento el que provocó su muerte. Su padre quiso mantenerle lejos de los dolores de la vida que él mismo conocía bien: la vejez, la muerte, la enfermedad y los ascetas, pero en el corazón del niño ya había anidado el dolor, un sufrimiento provocado por esa carencia de la ternura materna, un dolor del que no se liberaría hasta conocer el fenómeno de la iluminación. Su carácter se manifestó difícil hasta para él mismo, era melancólico y taciturno y no encontró la felicidad hasta que vislumbró la iluminación muy mayor. Entonces, y solo entonces, encontró un camino, un destino para su vida. Antes de la experiencia de la iluminación su visión del mundo era negativa y dolo-rosa, por lo que llegar al vacío representaría para él tener paz, no tanto ser feliz, pero al menos no padecer dolor, ésa y no otra era la liberación para él y la clave del budismo.

A pesar de que no había salido nunca de palacio Siddharta tuvo cua-tro experiencias en el interior de los jardines del placer, las cuales le lle-varon a hacerse muchas preguntas y cambiaron su vida, reflexionando profundamente sobre ellas. La primera visión fue la de un viejo que caminaba apoyado en su bastón. La segunda la de un enfermo febril, desgastado y dolorido. La tercera visión fue la de un muerto que lle-vaban al cementerio. La última visión sería la de un monje tranquilo y sereno. Enfrentarse a las tres visiones correspondientes a la vejez, a la enfermedad y a la muerte le hizo meditar sobre los dolores y el sufrimiento de la vida. Sin embargo, la última visión suavizaría las tres anteriores. Era la de los ascetas, la cual cerró el ciclo y gracias a ella percibiría que si bien la religión no podía cambiar el destino humano era capaz de aliviar el sufrimiento y de proporcionarle un sentido a la existencia. Pero aquella no sería la única experiencia sorprendente que tendría; durante su infancia Siddharta experimentó la primera situa-ción de trance observando un día tranquilo como unos bueyes labraban con gran esfuerzo la tierra, tirando de un arado con el que ésta se abría. Quedó en éxtasis, un trance que sería el primer encuentro con su más profundo estado de conciencia y que años después culminaría con su llegada al Nirvana. Durante su infancia y juventud le gustaba estar solo, le disgustaba el ruido y la charlatanería de la corte y era algo melancólico; se mantenía alejado de las mujeres, que le desagradaban con todos aquellos enredos palaciegos y con sus complicaciones, y en realidad no amó a ninguna. Y si bien el palacio no es lo que hoy podemos imaginar como un edificio suntuoso y enorme, sí se correspondía con una zona urbana, abierta, con casas en las que viviría la gente y un edificio principal reservado a la numerosa familia real y a los altos funcionarios.

Cuando cumplió dieciseis años, Siddharta fue aleccionado por su padre y animado a aceptar ciertas responsabilidades, poco a poco había que ir asumiendo la madurez; tenía la obligación de contraer matrimonio, el primer deber de un príncipe. Quizás el padre lo viera tan solitario que quisiera alegrar su vida y a la vez cerrar una alianza con un reino vecino —por no hablar de la necesidad de sucesión— y así propuso varias posibilidades para la elección. Siddharta no manifestó mucho interés en ninguna de ellas, la idea del matrimonio solo equivalía en él a una obligación, pero finalmente eligió y tomó esposa y quizás una primera concubina. Se casó con Yashodara, hija de un noble Shakya, la cual muy probablemente fuera incluso pariente suya, y tras los esponsales vivió con ella en el palacio de su padre durante doce años sin tener descendencia alguna. Siddharta continuaba melancólico, el matrimonio no había aliviado sus penas, y su esposa no representaba para él una compañera ni alguien que le ayudara a encontrar consuelo a tanta tristeza, lo que seguramente su padre percibió. Es curioso observar que Siddharta, a pesar de ser un joven príncipe que vivía en un lugar privilegiado, de disfrutar de una salud física y resistencia —era muy robusto—, de tener palacios y de gozar de todo tipo de comodidades, no se deleitaba con nada de esto. Se preguntaba muchas cosas quizás impropias de su edad, meditaba sobre el dolor, sobre el sufrimiento y sobre lo efímero del gozo. También acerca de lo superficial de las cosas físicas. Era incapaz de ser feliz con nada de lo que tenía ni mediante nada de lo que era, y se encontraba constantemente preocupado porque presentía que algo malo podría sobrevenirle, lo cual le mantenía constantemente inquieto. Su vida no era feliz.

A pesar de los esfuerzos paternos en proporcionarle todo lo necesario y más para que disfrutara de la vida, el joven no alcanzó ese gozo de ninguna forma: ni por medio de las cosas, ni con el disfrute y la belleza, ni con la compañía femenina de una esposa bella y buena ni con otros placeres sensoriales como la bebida y la comida. Su padre no consiguió darle lo que necesitaba ya que en realidad no se encontraba en su mano proporcionárselo, y el joven vivió el matrimonio como una experiencia impuesta, como una carga insoportable para él, que apenas podía tirar de sí mismo, que apenas se conocía, que ni se comprendía ni se amaba. Amar a otra persona —que era una mujer para más complicación— se le hacía insoportable y más aún cuando él apenas toleraba a las mujeres, de las que huía porque le molestaba el constante parloteo al que le tenían acostumbrado en la corte. Sin embargo, su abrumadora situación podía complicarse aún más para él y tras aquellos años llegó finalmente un hijo que se sumó a esta pesada carga y que terminó por decidirle a emprender otro camino.

Después de esos largos y aburridos doce años de matrimonio, Yashodara dio a luz a un varón al que llamaron Rahula. El primogénito del primogénito representaría un acontecimiento en palacio, sobre todo después de tantos años de ser esperado, pero Siddharta no lo vio como una bendición, sino todo lo contrario. Él se sintió tan presionado por tener que ocuparse de un niño, que aquella sería la gota que colmó el vaso de su paciencia, la que provocó su huida. Yashodara jamás le perdonaría y nunca olvidaría en qué circunstancias fue abandonada. Entre ellos no había habido comunicación, y por su parte Siddharta tenía veintinueve años, un corazón triste y una cabeza llena de preguntas sin resolver. Pero su padre vivía y no dejaría abandonados al niño ni a su madre, por lo que él quedaba liberado de una obligación que traspasaba a otros. Así que aquella noche, en silencio y después de que naciera el pequeño, Siddharta salió del palacio sin decir nada, acompañado tan solo de su criado Chandaka, dejando atrás sus obligaciones como príncipe, como padre, como esposo, como gobernante. Sin lugar a dudas la sensación de un joven sensible que lo abandonaba todo debía ser ardua, de autoreproche y de inquietud en los primeros momentos, quizás incluso de miedo, pero estaba decidido y aquella noche Siddharta dijo a Chanda, su fiel esclavo: «Levántate y apareja mi corcel en silencio, nadie lo debe oír». Extrañado, Chanda contestó: «La noche no es tiempo adecuado para el paseo. Además, ningún enemigo está atacando el palacio. No entiendo por qué me ordenas que apareje el corcel». «Sí hay grandes enemigos ¿acaso no lo sabes? Son la vejez, la enfermedad y la muerte. Esos son los enemigos peores». Emprendió un camino sin vuelta, ni miró atrás ni paró: cruzó el territorio de los koliyas y atravesó el río Anoma, donde finalmente se sentiría a salvo, y allí se cortó el largo cabello de príncipe con su propia espada. En la ribera del Anoma entregó la espada y todas sus posesiones al esclavo y lo envió de vuelta a Kapilavastu, a casa, para que informara a la familia de que no volvería hasta encontrar la verdad. Al llegar al bosque de Anuya, Siddharta «descendió del corcel y se quitó la ropa y las alhajas. Luego dijo a Chanda: «Puedes llevarte el corcel y quedarte con mi ropa y mis alhajas, regresando al palacio. Saluda a mis padres y diles que los abandono a fin de estudiar el camino de la salvación, pero que pronto regresaré. No deseo que se entristezcan».

Buda y su fiel criado Chandaka. En la huida del
palacio, el comienzo de su auténtica vida.

Aquel día Siddharta se quedó solo y sin nada, transformándose de príncipe en mendigo, quizás con el corazón más sereno y su destino asumido. Ya estaba todo hecho, la decisión tomada y el nuevo camino por delante, solo cabía seguir por él. Anduvo muchas jornadas sin prisa hacia el sur, por la ruta de los mercaderes, caminando a lo largo de seiscientos kilómetros hasta Rajargrha, la capital del reino de Magadha. Aquella era la capital política y también el lugar donde había escuelas espirituales, entre tanto hombre sabio quizás allí encontraría su destino, pero de cualquier manera era una gran oportunidad para un joven.

Magadha era la capital, pero no solo administrativa o política; era también la ciudad donde se concitaban todas las inquietudes de la época, toda la actividad, donde había escuelas a las que asistir, cosas que aprender. Era un lugar donde vibraba una auténtica vida urbana, un espacio donde encontrar todas las posibilidades del país, sin duda a Siddharta le alegraría. A su llegada pudo comprobar que había varias escuelas de pensamiento, seis en total, dirigidas por maestros diferentes. Cada uno de los maestros tenía una teoría propia que trataba de proporcionar una explicación a los caminos de la vida, al porqué de la existencia humana, de las penas del hombre y reflexionaban planteando mil preguntas sobre la existencia. Todos ellos aportaban algo, pero ninguna de sus teorías aportarían una explicación tan compacta como lo haría el futuro budismo, ninguna de ellas satisfaría al joven Siddharta, tantas preguntas llevaba en su equipaje que pesaban más que cualquier bulto que hubiera podido transportar.

Magadha era un reino situado hacia el Oriente, cuyo rey era Bimbisara, este rey se anexionó Anga y se hizo con el puerto de Campa, donde llegan las embarcaciones del Ganges y los navíos del sur de la India. Era un príncipe muy emprendedor y también reorganizó la administración, construyó carreteras y empezó a extraer hierro. Siddharta llegó a la capital de su reino, donde se mantenía pidiendo limosna, como otros jóvenes que pululaban por ella. Mientras pedía, un día llamó la atención del rey Bimbisara en uno de sus paseos, ya que en el aspecto de Siddharta se traslucía que no era un hombre vulgar. No solamente era su belleza, sino que también lo eran sus modos, su forma de comportarse, de hablar... todo en él reflejaba que era alguien especial y sin lugar a dudas lo era: Siddharta era en realidad un auténtico príncipe de nacimiento. Bimbisara, intrigado y tras indagar mucho, se enteró de quién era, fue a visitarlo, y gustándole el joven de inmediato le ofreció que acaudillara a su ejército. Aquel encuentro sería providencial para el futuro de Siddharta, quien sin embargo tenía claros sus objetivos y le dijo al rey que no tenía ambición alguna en ese sentido y que él ya tenía un reino que había abandonado. Hubiera sido absurdo que tomara alguna posición en éste, que al fin y al cabo no le pertenecía. Aunque el rey se sintió decepcionado porque el joven le había causado una excelente impresión, se despidió de él deseándole buena suerte, y le ofreció su ayuda si era necesaria. Su vida de ahora era tan distinta de cuando era príncipe...

resultaba incómoda, dura y difícil, y además no tenía nada, dependía de la buena voluntad de la gente que encontraba por el camino. Conoció a todos los filósofos y estudió en cada una de las escuelas de la ciudad, pero ninguna de ellas llegó a satisfacer su sed de conocimiento. A pesar de todo, Magadha le sería propicia y Siddharta encontró allí dos ermitaños que serían sus primeros guías espirituales: Alara Kalama y Uddaka Ramaputta. Ambos practicaban la meditación y el yoga y habían conseguido alcanzar el estado más elevado en esta práctica: ese delicado y difícil momento y estado, el «lugar en el que nada existe». Siddharta fue un espléndido discípulo y pronto le fue fácil llegar a ese estado, hasta tal punto que Alara Kalama le propuso que juntos podrían enseñar a otros ya que sin duda consideraba que tenía cualidades de maestro. Al contrario de lo que Alara esperaba, Siddharta no aceptó la propuesta, él deseaba algo más pero aún no sabía el qué, no solo quería alcanzar ese estado, aquel no era su camino, pero aún no sabía cuál era en realidad, así que se acercó a la popular escuela del sabio Uddaka Ramaputta, la cual tenía más de setecientos alumnos, y aunque volvió a alcanzar ese estado —ya tenía práctica—, también comprendió que no era suficiente para él. Pero no desesperó, Siddharta estaba interesado por la ascesis y los rigores de un camino de sacrificio, pero estaba visto que la compañía no era la mejor vía para él, así que seguiría su camino solo. Y continuó su camino, saliendo de la ciudad en busca de la soledad y sin parar de caminar llegó hasta la aldea de Sena, que era un lugar muy agradable, con buen clima, dotado de tierra rica, con árboles y pastos y sobre todo un espacio con ríos en los que poder practicar sus abluciones. Allí emprendió un camino que ya había vislumbrado anteriormente, que era extremo pero que quizás podría aportarle aquello que buscaba y que aún no sabía qué era: seguiría la ruta de la ascética, del sacrificio físico, de la privación y la frugalidad extrema aplicadas para alcanzar el conocimiento. No fue fácil, y la ruta de aquel camino estuvo plagada de mortificaciones durante un tiempo que duraría entre seis y diez largos años. Otros cinco ascetas le acompañaban en esta búsqueda de sí mismo, un camino que se escudriñaba a través de durísimas prácticas como tratar de dejar de respirar por la nariz y la boca, un acto que provocaba un terrible dolor en los oídos; también mediante ayunos que podían desembocar en la muerte y sobre todo tratando de obtener el control absoluto de su mente a través del dolor físico. Durante estas crueles prácticas estuvo varias veces a punto de morir, y sufrió, como parece lógico, un grave deterioro físico porque se atrevió con experiencias sumamente duras, algunas incluso jamás practicadas por nadie. Siddharta pulió y perfeccionó su mente mediante la extrema dureza con el trato de su cuerpo, pero un buen día todo aquello dejó de tener sentido, se sintió cansado: era absurdo seguir, había llegado también al final del ascetismo, conocía todos sus rincones, todos los procesos, cada rincón de su cuerpo y de su mente. No había nada más que hacer. Siddharta suspiró, ya había conocido y practicado a fondo el ascetismo, también conocía las dulzuras de la vida lujosa, de la que disfrutó durante su juventud y, como había sucedido anteriormente, ni el antiguo disfrute del confort le había satisfecho en absoluto, ni la dureza de la ascesis le había proporcionado conocimiento sobre el camino. Y así, con toda sencillez, un buen día dejó de practicar el ascetismo. Era natural que sus compañeros no se tomaran aquello bien, a ellos les pareció un abandono, la deserción de algo que era importante y le acusaron de dejar su senda para ir en busca del confort. Se quedaron francamente enojados con la defección. Siddharta no contestó, pero se fue de allí. Él sabía que le esperaba otra fase en el conocimiento, tenía que seguir buscando. De hecho, conocía tan bien el camino ascético que posteriormente lo rechazaría porque no le parecía el adecuado para alcanzar la iluminación. Tras separarse de sus compañeros de tantos años emprendió una vez más su camino y se alejó. Quería romper con el pasado de ascesis y como acto ritual para la nueva etapa que le esperaba, tras andar unas horas, se bañó en el río Nairanjana, quitando así no solamente toda la suciedad de la piel, sino todo recuerdo, toda experiencia dolorosa, y quedando limpio, dispuesto y preparado para un tiempo nuevo. Los baños rituales eran comunes entonces en la India —como lo son ahora— y tienen un sentido de purificación, de limpieza exterior e interior, de preparación para el cambio. Después de esta purificación ritual se fabricó con sus propias manos un vestido con un trozo de tela que había tomado del cadáver de una joven y, para dar comienzo a la etapa nueva, aceptó un tazón de arroz con leche y miel que le ofreció una mujer que vivía en una aldea cercana. Siddharta había finalizado con la vía ascética y comenzaba un nuevo camino, todavía no sabía a dónde, pero comenzó a andar purificado, limpio, vestido, nutrido y preparado. No se angustiaba, confiaba en que el camino le proporcionaría algo especial. Al caer la tarde se acomodó a la sombra de un árbol pipal —ficus religiosa—, sentado sobre una esterilla tejida con hierba munja y esperando ver caer la noche. Fue aquel día el que cambiaría el resto de su vida, fue entonces cuando tuvo una experiencia a la que llamaría iluminación.

En pocas horas su vida había cambiado extraordinariamente tras aquellos duros años ascéticos de dolor, de necesidad, de tortura, de suciedad... Todo se había transformado y él se había sumergido en la agradable sensación de la limpieza, del civilizador vestido, de la comida regeneradora y de la sensación de no estar en atado a un lugar, sino de verse de nuevo libre. Caía la noche y la luna llena iluminaría su cuerpo y su espíritu, siempre taciturno, algo apesadumbrado, acostumbrado al pesado dolor que sentía siempre sobre su corazón. Siddharta sentía una enorme tensión, cierta presión en su interior que algunos autores budistas interpretan como un auténtico combate con los demonios. Sintió que toda su vida se arremolinaba en torno a él, que volvía a sentir todas las sensaciones vividas, sus dolores, su pasado, su incierto futuro... todo era un torbellino de visiones y de sensaciones que le alejaban del presente y que finalmente le hicieron entender que por primera vez en su vida iba a ver con claridad, a estar iluminado, a alcanzar un estado superior. El corazón palpitaría. Ese momento representaría para siempre la clave de la verdad que tanto había buscado, era la justificación de su existencia, se trataba de una vivencia que se había puesto en marcha a través de tantos años de meditación y de ascesis y que tras luchar con sus propios demonios internos —que suelen ser los más crueles y los menos compasivos— aquello le haría salir fuerte y poderoso del tumulto de sensaciones. Por aquel entonces tendría entre treinta y treinta y cinco años y desde aquel momento hasta su muerte se dedicaría a predicar el mensaje de iluminación recibido bajo la luminosa luna hindú. Aquella noche fue fructífera para él y después del ciclón en que se sumió al principio, accedió a un conocimiento superior y conoció sus vidas anteriores, penetró en el funcionamiento de las leyes del karma y se hizo con la verdad última en un profundo proceso de meditación que le llevó a liberarse de todas las sensaciones y apegos y que finalmente lo iluminó con la verdad. Comprendió el porqué de la necesidad de las reencarnaciones, cuál era el motivo por el que el alma tenía inclinación por las cosas, tal apego que requería volver una y otra vez cerca de ellas, pero que serían su atadura y que no permitirían volar a las alturas si no conseguía liberarse del deseo. La liberación total se conseguiría cuando se llegara a la paz absoluta, a la nada, a un espacio donde no hay deseo y por tanto tampoco sufrimiento.

Aquel proceso de iluminación, que le cambió la percepción de todo a lo largo de aquella intensa noche, fue la clave de la vida de Siddharta. Ya no contaban las penas pasadas antes ni la tristeza por haber carecido de madre, ni porque nada en el mundo le satisficiera, solo contaba la verdad que le iluminaría aquella noche y que recordaría siempre, convirtiéndole así en un Buda, un Iluminado. Estaba tan satisfecho que decía: «Yo he vencido a todos los enemigos, yo soy sapientísimo, yo estoy libre de toda clase de manchas, yo he abandonado todo y he logrado la libertad al aniquilar el deseo. Tras alcanzar yo solo el conocimiento, ¿a quién tendría que llamar maestro? No tengo maestro. Nadie es igual a mí. En el mundo de los hombres y de los dioses no hay nadie que me iguale. Soy el Santo en este mundo, soy el maestro máximo, soy el Sambuddha absoluto».

Pensó que ese entusiasmo suyo podía contagiar y ayudar a otros porque era de carácter expansivo, pero por otro lado ¿por qué esforzarse? Si en realidad él podría vivir tranquilo con su experiencia y feliz sin predicar. ¿A qué complicarse? Finalmente, tuvo una aparición del Brahma Sahampati que le animó a manifestar su experiencia y su filosofía al mundo, lo que animaría al nuevo iluminado, el ya Buda, a sentir que tenía el respaldo de lo sobrenatural y que había encontrado su camino. Su sobrenombre, el Buda quiere decir precisamente esto, el Despierto, el Iluminado, el Guía espiritual. Alguien que ha conocido un espacio y un modo de estar que son superiores al del resto de los seres humanos y que tiene por tanto la obligación de enseñarlo a los demás para conseguir un mundo mejor.

Y así, después de aquella experiencia y de entender que debía ser comunicada, volvió a la ciudad para tratar de buscar a sus maestros en la ascesis, pero habían fallecido; al comprobarlo fue a buscar a sus cinco correligionarios de ascesis, pero no pudo convencerles, para ellos Siddharta había abandonado la verdad al dejar atrás el antiguo método ascético. Sin embargo pudo persuadir a uno, Kaudanna, que fue el primer discípulo de Buda. Caminaron juntos varias jornadas y más adelante y por casualidad encontraron al hijo de un rico comerciante, Yasa, que también se convirtió al escucharles con tal convicción, hasta tal punto que él mismo convirtió a toda su familia y a decenas de amigos. Siddharta comprendió que su misión no había hecho más que empezar y continuó enseñando sin parar por todas partes, andando todos los caminos para contar su experiencia al mundo. Algunos discípulos se separaron por diferentes caminos, haciendo exactamente lo mismo que el maestro, lo que provocaría que el budismo se propagara muy rápidamente. A todos aquellos que se comprometían a ser monjes les rasuraban la cabeza y les hacían desprenderse de los cuchillos de sacrificio en lo que no solo era un acto simbólico, es que ya no los iban a necesitar nunca más. Los seguidores se contaban ya por cientos y el mismo rey Bimbisara, antiguo amigo de Siddharta, que oyó hablar del budismo y lo conoció, también se convirtió. Aquello sería un gran éxito de Siddharta, pero en realidad, el budismo por sí mismo proporcionaría súbditos pacíficos, tranquilos y sin ambiciones, ciudadanos que no se amotinarían ni causarían problema alguno al poder, y Bimbisara lo sabía. El rey lo comprendió rápidamente y también que de esta forma su reino sería un país más estable y estaría más tranquilo. El movimiento de Buda crecía casi sin esfuerzo, la gente lo entendía bien y se mostraba muy receptiva. Sectas completas de diversas variantes del hinduismo con base idéntica a la nueva religión budista se convertían y seguían las enseñanzas del Buda, que también trataba de captar a los brahmanes y ascetas. Siddharta no solamente quería conseguir monjes para su causa sino también personas corrientes, laicos que siguieran los pasos del Iluminado desde sus propias vidas y que aplicaran el conocimiento recibido para alcanzar el Nirvana. Además, iría recibiendo diversas donaciones consistentes principalmente en casas y terrenos en los que edificaría monasterios y establecería grupos de monjes. El budismo crecía exponencialmente. Le seguían multitudes aunque todavía ni siquiera contemplaba la posibilidad de que hubiera monjas entre sus seguidoras; era natural, ya que las mujeres no tenían una gran consideración en la época, ni para él suponían nada realmente importante. Los días pasaban y su movimiento iba adquiriendo una gran trascendencia, tenía un gran reconocimiento social, estaba respaldado por el poder, disponía de monasterios donde formar y recibir a nuevos monjes y miles de personas le seguían, gente que no solamente serían religiosos, sino personas corrientes de toda procedencia y ocupación. El budismo era una realidad, ahora llegaba el momento, podría volver a casa.

Siddharta volvería a casa, al palacio de su padre, de una forma muy diferente de cómo había salido, ya no era el joven príncipe atormentado sino un hombre maduro, seguro de sí y con mucho éxito, que había vivido como había querido, que era un religioso al que adoraban las multitudes. A pesar de que el Nirvana se alcanzara en soledad, el éxito necesitaba el reconocimiento de los otros, la aceptación de los demás. Su llegada produjo un gran revuelo en el palacio y no sería bien aceptado por toda su familia. Su esposa, Yashodara, se negó a verle, todavía estaba resentida por el abandono y la ausencia del marido durante tantos años y sin tener noticias de él, así que lo único que hizo fue enviarle a su hijo Rahula para recibir la herencia que le correspondía. No sabemos si Buda se había acordado o no de ella durante estos años —aparentemente no lo hizo— pero en realidad Yashodara tenía sus motivos para estar enojada, el abandono fue total y firmemente deseado, ella lo sabía. Siddharta se casó porque era su deber y solamente había cumplido con la obligación moral para un príncipe de dejar descendencia, de manera que una vez conseguida y sin sentir atadura alguna, se fue del palacio.

Y en aquella segunda ocasión no vio a Rahula ni dio a su hijo la herencia debida, pero, por el contrario, sí le obligó a ingresar en uno de sus monasterios. No debieron ser momentos felices para ninguno de los tres. Siddharta ya estaba tan lejos de la familia que no entendería como a ellos no les parecía más importante alcanzar el Nirvana que cualquier cosa intrascendente. Yashodara se sentiría doblemente frustrada de haber perdido a un marido primero, después a un hijo y finalmente la posibilidad de ser reina, y no sabemos nada del pobre Rahula, pero en realidad fue obligado a entrar en un monasterio por un padre que no conocía, para practicar una religión que no había buscado.

Sin embargo el resto de la familia se alegró de verle y algunos hasta se hicieron budistas por convencimiento ante la presencia de Siddharta, entre los que se encontraban algunos de sus jóvenes primos, quienes también le seguirían, especialmente Devadatta, que era mucho más joven que Buda y que tuvo una gran importancia en la última parte de la vida del Iluminado. También su padre, Suddhodana que todavía vivía, se hizo budista, feliz por ver a su hijo vivo y de nuevo en casa, al pobre anciano se le alegraría el corazón. Aunque no a su gusto, la vieja profecía se había cumplido: su hijo era un gran sacerdote. También se convirtió uno de los hermanos de padre de Siddharta, Nanda, al que habría correspondido ser el próximo rey ante la ausencia prolongada del primogénito. Él también se fue a un monasterio budista, pero en realidad no fue totalmente convencido y fue muy infeliz, acordándose el resto de su vida de su casa y de su esposa.

Una vez restablecidos los lazos, Siddharta volvería a salir de casa y seguiría su camino dirigiéndose a Shravasti, la capital, con el único objetivo de convencer a los brahmanes de los beneficios de practicar el budismo. El problema era que estos sacerdotes pertenecían a aquella casta antigua y poderosa y no solamente eran sacerdotes sino sobre todo influyentes miembros de una estirpe que no temía al poder, por lo que Buda, que practicaba el abandono, se convertiría en su enemigo. Siddharta había inaugurado una nueva religión con la que eliminaba el poder del sacerdocio y por tanto el poder de sus miembros en la sociedad. Y lógicamente los brahmanes no dejaron de buscar formas de desacreditar a Siddharta para lo que usaron todo tipo de trucos bajos acusándole de libertino, de haber dejado embarazada a una joven y cosas similares, pero nada tuvo éxito, todas las tretas eran burdas, además de falsas y cayeron por sí mismas. Mientras esta lucha del budismo contra el brahmanismo tenía lugar, otro rey, ahora el de Koshala, quien después de escuchar un debate público que tuvo lugar entre Siddharta y

Mahavira, el fundador del jainismo, se inclinó por el primero y con él todo el país. En aquella ciudad se convertirían sus discípulos más famosos: un brahmán, un mercader, una mujer rica... Para el poder era más conveniente aliarse con Buda que con los brahmanes, una actuación con la que se trataba de evitar a la poderosa casta brahmánica y que tenía toda la lógica ya el que el budismo ofrecía al hombre alcanzar el Nirvana pero sin las abominables prácticas del cruel y racista sistema de castas, y sin sus ritos sacrificiales.

El budismo se extendía rápidamente, ya había monjes y laicos, todo tipo de personas tenían cabida en él, pero también las mujeres querían acercarse a la senda de Buda, no solo como laicas, sino como monjas. Buda y su grupo rechazaban esta pretensión, la mujer en su época no era dueña de su destino, solamente era madre y fuerza de trabajo casi servil, no tenía poder ni importancia alguna en su sociedad. Además ya sabemos que a Siddharta desde muy pequeño le molestaban las mujeres, buscaba aislarse de ellas, y sin madre, esposa o hijas, su vinculación con el mundo femenino apenas había tenido presencia en su vida. Todos sus amigos, condiscípulos y discípulos habían sido hasta entonces hombres, y aunque no es una excusa, hay que tener en cuenta que Siddharta no hacía con ello una excepción, no olvidemos cómo era el mundo en el que se desarrollaba su vida. Tanto Siddharta como sus discípulos consideraban a la mujer «la animalidad encarnada», seres primitivos, no dotados de la capacidad masculina para la comprensión y la elevación espiritual, por lo que sin mucho entusiasmo y solamente gracias al empuje de su discípulo Ananda, el Buda permitiría que apareciera la orden de monjas budistas, desde luego con algunos requisitos estrictos: las mujeres podrían vivir la vida monástica, pero tendrían una regla más dura y deberían estar sometidas al dominio masculino, que impondrían otros monjes. Buda no estaba tranquilo ni seguro con la decisión de aceptar a las mujeres como parte de su regla, y al pobre Ananda, valedor de las monjas, dicho apoyo le costaría verse relegado tras la muerte de Buda.

El éxito era total, Siddharta había triunfado en su predicación, los reyes de Koshala y de Magadha le apoyaban y sostenían, también lo hacía la clase comerciante, y tenía miles de adeptos, era toda una figura que había cambiado el presente y que sería clave en el futuro de millones de personas. Ahora era un hombre firme, seguro, con una inquebrantable fe, pero en su entorno surgirían disensiones, era algo muy humano y la ambición asediaría a Buda bajo el subterfugio de la amabilidad y de la compasión por él. Su primo Devadatta —que le seguía desde que volvió al palacio de su padre— que era al menos treinta años más joven, solicitó a Siddharta que dejara la dirección del movimiento en sus manos y que se retirara debido a su avanzada edad. Aliado con el hijo del monarca Bimbisara, pretendían quedarse con el control total del país, tanto del poder político —el del propio reino por un lado— como del movimiento budista, con lo que entre ambos ostentarían el poder religioso y el político juntos, lo que les convertiría en una poderosa alianza. Cuando Devadatta se atrevió a pedir esto a Siddharta, su primo se encendió en cólera, enfadándose hasta tal punto que le habló violentamente dejándolo en ridículo delante de todos los seguidores y diciéndole que no dejaría jamás al budismo en manos de nadie, ni siquiera de sus discípulos más brillantes y perfectos, cuanto más en manos de alguien tan mediocre como el pobre y desgraciado Devadatta. Aquel grave altercado llenó de rencor el corazón del miserable Devadatta hasta tal punto que intentaría asesinar tres veces al Buda: una primera vez mediante asesinos contratados, otra tirándole una roca y una tercera azuzando a un elefante contra él. Ninguno de estos intentos tuvo suerte y todos los posibles enemigos o armas se postraron ante Buda reconociendo su superioridad. Aquel sería el primer cisma budista, que coincidió con que el hijo de Bimbisara destronara a su padre y tomara a Devadatta bajo su protección. Devadatta acusaba a Siddharta de haber abandonado la inicial pureza del budismo y de desertar de sus principios para instalarse en el confort. No carecía de toda razón y en realidad Siddharta y los monjes habían abandonado la dureza de la vida rústica y vivían en una ciudad, con todo lo que esto significaba: más comodidades, más cantidad de limosnas y más generosas. Ya no faltaba nada, ni limosnas, ni refugio ni ropa, y aunque sin lugar a dudas no vivieran en el lujo seguramente entre ellos ya no se practicaba la antigua frugalidad ascética. Por ese motivo Devadatta creó las Cinco Prácticas, que consistían en que los monjes debían vivir solamente de las limosnas, habitar en lugares apartados, vestirse con ropas pobres y sentarse bajo los árboles en vez del interior de las casas, además de no consumir pescado ni carne. En realidad eran hábitos que ya se practicaban y que Siddharta había predicado, pero comenzaba a ser necesaria la creación de las reglas por la cantidad de monjes que ya existían y la necesidad de crear un orden en el budismo. Además, Siddharta predicaba que era necesario evitar la influencia de la orden en el ámbito político, así como soslayar las relaciones de poder que se pudieran establecer entre el poder y los monjes. Esto era necesario para evitar que los monjes budistas se convirtieran en nuevos brahmanes así como para conservar la pureza inicial de la orden. Finalmente el grupo cismático se volvió al original y se arreglaron las diferencias entre ellos, para lo que sería providencial la oportuna muerte de Devadatta.

A pesar del éxito inicial, la expansión y potencia del budismo se debilitaría en los años siguientes, aquel conflicto interno pesaba en el desarrollo de los acontecimientos y también se había convertido en un obstáculo la pérdida de poder que supuso la caída de Bimbisara. Por otro lado era inevitable que con el paso de los años y la ancianidad de Siddharta, éste viera poco a poco cómo sus amigos y discípulos fallecían, el mundo que le había hecho feliz y que había creado se derrumbaba con cada muerte. El primero sería Shariputra, uno de sus discípulos preferidos, lo que le dejó muy entristecido. La segunda cuestión sería la pérdida de influencia en el reino de Koshala, en el que el príncipe destronó a su padre el rey. Era un príncipe agresivo y belicoso que además trató de destruir el reino de los Shakyas con el que Siddharta estaba emparentado. Pero ya no tenía poder ni influencia para ayudar a los Shakyas, región que terminó siendo anexionado al Koshala.

Su fin estaba cerca y él lo sabía, la muerte se acercaba, era un anciano, y como era consciente de ello quiso volver a su casa antes de morir, por lo que emprendió el largo viaje de regreso. Siddharta había envejecido, tenía 80 años, estaba enfermo y el camino, a pesar de lo deseado, se hizo largo y pesado. Uno de aquellos largos días de vuelta entabló conversación con una cortesana que le invitó a cenar en su casa, y aunque en realidad y según la regla de su orden no podía aceptar, como había dado su palabra, acudió a la cena. Ella se quedó tan impresionada con la conversación del iluminado y con sus principios que aquel mismo día donó a los budistas su casa y un bosque adyacente. Y el pequeño grupo siguió su camino hasta que llegó la estación de lluvias, momento en el que Siddharta y Ananda tuvieron que parar a descansar en un pueblo que se llamaba el bosque de los bambúes. Allí Buda tuvo grandes dolores, pero no pararon y muy al contrario siguieron su camino al terminar la época de lluvias hasta llegar a una aldea llamada Pava, donde la gente les recibió con mucho cariño y un herrero invitó a comer a Buda y sus discípulos, una cena cuyo ingrediente principal era carne de cerdo. Siddharta además de vegetariano, había sido muy frugal durante toda su vida y la comida le sentó mal, además estaba enfermo de disentería, la cual le provocaría vómitos y hemorragias que casi acaban aquella noche con su vida. Pero persistía, no cejó en su empeño, que era intenso y continuó el camino, el deseo de llegar a casa era tan agudo que los dolores no importaban. Estaban ya tan cerca... Pero jamás la volvería a pisar,

Siddharta se sintió morir, llegaba su hora definitivamente. Y mientras sus discípulos discutían sobre la manera de repartir sus reliquias, el Buda fallecería a la edad de ochenta años. Su cuerpo se envolvió en diez mortajas y se incineró una semana después de su muerte. Sus cenizas serían repartidas entre ocho ciudades y conservadas en urnas funerarias conocidas como estupas.

La gran importancia de Buda en lo relativo a la alimentación es su entendimiento de que el hombre debe ser moderado en sus acciones y, sobre todo, en lo que aquí nos interesa, con respecto al consumo de alimentos, y por tanto ofrece un panorama diferente a la alimentación anterior. Sería fácil seguir sus normas para todos sus discípulos de entonces y de siglos posteriores. Siddharta hablaba de moderación pero sin llegar a extremos de ascesis que él ya había vivido en su propio cuerpo y comprobado por tanto que no era útil en absoluto, que la renuncia a la comida hasta casi la inanición y la muerte no era un buen camino para llegar al Nirvana, lo sabía bien. Tampoco lo era el exceso, la vida muelle, cómoda y abundante que le había acompañado durante su infancia y primera juventud. Manteniendo el equilibrio entre ambas, tomó una tercera vía a la que denominó «del término medio».

Todos los seguidores de Buda serían vegetarianos en diferente grado, pero vegetarianos al fin y al cabo. La religión es un arma muy fuerte para que los hombres que eligen vivir de una forma, cumplan una serie de obligaciones a las que se someten voluntariamente y por convencimiento, y que con gusto se adaptan a esas normas. Estas normas se siguen espontáneamente, son elegidas, pero también forman parte de la infancia, de la forma de vivir que una sociedad proporciona a sus miembros, y establecen unas pautas y unos gustos que permanecen toda la vida. A la vez, esta elección de muchas personas en el mismo tiempo y lugar crea un paisaje u otro. No es lo mismo una cultura cuya alimentación se basa en la carne que otra que lo hace en elementos vegetales, la gastronomía de los campesinos o la de los ganaderos, de los recolectores o de los agricultores, y así, la cultura, el paisaje, el estilo de vida de las personas, una a una, la filosofía y la religión, terminan formando un universo que se complementa y que crea unas conexiones entre distintos aspectos. Después del primitivo estado del hombre cazador-recolector, llega la etapa del hombre estrechamente ligado a un entorno en el que el campesino es el héroe que cada temporada consigue que fructifique la tierra y produzca el alimento, en este momento que nació Siddharta. Sin duda, las prácticas religiosas budistas cambiarían a los hombres y a su vez al mundo.

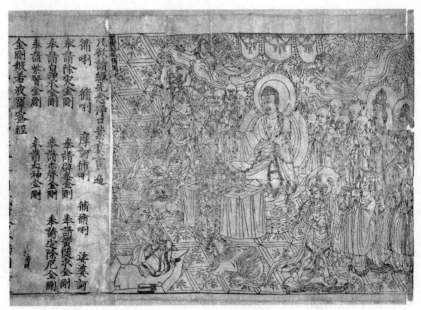

Página extraída del *Sutra del Diamante*, el libro impreso más antiguo que se conoce, datado en el 868. En este sutra el Buda ha terminado su paseo diario con los monjes para recoger ofrendas de alimento y se sienta a descansar.

El medio geográfico crea una tendencia y, a su vez, el hombre lo transforma mediante sus elecciones en una retroalimentación que enriquece y modifica a ambos. El pacífico lenguaje budista tiene relación con su propia alimentación, que evita el sacrificio animal y, por tanto, la violencia. Y a su vez, el alimento seleccionado se expresa como comida a través de una forma de cocinar propia y única, la cual comprende desde las técnicas para cocinar a los utensilios, desde la vajilla de mesa a las formas de conservar el alimento, generando así todo un mundo de combinaciones alimentarias que se convierten en la gastronomía propia de una zona. Es el origen de una cocina que se inventa, el estilo de vida que proponía Shiddarta obligaría en su época a realizar ciertos cambios que después se han hecho ancestrales pero que en su momento fueron una revolución. A su vez, comer juntos la misma comida era parte de un lenguaje que expresaba el «como somos» frente al «como son los otros», que significaba que uno era monje, si comía de una forma; que era un extraño, si comía carne, o que era un budista laico, interpretando cada uno de ellos un papel distinto e identificador de sí mismmo, situado frente a frente a la comida, a su comida.

La identidad del budista, por tanto, se reflejaba en su comida, expresaba quién era y por qué era así y no de otra forma, lo que tendría como consecuencia unas prácticas que en este caso se expresaban en forma de hábitos alimentarios. El arroz ya era en el subcontinente indio un alimento principal, un hito cultural en torno al que crecía la propia civilización. El budista no comía todo lo que podía: había muchas posibilidades y elegía entre ellas, como sucede en todas las culturas. Para ello tenía unos motivos que correspondían a su forma de pensar; por tanto, la comida era para los budistas —es— finalmente una expresión de su movimiento, del pensamiento religioso que ponen en práctica. En aquellos platos no había diferencia alguna de castas, todo era para todos, nadie se beneficiaba de ningún espacio, de ninguna comida distinta. No había lucha de clases en esa cocina, e incluso aunque hubiera un comportamiento de clase y existiera la diversidad y el lujo, las normas religiosas eran idénticas para todos y no había excepción para nadie, como sí sucedía en el caso de los brahmanes.

Por otro lado, existía la relativa incongruencia de que el asceta no podía sacrificar un animal para su consumo pero sí podía comerlo si otros habían sacrificado. El problema del vegetarianismo budista es el karma del animal, que perjudica a quién lo sacrifica con intención de comerlo. Si uno no lo ha sacrificado personalmente, el problema no existe, pero aun así, los monjes no la consumían —especialmente si había sido sacrificado con la intención de que ellos la comieran— y los laicos solo lo hacían muy esporádicamente.

Las restricciones al consumo de carne no eran tan simples como puede parecer, y en ella intervenían tres factores diferentes y relacionados entre sí. Por una parte, la ascesis a la que Buda aspiraba —de forma moderada—, en segundo lugar la ética y finalmente una cuestión socio-religiosa. La ascética moderada es la primera meta que se trata de alcanzar, y consiste entre otros aspectos en una renuncia consecuente de alimentos muy nutritivos y considerados favorecedores de apetitos sensuales. También en su época eran comidas escogidas, especiales, no eran de consumo diario sino festivo y de ahí que si bien Buda pregona el camino medio, es decir, moderado, procura que se eviten los excesos festivos, que en este caso son la carne y pescado. En cuanto a la ética, consistiría en la prohibición de hacer daño a un ser vivo así como en la práctica de la compasión con otros seres vivos, cuanto más cuando en algún momento hubieran podido ser —en otra reencarnación— miembros de la propia familia. Y por su lado está la cuestión socio-religiosa, la cual incluye la tradición brahmánica anterior de sacrificios a animales y el apego a las cosas materiales de la vida que Buda trata de evitar y que no solamente se expresaba con el consumo de carne, sino con la posesión de riquezas, con el uso de ricos vestidos y con todas las propiedades en general. Además, el consumo de carne terminaría relacionándose con personas poco apreciables, escasamente morales, por lo que no sería socialmente aceptable.

La budista no es la única religión en la que la carne es total o parcialmente tabú y se considera relacionada con la sensualidad y los excesos. La carne es proteína que proporciona vitalidad, energía y fuerza, que construye tejidos y repara daños en los órganos. Esta vitalidad potencia el vigor físico, y por tanto se podría pensar que con éste también fomentaría las pasiones. Hay otras religiones en las que la carne se prohíbe ciertos días concretos —cristianismo—, otras en que se prohíben solo algunas carnes y no otras —judaísmo o islam— y en general sí se considera como un sacrificio que es necesario hacer para que el hombre se purifique.

A lo largo de la historia por diferentes motivos, el hombre se ha visto obligado a subsistir con dietas vegetarianas, pero en otras se ha abstenido voluntariamente del consumo de carne por motivos religiosos, espirituales, éticos, higiénicos y otros. Incluso con respecto a la elección entre alimentos vegetales y subproductos de los animales hay diferentes tipos de vegetarianos, que seleccionan diversos productos: hay lacto-ovo vegetarianos que son los que prescinden de leche y huevos, además de carne y pescado. También hay ovo vegetarianos, que prescinden de huevos, pero no de leche. Los veganos no admiten el consumo de ningún producto de origen animal. También hay frugívoros, que solo comen frutas y nueces, o crudívoros, que solo toman cosas crudas. El resultado de todas estas dietas en relación con el vegetarianismo es la supresión voluntaria de una importante fuente de proteínas, así que el motivo tiene que ser muy poderoso para ponerse en práctica. Asia es el continente que más vegetarianos presenta, el hinduismo comenzó con una tradición de vegetarianismo que se practicó durante milenios, a pesar de los sacrificios animales de los brahmanes, que eran ocasionales. Se trataba de purificar tanto el cuerpo como el espíritu y de no contaminar el mundo, el entorno, con la crueldad que se desprendía del sacrificio de un animal. Los budistas practicaban el entendimiento de que todo lo que está vivo forma parte de la vida del hombre mediante la reencarnación. No tenía nada que ver con los derechos de los animales, con la ecología ni con otro concepto cultural moderno como el posible —y terrible— futuro de falta de alimento, sino con un concepto budista relacionado con el propio hombre, con su espíritu y su naturaleza, y con la compasión por el otro, fuera hombre o animal.

La cuestión del vegetarianismo no es tan simple como comer o no comer carne, como alimentarse solamente de verduras o no; no es tan solo una selección sino que se trata de un acto de una gran trascendencia por las consecuencias que implica en el mercado, por el origen de los alimentos, por la distribución de las tierras que se destinan a unos productos y no a otros, los canales de distribución y mil aspectos más tan importantes como estos. Ser o no vegetariano implica la elección voluntaria de un tipo de vida que tiene repercusiones concretas y medibles. Aunque no fue siempre así: el vegetarianismo no era anterior a las invasiones arias. En época temprana, antes de que se produjeran, el consumo de carne y en especial de ternera no estaba restringido, solo dependía de la posesión del animal o de la capacidad económica de la familia. Más tarde, solamente consumirían ternera los pertenecientes a la casta brahmán y posteriormente se vedó a todos. El tabú respecto al consumo de la carne de ternera, además de la explicación que daría Siddharta, tiene en su origen el crecimiento de la población hindú, y como las vacas proveían de leche y combustible para cocinar —las heces secas— no tenía sentido sacrificarlas, su rendimiento era mayor de la otra forma, sobre todo teniendo en cuenta que apenas había madera disponible para este uso.

En cuanto a la estrecha relación de los monjes budistas con el alimento: no podían mendigar, solo aceptar una ración para tomar en el momento, siempre que no fuera después del mediodía —solo pueden comer desde el amanecer al mediodía—, y no estaba permitido almacenar ningún tipo de comida, especialmente sal. Si viajaban no podían llevar provisiones y solamente podían comer cuando hacían un descanso. La frugalidad forma parte de la vida de todos, monjes y laicos, en todos los aspectos pero especialmente en el de la alimentación. Se come poco, en realidad solamente el contenido de la escudilla que los monjes llevaban consigo en los viajes, y no comerían de ningún modo en lugares públicos como restaurantes. Cuando reciben una invitación pueden aceptar lo que les ofrezcan, pero no comerán de pie, sino sentados y no en compañía de los laicos. La budista es una cocina en la que los ingredientes están limitados: no se puede comer carne, pescado, aliáceas —ajo, puerro, cebolletas, cebollino, etc.—. De ahí que se extrajera todo el potencial de productos derivados de la soja, que tiene muchas posibilidades, como la leche de soja, el tofu y otros. La soja es tan moldeable y neutra que permite todo tipo de combinaciones y sabores. Por otro lado la ingestión de alcohol se considera un pecado menor y en las comunidades se castiga, pero no se expulsa al transgresor al menos si no se es reincidente. El alcohol se considera una degradación, como otras sustancias que provocan alteraciones de conciencia. Es importante purificarse, mantener la conciencia inalterada y además de las abluciones rituales, la alimentación ayudaba a este estado de pureza, siendo la norma abstenerse de comer ajo, picantes o carne, y de beber alcohol. Además había que bendecir las ofrendas y estar en disposición de purificación. El ayuno formaría parte de los procesos de purificación, y ayunarán días concretos al mes, que serían los días de luna llena y de luna nueva, también el primer y último día del cuarto de luna.

Siddharta Gautama, el que buscaba respuestas a su vida, el que se rebeló contra un estado de las cosas cruento, propio de un anticuado sistema social y religioso, regeneró a su pueblo, eliminó las prebendas de los brahmanes, habló a los corazones de los hindúes sobre el sacrificio de los animales, sobre la compasión y sobre los propios hombres. Sin duda mejoró a los seres humanos hablándoles de la frugalidad en los alimentos, de esa caridad que es amor y no filantropía, de la necesidad de entender el mundo de una forma diferente. Y así, quinientos millones de personas hoy siguen sus enseñanzas, comen vegetariano, viven frugalmente y tratan de mantener la armonía entre los hombres, el mundo y el resto de los seres vivos.

BIBLIOGRAFÍA

Abrams, H.L., «Vegetarianism: Another View, 1564/1571», en: *The Cambridge World History of Food*, Cambridge, 2000.
Eliade, M., *Historia de las creencias y de las ideas religiosas*, I, Barcelona, 2004.
—*Historia de las creencias y de las ideas religiosas*, II, Barcelona, 2005.
Vidal, C., *Buda, el príncipe*, Barcelona, 2011.

Retrato de Antonin Carême.

MARIE-ANTOINE CARÊME

Cocinero autodidacta, brillante, oportuno, fecundo. Trabajó en las cocinas del zar de Rusia, del príncipe de Gales, de los Rotschild, de Talleyrand; y ha sido el modelo de la cocina francesa clásica y creador de la alta cocina. Ordenó, estructuró y organizó la cocina de su época, formó a muchos cocineros y escribió varios libros de recetas de una gran calidad, especialmente «L'art de la cuisine française». Nació en París, el 7 de junio de 1784, falleció en 1833, mientras trabajaba.

Sólo sabemos de él que nos enseñó a comer

Nacido en París el 7 de junio de 1784, su historia es la del hombre hecho a sí mismo, inteligente, audaz, constante, trabajador y oportuno. Firmó sus obras con el nombre de Antonin Carême, y su gran mérito consiste en haber sido —nada más y nada menos— el auténtico padre de la cocina clásica francesa. Todo un personaje de la gran gastronomía.

Nació en la Francia de finales del Antiguo Régimen, en la calle Du Bac, siendo el menor de catorce o dieciseis hermanos —no se sabe con exactitud—. Sus padres eran Marie Jeanne Pascal y Jean Gilbert Carême. Aquella era una Francia mísera, en la que el hambre pululaba entre las alcantarillas y las calles, un país lleno de inquietud, agitado y en un estado prerrevolucionario en el que muchos hombres vivían como bestias. El hogar de sus padres era, efectivamente, uno de esos que tan bien describió Víctor Hugo, hijo de la Francia de los miserables. Con tanta prole y sin tener posibilidad de mantenerlos, su padre se vio obligado a abandonar al pequeño Marie-Antoine en las calles de París con tan solo diez años: en 1792, en plena época del Terror, el niño debió vagar por las calles sin saber qué hacer. Abandonado, pobre, analfabeto, sin apoyos y sin conocer ninguna profesión, el pequeño Marie-Antoine, nombre que le pusieron en honor a la reina Maria Antonieta, hizo una última comida con su padre, y éste lo mandó a la vida, a buscar su propia suerte. Según Dumas[21], su padre le dijo: «Ve, pequeño, hay buenos oficios en este mundo, aunque la miseria es nuestra suerte, debemos morir. Pero este tiempo está repleto de grandes posibilidades, hace falta tener espíritu para conseguir una y a ti no te falta, ve pequeño, esta tarde o mañana cualquier buena casa se abrirá, puede ser que para ti. Ve con lo que el buen Dios te ha dado y lo que yo te he enseñado». Su padre conocía bien al niño, sabía que tendría las posibilidades que se habrían negado a otros de sus hermanos, que era brillante y que sobreviviría. Así fue, aunque después de aquello, el protagonista de nuestra historia nunca más volvió a ver a sus padres ni a sus hermanos. No recordaba, sin embargo, esta anécdota con amargura, sino casi agradecido a su padre, que le había ayudado a crear al gran mito que fue después y que le proporcionaba los mimbres necesarios para crecerse más.

En realidad, las fechas de su vida no están muy claras, ya que el archivo donde se registraron sus datos personales se perdió en la guerra franco-prusiana, por lo que ni siquiera él estaba seguro del año en que había nacido, de ahí que haya algunas inexactitudes en su biografía. El propio Carême utilizó el extraordinario hecho del abandono paterno como parte de su mito de los orígenes, integrándolo como parte básica de la fábula de su propia vida, y haciéndose por ello no menos legendario que por su propia actividad culinaria.

Y así, con los ojos bien abiertos, en un París asediado por la muchedumbre, en el que la guillotina presidía las actividades de cada día y la sopa escaseaba, podemos imaginar a un pequeño Antonin perdido entre la multitud. Quizás no tanto asustado como asombrado, inmerso de golpe en una ciudad vibrante, cruel y viva. Tuvo que tener una gran ambición para llegar tan lejos, un espíritu ardiente y vivo, y debió tener muy claro desde niño su gran talento. No solamente no se empequeñeció, no se asustó, sino que se sobrepuso y triunfó. No debió ser menos vivo cuando seleccionó para pedir trabajo un pequeño figón que regentaba un tabernero del Maine, La Fricasé de Lapin, quién le acogió en sus cocinas seguramente por algo de comida, refugio y poco más. Sin embargo, aquella elección supuso en la vida del niño un hecho crucial: Carême aprendió la parte más rústica del oficio de manos de un vulgar *gargotier*, mientras miraba con ojos absortos los escaparates de las ele-

21 Dumas, A., 1998, 205.

gantes *pâtissiers* y cafés. No solamente no había muerto: aquello era el comienzo de una brillante trayectoria.

Después de conocer aquel oficio, en el año 1798, el Carême adolescente dio otro gran salto más en su vida, yéndose a trabajar como aprendiz a casa de un excelente *pâtissier*, Jean Avice, propietario de la pastelería Bailly, en la rue Vivienne —quien sin duda habría oído hablar de sus habilidades—. Definitivamente, aquel fue el inicio de su carrera como cocinero y pastelero y el obrador de la *pâtisserie* fue el lugar donde se formó gracias a la generosidad de Jean Avice. Carême, que fue muy agradecido con todos sus maestros, y que no olvidó a ninguno de ellos, llamaba «ilustre Avice, maestro de la pasta choux», a este maestro al que incluso se le ha considerado inventor de la magdalena. En la *pâtisserie* se elaboraban todo tipo de gollerías: empanadas, carnes rellenas, masas saladas y dulces, patés y repostería, todo de la mejor calidad, productos cuidados, delicados y suculentos.

Carême estaba dotado de un profundo sentido artístico y no solamente fue un excelente cocinero, sino que, sobre todo, fue capaz de organizar y dar sentido a las cocinas, modernizándolas y organizando el trabajo de los numerosos ayudantes que había en ellas. Y no solo eso, más allá, además de buen cocinero fue un gran dibujante y un arquitecto aficionado dotado de un excelente gusto, que repetía en sus construcciones de pastelería los grandes monumentos y palacios que visitaba en cada lugar del mundo. Por otro lado, tuvo la extraña y rara combinación de ser un gran repostero y salsero, habilidades que no se suelen dar a la vez en los oficios de cocina.

Pero volvamos al Antonin adolescente, colocado en unas de las mejores *pâtisserie* de París. Su nuevo patrón, Jean Avice era un brillante pastelero que comprendió que aquel jovencito tenía unas raras cualidades y un enorme deseo de triunfar. Le permitía ir a la librería nacional a leer, fuera de sus horas de trabajo, y él, por si fuera poco, además utilizaba sus noches para hacerlo. No solamente aprendió a leer, sino que conoció la obra de los más reputados autores de su época, e incluso de los clásicos, y también se instruyó en arquitectura en el *Cabinet des Gravures*, o gabinete de estampas —algo que le sería de gran provecho—, desarrollando así sus excelentes cualidades naturales para el dibujo. Carême fue un hombre muy completo y dotado de increíbles capacidades, cuya gran rareza era que se presentaran todas a la vez; su gran logro en todas ellas fue aprender a conocerlas y cultivarlas. Todo podría mejorar, todo mejoraría.

Charles Maurice de Talleyrand-Périgord amaba la vida, fue un gran diplomático y político que compartió época con Carême, y también con él una de sus grandes pasiones: el buen comer. Las otras eran la política, las mujeres y la buena conversación. Talleyrand tenía unas excelentes cocinas bien dotadas, le gustaba comer bien y tenía muchos compromisos que atender, por lo que siempre estaban en buen uso. Fue precisamente su propio jefe de cocina, Boucher, quién alertó a Talleyrand del diamante en bruto que tenían a pocos pasos de la mismísima puerta de su casa, en la rue Vivier. Boucher era un viejo y experimentado cocinero, que había sustituido al mismísimo Vatel en la corte de Luis XIV y que conocía, por tanto, de una forma excelente la cocina y a los protagonistas de ella, y que atisbó el valor del joven Antonin. Tras la Revolución, y como consecuencia de ella, sin trabajo, Boucher pasó a dirigir las cocinas de Talleyrand. Pero debido a la intensa actividad política del príncipe y, en consecuencia, a las numerosísimas cenas que éste organizaba, su patrón exigía cada vez más y más a la cocina. Así que Boucher, hombre práctico y conocedor de sus limitaciones, solía utilizar la mente fresca y las habilidades de jóvenes cocineros que ocasionalmente le prestaban un valioso servicio para proporcionar novedades a su señor. El viejo cocinero había conocido el trabajo de Carême por los pedidos que realizaba en la *pâtisserie* de Bailly y por los escaparates que preparaba, los cuales observaba a diario porque se encontraban en la misma calle. Le sorprendieron los cambios —a mejor— que se dieron en la pequeña *pâtisserie* y que atribuyó muy atinadamente a las excelentes cualidades del joven, por lo que le invitó a conocer su cocina y a su señor, el poderoso Talleyrand.

Así que el propio Boucher animó al joven a salir de Bailly y a colocarse en otro establecimiento similar, Gendron, desde donde podría proporcionar servicios a Su Excelencia con mucha más facilidad que desde el otro local. Y eso hizo el joven, quién desde su nuevo puesto en la *pâtisserie* Gendron comenzó a realizar elaboraciones casi en exclusiva para Talleyrand. Y entre ellos se produjo una química que les llevó a disfrutar de una estrecha amistad durante toda su vida; ambos se sintieron reflejados en el otro, ya que tenían algunos trazos de sus respectivos pasados en común: habían sido abandonados por sus padres, se dedicaron a unas profesiones que les apasionaban y a los dos les encantaba comer bien.

El palacio de Talleyrand se encontraba muy cerca del palacio real, en la misma rue Vivienne, lo que le facilitaba el acceso a sus entrevistas políticas. Él era un sacerdote-político que supo navegar en todas las aguas, tanto en las del Antiguo como en las del Nuevo Régimen, incluso durante la época de Bonaparte y, sobre todo, que es lo aquí nos importa, era un *gourmet* consumado que fascinó al joven Antonin. Hombre inteligente, avisado, despierto y fino diplomático. Aunque el cocinero ya conocía las reglas de la buena cocina, fue con Talleyrand con quién realmente se refinó y aprendió lo que suponía trabajar en las cocinas de uno de los príncipes más ricos y poderosos de su época, uno de los hombres más refinado, sibarita y conocedor de los detalles que marcan la diferencia entre la buena vida y la vida distinguida.

Finalmente, Carême entró al servicio del diplomático, que había trasladado su residencia al Hôtel Galliffet, en el entonces actualísimo y moderno Fauburg Saint Germain[22]. Cuando Carême llegó allí, el palacete había sido remodelado y los comedores habían sido especialmente decorados por el arquitecto real. ¡Todo era moderno y estaba a punto! Aquella zona donde comenzó de nuevo su vida le evocó su infancia: había nacido muy cerca, aunque el área había cambiado tanto en los últimos tiempos que apenas la reconocía, había sido remodelada y se habían construido modernos edificios y nuevas calles.

Durante los siguientes años, los grandes personajes que iban a hacer historia en el nuevo siglo comerían de sus manos, desde la época del Directorio hasta el primer Imperio... quizás Carême fuera consciente de ello. La grandeza gastronómica de Talleyrand era no solo que amaba la comida, sino que también sabía comer, lo cual reconoció Carême en sus obras, después de haber estado al servicio de muchas y grandes personas. Dijo que Talleyrand había sido el señor que más le había enseñado, y que era el *gourmet* más delicado y sibarita que jamás hubiera conocido.

En sus cocinas fue donde Carême aprendió la diplomacia que era necesaria para tratar con los grandes señores, así como el desarrollo y la organización de las cocinas aristocráticas, el proceso de elaboración de los banquetes y sus protocolarias —y complejas— reglas. Además, aprendió algo muy importante: las pautas que no importaba romper para hacer disfrutar a los comensales con más acierto, y que poco a poco pondría en práctica, según adquiría experiencia y se consolidaba la seguridad en sí mismo. Su día transcurría febrilmente atareado, entre labores de cocina, desde muy temprano hasta altas horas de la noche, incluso hasta dos o tres horas después de que hubiera despachado a todos sus subalternos. Él continuaba trabajando, mejorando los hornos, diseñando nuevos utensilios, haciendo los antiguos útiles más prácticos, sin atisbo de fatiga, sin descanso.

---

22   Kelly, I., 2003, 49.

Cada mañana, el príncipe y él despachaban para decidir cuál sería el menú del día, lo que dependía de la ocasión; a Talleyrand le gustaba tomar los productos de temporada y también le gustaban sobremanera las novedades. Juntos, el príncipe y Carême probaban nuevos platos e inventaban composiciones atrevidas. Una de las excentricidades de ambos fue rescatar los guisos de caracoles, ya que en su época se había olvidado prácticamente su consumo, y este príncipe, con ganas de novedades en su mesa, pidió a Carême que se los preparara, presentándolos en sociedad durante una cena que ofreció al zar de Rusia.

Retrato de Talleyrand.

Debió ser una época emocionante para él: la Francia de Grimod de la Reynière, de Brillat-Savarín y de los grandes *gourmets*, estaba dispuesta a comerse el mundo siempre que estuviera bien aderezado. Sin embargo, al contrario que muchos otros de sus compañeros de profesión, no se sintió tentado por tener un restaurante propio y prefirió servir en la cocina de los grandes, a la moda del Antiguo Régimen pero con un estilo nuevo. Pero ello no fue óbice para que tuviera otros ingresos, y en el invierno de 1803 al 1804, ¡con tan solo 19 años!, abrió su propia *pâttisserie* en la Place Vendôme, donde expendía sus hojaldres, delicados crocantes, inusuales composiciones y grandiosos montajes, así como diversas masas y golosinas: pavlovas, merengues, postres... Cocinó para todos los personajes importantes de su época, desde Carolina Bonaparte y su esposo, Murat, antes de que se fueran a Nápoles, como para otros miembros de la familia imperial. Incluso preparó parte del bufé frío de la boda de la propia Carolina. Le gustaba el contacto con sus clientes, por lo general expertos *gourmets*, a los que preparaba cenas íntimas o grandiosas, pero, en cualquier caso, muy diferentes de las que se hacían anteriormente a la Revolución. Estas celebraciones modernas eran más cortas y menos desmedidas, y Carême era especial, soliendo exigir libertad para organizar a su aire los menús, con el fin de que los platos que organizaba tuvieran sentido entre sí. Probaba, experimentaba y la gente se quedaba realmente encantada tras disfrutar de sus cenas. Él era consciente de su propio talento y sabía cómo agradar a los comensales, pero exigía esa libertad de acción que era la que le permitía hacer cosas diferentes cada vez, así como disponer de los mejores productos.

Poco después de que Napoleón fuera coronado emperador, Talleyrand adquirió el castillo de Valençay en el sur de la región del Loira, a dos días de viaje de París, y Carême viajó veintiún veces hasta Valençay con Talleyrand. Allí organizaban elegantes fiestas campestres, exquisitas recepciones nocturnas y provocaban con acierto todo tipo de momentos en los que era posible disfrutar de una buena comida. Allí también estuvo la familia real española «exiliada» en época de Napoleón, la cual pudo disfrutar de las alborozadas comidas preparadas por Carême. Era un sitio excepcional para cocinar: el buen producto estaba cerca, disponía de jardines y excelentes huertas en el palacio y las cocinas estaban recién remodeladas.

Cuando se dispusieron los esponsales del más joven de la saga Bonaparte, Jérôme, con la princesa Catherine de Wurtemberg, Talleyrand sugirió la participación de Carême junto al cocinero real, Laguipierre. Todo fue fácil, ya que se conocían entre ellos, habían trabajado juntos con anterioridad. Carême fue el encargado de crear veinticuatro entradas para servir frías en el desayuno nupcial, entre ellas catorce pedestales con seis jamones cada uno, seis galantinas, dos cabezas de ternera rellenas y seis lomos de jabalí en áspic. Además había galantinas de pollo variadas, salmón con salsa de mantequilla, innumerables preparaciones de *foie-gras*, áspic de ternera, galantinas de pescado y anguilas en salsa de chalota. Todo decorado, organizado y excelentemente bien guarnecido; solo verlo la boca se hacía agua... Recordaba la ocasión como una de las ceremonias más felices, mejor organizadas y más refinadas.

Carême tan solo tenía veinticinco años y era uno de los personajes más admirados y conocidos de toda Francia, se peinaba al estilo de lord Byron —última moda en la Francia de la época— y sus platos creaban tendencia, como diríamos hoy. Se había convertido en un jovencito vanidoso, petulante, seguro de sí mismo y escasamente modesto, se sentía orgulloso por lo conseguido, máxime cuando lo había logrado todo con la sola ayuda de su propio talento. Y los magnates comían literalmente de su mano.

A pesar del poco tiempo de que disponía, por la cantidad de trabajo que realizó en estos años, Antonin también tenía vida privada —aunque exigua, hay que decirlo— y el 18 de octubre de 1808 se casó en la notaría de Monsieur Hua con Henriette Sophie Mahy de Chitenay. Era hija de un capitán y aportó catorce mil francos al matrimonio.

Veinte años después del matrimonio, Henriette falleció y en su certificado aparecía un segundo esposo, que murió antes que ella, por lo que a su muerte era viuda. ¿Se divorciaron Antonin y Henriette? Desconocemos en qué momento o por qué. Además de ella, Carême tuvo una amante, Agathe Guichardet, con la que se desconoce si se casó o no, quien le dio una hija extramatrimonial, Marie, con la que mantuvo una estrecha relación hasta su muerte.

Volviendo a su trabajo, en el año 1810 se produjo un especial acontecimiento, y era de esperar que también participara en la boda de Napoleón con la archiduquesa de Austria, María Luisa de Habsburgo, que al parecer de Carême fue vulgar y estuvo mal organizada. A él le encargaron la elaboración del pastel de bodas de la pareja imperial, y para el nacimiento del primer infante fue el responsable de hacer un postre el día de su bautismo, preparación que denominó la «góndola veneciana».

Pero las cosas cambiaban para la dinastía napoleónica y en el año 1814 el zar Alejando I entró en París a la cabeza de sus ejércitos, venciendo así a Napoleón. Aquello no supuso ningún impedimento para seguir cocinando bien. Era una Europa agitada y cambiante, pero que, en cualquier caso, deseaba comer bien, y Carême supo nadar en aquellas aguas.

Talleyrand, diplomático y hábil negociador en el inquieto y cambiante mundo en que vivía, no tardó en ofrecer al ocupante del país, el zar Alejandro, su palacio en la rue Saint Florentin, el cual aceptó de buen grado el zar. París entero aclamaba a los liberadores, al zar y a sus ejércitos. Y así, Antonin se convirtió en el cocinero de otro de los hombres más importantes del mundo en su época: el mismísimo zar de Rusia. La leyenda cuenta que fueron los cosacos rusos pidiendo rapidez en el servicio de las comidas en las tabernas parisinas quienes le pusieron el nombre moderno. Al grito de «¡*Bystró, bystró*!» —rápido, rápido— los locales adquirieron dicho nombre, y aún hoy se conocen como Bistró.

Poco después, el zar se trasladó al Palacio del Eliseo y solicitó a Talleyrand llevar al cocinero que tan bien le había atendido con él, lo que el príncipe aceptó de buen grado: un ocupante-liberador del país debía comer bien, así trataría a todos con más benignidad. Aquella relación, sin embargo, no se acabaría allí, y aunque Alejandro volvió a Rusia, la relación continuó entre ellos: había pedido a Carême que se fuera con él al Palacio de Invierno de San Petersburgo.

Pero, por primera vez, las circunstancias personales de Carême mandaron: acababa de nacer su hija y se había publicado su primera obra, *Le pâtissier royal parisien*. Europa estaba en una situación de crisis, en el Congreso de Viena de 1814 se debatían las nuevas fronteras y la situación del nuevo siglo, que tendría tantas repercusiones en el futuro. El invierno del 14 al 15 París estaba práctica y extrañamente vacío: el gran mundo se había trasladado a Viena y el resplandor y vitalidad de la corte no existía, apenas se había convertido en una ciudad silenciosa y tranquila.

Pero pronto París volvió a brillar y con ella Carême. Se hizo cargo de las cocinas del zar pero ahora en el Eliseo, donde tenía más espacio para trabajar. Por las puertas de las cocinas del rey de la gastronomía europea no solamente entraba buen género: ocas, patos, buey, alcachofas de Lyon o azúcar de las Antillas... se rumoreaba que también entraba con discreción una amante del zar, Julie Von Krudener, en silencio y por la puerta trasera. Pronto terminarían las intrigas palaciegas, algo que alivió mucho a Antonin, ya que se produjo la salida del zar hacia Rusia, que fue majestuosa y con la pompa necesaria y que se celebró al aire libre en el campo de Vertu, el 11 de septiembre de 1815. Aquel día se invitó a trescientos comensales que tomaron tres sopas diferentes, veintiocho platos de entremeses, veintiocho platos de entradas frías, veintiocho platos de grandes asados, ciento doce entradas calientes, veintiocho platos de asados y ensaladas, cincuenta y seis platos de hortalizas y vegetales diversos y cincuenta y seis postres, nada más y nada menos.

El zar salió hacia Rusia y Carême hacia las cocinas de los recién restaurados Borbones, época en la que terminó de escribir *Le Pâtissier royal* y *Le Pâtissier pittoresque*. Comenzaba la época de sus grandes composiciones en azúcar, de la arquitectura comestible, extraordinaria y en la que pudo lucirse con exposiciones de impresionantes cenas en las que ver los platos era una ocupación tan atractiva como comerlos. Cientos de platos fríos: galantinas, embuchados, farsas, rellenos, patés... con sus correspondientes guarniciones y presentaciones, en ricas fuentes. La llegada de Luis XVIII a Francia se celebró con una fiesta en la que había más de seiscientos postres, más de doscientos entremeses, tres mil panecillos y otras tantas botellas de vino, además de doscientos cincuenta platos de asado y otros centenares de sopas, entradas calientes y muchas más. Teatral, magnífica, suculenta y arquitectónica: la cocina de Carême llegaba a lo sublime en aquellos tiempos. El gigantismo culinario era la expresión gastronómica de moda[23]. Se sucedieron muchos banquetes y en todos ellos la belleza y el empaque de las preparaciones no era menor que la cantidad de platos que se presentaban. Carême era adorado por todos, sus libros comenzaban a tener éxito y era muy disputado en las diferentes cocinas.

Las cosas cambiaron el día que el príncipe regente de Inglaterra le escribió para ofrecerle la dirección de sus cocinas, y Carême pensó en lo agradable que sería una vida relativamente más sencilla pero bien dispuesta y con buenos medios. Corría el año 1815 cuando salió de París para ir a cocinar para el príncipe —su padre, Jorge III, padecía una enfermedad que le impedía el normal ejercicio de sus obligaciones—, que llegó a ser el rey Jorge IV. Carême estaba en el cénit de su fama: había cocinado para el zar de Rusia, para los emperadores franceses, para reyes y príncipes de toda Europa y se le consideraba el mejor cocinero del mundo. El sueldo era muy sustancioso y correspondía a un salario actualizado de unas doce mil libras. Carême, así, dejó a su corta familia, Agathe y a Marie en París y cruzó el Canal de la Mancha. Ellas se sintieron abandonadas y no sería por última vez.

---

23   Kelly, I., 2003, 116.

El cocinero no hablaba inglés, pero el francés era la lengua de moda en la época y todo el mundo lo chapurreaba; como apoyo, Carême se llevó parte de su equipo, lo que le facilitaría el trabajo. Hasta el 1817 sirvió en Inglaterra y realizó grandes cambios en la cocina del príncipe de Gales. Antes de llegar, la cocina de este príncipe había quedado anticuada, era muy fuerte y estaba excesivamente aromatizada, fuerte y aromatizada con especias, hasta tal punto que cada noche el príncipe padecía fuertes dolores provocados en parte por este hecho. Además estaba grueso y su organismo se resentía del peso. Carême le prometió que comería bien y que perdería peso: modificó las proporciones de las especias y cambió la forma de cocinar, dando un vuelco a una cocina antigua y mal estructurada para modernizarla, añadiéndole sus conocimientos de higiene y salud y ordenando el servicio de los platos. Es famosa la anécdota que narra que el príncipe de Gales se quejó de la cantidad de tentaciones que el cocinero ponía a su disposición, y que Antonin —que debía tener la lengua dispuesta aún con la realeza— le contestó: «Alteza, mi obligación es tentar vuestro apetito, la vuestra es refrenarlo».

Durante su estancia conoció a fondo la cocina inglesa y la dio a conocer en Francia a su vuelta, de la mano de platos típicamente británicos como la sopa de tortuga, la sopa de ostras, la fritura de morralla del estuario del Támesis, el pastel de anguila, el *plum cake* y los *puddings* en todas sus variedades.

Quizás por la presencia del cocinero francés, en esa época comenzó a ponerse de moda en Inglaterra la cocina francesa, y algunos cocineros galos como Louis-Eustache Ude también trabajaron en las cocinas inglesas. Éste incluso fue cocinero del duque de York y luego director del Saint Jame's Club de Londres. Previamente había sido el *maître* de hotel de la princesa Laetitia Bonaparte. Pero Carême no fue feliz en aquellas cocinas, a pesar de lo mucho que aprendió y del lujo que había en los diferentes palacios en los que sirvió —Carlton House y el Pabellón real en Brighton—. Desgraciadamente los cocineros y subalternos crearon un clima incómodo por el resentimiento que sentían ante la presencia de un extranjero como jefe de cocina. Pero sin embargo, en la mesa del príncipe regente, que se servía a la francesa, había tanta riqueza y la plata de mesa estaba tan bien tallada, era tan rica y elegante, que confiesa: *fus émerveillé* [24]. Por otro lado, allí disfrutó de mejoras importantes: ricas cocinas provistas de todos los medios modernos, grandes mesas metálicas que calentaban decenas de platos a la vez,

24 Me quedé maravillado.

cocinas nuevas en Brighton y todo tipo de inventos mecánicos que facilitaban su trabajo, entre los cuales había una iluminación que les permitía trabajar en mejores condiciones. Además, disponían de zonas de trabajo específico para diversas labores, como en la actualidad, con una zona de elaboración de masas, zonas de platos calientes y zona de cocina propiamente dicha, además de todo el hielo que pudiera necesitar en cualquier momento. En aquel fantástico Pabellón real de Brighton, el príncipe de Gales ofreció una descomunal cena al Gran Duque Nicolás de Rusia el 18 de enero de 1817. Había cientos de platos, en el centro de los cuales se encontraban diversos montajes comestibles de impresionante tamaño, que eran su especialidad: un pabellón italiano, una ermita suiza, una ermita escocesa, el mismísimo Pabellón real en el que estaban comiendo, y varios *croquembuche*, merengues gigantes y *nougat*.

El príncipe Jorge estaba encantado con Carême, nunca había comido tan bien, ni sus invitados se habían sentido tan satisfechos. Y Carême también lo estaba, sus días en Inglaterra le recordaban a la época dorada con Talleyrand, y el «príncipe de los placeres», como se conocía al futuro Jorge IV, sabía ser generoso y agradecido. Pero Carême, a pesar del despliegue de medios, del reconocimiento y afecto del príncipe y de su confianza en él, era profundamente infeliz y pocos meses después volvió a Francia.

Sin duda, su aprendizaje en Inglaterra no fue en vano: al escribir su gran obra, reorganizando la gastronomía y la cocina francesa, le estimuló el ver cómo ciertas composiciones de muchos platos eran con frecuencia absurdas, con guarniciones que carecían de sentido para él. Uno de los casos concretos fueron las carpas a la Chambord, que se presentaban con guarnición de pichones, crestas y riñones de gallo salteados en grasa de cerdo. Las combinaciones de pescados con carnes eran algo habitual en las cocinas de manos inexpertas, o en las mesas de paladares menos exigentes que los de Carême. Así, aquello le hizo reflexionar, como confiesa[25], sobre la necesidad de establecer ciertas normas, e incluso se alegraba de haber vivido algunas aberraciones, porque le permitieron «perfeccionar la ciencia culinaria». Así, el antiguo plato de carpa a la Chambord fue pulido hasta tal punto que se atrevió a presentarlo años más tarde en Viena ante lord Stewart, embajador extraordinario de Gran Bretaña y de la aristocracia austríaca, elaborado de una forma diferente, aunque manteniendo el espíritu de la

---

25   Careme, A., *L´art de la cuisine française au XIX siècle*, t.2, 1838, 8.

cocina británica, y sobre todo con distinta presentación y guarnición, hasta tal punto que tuvo un gran éxito sobre todo con los ingleses, a pesar de que estaban acostumbrados a la antigua versión del plato.

Con una brillante carrera por detrás, famoso y con 34 años, Carême aún tenía muchas cosas que hacer. Europa había cambiado, la paz de 1818 se había hecho realidad y se vivía la época posnapoleónica. Se le propuso ir a la conferencia de Viena para después regentar las cocinas imperiales rusas. A Carême le atraía la riqueza de la corte rusa, que le supondría una forma de revivir platos majestuosos después del estilo de la vida más burgués que se realizaba en la corte del regente británico. Así, comenzó una nueva andadura en la corte rusa, con el zar Alejandro I, quien, recordemos, había conocido al cocinero en casa de Talleyrand. Se cuenta una anécdota entre ambos, Talleyrand llevó al zar —impresionado por la calidad de las comidas que había probado— a conocer las cocinas de su palacio en Viena (que había pertenecido a la emperatriz María Teresa), en el año 1814, y, al entrar en la cocina, Carême, que llevaba un sombrero blanco de raso con flores bordadas en oro, no se quitó el tocado, lo que era una gravísima falta de protocolo y una osadía inaudita. El zar, sorprendido, preguntó: «¿Quién es ese insolente?», y el diplomático Talleyrand respondió «La cocina, majestad». No sabemos si al zar le hizo mucha gracia la impertinencia del cocinero, pero lo que sí sabemos es que su cocina le gustó tanto que se lo llevó a San Petersburgo.

Pero en Viena, sus empleadores fueron los Stewart, sir Charles y lady Frances, los que tuvieron un gran éxito entre sus amigos en aquella época, gracias a sus espectaculares comidas. Finalmente, Carême volvió a París en el verano de 1819. Y la gran oferta se hacía realidad: recibió una carta del príncipe Orlov en la que se le ofrecía de manera oficial la dirección de las cocinas del zar.

De nuevo partió sin su pequeña familia, con bastante prevención porque no le gustaban los viajes en barco, aunque el camino por tierra era aún peor por la gran distancia. No fue un viaje agradable: el barco estaba mal provisto y no había suficiente comida, por lo que se vio obligado a comer bacalao en salazón y galletas (que eran unos panecillos duros, cocidos dos veces, no apetitosas galletas). La costa danesa y Finlandia le parecieron tierras moribundas, y en general el viaje no le gustó nada. Una tormenta les azotó durante parte de la trayectoria, hasta tal punto que tuvieron que desembarcar y esperar una semana a que se calmara antes de proseguir. Sin embargo... llegar a San Petersburgo por mar le ofreció una maravillosa vista de la que disfrutó enormemente: las torres, las cúpulas brillantes en forma de cebolla, la riqueza del palacio de invierno y la catedral le impresionaron por su magnificencia. Entonces San Petersburgo era una ciudad moderna, rica y extraordinariamente cuidada. Y se sintió muy bien allí. Además de que la lengua franca era la suya, por todas partes estaba rodeado de franceses: arquitectos, pintores, escritores, cocineros... Francia estaba de moda en toda Europa, y la opulenta Rusia podía permitirse disfrutar de los avances en su propia casa.

Pero la gran Rusia era muy diferente de Francia. Allí, las cocinas tenían centenares de sirvientes, que eran siervos de la corona y no simples sirvientes como en Europa, y no disponían de su libertad tan fácilmente. Eso provocaba que en la cocina faltaran cosas, se perdieran otras, hubiera robos... se sospechaba de todos; de hecho, nada más llegar él, se organizó un sistema de control para averiguar qué ocurría y cómo solucionarlo. Pero, además de ese problema, que probablemente fuera cierto, los rusos sospechaban que Carême podía ser un espía, lo cual no tendría por qué ser nada extraño a los ojos de los suspicaces rusos: el cocinero era un francés expatriado y desconocido, allí no era nadie.

Pero como hizo cuando fue a Inglaterra, Carême se había llevado parte de su equipo, y gracias a esa previsión no se sintió tan solo, además, tuvo un nuevo reto, tratando de fusionar la cocina rusa y la francesa. Allí había de todo, ya que los rusos disponían de excelentes invernaderos donde se permitían cultivar casi todo tipo de frutas y verduras durante todo el año. A un precio exorbitante, desde luego, y con inferior sabor y aroma, pero podían sustituir a las de temporada. El pescado y el caviar, sin embargo, eran excelentes y se podían conseguir en grandes cantidades.

Cuando el zar estaba fuera de la ciudad, que era con mucha frecuencia, Antonin atendía las cocinas de María Feodorovna, la reina madre, que fue amiga de Maria Antonieta y a la que incluso la reina francesa consideraba una «estirada». Carême reconoció que había visto en Rusia auténticas maravillas, pero que prefería poner el honor por delante del interés y salir de Rusia, quería volver a casa. Esperar al zar se había convertido para él en una pesadilla atormentadora, porque según su forma de entender las cosas su arte estaba destinado al zar en persona y pocas personas más podrían tener el placer de disfrutarlo... Sin embargo, aprendió mucho en Rusia: el estilo de decorar las mesas con flores en lugar de porcelanas y frutas y la cocina oriental con algunas preparaciones y licores, como fueron el *borsch* y el *koulibiac*.

Volvió a París con una altísima reputación, después de haber visitado las cortes más importantes del mundo occidental de la época. En 1820 llegaba a Francia para trabajar con el embajador británico, la calidad de la cocina rusa le había conmocionado de la misma forma que había sucedido con la gastronomía inglesa. Fue después de estar con el zar cuando se propuso reformar y reorganizar todas las artes de cocina, realizar una gran reforma de los viejos hábitos, y profesionalizar la labor de los jefes de cocina.

Asentado ya en París, pasó un tiempo en las cocinas de la coqueta princesa Bragation, quien tenía escarceos con el zar, con Talleyrand, con Charles Stewart y con Metternich, todos ellos patronos del cocinero con excepción del último, lo que colocaba a Antonin en una posición delicada por la cantidad de información que manejaba. Pero tuvo la suerte de que la princesa enfermó, de que Stewart —con quién mantenía entonces una *liason*— fue llamado a Rusia, y él solicitó permiso para dejar el servicio, al considerar que sus trabajo allí ya no eran necesario. Fue todo un alivio, él estaba acostumbrado a solucionar problemas de cocina pero no de alcoba.

Así, los años 1820 y 21 los pasó escribiendo una obra sobre un proyecto arquitectónico de embellecimiento de San Petersburgo, dibujando las planchas para los grabados de la obra y atendiendo a todos los detalles. El libro se publicó en 1826 y lo dedicó al zar, y éste le correspondió enviándole un anillo con diamantes. A la vez que preparaba su obra, iba de cuando en cuando a Viena, a cocinar para Stewart y su esposa en su residencia de Minoritenplatz, y, cómo no, para todos los políticos y aristócratas que en aquella época vivían allí y que disfrutaban de cada una de sus cenas.

Finalmente, la coronación del rey Jorge IV se produjo el 19 de julio de 1821, y lord y lady Stewart asistieron acompañados por Carême. El banquete de la coronación fue un desastre y estuvo escasamente costeado, por lo que Carême se alegro muchísimo de no haber participado en él. Antonin se sentía algo impaciente, ya deseaba estar en Francia, no quería volver más a Viena ni a ningún otro sitio, amaba su tierra y odiaba los viajes por tierra, y aún más por mar. Así que pensó en dedicarse a vender por encargo sus famosísimas «piezas montadas», auténticas obras arquitectónicas comestibles: representaba el Palacio de Invierno, el Pabellón real de Brighton, grandes catedrales, palacios... Él se sentía un artista, sus grandes y merecidos logros le habían proporcionado una fortuna interesante pero sobre todo un inmenso ego, y mientras seguía escribiendo y escribiendo. Ahora le tocaba el turno al *Mâitre d´hotel française*, que se publicó en 1822, y que se esperaba con expectación porque no solamente contenía recetas, sino parte de sus anécdotas en Viena y en Inglaterra, y con personajes reales de la talla del zar, así que era una obra oportuna y con cierta dosis de chismorreo, por lo que tuvo gran éxito.

Asentado en París y dispuesto a salir poco de su amada ciudad, le ofrecieron distintos puestos, mucho dinero y diferentes oportunidades, pero quien realmente le tentó fue el matrimonio Rotschild, nueva generación de ricos europeos, judíos y no aristócratas: Jacobo y Betty de Rotschild, tío y sobrina además de esposos, gente interesante y con capacidad de disfrutar del arte de Carême.

Finalmente, después de la aventura europea, se fue a servir a casa del barón de Rothschild. Estos tenían una casa opulenta, generosa con la cocina y de gran reputación, algo que le enorgullecía, porque esta magnanimidad le permitió exhibir todas sus capacidades y trabajar sin límites, con provisiones de la mejor calidad. Y como además era agradecido, felicita en su obra a los generosos Rostchild, además de por dejar a su disposición todo lo necesario para desarrollar su trabajo, por la gratitud de que le permitieran trabajar sin que ellos interfirieran en nada.

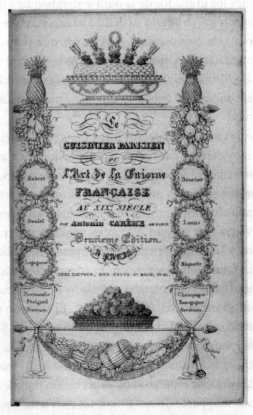

Portada de *Le Cuisinier Parisien*.

Pero en realidad, todo era un toma y daca, ya que los Rotschild, mal mirados por la aristocracia europea, pero inmensamente millonarios, estaban encantados con Carême: el cocinero sería su pasaporte hacia el reconocimiento social. Dispuestos a ser aceptados, remodelaron su casa de la rue Laffitte y permitieron que Carême presentara en los banquetes y fiestas que ofrecían en ella lo que quisiera, como quisiera y sin escatimar en gastos, como le gustaba al cocinero. Los Rotschild celebraban fiesta tras fiesta, de manera que Carême podía preparar todos los platos que se le ocurrieran, ofrecer los bufés que ideara y los menús más delicados: sus comensales sabrían apreciarlo y permitían que su imaginación trabajara libremente. El dinero, si bien no compraba voluntades, sí adquiría el mejor arte, las mejores casas, la comida más exquisita... Era una sociedad en la que brillaba Ingres, quien retrató a la baronesa, y por la que desfilaban personalidades como Víctor Hugo, Balzac, Chopin, Liszt, Rossini o Paxton. Una sociedad en la que la belleza ocupaba un lugar importante en la vida diaria.

Fueron unos tiempos alegres, animados y felices, los Rostchild representaron para Carême la «suntuosidad *gourmand*». Fueron los últimos años en que sirvió en alguna casa y le hicieron disfrutar muchísimo. Pero todo había cambiado. Ya no se sentía bien, y en 1830 tuvo que dejar el servicio para descansar, a pesar de que aún era muy joven. Una casita discreta y muy confortable en París fue su retiro, bien acondicionada y prevista. Jorge IV, ya rey, intentó convencerle de que volviera con él, pero ya no estaba en condiciones, y le preocupaba que el rey falleciera —estaba muy gordo— mientras él fuera su cocinero. Su intuición, una vez más, no le falló y el rey murió en mayo de 1830.

En 1828 había publicado *Le Cuisinier parisien*, y se habían editado también diferentes ediciones del resto de sus obras. Eran todo un éxito, pero él tenía que gastar todo lo ganado, que era mucho, en médicos y en un secretario que le ayudara a escribir. También su discípulo Plumerey le ayudó a completar los dos últimos volúmenes de *L'art de la cuisine*. Su hija se había trasladado a vivir con él, le ayudaba a escribir, tomaba notas al dictado y ayudaba a las enfermeras que cuidaban a su padre. París estaba invadida por una epidemia de cólera que se llevaba a la gente por centenares, cada día, y que finalmente colaboró en acelerar la enfermedad de Antonin.

En sus últimos días, los antiguos ayudantes que le habían acompañado a Londres y a San Petersburgo también le hacían compañía en su piso de París. Riquette y el joven Jay, que tenía intención de ser su yerno, entre otros. Jay quería pedirle permiso para casarse con su hija y también para terminar de completar la gran obra inacabada, *L'art de la cuisine*. Carême, aún prácticamente agonizando, seguía dictando cómo hacer diferentes elaboraciones para sus libros. Y aunque Jay no tuvo tiempo para solicitar la mano de Marie y la pluma para el libro, Carême había sido más previsor, ya que había dejado una carta en la que aceptaba a Jay como parte de su familia y esposo de su hija y como redactor del final de su gran obra. Pero Marie no se casó con Jay a pesar de que su padre lo adoraba, ella no le quería, ni estaba interesada en la cocina, en los libros, ni nada parecido. Su padre había sido un cocinero maravilloso, pero ella, como él muchos años antes, se había sentido abandonada y apenas le conocía. Su madre, Agathe, siguió viviendo en la casa familiar y murió con sesenta y ocho años.

Platos diseñados y dibujados por el mismo Carême.

Carême dejaba un gran legado, en primer lugar humano, ya que había formado a varias generaciones de cocineros, que después darían a conocer su arte, entre ellos Plumerey —quién le ayudó a escribir los últimos volúmenes de una de sus obras— y Adolphe Dugléré, quién también fue chef de la cocina de los Rostchild, y que inventó algunos platos como la famosa lubina Dugléré. También Jules Gouffé fue discípulo de Carême y dirigió posteriormente un reputado restaurante en el *faubourg* Saint-Honoré. Era muy apreciado por Napoleón III y escribió varios libros de cocina.

También fue discípulo Denis-Joseph Vuillemot, hijo y nieto de *maître* de hotel, que trabajó con Carême y después se estableció por su cuenta, siendo el colaborador técnico de las recetas del *Gran Dictionnaire* de cocina de Dumas, publicado en 1873.

Carême tuvo muchas excelentes cualidades, entre otras la de ser un gran escenógrafo de las mesas: sus bufés, sus presentaciones, sus preparaciones, la decoración y los montajes artísticos le granjearon la admiración de los más expertos *gourmets*. Por otra parte, la Francia posrevolucionaria que vivió Carême no fue un mundo sencillo, pero sí repleto de oportunidades, como la que protagonizó él mismo. El mundo europeo había dado una gran voltereta y él vivía los cambios desde las cocinas, asentado en la gran gastronomía que tanta importancia había comenzado a adquirir en los primeros años de su juventud. Los fastos de la corte de los reyes franceses pasaron a las cocinas de los príncipes y poderosos: Talleyrand, los Rotschild, las cortes rusas e inglesas, los embajadores... apreciaban —y mucho— la gastronomía. Se había convertido en una forma de expresión de poder, de riqueza y de conocimiento. Quién no comía bien en su casa no merecía nada, opinaba él.

Tuvo muy claro desde el inicio de su carrera que la aristocracia de nuevo cuño deseaba el lujo y la buena comida tanto como la antigua aristocracia de sangre. Y lo entendió tan bien que todo su esfuerzo caminó en este sentido, para proporcionar a los nuevos tiempos lo que la nueva época solicitaba. Y que consistía en una cocina espléndida, moderna, adecuada a las necesidades, bien organizada y estructurada, y algo muy importante, dejada por escrito pormenorizadamente, para que de esta forma tuviera continuidad. Además, el propio Antonin supo vender de forma excelente sus artes y habilidades, lo que le permitió estar en las mejores casas europeas, aprendiendo y enseñando a la vez, conociendo a personas, lugares, situaciones... ¡quién le iba a decir al pobre niño abandonado que llegaría tan lejos!

Y no solamente dejó discípulos, se relacionó y aprendió de los grandes de su época. Carême fue una especie de esponja humana del saber. Colaboró con el primer restaurador francés, Antoine Beauvilliers, cocinero del conde de Provenza, hermano de Luis XVII y futuro Luis XVIII que fundó su local en París, en el año 1782, bajo el nombre La Grande Taverne de Londres, en la Rue Richelieu, y posteriormente abrió otro segundo negocio en la galería de Valois del Palais-Royal. Beauvilliers escribió una obra de cocina —L'art du cuisinier— y colaboró con el propio Carême en su obra Cuisine ordinaire[26]. Otro maestro cocinero importante en su vida fue Dartois Laguipiere, jefe de cocina de Napoleón, al que Carême dedica su obra Le cuisinier parisien. Este cocinero preparó a Napoleón durante la campaña de Rusia los primeros filetes de sexta gama. Como tenía muy poca carne, picó unos escuálidos pollos y los mezcló con una mantequilla compuesta, dándoles forma de filete, y empanándolos cuidadosamente, para freírlos después. El emperador ni se enteró de que apenas había carne. En su honor hay una salsa blanca Laguipière que consiste en mezclar una parte de salsa de mantequilla con otra de glasa rubia de pescado, añadir zumo de limón y servir caliente. Carême habla de su maestro con mucha pasión, verdaderamente indignado porque cuando falleció por el terrible frío que pasaron en 1812, durante la campaña de Rusia, en la ciudad de Vilnius, lo trasladaron congelado y atado detrás del coche de Murat; algo que su discípulo consideró una indignidad.

Por otro lado, no sabemos exactamente cuándo empezó Antonin a recoger sus recetas, quizá en la época de adolescencia, cuando trabajaba con Bailly, y desde entonces a lo largo de toda su carrera. Él recogía datos y organizaba, y quizás poco a poco se encontró con suficiente material como para redactar la primera obra. Tenía gracia escribiendo, y en una de sus obras, al hablar de cómo había que elaborar un caramelo perfecto, comenta: que no se parece en absoluto a ese caramelo amargo que se pone negro con el fuego bien vivo y al que se llama vulgarmente «zumo de mono».

A pesar de haberse iniciado en las letras muy mayor, y siendo analfabeto muy probablemente como mínimo hasta los diez años, Carême tuvo el enorme mérito de escribir un extenso número de obras de cocina. Fue un gran lector y en sus recetarios usó el estilo pomposo de la época, grandilocuente y expresivo, por el cual, curiosamente, muchos le imitaron, a veces incluso en tono de sorna; lo cual no empequeñeció al gran cocinero. El creyó en la importancia de lo que hacía, y sencillamente por esta razón utilizó el tono que consideró más apropiado, que era el estilo solemne «a la Buffon», como se conocía en la época, y que tomaba el nombre del famoso naturalista, que se expresaba así en sus obras.

26 Larousse Gastronomique, 2006, 108.

Como dice en la introducción a su obra *Le pattisiere royal*, era consciente de que estaba marcando unas normas que serían las que conducirían en el futuro la cocina. Quería trascendencia y la consiguió: hoy, Carême sigue siendo un ejemplo de buen hacer en las cocinas.

A lo largo de sus obras recomienda a los lectores leer sus obras íntegras[27], ya que —indica él mismo— trata de no repetir para no hacerse fastidioso ni perder el tiempo, y con cierto tono moralista recomienda a las amas de casa leer sus obras en lugar de inútiles novelas, ya que, según su criterio, les procurarán un conocimiento que será del agrado de toda la familia y amigos. Si bien muchas de sus indicaciones son para profesionales, es sincero cuando reconoce que escribe para todo el público: profesionales y *amateur*. Y que aunque su experiencia se había desarrollado en las cocinas de las casas más nobles y palacios aristocráticas de toda Europa —lo cual era verdad— era posible repetir los modelos que presentaba en cualquier casa y mesa. Y, orgulloso o chauvinista, como queramos llamarlo, fue consciente de que Francia ofrecía en aquel momento los mejores productos de cocina y los manjares más suculentos, poniéndola en todo momento como modelo de buena producción y excelente preparación, no ajena a un cierto sentido estético del buen disfrute.

Carême fue, además, moderno en el sentido gastronómico de la palabra. Intuyó la importancia que tiene una buena comida en la salud y confiesa que ha utilizado el conocimiento que le habían aportado viejos libros de médicos muy reputados en los que se presentaban comentarios de interés sobre alimentos, para refrescar y rejuvenecer ciertas partes del recetario que ya en su época habían quedado obsoletas y que eran pesadas y excesivamente grasas, por lo que hace frecuentes reflexiones culinarias, alimenticias y gastronómicas[28], y hace una distinción entre los tres términos.

Ideó innumerables invenciones: platos nuevos, preparaciones, guarniciones, instrumentos de cocina, ¡incluso regularizó el uso del gorro blanco que aún hoy se utiliza! Entre los platos más famosos inventados por él está la charlota rusa[29], que es un postre frío conocido desde finales del s. XVIII, pero que reestructuró Carême. Es un plato que se compone, a elegir, de una base de mousse de chocolate y café o *bavarois* de vainilla o chantilly, o aparejo de bomba, que se vierte en un molde de

---

27   Carême, 1980, 25.
28   Carême, 1980, 35.
29   *Larousse Gastronomique*, 2006, 227.

charlota con las paredes cubiertas de bizcochos de soletilla humedecidos con licor. Se deja enfriar y se desmolda. Se acompaña de una crema inglesa fría y ligera, y tiene una presentación bárbara, muy llamativa. Aunque hay quien dice que la charlota se inventó una generación antes, en honor de la reina Carlota, esposa del rey británico Jorge III, en cualquier caso él la puso al día.

Las fresas a la Romanoff, en honor a su época pasada con la familia real rusa con los zares, se elaboraban con nata y azúcar muscovado. Los *tournedós* Rossini, más sólidos y que han llegado hasta la actualidad, tomaron el nombre de un compositor italiano, de nombre Gioacchino, que vivió entre los años 1792 y 1868. Fue un gran gastrónomo, muy bien relacionado en su época y buen amigo de Carême. Estuvo muy de moda y se le dedicaron innumerables platos, de muchos de los cuales fue autor Escoffier, una generación después de Carême. Antonin le dedicó los *tournedós* con su nombre, que trascendieron la época y que van montados sobre un panecillo de *brioche*, hechos en su punto con mantequilla, vino de Madeira, coñac, crema fresca, *foie-gras* y trufa, flambeado todo ello y presentado con un poco de salsa. Un plato muy representativo de su época, algo pomposo y afectado, pero muy sabroso y refinado.

Por su parte, el *soufflé* Rothschild era un postre que ideó para el barón y la baronesa de Rothschild en los años 1820, cuando estuvo a su servicio. Un delicado *soufflé*, fruto de la invención de nuevos hornos cerrados, que permitían que este plato se desarrollara perfectamente. La crema típica que es la base de todos los soufflés se enriquecía con frutas cristalizadas y maceradas en un licor que contenía cristales de oro, el Danziger Godwasser, y diminutas fresitas frescas. En su lugar, hoy se utiliza *kirsch* o un buen coñac para sustituirlo, pero en ningún caso se puede repetir la excelente mano de Carême.

La salsa Albufera la dedicó al mariscal Louis Gabriel Sucher, duque de Albufera, título que se le concedió al obtener una victoria sobre los ingleses en la albufera de Valencia. A este general de Napoleón le dedicó muchos platos, algunos realizados con pato, con buey y con otros ingredientes. Esta salsa Albufera —que fue famosa en su época— se usaba para acompañar carnes y aves, y lleva en su composición extracto de ave, coñac, Oporto blanco o Armañac, crema fresca y *foie-gras*. Es una derivada de las salsas madre.

En honor también a la corte rusa, al zar Alejandro I, creó la *alexandertorte*, un dulce elaborado con pasta de hojaldre y confitura de fresas, glaseada finalmente, que se servía tanto para desayunar como para tomar el té. El lenguado Dugléré toma el nombre de un aprendiz de Carême, Adolphe Dugléré, que fue cocinero en el Café Anglais en París, en 1866. La salsa napolitana también fue inventada por él, una preparación alegre y suculenta, lleva en su composición rábano picante, jamón, vino de madeira, salsa española, jalea de grosella, uvas pasas y cidra confitada.

Además de crear estos platos perfeccionó el *chaud-froid*, que ya se conocía, haciéndolo más cuidado, elaborándolo con mayor empaque y componiendo una elaboración sumamente compleja, consiguiendo así un plato de primera fila, muy sabroso y con una presentación impresionante, digna de las mesas de los grandes imperios del XIX. Se trata de una preparación que se presenta fría y que puede estar hecha a base de aves, carnes o pescados cubiertos de una salsa oscura o blanca abrillantada con gelatina.

Y no fue todo, además inventa el *croquembuche*, perfecciona el merengue y el *nougat*, inventa el volován y mejora la masa de hojaldre hasta llevarla a lo que es en la actualidad.

Y por supuesto la gran revolución en la cocina: sistematiza las salsas, organizando un método simple y muy útil, basado en una primera división en salsas frías y calientes. Las calientes las divide en salsas oscuras y blancas, entre las cuales se encuentran las salsas madre — española, semiglasa y salsa de tomate entre las oscuras, y bechamel y velouté para las blancas—. Es difícil hacer un inventario de todos los logros, inventos y mejoras que imaginó Carême. Pero en cuanto a las cocinas, ideó una forma de servicio mejor que la antigua, en vez de presentar todos los platos a la vez —como se hacía antes— y que provocaba que se quedaran fríos, presentaba uno tras otro y se servían en menor número que antes de su época. A la gente le encantó la idea, ya que los platos estaban más calientes y mejores, y se disfrutaba de cada uno de ellos recién hecho.

Carême fue el máximo exponente de la cocina clásica, junto a Escoffier, Dubois o Gouffé, porque codifica, organiza e interpreta todo lo que se conocía hasta el momento. Por otra parte, es cierto que su carácter era algo pomposo, orgulloso y pagado de sí mismo, lo que se trasluce en sus obras, en las que se le percibe apasionado, claro, directo y franco. No hay duda alguna sobre lo que piensa, incluso se permite criticar abiertamente a quienes considera oportuno, aportando siempre una razón consistente, por ejemplo, cuando carga contra aquellos que consideran el *roux* —la harina tostada con mantequilla, base de innumerables salsas— innecesario o perjudicial.

En realidad, no trató tanto de cambiar intencionadamente la cocina de su época, sino de ordenarla y llevarla a su máximo esplendor, cuidando los platos desde su nacimiento en las cocinas y refinando su presentación en las mesas. Eso provocó cambios importantes, sin lugar a dudas. Sugirió tomar el jerez después de una entrada ligera, o con las sopas, porque según su criterio este vino abría el apetito; y observó que también encajaba muy bien con los quesos que se servían en los postres.

Por otro lado, era un incansable trabajador y no dejó de hacerlo ni un solo día de su vida. Después de mandar a sus cocineros a descansar, alrededor de la medianoche, el continuaba varias horas afanado en sus libros y sus menús, hasta agotarse. Su dura infancia, el trabajo exhaustivo a que se sometió y el estar sometido a respirar durante años, todos los días, los vapores de las cocinas debilitaron su cuerpo hasta provocarle la muerte. Carême creó un estilo de cocina, una forma de entender un trabajo que era tan estimable como cualquier otro y tan digno de aprecio que a él se le llamó el rey de los cocineros. Carême atisbó el futuro y la importancia que doscientos años después adquirirían los cocineros; fue un revolucionario en su época.

Escribió numerosos libros de cocina, entre los que se encuentran *Le pâtissier pittoresque* (1815), *Le pâtissier royal parisien* (1815), *Projects d'architecture, dédiés à Alexandre* (1821), *Projects d'architecture pour les embellissements de Paris et de Saint-Pétersbourg* (1821), *Le maître d'hôtel français* (1822), 2 vols., *Le cuisinier parisien* (1828), *L'art de la cuisine française au XIXe siècle*, en cinco volúmenes (1833-1844). El primero está incluido en *Le cuisinier parisien*, el segundo y tercero se publicaron en 1833, después de su muerte, y el cuarto y el quinto publicados en 1844.

Murió con cincuenta años, habiendo vivido una vida de intenso trabajo, sin tiempo apenas para otra cosa que no fuera la gastronomía expresada a través de la cocina, quizás enfermo por alguna infección respiratoria. El zar Alejandro I, que quedó muy satisfecho con las comidas que le preparaba, le dijo a Talleyrand: «Solo sabemos de él que nos enseñó a comer».

BIBLIOGRAFÍA

AA.VV. *Larousse gastronomique en español*, Barcelona, 2004.
Carême, M.A., *El gran arte de los fondos, caldos, adobos y potajes*, Luján, N. (prolog.), Barcelona, 1980.

—*L'art de la Cuisine Français*, 4 vols., París, 1833.
—*Le cuisinier parisien*, París, 1828.
—*Le maitre d'hotel français*, Paris, 1822.
—*The royal parisian pastricook*, Londres, 1834.
Civitello, L., *Cuisine & Culture*, Hoboken, 2011.
Dumas, A., *Mon dictionnaire de cuisine*, París, 1998.
Kelly, I., *Cooking for Kings*, New York, 2003.

Julia Child en París con su gata Minette, 1953.

JULIA CHILD

Julia Carolyn McWillians, escritora, presentadora de televisión, cordon Bleu. Escribió «The Art of French Cooking» y otros muchos libros, en todos los cuales pretendía enseñar al público americano la excelente cocina francesa. Protagonizó varios shows de gran éxito, especialmente «El chef francés». Fue muy popular en Estados Unidos. Nació en Pasadena, California, el 15 de agosto de 1912 y falleció el 13 de agosto de 2004 en Santa Bárbara.

> *She melts my frozen earth*
> *Hasta que aprendí a cocinar, nada me interesó realmente*
> *Bon Appétit!*

El año 1963 se estrenaba un nuevo show televisivo en Estados Unidos. Fue el segundo nacimiento de Julia Child y aunque ya era una personalidad en el mundo de la cocina, sería desde aquel momento cuando se haría muy popular en toda América y más tarde en todo el mundo. El nuevo medio de comunicación había conseguido lo que hasta ahora había sido impensable y una nueva estrella de la gastronomía ocupaba un lugar propio y merecido.

Vivaz, simpática, vibrante, natural, activa y —cómo no—, apasionada por la buena mesa, Julia llegó a la cocina a través de la comida. Su pasión por comer bien y su estancia en Francia hicieron de ella la gran escritora de gastronomía en que después se convirtió.

Julia Carolyn McWilliams nació en Pasadena, California, el 15 de agosto de 1912, hija de John McWilliams y Carolyn Weston —a la que Julia llamaba Caro—, descendientes ambos de ilustres linajes americanos, en un entorno WASP[30], tradicional, convencional y sosegado. Su

---

30 White, Anglo-Saxon, Protestant. Blanco, anglosajón y protestante.

padre se dedicaba junto a su abuelo a negocios familiares y su madre, mujer de mundo, deportista y muy activa, acostumbró a sus hijos a relacionarse con otros niños de familias bien de Pasadena, y a hacer vida social. Los tres hermanos: Julia, John y Dorothy se llevaban muy bien entre sí y disfrutaron de una infancia fácil, divertida y rodeada de comodidades. Los veranos eran la parte más entretenida de todas y solían pasarlos en la playa, en Santa Bárbara. Los padres formaban una reconocida pareja de la alta sociedad de Pasadena; su padre trabajador, serio, bien parecido y posicionado, republicano y tradicional, era un hombre bueno y formal. Su madre, como decía la propia Julia: «Es una auténtica dinamo», espontánea y vital, le gustaba hacer deporte, estar con sus amigas y recibir en su casa por las tardes a sus amistades, ir a los clubs y divertirse. Ella siempre animaba a sus hijos a pasarlo bien y aunque no les dedicaba mucho tiempo, les permitía crecer libres y felices y hacerles sentir bien con ellos mismos y con la vida. Por supuesto que en ese entorno, su madre no cocinaba diariamente y, según Julia, solamente sabía hacer galletas, albóndigas de bacalao y *Welsh Rarebit*, que a pesar del rimbombante nombre tan solo son unas tostadas ilustradas con queso. Y eso era lo que cenaba la familia cuando por algún motivo no había servicio, que era pocas veces.

El ambiente en el país, sin embargo, era muy distinto a aquel agradable entorno. Aquellos eran los años de la gran Depresión, en los que Norteamérica entera sufría un tiempo desafortunado que hirió financieramente al mundo entero, y fue especialmente allí, con el crack del 29, cuando se produjo una gran devastación económica que se prolongó casi toda la década siguiente. El desempleo hizo su aparición, y con él, la ruina de muchas familias americanas. Pero los Williams estuvieron bastante protegidos del problema que se vivía en su país, eran inteligentes, deportistas, estaban bien posicionados y con una economía más que acomodada, por lo que la vida de infancia y juventud de Julia fue feliz y fácil, proporcionándole ese carácter abierto y franco que tendría toda su vida. Durante los primeros años estudió en la Branson School, una pequeña escuela privada en la que se enseñaba a las niñas a ser responsables, pero no solemnes. Allí, en una escuela en la que los jardines y la vida al aire libre eran parte del día a día, estudió latín, francés y matemáticas, historia y todas las asignaturas que son importantes a esa edad.

Su madre estaba muy interesada en que asistiera a la universidad, ¡aún en esa época!, y a pesar de que no era ni mucho menos una intelectual animó a su hija a formarse, así que cuando tuvo la edad suficiente la llevó al Smith College, donde ella también había estudiado. Julia hizo allí muchas amigas, desde la hija de la íntima amiga de su madre a otras con las que años más tarde tendría relación, y su estancia en Smith le fue de mucha utilidad y la enfrentó con las primeras dificultades de adaptación. Tuvo sus dos primeros graves problemas, sobre todo para una jovencita: en primer lugar, su estatura era tan elevada que no cabía en la cama, ¡era muy pequeña! y los pies le colgaban al acostarse. Y, en segundo lugar, las chicas de Smith se vestían a la moda del este —mucho más refinada— y ella no iba tan bien equipada como ellas. Pero todo se arreglaría pronto, y cuando llegó su madre a visitarla fueron juntas de compras. Fue allí donde adquirió fama de atolondrada y de alta, algo que era inevitable y que llamó la atención toda su vida: su gran estatura, ya que ¡medía 1,88 m.!, algo que en una chica era extraordinario, y más en aquella época. Julia permaneció en Smith cuatro años y, además de encontrar buenas amigas, confesaba tiempo después que allí encontró los mejores donuts de la ciudad; era una jovencita tragona que todavía no era la refinada gourmet que sería más tarde. En la universidad no comía nada especial, solamente cosas simples como guisos, carne y patatas, elaboradas en forma de guisos tradicionales, lo que sabemos de boca de una de sus compañeras, Charlotte Snyder, que se hizo Cordon Bleu años más tarde y después fue editora del *Larousse Gastronomique* en el 61. Charlotte confesaba que por aquel entonces la comida no les importaba a ninguna de ellas. Pero las chicas sí estaban interesadas, y mucho, en escribir, ya que tuvieron una profesora de inglés, Mary Ellen Chase, que era novelista y que fue muy popular entre las alumnas. Durante estos años se lo pasó muy bien, disfrutó de la compañía de sus amigas y confiesa que continuó en un estado de semiadolescencia hasta que cumplió 30 años. Aún la cocina no había llamado a su puerta, pero felizmente terminó sus estudios y se graduó en Historia en 1934. Una vez graduada y con ganas de trabajar, volvió a Pasadena, donde encontró un empleo como mecanógrafa en una empresa de publicidad de Nueva York, y se mudó a la gran ciudad. La vida era entonces sencilla: salía con algunos chicos, trabajaba y todavía solamente comía por satisfacer su apetito, sin buscar nada especial ni saber cocinar en absoluto. Después de dos años de vida alegre y despreocupada, su madre, que padecía episodios de tensión alta, enfermó más seriamente de lo habitual y a los primeros indicios de la enfermedad, en la primavera de 1937, Julia volvió a casa a cuidarla. La familia sabía que esto podía ocurrir, y la alegre Caro fallecía en julio de ese mismo año. Fue un gran golpe para todos, especialmente para los hijos que eran muy jóvenes, y tras la ceremonia, y sin que ellos lo supieran, su padre guardó las cenizas de su madre hasta su propia muerte. Totalmente desconsolada y bajo la influencia de su padre, que era dominante y que desde luego le cortaba las alas, mientras sus hermanos aún estaban en la universidad, ella decidió buscar un empleo para trabajar cerca de casa. Aun pesaba la muerte de mamá. Unos amigos de San Francisco habían fundado una nueva revista en 1938 y ella empezó a colaborar de inmediato, escribiendo una columna sobre moda, pero la empresa quebró al año siguiente y Julia se quedó sin trabajo.

Los cinco años que siguieron a la muerte de su madre ella se convirtió, según sus propias palabras, en «una mariposa social». Solamente jugaba al tenis y al golf, tocaba el piano, nadaba y se divertía con sus amigas. En medio de la divertida vorágine, un día ocurrió algo inesperado en su interior y se dio cuenta de la pérdida de tiempo que suponía la vida que llevaba, al recordar que su madre les decía: «La personalidad es todo». Aquel día decidió levantarse y hacer algo, no permitirse a sí misma no ser nada, y así se volvió activa de una forma diferente. Comenzaban tiempos distintos para Julia y en aquella época leyó mucho, escuchó música y asistió al teatro... también tuvo muchas aventuras sin importancia y la familia iba madurando. Su hermano John se casó con una chica de Pasadena, de una familia como la de ellos, y tras su matrimonio en junio de 1940 se trasladaron a Massachusetts. Después de cuatro años de estar en casa, Julia había madurado, se había encontrado con sus hermanos de una manera diferente a la de la infancia, y se hacía muchas preguntas sobre su destino y sobre sí misma. Leía textos políticos, se involucraba en su entorno y decidió que no quería desaprovechar su vida sin hacer nada útil. Así que en plena guerra, en 1942, decidió dejar su casa y como buena hija de su padre, que era un hombre comprometido, con un pensamiento político firme, se dispuso ayudar de alguna forma a su país. Era un alivio pensar que ahora todo sería fácil, ya que su hermana Dorothy se quedaba con papá en casa. Así que se fue a Washington, había enviado una solicitud a WAVES[31], la cual se desestimó por su alta estatura. Para suerte de Julia, también envió otra al OSS, Office of Strategic Services —organización de la que nacería la actual CIA— y fue admitida. Por aquellos días trabajaba sin descanso, entregada a todo lo que le encargaban, estaba vibrante y mantenía una activa vida social, aunque las noches no se alargaran tanto como antes, ¡todo ese trabajo no lo permitía! Sin embargo, estaba contenta, tenía un trabajo interesante en el servicio de inteligencia del gobierno y cobraba al año mil ochocientos dólares. Era

---

31   Una división de la Armada americana creada durante la II Guerra Mundial en la que solo trabajaban mujeres.

una situación perfecta para una chica joven que durante aquellos días trabajaba seis días a la semana y comía lo que podía. En la habitación del hotel en el que vivía tenía un calentador de platos y apenas cocinaba. Pero aún quería una vida más activa, quizás algo de aventura... estimulada por la idea de que su hermano estaba en la Francia ocupada, mientras ella vivía en Estados Unidos y no sabían nada de su paradero. El mundo entero padecía y sobrevivía como podía a la II Guerra Mundial. Entonces, oyó hablar de que se necesitaban voluntarios en la India, y ella tenía treinta y un años, ganas de ser útil y sencillamente decidió viajar allí. Una mañana llegó una carta: ¡su solicitud había sido aceptada! Serviría fuera de Norteamérica y para colmo de su buena suerte, otras dos amigas decidieron irse con ella, así no se sentiría sola. Fueron unos días emocionantes, era la primera vez que viajaba tan lejos, así que fue a despedirse de su padre que además de ser rico aún estaba de buen ver y era objeto de las atenciones de todas las viudas de Pasadena —poco después una de ellas lo convencería para casarse— y se embarcaron desde California. Durante los días de la trayectoria en el barco tomó lecciones de chino y conoció a varios pasajeros, uno de los cuales era el esposo de la famosa antropóloga Margaret Mead. Julia seguía escribiendo en unos diarios que llevaba desde joven y como se sentía algo insegura al lado de tantos colegas realmente interesantes, con frecuencia se preguntaba en ellos sobre el objeto de su viaje, se sentía muy pequeña —a pesar de su estatura—, rodeada de personas muy sugerentes y algo exóticas para ella, entre los que había intelectuales, antropólogos y misioneros... En realidad, el OSS fue su primer encuentro con el mundo intelectual con el que ella apenas había tenido contacto. Llegar al primer puerto, Bombay, fue como trasladarse a otro mundo, y todo aquello le iba llamando tanto la atención por lo desconocido, lo exótico y nuevo, lo que le gustó enormemente. Pasaron allí unos días esperando que les llevaran a Nueva Delhi, pero los planes cambiaron porque el cuartel general se había trasladado, lo que era inevitable en tiempos de guerra, y el destino ahora era Ceylán, la actual Sri Lanka. El ejército los transportó desde el puerto al interior en un tren, en el que realizaron un asombroso viaje que le permitió disfrutar de las vistas de aquel país fascinante desde el interior. Estaba entusiasmada, el cuartel general se encontraba en el interior de una plantación de té y era delicioso, confortable y primitivo a la vez, pero sobre todo le permitía disfrutar de aquel paisaje exótico, cálido y selvático, que era para ella absolutamente desconocido y que ni siquiera había podido imaginar. En el propio cuartel general habían construido unos bungalows en los que vivían los americanos, y hacía tanto calor y humedad como Julia jamás hubiera imaginado. Para soportarlo lo mejor posible, las americanas llevaban ligeros vestidos de algodón y las budistas se cubrían con elegantes y ligeros saris, lo que hacía que el entorno fuera aún más exótico y singular, con una extraña mezcla de culturas, ropas y personas. Por otro lado su trabajo le entretenía bastante y era de cierta importancia: consistía en sabotear el espionaje y detectar al enemigo, revisando correos y siguiendo una estrategia propia de auténtico servicio de espionaje. Aunque por aquellos días había mucho trabajo, también había tiempo para que los americanos destinados en la base se conocieran mejor, entretejiendo amistades entrañables que durarían toda la vida e incluso formando algunas relaciones de pareja. Uno de aquellos días largos, soleados y calurosos de Ceylán conoció a Paul Child, un cartógrafo de la oficina de guerra de la OSS. Le gustó de inmediato y le pareció un hombre sofisticado, culto, animado y mundano, que pintaba y escribía poesía, todo un artista.

Paul tenía entonces cuarenta y dos años y ella treinta y dos, una diferencia de edad que le hacía aún más interesante. Salían a cenar, a ver películas y se divertían mucho juntos, Paul la introdujo en las delicias de la alta cocina, y durante su estancia en Ceylán la llevó a comer a restaurantes de cocina regional, animándola a probar cosas nuevas que quizás por sí misma no se hubiera atrevido a catar. Por otro lado, y como Julia se ocupaba del contraespionaje, fue divertido que fuera precisamente ella la que tuviera a su cargo la revisión del correo saliente, ¡incluso el de Paul! Y nadie más que su jefe y ella tenían conocimiento de esto, así que pudo leer de primera mano todas las cartas que éste mandaba a su hermano gemelo y en las que a veces hablaban de ella; auténtica información de primera mano. Paul había sufrido la pérdida de una antigua novia que falleció de cáncer y tenía una aventura con la esposa de un oficial británico. A Julia aquel hombre le parecía inaccesible, muy experimentado en cuestiones sentimentales y a él ella le pareció un poco histérica y asustadiza, pero agradable. Julia ya se había enamorado de él. En Ceylán conocieron a Jane Foster, una americana que después sería muy importante en sus vidas, y que en el año 1938 se haría del partido comunista en California, complicando la vida de muchos. Jane era divertida y poco consecuente, por lo que le pusieron el sobrenombre de «la comunista del Cadillac», aunque años después se reirían menos, ya que su pertenencia al partido comunista sería para todo el grupo un gran problema durante la época de la caza de brujas.

Paul, que terminaría siendo muy importante para Julia y que había viajado bastante, fue educado por una madre algo bohemia que había vivido en París y que era una excelente cocinera. Su padre había muerto cuando él y su gemelo Charlie apenas tenían seis meses y su madre, que era una cantante de primera fila, se dedicó a la música y tuvo que hacer giras por todo el mundo mientras sus hijos se empapaban de este ambiente culto e intelectual, bohemio y artístico a la vez. Paul hablaba francés, disfrutaba de los placeres de la vida y le gustaba comer y beber bien además de vestir con elegancia. Julia siempre decía que fue muy afortunada al casarse con Paul. Además era perfeccionista, intelectual, tenía una excelente conversación, había estudiado arte y francés en Connecticut, era cinturón negro de jiujitsu y le gustaban mucho las mujeres. Como Paul mantenía una estrecha relación con su gemelo a través de cartas, cuando escribía desde Ceylán contaba todos los detalles de su vida allí, incluso bastantes pormenores de sus amistades femeninas y, cómo no, hablaba también de Julia. Al principio, las descripciones que Paul hacía a su hermano sobre ella no eran muy buenas, Julia le parecía inexperta, carente de *savoir-fair*, algo histérica y ruda, poco experta con los hombres, con una buena mente pero algo lenta de pensamiento, algo salvaje en sus emociones ¡y aquella altura, cielos! Pero sentía simpatía por ella aunque, como le decía a su hermano, no la quería como compañera. Para eso buscaba una mujer más experta y hecha, de momento aquello era un juego que les mantendría entretenidos durante la guerra.

La vida corriente en la base era sencilla y tuvieron que adaptar el estilo de comida americana a la realidad del país, de manera que todo se adobaba con curry que a Julia le gustaba bastante. En sus cartas contaba a su familia que además del curry: «Todo está cocinado en condiciones poco saludables, y aunque lo intentamos es imposible hacerlo de otra manera». El caso es que durante aquel tiempo en Ceylán, Julia se abrió y maduró, demostrando a lo largo de la guerra que tenía unas facultades innatas que consistían en una gran capacidad de trabajo y en ser una excelente organizadora. A la vez que ella desarrollaba su potencial, las primeras impresiones de Paul iban modificándose y le llevaban a contar a Charlie que: «Julia responde bien a la compañía y al amor y es extremadamente agradable tenerla cerca».

Después de pasar diez meses en el Cuartel General de Mountbatten, en marzo del 45, Julia fue destinada a Calcuta. Allí estuvo únicamente una semana, pero lo que vio no le gustó nada. Le desagradó profundamente la relación que se había establecido entre los ingleses, todo le pareció sucio, cargado de sexo explícito y degenerado. Tras la corta y desagradable estancia la enviaron a Kunming, en China, a un nuevo destino en el que trabajaría con americanos, con la gran suerte de que poco después enviarían allí a Paul. Fue en China cuando Paul y ella se hicieron realmente muy amigos, estableciendo lazos de complicidad y algo más, complementándose muy bien. Julia era alegre y comprensiva, y Paul, que era algo melancólico y por aquellos días se sentía muy solo, encontró que Julia era una buena compañía.

El trabajo les dejaba poco tiempo libre, pero salían a comer frecuentemente juntos y a hacer excursiones. Años más tarde Paul diría que ella era un lobo por naturaleza, es decir ¡que siempre tenía hambre! A Julia le gustaba comer allí cocina china, pero no la americana, que era casi imposible que fuera medio aceptable, y le encantaba asistir a las comidas que organizaba Paul, escuchar a sus colegas y compañeros de mesa tan sofisticados y que sabían tanto de cocina. Allí aprendió tanto de cocina china que incluso llegó a distinguir entre la cocina pekinesa, la cantonesa y la de otras provincias. A la vez que aprendía algo de esta gastronomía,, poco a poco la relación entre ellos se afianzaba y por su treinta y tres cumpleaños Paul le hizo un poema que le llegó al corazón —le haría muchos más durante el resto de sus vidas—. Finalmente la guerra acabaría, y uno de aquellos calurosos días de agosto fue lanzada la bomba nuclear en Japón, que aunque fue horrible para todos, por otra parte también estaban emocionados, ¡volverían a casa! Mientras se preparaban para regresar, las cartas de Paul a Charlie tenían otro sesgo, algo había cambiado y había descubierto que Julia le proporcionaba confort, amor, comodidad, que era fácil vivir con ella y que era una mujer integral.

Por su lado Julia ya se había enamorado de Paul hacía tiempo pero veía muchos obstáculos para tener una relación sólida y feliz: él era un hombre mayor, experimentado, mientras ella era joven y sin experiencia, ella era extrovertida y él introvertido, ella tenía un padre fuerte y él nada; ella tenía una educación formal en un medio social alto y él ninguna. Paul se había sostenido a sí mismo desde su juventud, aunque se había formado muy bien solo, y las diferencias entre ambos eran notables. Además de estas reticencias sentía que Paul era un cálido y amoroso amigo, pero le parecía que no era suficientemente vigoroso y que su inclinación artística lo hacía así, poco constante y a la vez muy sensitivo, algo taciturno e incluso con cierta tendencia a la depresión.

Todos los americanos sentían la emoción de la vuelta a casa, la guerra por fin se acababa y podrían retomar sus vidas. Y aunque enamorados, el romance de Julia y Paul seguía pendiente, en realidad no se habían comprometido, quedaba en el aire. Paul volvió a Washington y siguió trabajando para el departamento de Estado, preparando mapas como siempre, mientras Julia había vuelto a su casa en Pasadena y tomaba lecciones de cocina y música. Ella confesaría más tarde que, aunque de forma informal y sin revelarlo a nadie, se preparaba para el matrimonio. Mientras, su padre, de sesenta y cinco años, se volvía a casar, lo que permitió que las dos hijas volaran y se fueran de casa, cada una a buscar su destino, Dorothy y Julia estaban tranquilas y encantadas con Phila, su madrastra; ahora podrían hacer su vida. Feliz porque además su relación se afianzaba, saldría por última vez de casa a hacer un largo viaje con Paul para conocer a la corta familia Child —solo su hermano y su cuñada— y decidieron casarse el 1 de septiembre de 1946 en casa de los Child. Estaban los dos muy felices por la boda, y aunque su padre y Paul jamás se entendieran porque eran dos hombres muy diferentes que pensaban de forma distinta, nada enturbió el matrimonio y Julia fue siempre feliz con Paul. Se instalaron en Washington, donde Paul seguía trabajando para el gobierno. Ella había recibido algunas clases pero aún no sabía cocinar. Adquirió un libro que entonces estaba de moda, *The Joy of Cooking*, con el que aprendió los rudimentos de la cocina. Por la mañana trabajaba en un aburrido empleo de archivera y por las tardes solía cocinar con su cuñada, la mujer de Paul y otras amigas, mientras él se ocupaba de seleccionar los vinos. Descubrían que se complementaban muy bien y que se divertían mucho, y tuvieron la capacidad de no encerrarse en su felicidad, reuniendo en torno al matrimonio a un nutrido grupo de amigos.

Eran muy distintos entre sí: ella, una mariposa social, jugadora de golf y tenis, y él era un intelectual, que escribía versos, que había vivido en otros países, mientras ella solo había visitado Tijuana. Pero las diferencias no los separarían, estaban hechos el uno para el otro y se equilibraban mutuamente. Ella le ayudó a evitar la misantropía y él equilibró su excesiva espontaneidad y sociabilidad. Habían iniciado una relación que sería fructífera en todos los ámbitos y que les haría muy felices. Muy pronto llegaría el gran viaje de su vida, al encuentro con Francia, que sería decisivo en su futuro, cuando destinaron a Paul a París en el año 1948. Todo sucedió muy rápido, el Departamento de Estado los envió a un desolado París de posguerra al que viajaron en barco. Allí alquilaron un coche y lo cargaron con todas sus pertenencias para llegar a París. Sería un viaje divertido que ayudaría a Julia a conocer el país donde viviría los próximos años y a Paul a reencontrarse con una Francia que había visitado por última vez hacía dieciocho años. Habían comenzado su viaje con mucha ilusión, Julia no imaginaba cómo serían los franceses, aunque sus referencias no eran muy buenas... esos europeos... pero Paul hablaba muy bien francés y estaba encantado, sabía que podría hacer que Julia se enamorara del país.

Camino de París pararon en Rouen a comer, en el restaurante La Couronne. Era temprano, solo las doce y media, y el restaurante estaba lleno de gente. Olía tan bien... Paul le explicó cómo se usaban distintos tipos de mantequilla para diferentes platos, y como ejemplo de la improvisada clase pidieron un lenguado *meunière*, que es un lenguado elaborado con mantequilla normanda, perejil fresco y limón. Completaron el menú con una ensalada verde, unos quesos ligeros, crujiente baguette y café francés. Julia confiesa que allí tuvo una auténtica epifanía. Aunque hasta ahora a ella le gustaba comer, pero no cocinar, y no distinguía mucho entre calidades y refinamiento. Aquello fue una auténtica revelación y fue consciente por primera vez en su vida de la calidad de lo que estaba comiendo, era su primera comida auténticamente *gourmet*. El descubrimiento de una cocina de verdad, en la que la protagonista era una comida bien hecha fue el momento que provocó que aquella Julia que solía engullir lo que se le pusiera por delante se transformara en una Julia que sabía comer y elegir bien. Alquilaron un piso muy cerca de la embajada americana y mientras Paul trabajaba, ella aprendía francés y exploraba la ciudad, era un plan excelente y a ella le enamoró Francia desde el principio, fue un amor a primera vista, como el que sintió por Paul.

Sin duda alguna habían tenido una gran suerte, París era la ciudad ideal para dos recién casados y su vida allí estaba repleta de actos sociales, reuniones y cenas con amigos. Y en París en medio de un mundo que ni siquiera se había imaginado, ella se enamoró también de un país que la recibía en circunstancias difíciles tras la guerra, y de la que su marido trató de mostrarle los rincones más bellos a lo largo de sus largos paseos. Aunque estaba muy deteriorada por las bombas de la guerra, conservaba todo su encanto, era un París intelectual, pobre y casi sin recursos modernos —la electricidad apenas funcionaba y la maquinaria doméstica era inexistente—, pero a la vez era estimulante y había personas más que interesantes, como Jean-Paul Sartre, Simone de Beauvoir, Albert Camus o Pablo Neruda. Aquel era el Occidente de la guerra fría y ellos formaban parte del París de su tiempo, mientras Paul seguía trabajando en el OSS, que entre otras cosas se ocupaba de ejercer una acción directa contra el comunismo.

Fue divertido explorar París juntos, pero sobre todo fue extraordinario el placer de comer y viajar por los alrededores. Para ellos fue una época de exploración por todos los restaurantes y bistrós parisinos, una época de conocer cada rincón con la *Guía Michelin* como cicerone. Poco a poco, todo se iba confabulando y Julia captaba la forma gastronómica de entender la vida de los franceses. Solía ir a comprar a los mercados al aire libre y se hizo amiga de los vendedores. Mientras ella exploraba, Paul disfrutaba de reuniones en un club gastronómico masculino. Eran días felices, en los que solo flotaba una pequeña amargura, los hijos no llegaban. Pero no perdían la alegría, y pronto Dorothy, la hermana de Julia llegó a París unos días antes de su cumpleaños, ¡estaba feliz de estar en París y se llevaba muy bien con los dos! Eran un trío muy divertido, Paul se tenía que ocupar de aquellas dos altísimas hermanas americanas, que reían y charlaban continuamente. Por aquellos días, y debido a la estrecha relación que mantenían con la comunidad americana de París, Julia fue madrina de boda de la boda de Hemingway con Byra Whitlock. Pertenecer al cuerpo diplomático y formar parte del grupo de americanos en París les proporcionó tener unas relaciones muy interesantes y divertidas, pero más allá de las obligaciones y de la diversión, Julia era americana y sentía la necesidad de trabajar, más aún al compararse con las amas de casa francesas, que lo hacían solo por necesidad. Así, confesó a Paul que quería hacer algo, pero aún no estaba segura de qué. Una mañana, en uno de sus paseos parisinos, se encontró con la Escuela Cordon Bleu, y sin pensarlo un segundo entró para participar en una demostración. «Quedé totalmente enganchada», así que se apuntó para unas clases de seis semanas, un curso intensivo, mientras cuenta que «se me hacía la boca agua, anticipando el gran día»[32]. En realidad, a Julia lo que más le gustaba, como confesó a Paul, era comer. Y le gustaba mucho, así que estaba encantada, y en 1949 comenzaría a asistir a las clases en la prestigiosa escuela, lo que pareció perfecto a Paul quien para celebrarlo la invitó a hacer un *tour* gastronómico por Marsella y a descubrir las delicias de la cocina de la Costa Azul, que eran muchas.

El día 6 de octubre de ese mismo año entró en la escuela Cordon Bleu en la rue del Fauburg Saint-Honoré en la clase de *amateurs*, y aunque la escuela le gustó, no era la clase que quería y consiguió que la pasaran a una de profesionales. Como buena americana, se lo tomaba muy en serio. En su clase había once veteranos de guerra y ella era la única mujer en un curso que duraba diez meses, con veinticinco horas de clase a la semana. Pronto tuvo claras preferencias, su profesor favorito era el chef Max Bugnard, que había trabajado con Escoffier en el Carlton de Londres y estaba especializado en salsas, pescados y carnes; Bugnard mantuvo con ella una estrecha relación durante toda su larga vida, el instinto no le fallaba, aquella americana tan divertida llegaría lejos.

---

32   Child, J., 2007, 60.

El primer día Julia asistió emocionada a su clase, y el primer plato que hizo fueron pichones asados, un plato complejo que por la tarde repitió para su marido y su hermana. Paul contaba años después: «Si hubierais visto como Julia adobaba y preparaba los pichones, hubierais comprendido lo que había supuesto para ella comenzar sus clases en Cordon Bleu». Todas las tardes preparaba una buena cena para su pequeña familia, que era el mismo plato que había aprendido por la mañana. Platos ricos, sólidos y densos, que provocaron que en una sola semana los tres sufrieran una severa indigestión, ¡era demasiada comida buena! Estaba entusiasmada y cada día cocinaba mejor, así que aprovechaba para reforzar sus habilidades las obligaciones diplomáticas de Paul, invitando cada día tanto a americanos como a franceses, y todos disfrutaban de su estupenda mano en la cocina.

Julia Child en su cocina de París.

Era una mujer fuerte, tan alta y poderosa, con tanta vitalidad que cogía las cacerolas y las sartenes con toda su fuerza, que no se cansaba y dedicaba tantas horas a la cocina que incluso su marido tenía que acercarse hasta allí para poder verla. Muy pronto empezó a hacer auténticas delicias, mousse de jamón ¡picada a mano!, diversos asados, aves rellenas, pasteles... Paul le ayudaba en las tareas más duras y se divertían juntos. Pero como buena americana, no dejaba de extrañarle que los equipos del Cordon Bleu fueran antiquísimos: no había termómetros, batidoras mecánicas u ollas a presión, lo que además suponía un trabajo extra importante. Asistía encantada a las clases de Bugnard y de Pierre Mangelotte, aunque la propietaria y directora, madame Brassart, no se llevaba nada bien con Julia, y decía sobre ella que: «La sra. Child no tiene especial talento para cocinar, aunque se esfuerza. Es una buena ejecutora. Es una mujer de carácter, una buena y brava comunicadora, trabaja muy duro». También fueron profesores suyos Claude Thillmont, jefe de cocina del Café de París, e incluso Curnonsky enseñó en el Cordon Bleu, y también fueron amigos hasta la muerte de él. Pero en marzo de 1950, Julia decidió dejar Cordon Bleu, empezaba a aburrirse y las recetas le parecían repetitivas, así que habló con Bugnard, estudiaría con él y después se presentaría a los exámenes de Cordon Bleu por libre. De manera que estuvo seis meses estudiando y cocinando todo el día, y parte de su *training* consistía en organizar cada día una cena para su marido, Dorothy y algunos amigos. Pero Brassart, que creía sinceramente que Julia sería un lastre para el Cordon Bleu y a la que además le resultaba cargante la alumna, retrasaba y retrasaba el examen, así que finalmente le costó más de un año poder presentarse, y mientras ¡todos sus amigos y conocidos sabían de sus clases y del retraso en su examen! Como era muy comunicativa y expansiva, la embajada americana al completo tenía noticias de la futura cocinera y sus asuntos. Al fin llegó el gran día, se examinó y recibió su diploma al mes de obtener el título. ¡Por fin era oficialmente cocinera! Estaba realmente feliz, aquello le divertía y ocupaba todo su esfuerzo y su tiempo, pero aún no intuía que se dedicaría a ello en cuerpo y alma durante el resto de su vida. La vida les sonreía, Paul escribía poemas y fotografiaba París. También pintaba cuadros y se dedicaba a erradicar el comunismo de Europa a la vez que ella cocinaba y hacía que todos sus amigos disfrutaran de las delicias de su mesa.

Mientras, su hermana Dorothy, que fue una excelente compañía para ambos, conoció a un irlandés, miembro de la armada americana en París, con el que finalmente se fue a Nueva York, y anunciaron su compromiso y boda, matrimonio que tampoco gustó al padre de ambas, pero lo aceptó como era inevitable. Así que toda la familia fue a la boda de Dort —como la llamaban— a Nueva York, incluso Julia y Paul que aprovecharon para hacer un *tour* por varios lugares de Norteamérica, como Pasadena, Washington y San Francisco. Fue muy divertido estar todos juntos de nuevo.

La vida seguía y tras la boda volvieron a París, donde les esperaban novedades, y entre ellas que el Círculo de Gourmets, un club de señoras francesas que se dedicaban a la gastronomía, volvía a tener actividades ¡y ella fue invitada a compartirlas! Julia tenía muchos contactos, pero estos eran sobre todo americanos. En realidad, carecía de relaciones con franceses, por lo que estar en el Círculo le vendría muy bien. Un día, en una de las reuniones del Círculo, conoció a Simone Beck —ella la llamaría Simca—, un encuentro que sería decisivo para el futuro de ambas y que las haría amigas de por vida: se entendieron bien desde el primer momento, y Luisette Bertholle, amiga de Simca, se unió al grupo. Las dos francesas preparaban juntas la publicación de un librito de cocina y tenían la idea de hacer un libro de cocina francesa para americanos, así que al conocer a aquella entusiasta americana la animaron a participar del proyecto común. Estaban entusiasmadas y Julia se tomó el proyecto como algo realmente serio, empezando a trabajar en él de inmediato. A lo largo de los días, la amistad entre ellas iba creciendo, y el proyecto también, hacían comidas juntas, se reunían y finalmente decidieron montar una escuela de cocina, y para ello renovar la cocina de Luisette con la idea de usarla para sus clases. La llamaron la «Escuela de las Tres Gourmands»[33]. Muy pronto empezaron de forma entusiasta a dar clases a grupos de americanas, aunque pocas cada vez, tres, cinco... Mientras impartían las clases, Simca y Louisette asistían a Cordon Bleu para ponerse al día, y a la vez empezaron con el primer libro, que tuvo más complicaciones de las que esperaban. En primer lugar se encontraron con el problema de las traducciones, Julia era muy exhaustiva y todas las recetas que enseñaba en la escuela tenían que ser traducidas, desde los textos hasta las cantidades, ya que estaban al estilo antiguo: una pizca, una cuchara, una onza... Ella las pasó todas al sistema decimal, y por otra parte, como era muy minuciosa, no enseñaba nada que no hubiera probado hasta perfeccionarlo. El tiempo fue poniendo a cada una en su sitio, y mientras Julia y Simca eran cada vez más profesionales, Louisette se fue desarrollando como una cocinera *amateur* que además tenía dos hijas que se casarían pronto, varias casas y poco tiempo

---

33   École des Trois Gourmands.

para dedicarlo a la cocina. Pero... la idea inicial de escribir un libro para americanos era suya, y además tenía excelentes contactos.

Mientras Julia trabajaba intensamente en su escuela, la vida seguía y Dorothy tenía su primera hija, a la que llamó Phila, como la esposa de su padre, a la que todos adoraban. Julia y Paul, pensando que pronto acabaría su estancia en París —después de cuatro años, el gobierno podía volver a destinarlo—, y con idea de aprovechar cada minuto de su deliciosa estancia, viajaron lo que pudieron, comieron, Paul hizo mucha fotografía y pintó algunos cuadros. Aquellos años de París fueron de una vida idílica, el matrimonio se afianzó, disfrutaron ambos de Francia y Julia se descubrió a sí misma.

La carrera de Julia seguía adelante con la debida constancia: el libro para americanos iba creciendo despacio, pero sin parar. Julia cada vez estaba más preparada y sabía más, además formaba parte de la abierta sociedad parisina, ya no solamente del círculo de americanos. Curnonsky[34], el popular y famoso «príncipe de los gastrónomos», que cumplía ochenta años, la invitó a la fiesta de su cumpleaños y se vieron varias veces durante muchos años.

Mientras ella trabajaba, sus amigas publicaron un librito de cocina francesa en inglés, con la editorial Washburn, que se llamó *What's cooking in France*. Era el verano de 1952 y Simca y Luisette tenían ya seiscientas páginas de recetas para el siguiente libro, al que querían llamar *Cocina francesa para todos*. Pero había que adaptar las recetas a los métodos americanos, con sus proporciones, ingredientes, etc., lo que suponía un trabajo impresionante para el que encontraron a una coautora de excepción, Julia Child, cómo no. Cuando ella leyó las recetas de sus amigas pensó que no eran muy profesionales, y que aquellas páginas solamente eran eso, una gran colección de recetas con muchos defectos, y que para colmo no se habían testado. Así que comenzó a reescribir el libro pero habló con su amiga Avis DeVoto, que era editora de libros de cocina para decirle que quería escribir una obra realmente buena: un libro de cocina burguesa para las amas de casa americanas.

El proyecto encontraba ahora un cauce adecuado y Julia estaba preparada para afrontar la obra. Empezó con el apartado de salsas y fondos, lo básico de cocina, experimentando con las salsas y con la idea de escribir un capítulo perfecto, profundo y organizado. Así que cuando tuvo el capítulo terminado lo envió a través de Paul Sheeline, el abogado

---

34   Maurice Edmond Sailland, periodista y escritor francés, especializado en gastronomía.

de Paul, para que él contactara con una editorial, con las indicaciones de Julia: «Es solo un ejemplo del estilo y método que quiero seguir en la obra». Paul lo envió a la editorial Putnam. Mientras lo estudiaban, ella comenzó con el capítulo de sopas, y claro, durante aquellas semanas comieron sopa cada día. La contestación de Putnam fue negativa, no le había gustado, pero la avispada Avis DeVoto, que también tenía el mismo manuscrito lo envió a Houghton Mifflin, que en diciembre del 52 aseguró que lo publicaría. Avis, que era columnista del *Harper's*, había probado muchas recetas de Julia, y ¡todas salían bien! Así que como estaba encantada presionó a la editorial para que lo publicara, y para sorpresa de Julia enviaron un contrato de inmediato y con un anticipo de doscientos dólares para cada una. Todos creían que sería un clásico y estaban tan felices como sorprendidas.

Pero la vida personal cambiaba y finalmente terminó la estancia de los Child en París, destinaban a Paul a Marsella y... bueno, al menos seguían en Francia. Para Julia aquella era una ciudad «excitante, maravillosa y apestosa, llena de gente que siempre hablaba, gesticulaba, comía, sonreía». Aquella época fue divertida, desmoralizador en lo laboral para Paul —el cónsul era un hombre difícil y mediocre—, pero pudieron probar los riquísimos guisos y pescados del Mediterráneo, ampliando así su paladar y sabiendo exactamente a qué atenerse en muchas de las recetas del capítulo de sopas que aún no había acabado.

Mientras, en Estados Unidos había comenzado lo que se llamó la caza de brujas y el senador McCarthy se dedicaba a buscar comunistas infiltrados en el país y... en las embajadas. Así que cuando uno de los miembros de su *staff* visitó la embajada de París y comprobó que entre los estantes de la biblioteca no había una revista americana, la *American Legion Weekly*, y que al entrar, todas las secretarias tenían puestas las piernas sobre la mesa, se escandalizó hasta tal punto que provocó que todo el trabajo de la embajada en París se pusiera en tela de juicio. Aquello encendió tal revuelo que desde Estados Unidos hicieron un estrecho seguimiento a la comunidad diplomática americana en París, el cual casi llegó al acoso y comenzaron a vigilar a todos los que se sospechaba que tuvieran simpatías con el régimen de Mao o con los comunistas, incluso con la amenaza de perder el puesto si estaban en el cuerpo diplomático. El poder de McCarthy crecía y por aquellos días hubo muchas denuncias, y aunque Julia y Paul no tenían nada que ver con todo aquello, no estarían lejos de tener problemas.

El libro por su parte seguía creciendo y Julia, que estaba volcada en su elaboración, lo mantenía en secreto todo el tiempo. Cuando enviaba páginas a Simca, ponía «Top Secret» en la portada, pero no como un juego, sino con la idea fija de que realmente nadie lo viera. A la vez que el libro iba siendo una realidad, modernizaron su escuela de cocina y pusieron las primeras máquinas batidoras eléctricas, lo que fue un gran avance, y no solo eso, sino que trataban de enseñar todo lo más moderno y actual en su época y mostraban a las alumnas cómo preparar los platos y calentarlos para consumirlos con posterioridad, lo que hoy conocemos como regenerar. Hasta ese momento los platos se hacían y se comían de inmediato, pero Julia sabía que preparaba un libro para amas de casa, y que sus tiempos eran diferentes. Ella, con una actividad que solo puede tener una mujer americana fuerte y saludable, probaba, hacía, deshacía, remataba, cambiaba, escribía y volvía a empezar. Además preparaba pruebas para Simca, consultaba con Bugnard y con Paul, que se transformó en un excelente consejero y conejillo de indias, y trabajaba en sus recetas continuamente. No solamente escribía un recetario, sino un modelo sociológico de cocina, y las recetas tenían un problema añadido y es que Francia, con su larga tradición de alta cocina, tenía un vocabulario específico de gastronomía, técnicas y productos, glosario con el que los norteamericanos —ni casi ningún otro país, hay que decirlo— contaba por entonces. Así que todo requería una traducción específica. Fue por entonces cuando decidió escribir los títulos de las recetas en francés y las explicaciones en inglés, de manera que se mantuviera el espíritu originario de las recetas. Además era importante el formato del libro y decidiría cómo colocar las diferentes partes de la receta, las proporciones y la manera de desarrollar el método correcto para todas ellas. Paul decía que se había establecido «La ley de Julia» y cuando ella estaba todo el día en la cocina o bien tecleando en la máquina de escribir, Paul decía que «Ella parecía un pájaro carpintero junto a él, y hacía retumbar la mesa como si llevara una carretilla por una calle de adoquines». Y además estaba el asunto de las copias: de cada receta hacía seis o siete copias, poniendo papel carbón entre los folios, lo que suponía una dificultad añadida. Y es que como estaba en Marsella, necesitaba comunicarse continuamente con Simca y con Avis —esta última estaba haciendo de agente en Estados Unidos—, por lo que el volumen de correspondencia era tremendo. Usaba cajas de cebollas para mandar los paquetes de folios, en realidad era muy detallista y profesional, quizás en parte herencia del tiempo que pasó archivando y organizando el material de oficina durante la guerra. Consultaba siempre su gran fuente, que era el libro de Escoffier, y buscaba los ingredientes americanos que pudieran sustituir a los productos franceses con los que preparaba la primera versión de las recetas. Además, evitaba el uso de ingredientes muy costosos en gran cantidad, como trufas o *foie*, porque sabía que los americanos no se gastarían tanto dinero en una comida como los franceses. Y acertaba.

Además del libro, en Marsella seguían teniendo una intensa vida social, invitaban a muchos amigos e iban a ver a otros, en ese activo estilo de vida que llevaban, personas como Hemingway, con el que mantenían una buena relación, hasta la escritora Colette y otros amigos americanos que estaban destinados por toda Europa. Sus distintas casas fueron siempre lugares donde todos los amigos tenían un espacio.

Marsella vio por fin el capítulo de las sopas terminado y aunque tenían muchas obligaciones como parte del cuerpo diplomático y ella hacía todo en la casa, reservaba cada día cinco horas al menos para escribir su libro. Y no todo era fácil, con su tamaño gigante, Julia había tenido —especialmente en Francia— un gran problema: todas las cocinas eran diminutas, bajas y estrechas para ella. Como era altísima y las cocinas de entonces eran muy bajas, aquello hacía que su trabajo fuera bastante incómodo. Su sueño era tener una cocina de su medida, con hornos grandes, buenos fuegos, herramientas adecuadas, una cocina casi profesional, ¡un sueño!

A pesar de la lejanía, la relación con Simca era perfecta, ambas trabajaban mucho e intensamente, se repartían el trabajo y se enviaban continuamente correspondencia, pero Louisette apenas hacía nada, escribía cartas sobre cosas generales, era afectuosa, ponía algún detalle al final de una receta, pero poco más. Era romántica y quería algo más sencillo, como esas recetas que se escribían en las revistas, pero no conocía a la enérgica y disciplinada mente norteamericana, «one track mind», que tan bien encarnaba Julia Child.

Y llegó una dificultad añadida cuando trasladaron a Paul a Bonn. Sustituir la cálida Marsella por Alemania sería un gran cambio. Todo giraba cada vez más rápido, y mientras se mudaban enviaron a Julia un avance de sus *royalties* de ¡750 dólares!, quinientos más de lo acordado. Llegó su contrato y por fin lo firmó. Seguía trabajando y eso compensaba en parte solamente lo poco que le gustó Bonn, ninguno de los dos había deseado salir de su amada Francia a la que tan felizmente se habían acoplado, Paul había pasado en total once años de su vida allí y Julia cinco. Una vez cerrada la casa de Marsella y antes de salir para Bonn, como añoraban mucho su país, esperando disfrutar de unos días alegres antes del casi castigo que suponía Bonn para ellos, solicitaron un año sabático que les concedieron. En Estados Unidos no dejó de cocinar ni un minuto, en donde podía: en casa de los amigos y de la familia, también se dedicó a investigar las novedades que había en la cocina y que en Estados Unidos eran cada vez mayores. La que la industria alimentaria tuvo durante aquel tiempo un crecimiento exponencial en aspectos que en el futuro serían de gran importancia para el ama de casa, por ejemplo en la oferta de congelados, enlatados y en útiles de precisión como los termómetros. También fueron a ver a su padre, que creía que McCarthy era víctima de un complot judío internacional, y el ambiente con él no fue todo lo cálido que Julia hubiera deseado, creía que no tenía razón, pero le quería. Y el feliz año sabático se acabó. Finalmente, en octubre volverían a París para viajar directamente a una ciudad que se encontraba junto a Bonn, Plittersdorf: el mes siguiente sucederían algunos acontecimientos que cambiarían su vida.

Llegaron el 24 de octubre del 1954. En fin, allí estaban, en un apartamento moderno y sin gracia alguna, aislados de la gente y rodeados de una gran cantidad de soldados americanos. Tan solo en Plittersdorf había doscientos cincuenta mil soldados. A pesar de todo tomaron clases de alemán y trataron de integrarse en la comunidad alemana, algo que no hacían en general los americanos, pero ellos eran diferentes y tras un año Julia podía comunicarse. Pero Paul no había llegado a comprenderse con ellos: en realidad Alemania no le gustaba y aunque intentaba aprender la lengua, en el fondo no quería hacerlo. Los días eran fríos y tristones, y en cuanto podía, Julia volvía a París, esta vez fue para hacer que le enviaran sus muebles y objetos personales, y también para hablar con Simca y Louisette sobre el libro. Fue una conversación difícil, porque el libro estaba muy avanzado y Louisette apenas había trabajado en él, por lo que querían poner en el libro que Simca y ella eran coautoras y Louisette solo consultora. Quedaron en que los beneficios —si existían, que no estaban seguras—, serían de un 10% para ella, y un 45% para cada una de las otras dos. Ya estaban terminados los capítulos de sopas, salsas y huevos, y habría que empezar con los de carnes y pescados. El mercado estaba muy interesado en libros de cocina e iban apareciendo algunos como el de Alice Toklas, la amante de Gertrude Stein, la famosa escritora; también el de Sadie Summers. Julia los miraba con recelo y le incitaban a trabajar más aún. Ella no cejaba en su empeño, e incluso hacía las recetas de pollo, que fueron muchas, en un horno eléctrico americano y con pollo congelado, una enorme rareza entonces, que se hacía traer de la embajada, para que cada receta se pareciera de verdad a lo que las amas de casa norteamericanas necesitaban.

Alemania aburría y entristecía a Paul, nada raro por otra parte para Julia, que movía la cabeza y lo disculpaba diciendo que: «es tan francés...», chasqueando la lengua. Pero para ella fue distinto, Alemania hizo que ella estudiara productos que apenas conocía, como las setas de los bosques alemanes y la carne de caza. Así pasaron dos años, haciendo visitas a diferentes ciudades —en todas ellas encontraba las que ella llamaba apestosas patatas fritas—, pero también viajaron a Suiza e incluso alguna vez a París. Pero lo que más le gustaba a Julia era ir a París y trabajar con Simca en sus nuevas recetas, visitar a Curnonsky e ir de compras. ¡Todo en París le encantaba!, desde los cacharros de cocina a los objetos de loza, productos y alimentos de todo tipo... cosas útiles o inútiles pero que le ayudaban a trabajar mejor y le alegraban la vida.

Y de repente, Paul fue llamado a Washington. Julia y él creyeron que lo iban a promocionar. Llevaba muchos años de trabajo y le habían cambiado de destino, pero... ¡Ya era hora de un ascenso! Todo fue tan inmediato y tan inesperado... le llamaron un jueves para que estuviera en Washington el lunes siguiente, corría abril de 1955. Viajó él solo, era todo tan precipitado que Julia prefirió quedarse en Alemania y continuar con su libro. Al llegar allí en realidad nadie sabía por qué le habían llamado. Paul telegrafiaba constantemente a Julia y le pidió que durante los primeros días se quedara en casa en lugar de viajar a París con Simca, para que estuviera disponible. No sabía qué pasaba, y telegrafió a Julia diciéndole: «Se trata de una situación confusa». El caso es que ¡estaba siendo investigado por la comisión de McCarthy! Su relación con Jane Foster con la que habían estado en China, y que ahora era comunista, les traía ahora problemas consiguientes. Era una situación kafkiana, ya que una de las preguntas clave de su interrogatorio consistía en saber si Paul era homosexual. Después de varios días de interrogatorios y situaciones así de difíciles, la investigación concluyó felizmente para Paul y no le retiraron el pasaporte ni le quitaron el trabajo.

Felizmente, la vida y la cocina seguían su curso, y a la vuelta todo fue tranquilidad, mientras Julia se complacía en comprobar cómo el capítulo de las carnes estaba bien adaptado para el público norteamericano. Las recetas de pato le habían dado mucho trabajo, pero estaban afinadas y eran excelentes, también eran muy buenas las de pollo. Y tuvo la oportunidad de hacer una serie de recetas sin grasa que le gustaron mucho, ya que Paul había caído con hepatitis y tenía que hacer un régimen especial. Por aquellos días, se fotografiaron juntos, una de las imágenes más famosas de la pareja, foto que enviaron a sus conocidos. En la celebración de San Valentín de 1956 enviaron a sus amigos una tarjeta postal que mostraba a Julia y Paul en una bañera de espuma, con el torso desnudo y en actitud cómplice, un guiño a los superiores de Paul que tanto interés habían puesto en conocer su posible homosexualidad.

El mundo de posguerra se había superado y todo comenzaba a cambiar con mucha rapidez, Estados Unidos vivía la fiebre de la comida procesada: elaborados y preelaborados, enlatados, congelados... todo se modificaba con una celeridad inaudita, y aunque en Europa aún no se veían todos esos nuevos productos, Julia se preguntaba si con tantas cosas ya preparadas su libro seguiría siendo necesario para las amas de casa. Paul, mientras, organizaba exposiciones de gran éxito.

Los años europeos se habían acabado y la aventura francesa tocaba a su fin. Paul era destinado a los Estados Unidos y después de varios cambios de ciudad se instalaron en Georgetown. Allí compraron una casa, arreglaron la cocina a fondo y Julia comenzó de nuevo a cocinar para completar su libro. Sin embargo, allí no estaba Simca, con la que tenía una compenetración total, y todo era difícil, porque faltaban muchos de los ingredientes que había encontrado en Francia, como la crema fresca, y los pavos en América tenían un tamaño descomunal, por lo que había que afinar los tiempos que habían diseñado en Francia para los mismos ingredientes. Además, algunas de las recetas diseñadas les parecieron ahora demasiado complicadas para los americanos, a pesar de que su público objetivo, en su mente, había sido un lector ilustrado al que le gustaba cocinar y deseaba aprender. Había que cambiar. Y mientras, la carrera de Paul les proporcionaba otra oportunidad para aprender nuevas cosas. Les anunciaban un nuevo traslado a Oslo, pero esta vez se prepararon, aprendieron noruego durante unos meses, y ya listos viajaron a Europa. Las horas interminables de luz, la alegría de los noruegos y lo pintoresco de las casas les gustaron mucho, y a Julia le pareció un país de costumbres sencillas, con gente alegre, saludable y de excelentes principios. Pero sobre todo le encantaron los pescados, los delicados salmones y las truchas asalmonadas, las langostas, el halibut... Los Child encajaron muy bien en la sociedad de Oslo por el alegre carácter de Julia. Su nueva casa sí tenía una cocina en la que ella seguía trabajando y daba algunas clases sobre todo a sus amigos noruegos. Sin embargo, el editor de su libro en Estados Unidos, Houghton Mifflin, le escribió diciéndole que el libro era muy bueno pero demasiado caro para publicarlo, y le proponía acortarlo y elaborar un libro más simple, directamente dirigido al ama de casa sin pretensiones. Julia, Simca y sus respectivos maridos estaban devastados y además tenían que devolver el anticipo que les habían entregado.

Después del bajón frustrante, y de nuevo en contacto con la providencial Avis DeVoto, decidieron presentar el manuscrito a la editorial Knopf quienes contestaron que: «Estamos convencidos de que el libro es revolucionario y que será un clásico». Le llamarían *The Joy of Cooking*. Los editores probaron las recetas y les gustaron mucho, sin duda era un auténtico libro para ponerse manos a la obra, pero había que trabajar y Julia debería enviar el manuscrito completo en agosto, porque querían publicarlo en otoño de ese año, 1960. Así que les dieron un buen anticipo de mil quinientos dólares que desde luego no cubría los gastos que las autoras habían hecho durante tantos años, pero las condiciones del contrato eran excelentes. Después habría muchas cosas que rectificar como, por ejemplo, las cantidades que cada receta tenía por persona: Julia había considerado porciones de comida para un francés y tuvieron que hacerlas más grandes, ya que los americanos comían más. Simplificaron algunas cosas como el collar que se colocaba a los *soufflés* y otros detalles de la cocina francesa clásica. Trabajaron muchísimo aquellos meses, pero afinaron todo lo que se había solicitado y enviaron el libro a Knopf. La correspondencia entre Oslo, París y Nueva York era intensa y diaria, y se enviaban continuamente correcciones por correo. Las pruebas finales requerían que Julia —y Paul— viajaran a Nueva York y dejaran el puesto de Oslo para volver a casa, a la nueva casa que habían comprado en Cambridge y que aún no habían estrenado. Paul se jubilaba del servicio diplomático y empezaría con Julia una época muy activa.

En aquella casita de Cambridge, un día de septiembre haciendo la mudanza de todas sus cosas, llegó el libro: *Mastering the Art of French Cooking*, que pesaba —pesa— muchísimo y tenía setecientas treinta y cuatro páginas. Para la presentación del libro, Simca fue a Nueva York, había ganado dos grandes premios pocos días antes y el nuevo libro auguraba otro gran éxito. Por fin, Julia Child había nacido para el mundo. Los años de vida en Europa, las largas jornadas de trabajo, habían hecho de ella una experta en cocina y le habían proporcionado reconocimiento en todo el mundo, pero sobre todo en su país. Todos los periodistas y los críticos se volcaron, desde las cadenas de televisión hasta Vogue: la obra era excelente y las recetas gloriosas. Además hicieron varias presentaciones del libro en Estados Unidos, con demostraciones de cocina que fueron todo un éxito. A las excursiones y al trabajo se incorporó Paul, que ya no solamente era el marido de Julia, era su mánager y la acompañaba, planeaba los viajes, organizaba las presenta-

Cubierta del libro *Mastering the art of French Cooking*.

La verdad es que el libro es muy práctico, las recetas se leen fácilmente, con los ingredientes a un lado y el texto centrado, son recetas de la cocina francesa clásica, pero excelentemente explicadas y con todo detalle. Y si bien el libro es grueso, esto no es un inconveniente, además los capítulos están bien definidos por grupos de alimentos. Hay ilustraciones muy explícitas de algunos aspectos más complicados, como la forma de preparar champiñones o de deshuesar un pato, o detalles sobre el equipo de cocina. Recoge las preparaciones de la cocina clásica, los fondos, las salsas, las mantequillas compuestas... algo que ya en su época casi se había perdido y que por otro lado, los norteamericanos desconocían. Las bases de la cocina clásica explicadas de forma sencilla forman parte del éxito de Julia Child, pero sobre todo su gran personalidad se encargó de afianzar su triunfo. Expansiva, curiosa, atrevida incluso, fue simpática y la gente captó su originalidad, simpatía, amor por la buena comida y por el laborioso trabajo de cocina; hasta eso le gustaba.

Pero el éxito arrollador llegó cuando un profesor le invitó a hacer un programa en TV, que se llamaba «Estoy leyendo» y que hablaba de libros. Él nunca había entrevistado a alguien que hubiera escrito un libro tan trivial, pero la invitó por medio de una amiga común, que le recomendó tanto el libro como a la autora. Allí aparecieron Julia y

Paul con una docena de huevos, un batidor, una sartén y un recipiente enorme. Ella dijo que había llevado todo porque creía que la televisión tenía que educar, así que enseñaría a hacer una tortilla. La cadena se colapsó por el éxito, la gente escribía porque quería ver a aquella mujer cocinar y que les enseñara todos sus trucos. Así que sus planes de montar una escuela de cocina en Boston se aplazaron indefinidamente y la cadena comenzó a hacer tres programas piloto para que Julia cocinara.

Entre todas estas preparaciones, el padre de Julia murió, había cumplido ochenta y dos años y cuando los hermanos llegaron descubrieron que no solo había guardado las urnas con las cenizas de su madre, sino también las de sus abuelos, por lo que tuvieron que ocuparse de todas ellas. Como Paul ya se había jubilado y ella tenía un ingreso de su familia, los gastos básicos estaban cubiertos. Eso le permitió empezar su carrera de enseñanza en la televisión. Para ella supuso una gran ilusión, su programa se llamaba *The French Chef* y tendría tres capítulos. En la primera sesión hicieron una tortilla francesa, la segunda el muy francés *Coq au vin*, y el tercero una sopa de cebolla. Julia usó dos palabras fuera del texto de su guion, que la hicieron famosa, despidiéndose de sus espectadores con un «*Bon appétit*». Desde entonces, Julia y *Bon appétit* fueron inseparables.

Lo que entusiasmaba a la gente no eran tanto las recetas como la fuerza y la pasión que ella demostraba preparándolas, durante las presentaciones animaba a hacer las recetas y a que la gente las disfrutara, contando pequeños trucos y siendo muy original y espontánea, algo que entonces no se llevaba en el ámbito televisivo.

Estados Unidos vivía una época dorada, eran los tiempos de John F. Kennedy y de la famosa e imitada Jacqueline, su esposa, de origen francés y que adoraba la cocina francesa, así que todo lo francés estaba de moda y los programas de Julia también lo estuvieron. No todo el mundo tenía televisión, pero todo el mundo que la tenía veía sus programas. Llamaba la atención —y sigue haciéndolo— su voz grave a veces, aguda otras, algo asmática y quizás agobiante, potente y original, que arrastra las palabras y resulta por lo menos llamativa, quizás por eso su esposo la encontró en sus primeros tiempos «algo histérica», y lo mismo parecía cuando no se la conocía. Una cualidad que llamó la atención y gustó al público, por su potencia, su originalidad y su fuerza. Así era su personalidad, hacía reír por su desenfado, y no es que actuara ¡era realmente así! Julia no tuvo que inventarse a sí misma para la televisión, ella era el personaje.

Considerada ya una gran figura de la cocina de su época, se relacionó con muchos cocineros, y entre ellos con otro de los grandes de la cocina de su tiempo, James Beard, el cual también tenía programas de televisión y una escuela de cocina. Beard abogaba por la cocina americana y fundó unos premios de gran importancia que aún hoy siguen teniendo vigencia. Desde que publicó su libro, Beard y ella tuvieron mucha relación, trabajaron juntos con frecuencia y se hicieron muy amigos. Los primeros programas exigían todo de ella, la televisión aún requería mucho desarrollo y representaba un gran esfuerzo personal. Para la preparación de los primeros programas Julia pasaba el fin de semana planificando y escribiendo. El lunes iba con Paul a hacer la compra y a prepararlo todo en su casa. El martes llevaban los platos al estudio y rodaban, y el miércoles comenzaba de nuevo el proceso de compra porque el jueves volvía a rodar. Julia quería enseñar en sus programas, presentar las técnicas francesas básicas como la preparación y limpieza de las verduras, la retirada de los huesos de aves o la mejor forma de batir... ella se veía como la profesora de un arte muy civilizado —la cocina— para bárbaros —los americanos—. Julia había descubierto el mundo europeo y sobre todo Francia, y quiso llevarlo en un viaje de vuelta al Nuevo Mundo para que los norteamericanos tuvieran la oportunidad de disfrutar de las excelencias francesas. Aquella epifanía que, según sus propias palabras, había tenido cuando probó el primer lenguado *meunière* en el restaurante La Couronne iluminó toda su vida, y esta experiencia la transformó en muchos sentidos. Con su energía inagotable, incluso en los programas de televisión lo hacía todo: iba al mercado, preparaba los ingredientes, cocinaba y servía. Además, cometía errores en los programas, pero tenía ingenio y sacaba partido de las situaciones mientras seguían grabando, ella los comentaba y no pasaba nada. No había misterio en sus programas, todo era como ella misma, que a veces podía ser un poco payasa, pero siempre divertida y ocurrente. Julia tenía un gran talento para las clases en televisión y su enorme talla y extraña voz formaban parte de él, de una manera insólita pero atinada, que encajaba en su filosofía de aprovechar cosas que en principio no eran positivas para transformarlas en parte de su experiencia de la vida.

Su carrera televisiva era meteórica y tanto Paul como ella trabajaban muchísimo, aunque el libro había tenido tanto éxito que la idea del segundo volumen continuaba revoloteando sobre sus cabezas, así que decidió hacer una visita de quince días a Francia para visitar a Simca y comprobar con ella que de nuevo fuera posible hacerlo. Además había algo en lo que habían depositado una gran ilusión, que era construir una pequeña casa para ellos en la finca familiar de Jean Fischbacher —el marido de Simca—, en la deliciosa y soleada Provenza.

En 1964 grabaron treinta y dos programas sin ayudantes, algo que era realmente inaudito: ellos compraban, preparaban, cocinaban e incluso fregaban los platos. Y mientras, seguía enseñando en la escuela de cocina de James Beard. Julia recibía constantes cartas y llamadas y se convirtió en una referencia de la cocina en Estados Unidos. El ser tan popular, también tuvo un lado negativo, y es que los nutricionistas embestían contra aquella cocinera que usaba mantequilla para todo y hacía unos platos de cocina muy elaborada. Ella no les prestaba mucha atención, y decía siempre que la comida tenía que ser equilibrada, que no era necesario comer mucho, pero sí era importante que todo estuviera bueno, muy bueno. Julia conseguía que sus platos fueran apetecibles y sabrosos, a la vez que debían estar bien armados y presentados, pero decía siempre que era cada uno quién debía cuidar todas esas cosas que en aquella época los nutricionistas defendían con tanto celo. Por entonces se imponía la moda de no añadir calorías que provinieran de la grasa, y a pesar de tantas protestas en contra de sus mantequillas fue ella la que incitó al público americano a comer más frutas y vegetales, haciendo que fueran platos familiares, fáciles de hacer y al alcance de cualquiera.

Por otro lado, como las cocinas de la época no estaban especialmente bien equipadas, en cuanto salía algún instrumento en la cocina de Julia los espectadores volaban a comprar algo idéntico o al menos parecido, lo que provocó que la industria de la cocina disfrutara de un *boom* y de mayor interés en hacer cosas nuevas y bonitas: el público lo compraba todo. Julia se había convertido en una auténtica personalidad del mundo de la cocina, todo lo que decía, hacía o usaba creaba un gran impacto y ella mientras celebraba la alegría de vivir, el placer de cocinar y de comer. Y el año siguiente, 1965, más programas aún, mientras se habían vendido ya ¡200.000 ejemplares de su libro!

Los beneficios del libro les dieron por primera vez en su vida libertad económica y les permitieron construir su casa en la Provenza, en la finca de Simca, una bonita casa de color melocotón a la que llamaron La Pitchoune[35]. Estaba en las colinas de Cannes y disfrutaron mucho de ella durante años, estaba tan cerca de Simca que podían trabajar juntas siempre que quisieran, sin duda fue el lugar que más amó Julia, aunque no era una sentimental ni mucho menos. Era americana en todo el más amplio sentido de la palabra, activa, decidida y práctica, lo que le permitió sobrevivir a muchas de sus penas, de sus problemas y de las cir-

---

35 La pequeña, en occitano.

150

cunstancias de la vida. En cuando a la construcción, Paul y ella deseaban una casa modesta, donde pudieran vivir una vida sencilla y sin complicaciones. Una vez terminada la obra estuvieron allí cinco meses y cada año repetían, pasando allí la temporada del invierno, entre tres a seis meses, con lo que evitaban los duros inviernos de Estados Unidos. Desde allí, Julia escribía a James Beard: «Aquí tenemos lo esencial. Paul ha organizado la cocina. De hecho estoy tan feliz aquí que dudo querer ir a París. El tiempo es soleado, tibio, y el jardín crece. Simca y Jean están siempre tan pendientes de todos los detalles que estamos algo abrumados». Allí, además pudo terminar la segunda parte de su libro *Mastering the Art of French Cooking*. Julia se integró —como no— en la vida de todos, desde los tenderos a los que pedía mil cosas para sus libros, a sus vecinos y amigos. Además, Simca estaba junto a ella y aquellos años disfrutaron de una mutua y creativa compañía. Se llamaban una a la otra «una fuerza de la naturaleza», y como ambas tenían mucho carácter, a veces tenían que estar juntas y otras veces separadas. Por otro lado, a Simca se le estaba estropeando algo su carácter, pero Julia tenía un instinto especial que le decía cuando era mejor estar solas o cuando juntas. Y en el segundo volumen de su gran obra no solamente presentaron recetas de la cocina tradicional francesa, sino también algunas creadas por ella. Las recetas que menos le gustaban eran las de los fritos y los canapés. A ambas les preocupaba que con la prosperidad que ya se había instalado en América y la que se vislumbraba en Francia, a la gente dejara de interesarles cocinar y que las amas de casa se convirtieran en cocineras de ensamblaje, montando cosas que habían comprado separadas y poniéndolas en un plato. De nuevo se repetía la feliz estampa parisina, y mientras Julia cocinaba y escribía, Paul pintaba y hacía poesía.

Después de la tranquila temporada, vuelta a Estados Unidos: cuando volvía a Nueva York todo era trabajo, vida muy intensa, y en los próximos años sería cada vez más agitada. En 1965 recibía el Peabody Award, otro premio más por su programa *The French Chef*, además de un Emmy. Todo se hacía cada vez más grande y complicado, así que tomó una secretaria, Gladys, con la que trabajó los diez años siguientes. Paul había hecho todas esas labores de asistencia para ella, había sido un excelente marido y un apoyo incondicional en su carrera y ella reconoció que si no hubiera sido por él, no habría llegado a hacer televisión. Eran un auténtico equipo, él hacía fotografías de los platos de Julia y su talento artístico se percibía en todo, fue su mánager, su compañero de compras, su vigilante y su ayudante. Se movían como una unidad y se divertían juntos. Él decía que: «Cuando conocí a Julia, todo empezó a ocurrir. Es como si la vida no hubiera empezado hasta encontrarme con ella». Era como si lo personal y lo profesional confluyeran a la vez y lo hicieran bien. Además, iban aprendiendo trucos: la tele y la fotografía lo permitían, y podían hacer brillar y dorar un asado que en realidad no se había asado, podían crear ilusiones que aparentemente fueran idénticas a la preparación, pero que no tuvieran tanto trabajo ni gasto: eran los inicios, aunque aún ellos no lo sabían, del diseño de platos y de la fotografía culinaria.

El segundo libro estaba terminado, ¡increíble! y solamente quedaban las recetas de pan francés, que el editor propuso para que la cocina francesa estuviera realmente bien representada. Aquello retrasó todo de nuevo y les costó un verano completo de experimentación en la casa de Cambridge, probando con diferentes harinas, temperaturas, levaduras y técnicas. Conseguir la receta exacta de pan francés no era fácil y les proporcionó muchos problemas porque las harinas francesas y las americanas tenían diferente porcentaje de gluten, por ejemplo. En ese segundo libro no contaron con Luisette aunque, como seguían siendo «L'Ecole des Trois Gourmands», pondrían su nombre en él —sin beneficio económico, por supuesto—. Tuvieron bastantes desencuentros entre ellas, porque Julia trabajaba con ingredientes americanos y Simca con productos franceses, con lo que obtenían resultados diferentes y eso les llevaba a discutir con más frecuencia que antes. Ambas eran muy activas y Avis de Voto decía de ambas que: «Simca era un genio creativo, pero también era ilógica, tozuda como una mula. Julia es también creativa, pero es muy lógica, ordenada, paciente y determinada a poner todo su conocimiento sobre el papel». Pero este libro traería sus propios problemas ya que por un lado el editor, Knopf, quería tener clara la cuestión de Luisette antes de publicar, así que negociaron con ella y finalmente vendió sus derechos por treinta mil dólares. Los abogados de Simca y Julia tuvieron que ponerse de acuerdo, había muchas complicaciones y derechos: de los libros, de los programas, de viajes y demostraciones, y era necesario dejarlo todo claro.

Por aquella época eran afortunados, felices y habían encontrado un equilibrio en sus vidas en la Provenza.

La redacción de ese libro llevó a Julia a la convicción de que no quería escribir más libros y de que no colaboraría más con Simca —lo segundo lo cumplió, lo primero no—. Por una parte quería hacer más televisión y además deseaba enseñar. Por otro lado Simca se estaba volviendo más difícil y cada vez tenía peor carácter. Sin embargo, seguían siendo excelentes amigas, incluso cuando Julia comprobó que muchas de las recetas que le enviaba para que corrigiera ni siquiera intentaba hacerlas. Profesionalmente estaban muy alejadas una de otra y en realidad sus carreras iban por diferentes caminos. La unión profesional del principio estaba superada y Julia brillaría por sí misma. Finalmente, el libro se publicó el 22 de octubre de 1970, nueve años después del primero y se vendieron cien mil copias de la primera edición.

Los años setenta se perfilaban muy diferentes a los anteriores, el mundo era distinto, ahora los hombres se acercaban a la cocina y a todo el mundo le gustaba cocinar. Julia se relacionaba con todos los profesionales norteamericanos de la cocina, y la amistad con James Beard era cada vez más estrecha, a ella le encantaba cocinar con James. Y mientras América descubría a muchos talentos, llegaba la Nueva Cocina a Francia: Henry Gault y Christian Millau y los jóvenes chefs Paul Bocuse, Michel Gerard, los hermanos Troisgros y Alain Chapel, bajo la influencia de Fernand Point, creaban un punto de partida revolucionario. Era la *Nouvelle Cuisine*, ligera, desestructurada, excelentemente presentada, con un estilo que respondía a los nuevos tiempos, en lo que los cocineros franceses llamaban «la caída de Escoffier», pregonando la libertad para crear e improvisar. Los nombres, los platos, eran diferentes en cada restaurante francés, se aligeraban las salsas, se simplificaban los menús y se prescindía de las grasas animales.

Julia estaba atenta a todo, pero su lema seguía siendo la calidad de los platos y el disfrute, y aunque su carrera profesional iba viento en popa, aquello también tenía un lado incómodo. La fama les había causado muchos problemas, la prensa invadía su vida íntima y sencilla en La Pitchoune y también en América. Aunque por otro lado, su trabajo se internacionalizaba y la BBC le propuso hacer algunos programas para su cadena, lo que aceptaron, pero Paul empezaba a resentirse de salud, mientras Julia terminaba su nuevo libro, *The French Chef*, en el año 1971.

En septiembre del 74 Paul era ingresado por un infarto. Julia canceló sus compromisos y operaron a Paul colocándole un moderno —entonces— y poco testado *bypass* del que solamente se habían puesto cinco mil en el mundo. La operación fue un éxito, pero Paul sufrió daños cerebrales de los que solo se recuperó en parte. Mientras Julia escribía artículos y trataba de hacer una vida normal, recibía amigos que le ayudaban a tener entretenido a Paul. Visitó médicos e hizo todo lo posible por hacer que se mejorara, pero tras dos años de esfuerzos intensos Julia aceptó que Paul no volvería a ser el mismo, y un neurólogo le dijo que ella debería llevar su vida normal. Así que volvió a promocionar

Julia Child en su programa televisivo de la BBC.

sus libros y a hacer las giras de ventas, y es que necesitaban fondos para hacer su vida. Fue muy duro porque, aunque Paul sobrevivió, ella había perdido a su confidente, a su guía, a su amigo y marido, así que decidió que ambos tomarían un año sabático en 1976, en La Provenza. Necesitaba descansar después de una enfermedad tan larga, y era la única vez que habían podido hacerlo en muchísimo tiempo. Paul no estaba del todo bien, pero sí fue capaz de enterarse del fallecimiento de su cuñada Freddie, la mujer de Charlie, que lo dejó devastado. Julia se ocupó de organizarlo todo y también de sus sobrinas, y decidió seguir adelante, haciendo series de cocina adaptadas a la nueva época y centrándose ahora en organizar menús y presentaciones en la mesa. Mantenía una actividad intensa mientras Paul se deterioraba y le decía que ya no quería volver a la Provenza en Navidad, tenía frío y no se encontraba nada bien. Ella estaba cansada después de tanto trabajo, le asaltaban dudas sobre si la búsqueda de promoción y de prestigio era realmente tan importante. Tenía ya sesenta y siete años pero aún muchas ganas de trabajar y a la vez era muy duro ver a Paul en aquel estado.

Pero si no quería escribir más, tenían que mantener su nivel de vida y necesitaba las demostraciones y la televisión para hacerlo, era su trabajo y le gustaba estar en contacto con la gente, así que durante una temporada hizo programas con Jacques Pépin, un famoso cocinero, y alguno más con Carol Burnett. Y finalmente, en 1980, se asoció con una televisión comercial y comenzó a hacer el programa *Good Morning, America*, un show moderno y distinto a los anteriores. Pero con Paul cada día más deteriorado, Julia volvería a sus placenteros orígenes, a California, cuyo clima y recuerdos le eran tan gratos, así que buscaron una casa en Santa Bárbara, en Montecito. Por primera vez en veinte años, canceló su habitual viaje a Francia, aunque seguía manteniendo correspondencia con Luisette y Simca y les contaba que, al menos, tenía tiempo para las clases en vivo que extraía de sus experiencias en los *shows* televisivos o de sus artículos en las revistas. Es agotador comprobar la actividad de Julia, ya a una edad avanzada no paraba, haciendo continuamente actuaciones para organizaciones de caridad y todo tipo de proyectos. Entre todas las demostraciones, confesaba que la experiencia más extraordinaria fue dar clase durante tres años en lo que ella llamaba «El total gastro Rolls-Royce», una escuela de cocina en televisión que se llamó *Grandes Chefs* y que estaba diseñada y organizada por expertos y muy bien financiada. Julia era intuitivamente una profesora excelente, que entretenía y estimulaba a los alumnos. Corría el año 1982 y pronto se interesaría mucho por los productos y comenzaba otro *show*, *Dinner at Julia's*. Los contratos le llovían e incluso inició un proyecto de clases de cocina grabadas en cassettes que se vendieron muy bien.

La gastronomía empezaba a producir cambios sociales, y comenzaron a organizarse convenciones y congresos sobre cocina y alimentación. Aparecieron asociaciones importantes, como las «Damas de Escoffier», los «Historiadores de Boston», o el «Gremio culinario de mujeres de Nueva Inglaterra», que ella misma ayudó a fundar. Su nombre era mágico para incentivar cualquier iniciativa y le encantaban las sesiones de las conferencias culinarias. Pero entre 1985 y 88 se dedicó fundamentalmente a escribir un nuevo libro y a cuidar a Paul, mientras los programas se seguían emitiendo, aunque tuvo el primer percance personal que tuvo que cambiar sus hábitos: se cayó en su casa y se rompió la cadera, por lo que consideró que había que buscar cuidados profesionales para Paul, ya que ella no podía dárselos personalmente.

Pero Julia siempre sale para delante, se recupera y presenta el que ella pretendía que fuera su último libro, *The way to cook*, con Knopf, como siempre. Entre todas sus publicaciones sumaba unos royalties que le permitían vivir muy bien, pero confesó que sería el último, que ya no iba a escribir ninguno más, aunque aquello ya lo había dicho al menos dos veces más y de nuevo no lo cumpliría.

Finalmente, decidió dejar a Paul —ya bastante deteriorado— en una clínica, era imposible cuidarlo personalmente, aunque no quería alejarse de él y la clínica estaba junto a su casa de Santa Bárbara. Ella se fue a Cambridge, que a él no le gustaba, para hacer una gira y promocionar el libro. Fue durísimo dejarlo allí.

En una de las charlas de aquella gira decía que «Comer no es solamente una profesión para mí, quiero estar saludable y bien alimentada hasta el final. Esto prolongará mi vida, si como bien y disfruto con ello». Pero el tiempo pasaba y muchas de sus amigas, de sus cómplices y colegas iban muriendo, e incluso Simca falleció. Llegar a edades muy avanzadas tiene ese inconveniente, aunque Julia ¡seguía cocinando a los 80 años! Le gustaba estar rodeada de gente joven, y sus sobrinos y sobrinos nietos le acompañaban frecuentemente. Con algunos sobrinos volvió a La Pitchoune en 1992, por última vez, para cerrar la casa: «Sin Paul ni Simca, el corazón se ha ido de aquí». Paul cumpliría 90 años, pero se había deteriorado más y ya no la conocía, aunque como la casa estaba al lado de su clínica ella iba a verle entre una y tres veces cada día, y una enfermera lo cuidaba continuamente. Fue la época de los reconocimientos, le dieron un doctorado honorario en Harvard en Junio del 93, la Legión de Honor en el 2000, la Medalla de la Libertad en 2003, y otros doctorados en Smith College, Brown University, entre muchos otros premios y honores.

En Mayo del 94 Paul tuvo un desvanecimiento y falleció, y aunque de alguna manera ella ya estaba preparada, fue realmente duro y se sintió muy sola. Pero de nuevo decidió llenar sus días de actividad y no parar. Hacía mucho tiempo que se había quedado sin su compañero. Aunque ya tenía 81 años rodaría otros programas. En septiembre del 94 voló a Francia y volvió a América para promocionar su programa. Pero todavía quedaba mucha Julia y con ochenta y cuatro años rodó *Baking with Julia*, un programa de pastelería y panadería que tuvo gran aceptación. Asombra la larguísima carrera de Julia Child, y es que no entendía la vida sin actividad, por lo que trabajó mientras tuvo vida. Fue una mujer fuerte, sin obsesiones por su aspecto, sana en todos los sentidos. Y no quiso retirarse porque «la gente jubilada es muy aburrida» Y así,

plenamente ocupada, sin desmayo ni tragedias, trabajando y divirtiéndose con ello, falleció el 13 de agosto de 2004.

Era directa, franca y sincera, los vegetarianos, que la atosigaban porque utilizaba en sus recetas carnes y pescados, no le gustaban nada, ni su
filosofía ni su comida, y no tuvo ningún reparo en decirlo públicamente
en un momento en el que importaba la opinión pública. Su gran mérito
fue llevar la cocina francesa a Estados Unidos y, enamorada de ella, darla
a conocer en su país. En realidad Julia no fue una cocinera profesional,
fue una escritora de libros de cocina que vibraba con su trabajo y a la que
le encantaba comer y cocinar, además de saber transmitirlo muy bien.
Consiguió que su primer programa de cocina, que no había sido su plan
prioritario, se convirtiera en el primer gran programa de televisión, del
que muchos americanos disfrutaron y con el que aprenderían a comer
mejor. Tuvo la suerte de rodearse de un mundo que ayudó a que su vivacidad encontrara cauce, ya que conoció y trató a una gran parte de los
escritores y pintores americanos y franceses de la época, en total intimidad y sin dar importancia a las profesiones de unos y otros. La fama de
todos ellos llegaría más tarde y mientras hacía de madrina de la primera
esposa de Hemingway o intercambiaba opiniones con Curnonsky, todos
escribían y pintaban, a la vez que ella exploraba París y aprendía a cocinar. A algunos de ellos los conoció durante la guerra, a otros en París,
en Alemania o en Oslo, y trató de mantener las relaciones con todos,
invitándolos continuamente a sus diferentes casas, pero especialmente a
la Provenza, que se convirtió en su gran refugio.

Aunque parezca una paradoja, Child estuvo viva —de verdad— a lo
largo de toda su existencia y todo lo que hizo le divirtió, y no solamente
enseñó cocina, sino que transmitió una especial alegría de vivir.

BIBLIOGRAFÍA

Child, J., Mastering the Art of French Cooking, New York, 2009.
—My life in France, New York, 2004.
Comer, J., «North America from 1492 to the Present», en: The Cam-
bridge World History of Food, Kiple, K., Ornelas, K. (ed.), Cam-
bridge, 2000.
Reardon, J., «Julia Child», en: Fink, B., Culinary Biographies, Arndt, A.,
(ed.), Texas, 2006.
Riley, N., Appetite for life. The biography of Julia Child, New York, 2012.
Spitz, B., The remarkable life of Julia Child, Toronto, 2012.

Retrato de Alexander Dumas, por Nadar (1855).

ALEXANDER DUMAS

Marqués de La Pailleterie, era mulato, dramaturgo, novelista y vividor, le gustaba comer bien y cocinar para sus amigos. La historia le recuerda por haber escrito el primer «Diccionario de cocina» de estilo gastronómico, entretenido y completo que era, más que un libro de recetas, una forma de entender la gastronomía. Nació el 24 de julio de 1802 en Villers-Cotterêts y falleció el 5 de diciembre de 1870 en Dieppe.

Un auténtico milagro de la naturaleza A.V.

El hombre recibió de su estómago, al nacer, la orden de comer al menos tres veces al día. A.D.

La vida de Alexander Dumas es la mejor de sus novelas. Este hombre que alcanzó los sesenta y ocho años no desperdició ni un minuto, vivió muchas vidas, muchas horas, escribió cientos de libros. No se le fue la vida dudando ni vacilando, todo su tiempo estuvo bien empleado. Escribió más de trescientas obras, artículos incontables, tuvo cientos de amantes, viajó por Europa, Rusia y el Mediterráneo y sobrevivir a su compañía debía dejar a sus compañeros de viaje exhaustos por su exuberancia en todos los sentidos. Dumas fue un escritor francés, mulato de ojos azules, con sangre de esclavos caribeños mezclada con la de aristócratas franceses. Vanidoso, vividor, extraordinariamente activo y de gran atractivo con las mujeres, Dumas escribió a lo largo de toda su vida infatigablemente, cocinó y anotó todas sus impresiones, sus fantasías, sus anécdotas. También participó en revoluciones y dejó constancia de que no era un simple espectador, su extraordinaria salud y robustez física le permitieron cometer todo tipo de excesos sin cansarse, y ser pródigo con todo lo suyo, generoso y de excelente corazón, siempre dispuesto a ayudar a alguien que lo necesitara más que él.

Dumas ha dejado grandes valores para la posteridad, pero es por su *Diccionario de cocina*, el primer libro con estas características de la historia de la gastronomía, por el que le conocemos. Antes del suyo, M. de Courchamps publicó otro diccionario de la cocina francesa en el año 1853, pero éste corresponde más bien a un excelente libro de recetas que este otro estilo de Dumas, verdaderamente gastronómico , literario incluso. Sabemos que era muy aficionado a comer bien, como es natural en una persona en la que todo lo relativo al goce sensorial era importante, pero además le encantaba cocinar. Sin duda, no inventó nada nuevo pero sí lo escribió; en realidad, y aunque es un entretenidísimo libro y aporta recetas, no es un recetario, sino un libro de gastronomía. En él incluye algunas recetas, desordenadas y escritas sin metodología, muchas anécdotas personales, algo de historia fantaseada, y muchas historias entretenidas e interesantes, fruto en gran parte de su propia experiencia. El arte culinario se modernizaba, comenzaba un proceso que tenía a esas alturas profundas y espléndidas raíces, y al público además de interesarle comer bien le gustaba que se lo narraran con amenidad. Y Alexander Dumas lo contaba muy bien todo, hasta las recetas más simples de cocina o la anécdota más tonta, a cualquier pequeñez le extraía todo su jugo. Él, por primera vez, organizaría una serie de términos relacionados con la cocina y seleccionados a su placer en forma de diccionario, y los dispondría en una obra en la que hay desde biografías de personajes famosos hasta explicaciones sobre productos, aprovechando para ello sus viajes y experiencia y abriendo así una importante puerta a la profundización en los diccionarios de cocina. Fue un gran éxito en Francia y se ha traducido a multitud de idiomas.

Por otro lado, la vida de Alexander Dumas, en realidad no comienza con él, sino que hay que retrotraerse dos generaciones, los Dumas llevaban algo ardiente en la sangre. Padre y abuelo, ascendentes de idéntica pasión aventurera son protagonistas de una historia que comienza con el abuelo paterno, un aristócrata francés que emprendió un viaje al Caribe para hacer fortuna a principios del 1700. El pobre Alexandre Antoine Davy de la Pailleterie, marqués de la Pailleterie, se arruinó al calor del sol caribeño, pero estuvo allí treinta relajados años durante los que convivió con una esclava negra, Cessette Dumas, que le dio un hijo varón. Mientras disfrutaba del clima, en Francia la vida continuaba y cómo nadie tenía noticias del primer Alexandre, lo dieron por muerto. Cuando él se enteró de que podía perder su título y propiedades en Francia, arruinado y todo se decidió a volver... pero carecía de liquidez y después de dar muchas vueltas a su suerte, se vio obligado a vender lo más valioso que tenía: a su hijo mulato, cuya madre ya había fallecido cuando el pequeño tenía diez años. En Francia, con mucho esfuerzo pudo rehacer algo su patrimonio, organizar su vida y volvió a por el niño, que era hijo reconocido, lo liberó de la esclavitud con 14 años y se lo llevó consigo. El jovencito estaba algo educado y al llegar a Francia se adaptó muy bien y pronto se convirtió en un espléndido espadachín, para lo que tenía una extraordinaria habilidad. Después entró en la academia militar y fue un brillante estratega que llegó a ser general... «el general negro». Había nacido en Santo Domingo en 1762, fue el primero de toda la historia europea y se le llegó a considerar un héroe nacional por su valentía. Ingresó en el cuerpo de los dragones de la reina como soldado raso y no como oficial, lo que socialmente le hubiera correspondido, pero su padre no tenía liquidez para pagar sus estudios. Así que si tenía que ser soldado raso, su padre le recomendó que no usara el aristocrático apellido, sino el Dumas de su madre; un apellido que haría historia. Se casó con Marie-Luise Elizabeth Labouret y se establecieron en la localidad de Villers-Coterêtts, al norte de Francia, en la Picardía.

La Revolución permitió que este militar aristocrático, negro y lleno de ímpetu entendiera que aquel era el momento de alcanzar la igualdad, que era su única oportunidad. Y aunque había comenzado su carrera militar como soldado raso pronto alcanzaría el grado de general de división por méritos propios, por su valentía y arrojo. Fue compañero de Napoleón y un gran luchador, impetuoso, valiente, fuerte y generoso. Hizo la campaña de Egipto con Bonaparte, pero la relación más estrecha entre dos fuertes personalidades provocó que ambos se distanciaran a pesar de que Dumas luchó con ardor en todas las batallas y envió generosamente los tesoros capturados a Bonaparte. Cansado de la campaña y del enfrentamiento con su general, además de profundamente descontento, pidió licencia para volver a Francia. Pero el barco en que viajaba tuvo que recalar en Nápoles por un problema y como en aquel momento Nápoles era reino de los Borbones y él, al fin y al cabo, era un general republicano, fue capturado y enviado a una cárcel en Brindisi, donde fue torturado, envenenado y maltratado; pero no falleció. Finalmente fue canjeado y salió de la prisión enfermo, con la vista casi perdida y con una úlcera de estómago. Habían pasado dos años y mientras habían cambiado muchas cosas en Francia. Al salir, Dumas fue a ver a su camarada Murat, por que pensó que podía ayudarle, quien le trató con todo afecto ya que era cuñado de Napoleón —se había casado con su hermana Carolina—. Por fin, en 1801, Dumas volvía a casa en la que encontraría a su esposa, a una pequeña de ocho años y la bolsa totalmente vacía. Nadie le ayudó, tenía treinta y seis años, estaba enfermo y Napoleón no reconoció sus méritos en el ejército, con lo que apenas tenían dinero para sobrevivir. Tras su llegada, al joven matrimonio les nació un pequeño, era el 24 de julio de 1802. El general Dumas fallecería poco después de que naciera aquel mulatito de piel blanca, ojos azules y cabello ensortijado típicamente caribeño. Éste era nuestro Dumas, al que conocería la historia como Alexander Dumas padre.

Su madre se quedó en una posición muy desventajosa por la escasa pensión que le había quedado, lo que provocó que el niño apenas pudiera estudiar y creciera algo salvaje y totalmente libre entre los bosques del entorno hasta tal punto que prácticamente solo aprendió a leer y a escribir. Su infancia fue asilvestrada, era un chico inteligente que no aprendió matemáticas, que apenas tuvo lecturas y al que no hubo forma de domesticar en lo más mínimo. La sangre caribeña tenía todavía mucha fuerza en él, era exótico físicamente y exuberante de carácter —lo sería toda su vida—. No aprendió música ni a cantar, ¡era imposible!, pero a cambio bailaba muy bien —herencia del Caribe— y aprendió esgrima y tiro. Su madre no sabía qué hacer con él; el chico era indisciplinado, primitivo y vanidoso, y cualquier pequeño logro lo colmaba de orgullo porque era muy soberbio. Para colmo, su madre, aunque no podía con él, lo adoraba y le dejaba hacer todo lo que quería. Así entró el joven, totalmente montaraz, en la adolescencia, cuando muy pronto fue visible que tendría mucho éxito con las mujeres y que las conquistaba con facilidad pasmosa por un encanto personal arrollador que poseería toda su vida. Su carácter estaba forjado por la imagen idílica de un padre conquistador, general, guerrero, que había vivido gloriosas aventuras y que era un héroe, pero a la vez también por su curiosidad, su imaginación y por la falta absoluta de formación intelectual. Quería vivir aventuras, ser un héroe, conocer el drama de la vida. Y ése era precisamente su gran talento, el dramático. Hablaba bien y tenía una fuerte capacidad de convicción que usaría principalmente con las mujeres, conquistándolas por centenares.

La primera vez que vio una obra de teatro fue en su pueblo, había llegado una compañía ambulante que interpretaba a Shakespeare, con Hamlet en cartel. Aquello le causó tal impresión que decidió convertirse en escritor de dramas, fue una auténtica epifanía y una visión de su futuro perfectamente acertada. Mientras, su madre le había conseguido un modesto trabajo con un notario para el que redactaba, copiaba documentos y hacía todo tipo de pequeños trabajos que aburrían enormemente al joven Alexander. Fue por entonces cuando comenzó a escribir algunas obras en colaboración con un amigo —por cierto bastante malas— que le ayudarían a comprender la forma en que se desarrollaba el teatro. Y un buen día, su buen amigo Paillet le propuso ir a París a pasar dos días como dos jóvenes provincianos que van en busca de aventuras. Aunque Paillet tenía recursos, Alexander apenas tenía dinero. Sin embargo, ingenio no le faltaba y nada le pararía, así que se le ocurrió que podría cazar por el camino y vender las piezas, lo que le proporcionaría los fondos suficientes para sufragar sus gastos de viaje y pagar el hotel. Así fue, el joven mestizo cazó abundantemente y fue vendiendo las piezas según sus necesidades y finalmente, al llegar a París, el dueño de un hotel le permitió alojarse dos días a cambio de cuatro liebres, doce perdices y dos codornices. Y además querían ir al teatro, a la Comedia Francesa, así que ni corto ni perezoso fue a ver al actor principal, Talma —el más famoso y prestigioso actor de Francia—, a su casa. A Talma le hizo gracia el ímpetu del todavía chiquillo y le procuró una entrada, y al día siguiente entre bromas le tocó la frente, diciéndole que coronaba allí mismo al futuro Corneille. Y aunque Talma no sabía que sus palabras eran proféticas, Dumas no las olvidaría jamás.

Las cortas vacaciones dieron a su fin y Alexander salió de París con la firme resolución de volver lo antes posible, profundamente embriagado por la capital, seguro —y deseoso— de que el teatro sería su vida. A la vuelta a Villers-Cotterets se lo comunicó a su madre... pero no tenía dinero para los primeros gastos, y por su lado la madre apenas disponía de unas pocas monedas, parte de las cuales ofreció al aventurero, pero incluso así no era suficiente. Alexander le propuso que le preparara alguna carta para ir a ver a los antiguos amigos de su padre, que en la actualidad eran ministros y hombres importantes todos ellos. La madre dudaba... Esos amigos ahora no eran republicanos, sino realistas, y quizás no le ayudaran tan fácilmente como él creía. Y estaba el asunto del billete en la diligencia... Alexander se rió y le dijo que justamente ahí no habría problema: se jugó el billete con el dueño de la diligencia y lo ganó. Así que con nada entre las manos y mucha seguridad se fue a París sin vacilar y se dirigió a distintos amigos que no le atendieron, aunque finalmente se acercó a saludar al general Foy que sí ayudaría a aquel mozalbete trotamundos. El general quería echarle un capote, había sido amigo de su padre, conocía su historia y la injusta situación en que había quedado la familia[36].

—Veamos, ¿Qué sabe usted? ¿Un poco de matemáticas? ¿Algunas nociones de algebra, de geometría, de física?

—No, mi general.

—Ya veo. Habrá estudiado derecho, ¿no?

—No, mi general.

—¡Demonios...! Veamos, tal vez podría emplearle en la oficina del banquero Laffite... ¿sabe usted contabilidad?

—No tengo la menor idea.

—Bueno, pero, entretanto, amigo mío, ¿tiene usted de qué vivir?

—No, mi general.

—¡Demonio, demonio...! Bueno, déjeme usted su dirección y lo pensaré.

El joven escribió su dirección. El general leyó el papel y exclamó:

—¡Estamos salvados! Tiene usted una caligrafía estupenda.

Y consiguió para él un puesto en el secretariado del duque de Orleans, ganando mil doscientos francos anuales, algo que le pareció una auténtica fortuna, pero que solo era un modestísimo sueldo de oficinista. A la vez, el generoso general le había arrancado la promesa de que continuaría sus estudios, a lo que le ayudaría durante algún tiempo uno de sus subjefes, que encontraba a un Dumas profundamente inculto pero muy inteligente. Le prestó las obras más importantes de los clásicos franceses, que el chico leyó con un interés enorme: para aquella mente sin formar todo era nuevo, todo tenía la frescura y la pasión de lo desconocido, todo calaba y dejaba huella. Y además quería escribir, pero... ¿cuándo? Trabajaba de diez a cinco por la mañana y de siete a diez por la tarde, cada día, con lo que solo podría escribir por las noches, aunque pronto hasta las noches estarían ocupadas; su sangre caribeña le llevaría a sus primeras aventuras. En la misma casa que Alexander vivía Catherine Labay, una costurera que pronto se rendiría a sus encantos y con la que tendría una aventura y un hijo con tan solo veintidós años.

En aquellos años, Alexander no pensaba en comida, ni en gastronomía ni nada similar, seguramente comer sería una necesidad más que un placer... con tan poco dinero era imposible pensar en cualquier

---

36   Maurois, A., 1975, 66.

otra cosa. Su madre, animada por el éxito del joven, fue a París con él. Alexander alquiló un piso para los dos, pero no le dijo que tenía un nieto para no disgustarla, y se vio obligado a cubrir las necesidades de su madre, de Catherine y de su pequeño... ¡y solo era un pobre oficinista!, así que la comida sería en realidad muy poca cosa en su día a día. Su vida en París transcurría entre su exigente trabajo y la asistencia al teatro, una actividad que le tenía impresionado y por la que hacía grandes esfuerzos; quería asistir a cada representación, vivía ese mundo y deseaba que fuera el suyo. Su intención de escribir era firme y se puso a ello: la primera obra que escribió fue un vodevil mediocre que le proporcionó unos francos extra que le vinieron muy bien, pero no tuvo más alcance que aquel pequeño ingreso. En realidad, fue *Cristina*, un drama sobre la reina de Suecia, el que le lanzó a una exitosa carrera como escritor, se trataba de una obra más consistente que la anterior, un sólido drama versificado en cinco actos. Viendo que podía vivir de aquello, y a pesar de la prevención de su madre que había pasado ya muchas necesidades, dejó el servicio en la oficina por otro con menos categoría, pero idéntico sueldo, con la idea de dedicar más tiempo a sus libros. Sabía que aquél no era su futuro. «Me sentí tan turbado como una jovencita que acabara de traer al mundo un hijo fuera del matrimonio legítimo», dijo que sintió cuando acabó de componer la obra. Era un drama violento, atrevido y muy diferente del teatro ordenado y rígido que se hacía entonces.

La historia de los siguientes años discurre entre amantes —decenas y decenas de ellas, de todo tipo y clase, ya que no hacía ascos a ninguna mujer— y obras de teatro; aquel fue un tiempo de celos —no solo de carácter amoroso, sino por parte de las actrices y actores de teatro— pero también fue época de amoríos, de alegrías y de muchas horas dedicadas a escribir. Trabajo, trabajo y trabajo para un hombre inagotable, de pletórica salud, muchos recursos y una visión optimista de la vida. Un hombre al que la pasión que sintió por las mujeres le traería muchos gastos y problemas, y que solo con un poco de orden hubiera podido tener una vida mucho más tranquila. Pero no fue así, y poco tiempo después tendría su siguiente amante más importante, Melanie Waldor, una poetisa mediocre que poco a poco fue mejorando y que se haría medianamente conocida al final de su vida. Dumas está en la apoteosis de su juventud, tiene tan solo veintisiete años y Melanie, que es seis años mayor que él, está casada con un oficial. Así, la nueva carga de Melanie se sumaría a la que seguía manteniendo con Catherine y su hijo, a los que cuidada y visitaba e, incluso, de vez en cuando alquilaba una casita en el campo para que tomaran el aire, además de mantener a su madre. Era un hombre muy apasionado que escribía unas cartas muy expresivas del deseo que profesaba por sus diferentes amigas: «¡Oh! ¡Todo el día juntos! ¡Qué dicha! ¡Qué felicidad...! Te he devorado... Estoy seguro de que, aun cuando estés lejos de mí, debes sentir todavía la impresión de mis besos, de esos besos que solo yo he sabido darte». Como se puede comprobar por sus propias palabras, era sensual, ardoroso y como no sentía jamás fatiga física alguna y Melanie deseaba algo más, esos sentimientos elevados que suponía en una relación se iban deteriorando. Para estar más tiempo juntos alquilaron una *garçonnerie*, y Dumas escribía a Melanie: «El traslado está casi listo, ángel mío. Yo mismo me he ocupado de llevar al nuevo piso nuestro baúl, la ropa de cama, patatas, mantequilla y el corazón de azúcar. Allá estaremos muy bien y mucho más cerca de tu casa; sobre todo, más seguros, puesto que la casa solo tiene una vista sobre la escalera, y es la de un ebanista, a donde pueden pensar que vas a hacer una compra». Una modesta despensa para unos amantes recién estrenados, en una relación en la que Dumas no dudaba en engañar con toda sinceridad a Melanie con cualquier actriz que se le pusiera por delante. Belle Krelsamer, también Melanie de nombre artístico, era una actriz que Dumas conocería en el teatro, la siguiente en ocupar su corazón después de Melanie I. Su carrera como autor teatral empezaba con fuerza, Dumas entraba de pleno en este mundo de enredos amorosos con actrices y un vodevil vital que nada tendría que envidiar al dramático.

El año 1830 fue clave para el movimiento del romanticismo y también para Dumas. Era una época en la que los sentimientos y los ideales estaban a flor de piel en Francia... y también un tiempo de revoluciones, pero además sería la hora de *Antony*, la siguiente obra de Dumas, con la que entraría en el drama moderno, ya que a través de él da acceso en las obras de teatro a la figura de la mujer adúltera. En *Antony* reflejaría su vida con Melanie, detalles que nada más que ellos conocían, su vida íntima. Era una obra violenta, de pasiones grandilocuentes, exagerada, y que a ella no le sentó nada bien que llevara al teatro porque su relación era más que reconocible. Además del año de su primer gran éxito, 1830 fue un año de revolución, revueltas que Dumas vivió en la calle, armado con su fusil, sin descanso; el escritor corría desde los lugares donde se producían las escaramuzas a los espacios donde se creaba opinión: reuniones y combate casi a la vez, acción y palabra. ¡Aquella, y no otra, era la vida auténtica!, las calles, las barricadas, el gentío... y Alexander quería formar parte de todo aquello, ¡Formaría parte de la revolución, estaba decidido! Así, con sus propias manos ayudó a montar barricadas, a cargar pistolas, a preparar pólvora. Los Borbones volvían a ser destronados de Francia y el duque de Orleans, antiguo protector de Dumas, era nombrado rey. Dumas había sido tan activo en la revolución, había aportado tanto esfuerzo e incluso había regalado a los revolucionarios pólvora en tal cantidad, que esperaba que el futuro rey le nombrara por lo menos ministro. Tenía ganas de participar en el gobierno de Francia, y así se mandó hacer un uniforme propio del exótico gusto de un mestizo: paños brillantes, con mucho color, charreteras y correaje de plata, plumas rojas, pantalones azul real y escarapela tricolor, mientras escribía a Melanie y le prometía que dejaría a sus otras amantes, lo cual jamás cumpliría; no es que mintiera, es que no podía. Amor, política, revolución y libros, todo a la vez, y en la cima del entusiasmo, ofrecería al nuevo rey sus servicios aunque éste los desechaba muy amigablemente sugiriéndole que con su gran talento debía dedicarse a la poesía en lugar de a la política.

Pero el teatro seguía su marcha, *Antony* había sido todo un éxito en las tablas y Dumas redoblaba su éxito con las mujeres, que enloquecían por el atractivo mulato de ojos azules. En la obra, todos los detalles de su vida privada con Melanie quedaban al descubierto; el escritor había utilizado su relación y a la propia Melanie como parte del argumento de la obra teatral, y finalmente la mujer, una vez convertida en personaje, había perdido todo el encanto para Alexander. No tenía maldad, a él simplemente le gustaban muchísimo las mujeres, era algo que no podía evitar, a todas les encontraba un atractivo y a todas deseaba amar, lo que llevaba al agotamiento —de ellas— y a una cantidad tremenda de enredos porque las simultaneaba y con frecuencia ellas lo sabían. Así que vivió innumerables escenas de celos, rupturas, amores, pasiones, todo a la vez y con distintas protagonistas femeninas, que jalonaron y complicaron extraordinariamente toda su vida, algo que él fomentaba porque le divertía extraordinariamente. Por otra parte, como era generoso y rumboso, no quería que ninguna de ellas se quedara sin algún recuerdo importante, así daba una casa, hacía un regalo... a cada una le daba algo y él no se guardaba nada para sí mismo. Era generosamente alegre, despreocupadamente desprendido.

Y un segundo hijo llegaba, Melanie II estaba embarazada de Dumas, y tuvo una niña a la que llamaron Marie-Alexandrine. Esta mujer obligó a Dumas a reconocer a la pequeña y también a reconocer a su hijo mayor, que aún constaba en el registro como de padre desconocido.

Además, la relación entre ellos era más complicada de lo que parecía, porque ella era la intérprete de *Antony*, que estaba basada en la vida de la otra Melanie... Quizás fuera más del gusto del público de la época la vida picante y desordenada de Dumas que la propia obra, en la que se reconocía su vida privada y la de sus amantes, y especialmente la de Melanie, a la que no le hizo ninguna gracia verse retratada así. Y así, vida y teatro se mezclaban en la compleja y agitadísima vida del divertido Dumas, al que no quedaba ni un minuto sin ocupar, en una suerte de agitación constante de la que no podía prescindir.

Esta segunda Melanie —cuyo nombre artístico era éste pero el auténtico era Belle Krelsamer— y Dumas se fueron a vivir juntos con la niña; la actriz era acaparadora en vano, quería ser el todo de Dumas, hasta quiso hacer de madre del niño mayor y lo único que consiguió fue complicar y amargar innecesariamente la vida del pequeño. El que sería Dumas hijo viviría en aquella temprana época de su vida su propio drama, ya que, tras haberlo reconocido su padre, Belle lo instigó para que se lo quitara a la madre y se fuera a vivir con ellos. Decía que el niño valía, pero que la madre era vulgar e ignorante, y por lo tanto indigna de educar a un hijo de Dumas. Fue un proceso doloroso y con muchos equívocos y desgraciadamente la madre lo perdió por un error legal, después todo se complicó: intentó esconderlo, se lo llevó... Todo aquello no le sirvió de nada, y la ley obligó al pequeño a vivir con su padre y su amante. Así que, de inmediato, un niño que no era difícil se volvió rebelde y complicó la vida a todas las personas de la casa, especialmente a Belle Krelsamer quien trataba en vano de educarlo para hacerse imprescindible. Finalmente, ante la imposibilidad de hacer carrera de él llevaron al niño a un internado, por lo que se quedó sin padre y sin madre y perdió su infancia, lo que no perdonaría jamás a su padre.

Dumas no solamente tenía amantes, tenía excelentes amigos que lo querían y respetaban; como Víctor Hugo, con el que mantuvo una estrecha relación toda su vida, y con el cual incluso tuvo sus más y sus menos, aunque siempre lo solucionaron. No sería el único, todos los personajes de actualidad: pintores, escritores, empresarios de teatro, editores, eran amigos suyos y además siempre tenía una corte de parásitos y gorrones que se aprovechaban de su generosidad y que le costarían mucho dinero. Hasta tal punto fueron amigos Víctor Hugo y Dumas que en la boda de Luis Felipe de Orleans, a la que Dumas no fue invitado —recordemos que había hecho de republicano— pero sí Víctor Hugo, éste se solidarizó con él y escribió al rey explicando su negativa a asistir a la boda. Pero la novia, que era admiradora de ambos, intercedió para que los dos escritores fueran invitados, cosa que les alegró extraordinariamente y acudieron juntos. Los príncipes y los dos escritores establecieron una estrecha relación, se hicieron excelentes amigos y dieron a Dumas la cruz de caballero, algo que el escritor agradeció extraordinariamente.

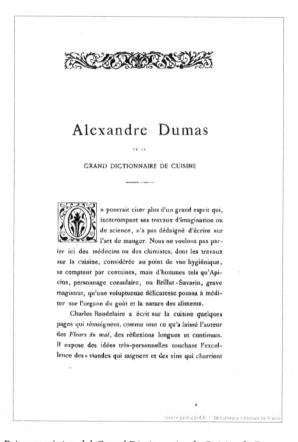

Primera página del *Grand Dictionnaire de Cuisine* de Dumas.

Esta esplendidez de Dumas le reportaría infinitos gastos, era generoso por su naturaleza y siempre estaba invitando, haciendo favores y caridades y procurando que todo el mundo a su alrededor tuviera la vida más fácil. También amaba la diversión. El rey Luis-Felipe había organizado por aquellos días un baile de máscaras, y Dumas no se quería quedar atrás, así que para no ser menos que los reyes decidió que podría ser muy divertido invitar a todos sus amigos a un espectáculo parecido, «pero mejor», pensaba. En cuanto lo tuvo decidido alquiló un piso junto al suyo —el suyo era pequeño para el banquetazo que quería dar— y todos los mejores pintores de la época, amigos suyos, se encargaron de la decoración de las paredes: Delacroix, Nanteuil, Decamps... A cada uno se le asignó un espacio, que era la única decoración del evento. El piso estaba vacío para que cupiera todo el mundo y solo había dos grupos de músicos. Lo único que faltaba era una buena cena, que Alexander proveería con toda la gracia; aunque era vanidoso y dilapidador, no siempre tenía dinero suficiente por lo que se le ocurrió que la mejor solución era ir de caza con unos amigos y traerse unas piezas —recordemos que no era la primera vez que lo hacía—. Dicho y hecho, pidió permiso para cazar y a su vuelta intercambió con diferentes comerciantes parisinos tres corzos por un salmón y un esturión, otro corzo por una gran galantina. Además, asaron dos venados enteros para sus invitados, llevaron trescientas botellas de burdeos, trescientas de borgoña y quinientas de champagne. Aquella noche todo París inundó el piso, el piso de al lado, las escaleras, los aledaños, la calle: actrices, intelectuales, empresarios de teatro, escritores e incluso gente seria como La Fayette, que no solía asistir a este tipo de eventos, bailó aquella noche. Fue muy divertido, todos los invitados iban disfrazados, comieron, bailaron; la fiesta causó tanto ruido que la prensa recogió todos los detalles al día siguiente. La pantagruélica cena se sirvió a las tres de la mañana y a las nueve, ya de día, los invitados salieron de la casa, con Dumas y los músicos a la cabeza, bailando por las calles de París un alegre galop; la danza de moda en la época.

En el año 1836 su madre, bastante abandonada por el escritor, fallecía, y su nueva amante actual, Ida Ferrier aprovecharía la debilidad, porque él amaba tiernamente a su madre, para dominarle más que nunca. Dumas era desorganizado, desordenado y apacible, solo quería su libertad para salir de cuando en cuando, y escribir a todas horas, así que era fácil de dominar siempre que se le permitiera tener ese espacio de libertad. Ida lo sabía y le permitía todo, con lo que conseguía que se quedara con ella y a cambio vivía una vida confortable porque, a su vuelta de las numerosas aventuras, Alexander siempre llevaba un regalo, la mantenía bien y además escribía papeles para ella; ya que, como sucedía con otras amantes suyas, era actriz. Siempre hacía cosas por las personas que estaban con él, e incluso llegó a conseguir que Ida formara parte de los actores de la Comedia Francesa, a cambio de lo cual el prometió a los directores que escribiría dos obras para el teatro.

Saltando de libro en libro, de amante en amante, finalmente se casaría con Ida, a la que ya no amaba, pero que le hacía la vida más fácil, y que para colmo se había llevado a la hija de Melanie con ellos y no permitía que la madre la viera, todo un enredo familiar de mujeres, hijos e intereses, en cuyo centro siempre estaba Dumas. Dumas hijo seguía sin llevarse bien con ella, como tampoco se había llevado bien con Melanie, pero tras varios años sí llegaron a mantener buena relación, y ella incluso le llamaba hijo mío. Dicen que al preguntar a Dumas que por qué se había casado con Ida, éste respondió: «Amigo mío, ¡para desembarazarme de ella!». Ida recibiría una rica dote de un protector que era propietario de una empresa de recogida de basuras. Poco después del matrimonio, Ida engañaba a Dumas con un joven amigo de la pareja, el matrimonio no funcionaba y pronto se separarían no muy cordialmente. Su vida y su obra estaban íntimamente unidas, con todo lo bueno que su vida aportó que fue celebridad, fama y tener todas las puertas abiertas, pero también con lo malo, y es que las instituciones serias no aceptaban a Dumas como parte de ellos. Él había querido entrar en la Academia y mientras a Víctor Hugo sí lo hicieron académico, a él se le negaba la entrada. Aquello nada tenía que ver con su talento que era bien reconocido, sino por su carácter y vida escandalosa, algo que a la Academia no le gustaba en absoluto. Dumas era encantador, pero no era serio ni aportaba esa necesaria buena fama a una institución.

En su vida privada, la relación con su hijo era difícil. El hijo nunca perdonó que le separaran de su madre y detestaba la excéntrica vida de su padre y su ligereza de carácter. Además no le gustaba la esposa de su padre, tenía una moral más estrecha que su progenitor... pero éste le tentó con la vida fácil, ya era adolescente y su padre podía mostrarle los placeres de la vida de libertino. Así, sin aprobar la vida de su padre, con dieciocho años, cuenta Dumas hijo, que «fui lanzado al paganismo de la vida moderna», y con su padre como compañero de asalto a todo París, frecuentó las prostitutas parisinas y amantes elegantes, los restaurantes caros... También el padre alentó al hijo a escribir, lo que al principio le costaba un gran esfuerzo, y gracias a él se convirtió en un gran escritor. Mientras, su padre seguía casado con Ida, que tenía una terrible influencia en él y trataba de dominarlo completamente, algo que agotaba a Alexander, aunque para su gran suerte Ida encontró una presa mejor y en 1844 se fue con un príncipe italiano, dotada por el propio Dumas que llegó hasta a comprarle los muebles de la habitación de matrimonio.

Dumas se quedó encantado, quería paz y estaba cansado de la vida que Ida le había dado, su esposa se había vuelto exigente y desconsiderada, muy seguramente dolorida al comprobar que Dumas no dejaría de tratar con otras mujeres. Él tenía que escribir, quería ver a sus hijos, a los que amaba con todo su corazón, deseaba tener cerca a sus amigos y de vez en cuando tener una amante alegre y poco quejosa —o una docena—. No pedía mucho, solamente ver a la gente a su alrededor alegre y despreocupada, así él mismo se sentía tranquilo, pero Ida no podía darle esto.

Cada vez su éxito era mayor, y más intensa su actividad, lo que provocaría la necesidad de colaborar con otros escritores, utilizándolos como negros, colaboraciones que duraron muchos años, que entonces eran corrientes y que muchos otros escritores de prestigio harían. Así que desde muy temprano, en su carrera aparecieron Nerval, Mallefille —que también colaboraría con George Sand—, Meurice y Vacquerie —ambos colaboradores también de Víctor Hugo—, pero sobre todo Auguste Maquet. Ambos mantendrían durante años una estrecha relación, y Maquet sería de gran apoyo a la prolífica obra de Dumas. La cosa funcionaba de la siguiente manera: Maquet —o cualquiera de sus colaboradores— investigaba y preparaba el esqueleto de la obra, que había previamente pactado con Dumas, entonces se la llevaba y Dumas le daba el brillo, la recomponía y la terminaba de escribir; añadía detalles, revivificaba los diálogos, creaba las escenas y vigilaba bien los finales. Tenía un nombre más que consolidado, es más, era un famosísimo escritor, un auténtico personaje de la vida pública europea, tenía amigos, carrera y una vida llena, nada le faltaba. Pero el mundo iba cambiando, los gustos de los espectadores y lectores eran diferentes y el interés por el teatro conocía un cierto decaimiento, así que Dumas, que era muy perspicaz, y que tenía una carrera muy brillante en el teatro, observó el panorama y comprobó que nacía un nuevo género: autores como Walter Scott se ponían de moda y muchos les seguían, pero especialmente el público, lo que le hizo comprender que la novela histórica era un filón muy interesante y con grandes posibilidades. Comprender aquello representó el culmen de su carrera, fue cuando concibió escribir una novela sobre la época de Luis XIII, la reina Ana Richelieu y el duque de Buckingham... Haría nacer una de las obras más leídas de todos los tiempos, *Los tres mosqueteros*, en los que había mucho de su padre —gran espadachín, valiente y arriesgado—, bastante de él, y su polifacético carácter encarnado en cada uno de los cuatro mosqueteros. La obra estaba inspirada en las memorias apócrifas de Gatien en Gourtilz, un libro que Dumas pidió prestado de la biblioteca de Marsella, aunque Maquet diría más tarde que fue él quien lo descubrió y reclamó a Dumas la paternidad del libro, cosa absurda, Dumas reescribiría y daría nueva forma a la idea, consiguiendo con su trabajo uno de los libros más divertidos y amenos de todos los tiempos. Como trabajaba continuamente, de día y de noche, las páginas salían de sus manos con una gran rapidez, y a veces escribiría libros completos y otras los vendía en entregas periódicas, algo que era muy normal en la época, como hizo con *Los tres mosqueteros*. Después de ellos llegarían muchos otros libros de este estilo: *Veinte años después, El Vizconde de Bragelonne, La Reina Margot*, y así hasta cientos de obras en una época nueva para la literatura, en la que tras el teatro llegaría la novela histórica. Él decía que: «Mi primer deseo es ilimitado; mi primera aspiración tiende siempre a lo imposible ¿Cómo lo consigo? Trabajando como no trabaja nadie, extrayendo de la vida todos sus detalles, suprimiendo el sueño....».

Dumas hijo ya era un joven con el que el padre podía tener una relación de igual a igual, había sufrido mucho durante su infancia por la separación de su madre, y aunque desde muy joven el padre lo introdujo en la vida galante y en la literatura, eran dos personas totalmente diferentes. El padre era fuerte, robusto, amante de la vida y no padecía la pesada carga del rencor; era optimista y generoso a pesar de todo. El hijo sentía un gran dolor todavía —lo sentiría toda su vida— y prefería una vida ordenada y moral, aunque en su juventud se vio atrapado en el torbellino vital del padre que le mantuvo alocadamente entretenido. Después de que Ida se marchara a Florencia la vida familiar se suavizó mucho, el padre y el hijo estrecharon sus relaciones y su afecto, Dumas le decía a su hijo: «Cuando tengas un hijo, quiérele como yo te quiero, pero no lo eduques como yo te he educado a ti». Y el hijo decía de él: «Mi padre es un niño grande que tuve cuando yo era pequeñito», lo que hablaba mucho de la relación que tenían y las diferencias de carácter entre uno y otro, a pesar de lo cual se adoraban mutuamente. Durante una temporada vivieron juntos y disfrutaron de la más atrevida vida parisina, rodeados de cortesanas, de lujos y de desorden, en la que con frecuencia se recriminaban mutuamente las actuaciones de uno y otro. Pero a pesar de los reproches del hijo, disfrutaban juntos e incluso el padre invitó al hijo a hacer un viaje en el año 1846, cuando el ministro de Instrucción pública, que acababa de llegar de Argelia, dijo que era una pena que los franceses no conocieran aquel país, entonces bajo dominio francés. La cosa surgió tras una reunión en el gabinete del ministro, y alguno de los asistentes, conociendo la fama y espectacularidad de la vida de Dumas, le sugirió que hiciera una aportación económica a Dumas para que viajara allí y escribiera sobre aquella zona. El escritor asintió y solo puso dos condiciones: pidió un barco de guerra para viajar a su albedrío —con tripulación y todas las comodidades— y que le acompañaran Aguste Maquet, su hijo Alexander y el pintor Louis Boulanger; todos estuvieron de acuerdo y comenzó el trayecto. La primera etapa sería España, porque Dumas se había hecho muy amigo del duque de Montpensier que se casaría muy pronto con la infanta Luisa-Fernanda, hermana de la reina Isabel II, y habían sido invitados a la boda. Las dos hermanas se casarían en la misma ceremonia, en Madrid, en lo que prometía ser el acontecimiento más importante de aquel año en Europa. Para los Dumas, con el bolsillo bien pertrechado de los beneficios de sus libros, aquella fue una época de desenfreno, de gasto suntuoso y de una gran diversión. Al viaje les acompañaría un negro abisinio que haría de criado a todos ellos, así que partieron desde París en el entonces modernísimo ferrocarril formando un grupo divertido, extravagante, llamativo; fueron a una corrida de toros, en la que Maquet se desmayó, tuvieron algunas aventuras galantes y en Madrid se les recibió como a héroes. España adoraba a Dumas, y él escribió en su diccionario sobre la gastronomía española y sobre el país en sus memorias de viajes. El grupito de viajeros franceses, por supuesto, estuvieron invitados a la real boda que se celebraba por partida doble. Dumas relata la ceremonia y la descripción de las dos parejas en la que fue certero: «La reina tenía la tez colorada y le brillaban las mejillas... el rey consorte tenía el aire de una jovencita disfrazada de capitán-general... la infanta Luisa-Fernanda resplandecía de felicidad, una criatura deliciosa».

Tras la real boda, el grupo embarcó en el navío de guerra para llegar a Argelia y Dumas continuó con su costumbre de escribir un diario de viajes que se publicó posteriormente. La opinión pública a la vuelta se escandalizó porque la administración del Estado había puesto: «¡Un buque de guerra al servicio de un bufón», algo que no dejaba de ser cierto, después de todo. Después de conocer Argelia, vuelta a París, a seguir cosechando el éxito de *Los tres mosqueteros*, tras el cual llegaría *El Conde de Montecristo*, sin duda alguna la obra que afianzaría su prestigio y su carrera. La concibió cuando estaba de viaje en Florencia y Jerome Bonaparte le pidió que acompañara a su hijo, el príncipe Napoleón, a la isla de Elba. El príncipe tenía diecinueve años y Dumas treinta y nueve. Allí, recorriendo la entonces muy salvaje isla, les llamó la atención un islote desde lejos y el guía que les acompañaba les dijo que se llamaba la isla de Montecristo. Dumas tuvo una inspiración, y aquel nombre fue el que inspiró la obra. El argumento de *El Conde de*

Montecristo tenía bastante de la vida de su padre, que estuvo, como Edmundo Dantés, injustamente prisionero dos años en una cárcel italiana; sus páginas parecían en cierto modo una venganza contra los Borbones, tan odiados por Dumas. El libro fue un éxito inmediato y rotundo y superó a todo lo que Dumas había hecho antes. Se vendió en forma de folletín. Ganaba tanto dinero que creía poder permitírselo todo, era una época espléndida en la que podía hacer lo que quisiera, se sentía el amo del mundo, estaba colmado de reconocimientos y repleto de vanidad. Y como quería vivir según sus nuevas posibilidades, se le ocurrió alquilar la villa Médicis, en la pequeña localidad de Saint-Germanin-en-Laye. Había buenas comunicaciones con París por ferrocarril, allí podía trabajar a gusto y también divertirse, así que hizo llevar a una compañía de teatro que actuaba para sus invitados y estaba constantemente rodeado de amigos, amantes, familia, gorrones y curiosos. Paseando una tarde, muy cerca de allí, en la ribera del Sena, pensó que sería divertido adquirir unos terrenos en los que edificar algo grande. Y grande fue... Construyó un castillo que aún hoy se alza y se puede visitar. Era una idea que tenía hacía ya tiempo, disponer de un lugar en el que poder alejarse de las distracciones de París y trabajar en sus libros sin ser molestado. Así que construyeron un precioso castillo de estilo romántico, barroco como él mismo, orlado de flores y ramas esculpidas y de medallones con los bustos de grandes escritores que admiraba: Homero, Byron, Víctor Hugo, Goethe, Shakespeare y él mismo. En las dos torres laterales pusó sus iniciales entrecruzadas, A.D. A una corta distancia del edificio principal construyó un pabellón independiente al que él llamaba El Castillo de If, como el de su héroe Dantés. Allí era donde se encerraba a trabajar mientras que el edificio principal estaba repleto de amigos y familiares que disfrutaban de la generosidad del estupendo anfitrión. El Castillo de If es un edificio gótico, recargado, excesivo y encantador a la vez, en el que es posible ver esculpidas en bajorrelieve, sobre las piedras de las paredes exteriores, los nombres de las obras que hasta entonces había escrito. Lo rodea un jardín inglés un poco teatral, pero amplio y agradable para pasear. A pesar de lo abigarrado del castillo y de su propia vida, Dumas prácticamente vivía recluido en su pabellón de trabajo, en una habitación que solo tenía una cama, una mesa y dos sillas, donde trabajaba día y noche incansablemente, vestido con solo una camisa y unos pantalones sueltos. Había engordado muchísimo y tenía un gran vientre, así que prefería estar cómodo mientras trabajaba.

Castillo de If.

El interior del edificio principal del Castillo de Montecristo es tan sobrecargado y barroco como el exterior. Con un gran salón al estilo morisco, de complejas lacerías de enyesado y bellísimos balcones desde los que es posible disfrutar del encanto de los jardines, todos los espacios eran exóticos y estaban recargados con elegantes muebles, tapicerías, cojines y sedas. La casa se estrenó con un almuerzo para seiscientos amigos, el 25 de julio de 1848, comida que se encargó a un restaurante famoso de Saint-Germain. Aquella celebración fue un tanto bohemia, con mesas dispuestas a lo largo del jardín y la divisa del marqués de la Pailleterie (él mismo) por todas partes. Fue un día feliz para Dumas, saludaba a sus amigos, todos disfrutaban y el paseaba entre las mesas congratulándose con todos ellos, adornado con un grueso cordón de oro macizo en el chaleco y gran cantidad de medallas cubriéndole el pecho. Su día a día, mientras trabajaba, era muy frugal, aunque siempre tenía invitados, es más le encantaba recibirlos y organizar para ellos banquetes pantagruélicos. Incluso a veces le gustaba entrar en las cocinas para preparar una salsa a su gusto, un plato especial, cualquier cosa que le acercara a la vida de verdad. Allí acogería a muchos parásitos y gorrones, a los que a veces ni siquiera conocía y tendría un servicio inaudito y extravagante: un mayordomo al que le gustaba leer, un jardinero que conocía el nombre de las plantas en latín, un negrito, un mozo para los perros, otro para los pájaros y cuidadores para los mil y un animales que Dumas tenía allí: monos, aves de presa, pájaros exóticos, gatos, perros... Todo un zoológico, un entorno exótico, abigarrado y vociferante era el que él amaba para vivir.

Exuberante en todos los aspectos de su vida, había creado una compañía, «La Maison Alexandre Dumas et Cie», un grupo de escritores que se ocupaba de dotar la base de trabajo de Dumas, en el que participaba su propio hijo, al que tuvo que convencer para integrarlo. De esta forma podía trabajar muy organizadamente y sacar unos importantes beneficios de sus libros. Pero aquella vida espléndida y lujosa, más propia de un zar ruso que de un escritor francés no duraría mucho. Los gastos de la casa eran inalcanzables aun para él que ganaba muchísimo dinero, pero todo se iba en alimentar a la tropa que le rodeaba, en pagar gastos... y a la vez, en febrero de 1848, llegaría la revolución, así que las circunstancias se concitarían para complicar su vida. La del 48 fue una revolución en la que Dumas participaría de nuevo, él era republicano y había tenido una excelente relación con los príncipes, pero ahora —como sucedió en la otra— deseaba formar parte de los asuntos públicos, se presentaría como diputado por la provincia de Yonne. Pero era marqués... y negro, *el* negro... así que cuando fue a la provincia de Yonne, para arengar a sus posibles votantes, el marqués negro y republicano no fue precisamente bien acogido, y renunció a hacer historia para volver a escribirlas; era la segunda vez que fracasaba un intento de carrera política.

Su vida personal también se vería muy complicada en los siguientes años, sus últimos dispendios le costarían la ruina, ya que los extraordinarios gastos que había hecho construyendo el Castillo de Montecristo habían esquilmado la fortuna que había ganado y sus deudas eran fenomenales. A su casa iba todo tipo de gente, a él no le importaba compartir el lujo con el que vivía, a todos les daba algo, todos pedían sin parar. Y su esposa, Ida, que vivía aún en Florencia, había comprado sus deudas, por lo que le debía a ella una auténtica fortuna. Marie-Alexandrine, la hija de Dumas y Belle, (Melanie II), también estaba en contra de su padre, solo tenía 16 años y vivía día a día su prodigalidad y libertina existencia y deseaba irse a vivir con Ida, a la que quería mucho; ambas deseaban estar juntas. Dumas, entre la revolución y sus desorbitados gastos había acabado por arruinarse, pero siempre encontraba una salida a sus problemas y se vio obligado a vender su amado Château Montecristo. Además se tuvo que desprender de todo el mobiliario, de sus queridos animales... absolutamente de todo, se había quedado sin nada, bueno, no sin nada en realidad porque seguía manteniendo un gran talento, una excepcional salud y su monumental e inagotable capacidad de trabajo. Pero ahora casi tenía que esconderse, el año 1850 lo pasó prácticamente vigilado por sus acreedores, que esperaban en todo momento resarcir sus deudas con alguna parte de los beneficios, de forma que se vio obligado a vivir más que modestamente. Pero eso no era óbice para que tomara una nueva amante, Isabelle Constant, mucho más joven que él... mientras tenía decenas de aventuras con otras jóvenes fáciles, como había hecho siempre. El año siguiente, 1851 tampoco vendría muy bien, las deudas aún no se habían pagado, pero hubo un golpe de Estado en Francia que a él le vino de perlas porque le permitió exiliarse a Bélgica y así huir de los acreedores con una excusa perfecta. Allí también se exiliaría su querido Víctor Hugo y otros franceses que formarían piña a su alrededor. Mientras disfrutaba de su exilio belga, en París se subastarían sus bienes y apenas quedarían mil francos para la familia Dumas, lo que no sería un problema para que él viviera lujosamente; su capacidad de endeudamiento era algo asombroso. En Bruselas, el grupo de franceses presumía de austeridad, allí apenas tenían recursos... pero Dumas otra vez, a crédito, alquilaba un hotelito confortable y bien acondicionado. Por aquella época, y por primera vez en su vida, había tomado un secretario responsable y ordenado, Noël Parfait, que tenía sus cuentas, sus relaciones, sus libros y hasta su propia casa en orden y bien organizada. Sin embargo, Dumas no podía dejar de invitar a muchos de los franceses exiliados a comer; pero como ellos por dignidad no querían dejarse invitar, cada uno pagaba en aquella casa lo que costaba la comida en la fonda, un franco con quince céntimos, lo que por supuesto no cubría ni el agua. En aquella casita belga, recordando los días gloriosos del Château Montecristo daría muchas cenas a lo Montecristo; llamó la atención una en especial a la que denominó «El sueño de las mil y una noches». Fue un alarde de teatralidad en el que un famoso escenógrafo construyó un escenario, y en el jardín de invierno montaron un fabuloso *buffet*. Bailarinas profesionales representaron danzas españolas y los chales de cachemir del escenario se regalaron a todas las señoras al terminar la fiesta.

Dumas trabajaba y trabajaba, proyectaba y escribía sin fin, era capaz de escribir después de una noche de farra, era un hombre dotado de una vitalidad abrumadora, era un tónico andante, vivía con atropello, sin dejar un minuto sin ocupación, tenía multitud de amantes, escribiría fecundamente y construiría historias, no solo las soñaba. Y en esta ardorosa actividad comienza a preparar sus memorias, escribe teatro para pagar sus deudas, escribe novelitas para pagar los adelantos a sus editores. Su vida da vértigo.

Mientras, su hija Marie que se había quedado en París se veía obligada a apoyar las mentiras de su padre, los enredos de faldas que requerían que dijera: a una que volvería después, a otra que escribiera a tal dirección, a una tercera que viniera de inmediato. Y retirar los objetos personales de una, poner las de otras... Marie se «confundía» muy frecuentemente, fingía torpeza, lo que provocaba resentimiento entre las señoras que revoloteaban en torno al libertino y generoso papá Dumas. Ella reprobaba toda aquella vida, no le gustaban aquellas mujeres ni el desorden, aunque adorara a su padre. Finalmente, Dumas volvería a París —ciudad a la que por otra parte había regresado de vez en cuando con total discreción— en 1853, dando a sus amigos un fantástico banquete de despedida en Bélgica. Dejó la casa, que tenía el alquiler pagado, a su excelente y ordenado secretario, Noël. Ya se había cansado de tanto orden y tanta perfección. Llegar a París y emprender nuevos negocios sería todo uno, así que nada más volver fundaría un diario, *Le Mousquetaire*, en el que anunciaba nada más y nada menos que cincuenta volúmenes de libros de memorias de Alexander Dumas. Las memorias siguieron su curso, la revista se cerró en 1857. Dumas salía, entraba, cenaba en restaurantes elegantes, iba a tertulias interesantes, y todos los proyectos que emprendía eran auténticamente ruinosos, excepto la escritura, que le mantuvo extraordinariamente bien durante toda su vida.

Y su familia seguía creciendo, Marie se casaba e Ida volvía a París, tenía un cáncer y aunque su príncipe la cuidara amorosamente, finalmente murió y Dumas se quedó descansando, ella había ejercido en los últimos años de látigo contra él, como la más eficaz, dura y activa acreedora. Las obras de Dumas se leían en toda Europa, su fama se extendía por el mundo entero y Rusia era una de las naciones más afectas a sus libros. El interés era mutuo, ya que él también estaba interesado en la gran nación; su hijo tenía una relación que ya era larga con una princesa rusa, con la que tuvo una hijita. Así que los lazos del escritor se estrechaban con un pueblo con el que Dumas creía tener muchas cosas en común: los hombres bebían en cantidad, las mujeres eran guapas, y era un país tras una historia dramática y sensual. Muy oportunamente, apareció por aquellos días el conde Koucheleff-Besborodka que iba viajando por Europa con su familia y algunos amigos y que comprobando el interés de Dumas en su país lo invitó a hacer el tour con ellos y a visitar posteriormente Rusia, lo que aceptó encantado. Primero viajaron todos juntos en ferrocarril y después en barco, en un interminable recorrido. Fue de San Petersburgo a Moscú y de allí a Nijni-Novgorod donde rápidamente se convirtió en el hombre de moda, ¡todo el mundo leía allí sus novelas! En Nijni aprendió muchas cosas, y aunque el vodka no fue de su agrado, le enseñaron a preparar el esturión y el caviar, a hacer confitura de rosas, de miel y de canela, además de encantarle el *shachlik* —brocheta elaborada con gruesos dados de cordero macerado con cebolla y vinagre—. A cambio dio algunas clases de cocina para sus amigos rusos. Además tuvo la oportunidad de asistir a una boda calmuca[37] y de practicar su gran afición, la caza, allí de patos y pelícanos silvestres. La boda fue un extraordinario festín que duró varios días, en los que les ofrecieron mil comidas, bailes, cantos y actuaciones. El banquete principal presentaba como plato principal una pierna de caballo —una gran sorpresa para un occidental—, una sopa de potro y una llamativa cabeza de caballo con tortugas, además de platos a los que llamaría Dumas «perfectamente burgueses», quizás junto a tanto exotismo, un poco de simple cocina europea. Y «Mientras tanto, en el patio, trescientos calmucos comían un caballo crudo, picado con cebollas, dos vacas y diez carneros asados... ¿Creerás que he comido caballo crudo con cebollitas y que lo he encon-

---

37 Pueblo mongol descendiente de Gengis Khan.

trado excelente? No puedo decir lo mismo del aguardiente de leche de jumento. ¡Puá!». Por la mañana, los calmucos le llevaban un tazón de leche de camella a la cama como desayuno, como un elegante detalle que él bebió; o mejor, tragó. Aquel viaje le enseñó la Rusia profunda, costumbres inimaginables en Francia y le acercó a un mundo primitivo en cierto sentido, del que contaría cientos de anécdotas en sus memorias de viajes.

Mientras, su fama no decrecía, su hijo iba haciéndose tan célebre como él, aunque con ese carácter y estilo muy diferentes... El padre reconocía sus delitos, perdonaba las críticas, prometía mejorar y lo olvidaba todo de inmediato, lo que hacía más fácil la relación a pesar de las peleas. Pero no podía ser de otra forma, adoraba a su padre y le decía: «Te has convertido en Dumas padre para los respetuosos, en el padre Dumas para los insolentes, y en medio de toda clase de clamores, tal vez habrás oído alguna vez esta frase: Decididamente, su hijo tiene más talento que él. ¡Cómo has debido de reírte! Pero no, no te has reído, antes bien te has sentido orgulloso y feliz, como cualquier padre corriente y moliente... Querido gran hombre, ingenuo y bueno, que con gusto me darías tu gloria como me diste tu dinero cuando yo era joven y perezoso: me siento feliz al tener ocasión de inclinarme públicamente ante ti, de tributarte mi homenaje a la luz del día, y de abrazarte como lo hago, de cara al porvenir».

Padre e hijo se influían mutuamente tanto en sus vidas privadas como en su trabajo y hasta en sus opiniones políticas. En 1858 un nuevo pleito haría sufrir a Dumas. Maquet que había sido colaborador suyo durante tantos años y al que debía parte de sus derechos de autor, que habían comprometido hacía años, perdió el pleito porque no pudo probar que había aportado trabajo a los libros de Dumas. Mientras, Marie, casada ya, no había recibido su dote, lo que le provocaba muchos problemas con su familia política. Dumas era un padre pródigo, un genio, pero un desastre para su familia.

Era incansable, un espíritu inquieto, y de nuevo en 1860 tenía ganas de salir de París. Sus viajes le refrescaban, sentía el entusiasmo de la gente que le quería en muchos países donde le aclamaban, y todo lo que había vivido en París volvía a ocurrir con la frescura de lo nuevo. A la vuelta de sus viajes escribía varios volúmenes en los que recogía las impresiones de aquel país. Se divertía y ganaba dinero. ¿Se puede ser más feliz? Algo más tranquila su situación económica, pasados los duros días de trasiego de los acreedores y con una joven amante de diecinueve años —él tenía ya cincuenta y siete— y una hija que vivía de nuevo con él, porque el matrimonio no había funcionado, en su casa estaba incómodo: Marie, de nuevo, no le guardaba las espaldas con los numerosos líos de faldas que tenía. Así que vistió a su jovencísima amante, Emilie Cordier, de marinerito —o más bien de almirante— y se embarcó con ella y otros amigos en una goleta de su propiedad. El viaje fue alegre y tranquilo hasta llegar a Génova, donde se enteraron de que Garibaldi emprendía su campaña para la unión de Italia, y Dumas, siempre decidido y fantasioso, decidió sumarse al ejército del militar. No lo dudó ni un minuto. En plena batalla se acercó a Garibaldi completamente vestido de blanco y con un enorme sombrero de paja adornado con tres plumas: roja, blanca y azul; una vestimenta con la que llamaba la atención de todos los italianos. Garibaldi se rió de buena gana al verle tan entusiasta; los dos hombres se conocían y se abrazaron, tras lo cual el italiano les invitó a comer. El Estado Mayor de Garibaldi estaba indignado, aunque el general muy divertido, por el hecho de que el escritor se atreviera a llevar a la mesa del general a una mujer de vida alegre, lógicamente a nadie había engañado el diminuto almirante. Pero como Dumas era tan expansivo y divertido, se hizo perdonar todo y allí solo hubo risas y mucha conversación.

Pero pronto ocurriría lo inevitable, tras el romántico viaje el almirante se había quedado embarazada, así que Alexander la mandó a París a tener el niño mientras él seguiría con su goleta, que puso al servicio del ejército de los camisas rojas de Garibaldi. Entró con él en Nápoles, vestido como ellos —camisa roja— el 7 de septiembre de 1869 a la ciudad donde la familia real había torturado y apresado durante dos años a su padre. Era tarde pero llegaba la venganza y Dumas estaba entusiasmado con la revolución italiana, con los planes de Garibaldi y con la pasión que creaba a su alrededor. El general, agradecido pero sin saber qué hacer con él, le encargó la dirección de las excavaciones de Pompeya, y él, por su cuenta, fundaría un periódico, *L'Independiente*, que no tuvo éxito alguno. Además, la situación política de Nápoles se complicaría y los habitantes de la ciudad, exaltados con todo lo que ocurría en aquellos momentos y hartos del extravagante francés, exigieron que se fuera. Mientras, Víctor Manuel II tomaba el poder y las camisas rojas desaparecían totalmente. Los acontecimientos personales no dejaban de surgir, a la vez que le expulsaban de Nápoles le nacía una niña, Micaëlla, su *Bébé* —como él la llamaba—, a la que amaría tiernamente, como a todos sus hijos. Y aunque la relación con la madre había cesado, se ocuparía de la niña. Desde Nápoles se llevó a París a una actriz, Fanny Gordosa, negra como un tizón, ardiente y exuberante hasta el extremo. Fanny estaba casada con un italiano que no podía satisfacerla y su encuentro con Dumas, que era tan ardiente como ella, provocó que saltara la chispa de una relación altamente eléctrica. En París, a la vuelta del viaje, Dumas escribía y escribía, ¡como siempre!, y ella cantaba y ensayaba incluso con músicos, en lo que parecía una casa de locos. Como siempre, el escritor seguía viviendo rodeado de parásitos y, si faltaba comida, el mismo Dumas se atrevía a preparar un risotto con cuatro sencillos ingredientes; era tan dispuesto que nada le arredraba y cocinaba en cuanto le ponían por delante la oportunidad, o cuando él mismo la creaba. Decía a sus amigos después de una de esas comilonas: «Yo tengo varias amantes por humanitarismo. Si solo tuviese una moriría antes de ocho días... No quisiera exagerar, pero creo sinceramente que tengo esparcidos por el mundo unos quinientos hijos». La Gordosa finalmente sorprendió a Dumas en plena acción con una jovencita, en un palco de teatro. Montó un escándalo del que se enteró todo París, se llevó todo el dinero de Dumas y se fue con su marido. Allí se acabó aquella historia.

Dumas en la cocina.

Y aunque seguía exuberante en todo, Dumas empezaba a hacerse mayor y las obras de teatro que tanto éxito le habían dado durante toda su vida empezaban a escasear. Sin dudarlo se empeñó en acompañar a los actores para animar la venta de entradas —cosa que conseguía por sus cualidades personales y su buen pico— por los alrededores de París, llegando incluso hasta su lugar de nacimiento, Villers-Cotterets; donde tuvieron mucho éxito. Como además no tenía vergüenza ninguna por nada, en el hotel donde se alojaba preparaba la cena para la compañía, asando carne, preparando salsas... vestido con delantal y gorro blanco. Si bien no tuvo nunca pretensiones de cocinero ni nada similar, como tenía esa enorme y disparatada vitalidad, le encantaba cocinar para sus amigos, y en cuanto surgía la oportunidad tanto en su casa como en hoteles se ponía manos a la obra.

El año 1866 vendría otro viaje en junio por Nápoles y Florencia, después Austria y Alemania. Sus libros seguían teniendo éxito, pero seguía gastando demasiado y enfermó casi por primera vez en su vida. Era el año 1867, poco a poco y abusando mucho de sus enormes fuerzas, Dumas se extinguía. Había vivido la vida, sin duda alguna.

Aquel último verano escribió el diccionario de gastronomía por encargo del editor Lemerre, durante un descanso que se tomó en la ciudad de Roscoff, en la Bretaña. Se había llevado a una cocinera a la cual no le gustaba nada la zona, y se despidió dejándole solo frente al libro. Pero los habitantes de Roscoff, encantados de tener a un personaje de su talla entre ellos le abrieron sus puertas, regalándole productos para la elaboración de sus recetas y el desarrollo de su diccionario, cosas como:: una langosta, un lenguado, dos caballos... Pero faltaba buena mantequilla, no había judías ni alcachofas. Sin embargo no necesitó nada más, toda la ciudad lo tomó como suyo y cada día le invitaban a una casa, algo que emocionó al gigante de las letras como si fuera un niño. En Marzo de 1870 envió al editor el libro, aunque estaba sin acabar. Se publicó después de la guerra, con la colaboración del que fuera una de las más brillantes plumas de las letras francesas, Anatole France.

Una vez acabado el diccionario se fue hacia la cálida Marsella, donde tuvo un ataque y le llevaron a Puy, a la casa de su hijo. Había sufrido una parálisis y su hijo le cuidó con todo afecto hasta el 5 de diciembre de 1870, cuando fallecería.

Tuvo una vida alegre, fecunda, libidinosa, en la que bebió, comió y disfrutó de todo lo que se le puso por delante; Dumas no solo visitó restaurantes, comió miles de veces en los diferentes figones, tascas, restaurantes parisinos, conocía a todos los cocineros de su época e incluso se relacionaba con ellos. Gouffé, que fue un discípulo aventajado de Carême y al que Dumas convenció de que se hiciera cargo de las cocinas del Jockey Club, era uno de sus cocineros preferidos. Por todo ello, resultaría natural que un editor propusiera a Dumas escribir un libro de cocina. El de Carême había sido todo un éxito pocas décadas antes y sus discípulos, Gouffé, Dubois, Bernard, Favre..., todos habían escrito excelentes volúmenes; había una tradición literaria de peso y calidad. La cocina, en Francia, comenzaba a convertirse en un éxito editorial y en un asunto de prestigio. Casi un siglo antes, Brillat-Savarin y Grimod de la Reynière escribían sus libros con un éxito inaudito aunque desde un punto de vista totalmente diferente. El *Diccionario* de Dumas se insertaría en esa tradición de buenos escritores que dedicaban la pluma a la gastronomía, lo que en su época no sería extraño sino más bien algo casi esperado. Lo único raro es que lo escribiera tan tarde. En realidad, la gastronomía en Francia se había convertido en un género literario que fue copiado después por Inglaterra, y muchos años más tarde en el resto de Europa. Con componentes como la dietética, la historia, el anecdotario, el mito y las propias recetas, la gastronomía ofrecería muchas posibilidades a un escritor de pluma tan fácil, tan viajado y experto como Dumas. Su propia experiencia, sin añadir ni una gota de fantasía, hubiera sido suficiente para escribir varios volúmenes, no tanto de libros de cocina como de gastronomía, entre los cuales hay importantes diferencias. La presencia cada vez mayor de restaurantes que habían emergido a principios del XIX, y cuya calidad era continuamente más elevada, junto con el desarrollo de las líneas de ferrocarril, facilitaba los viajes, que serían más sencillos, cómodos y baratos, y que, por tanto, naciera un creciente interés por la forma de comer en otros lugares. Dumas tenía ambas cosas: experiencia de viajes, dinero para comer en los mejores sitios, incluso una gracia natural que no le mantenía en el limbo de los escritores y que hacía que con frecuencia bajara a la tierra a cocinar para otros, algo que le divertía extraordinariamente y que sus invitados valoraban.

Dumas era todo generosidad, risas, regalo. Su agitada vida, con sus viajes, con sus relaciones le permitió ir nutriéndose de distintas fuentes y en su viaje a Marsella, cuando ya tenía la idea de escribir *El Conde de Montecristo*, dice en su *Diccionario de cocina*, porque ha pisado aquellas calles: «El aire de Provenza está impregnado de aroma a ajo, que hace que sea muy saludable respirar». Además de comer le gusta beber, el buen vino, sobre el que decía que «es la parte intelectual de la comida. Los alimentos son únicamente la parte material», mientras que su amigo Víctor Hugo, bastante más impío, señalaba: «Dios solo hace agua, mientras que el hombre hace vino».

Muy fogoso, había contado por decenas las amantes y por cientos sus obras. Fue un fantástico contador de cuentos de fantasía inagotable, y también era bueno, espléndido y generoso con todo el que le pedía algo, cualquier cosa, desde pagar el entierro de un pobre ujier que estaba en la inopia hasta dar de comer a todos los hambrientos de París; pero por otro lado también fantaseaba con su propia vida y terminaba creyéndose sus fabulaciones. En cuanto a las mujeres, no sabía dejarlas. Decía que él nunca había abandonado a una, eran ellas las que le dejaban. ¿Quizás cansadas de tanta exuberancia?

LE GRAND DICTIONNAIRE DE CUISINE

d'Alexandre Dumas

TCHOU, ÉDITEUR

L'homme
reçut de son estomac,
en naissant,
l'ordre de manger
au moins trois fois par jour,
pour réparer les forces
que lui enlève le travail, et,
plus souvent encore,
la paresse.

Cubierta y contracubierta de *El gran diccionario de cocina* de Alexander Dumas.

Era un pródigo y gastaba su dinero sin pensar, solía decir: «Jamás he negado dinero a nadie, excepto a mis acreedores»; y era una gran verdad. Todos los miércoles invitaba a sus amigos a cenar, como muchos de ellos pertenecían al teatro, lo hacían después de la función, y disponía para el convite un pastel relleno de carne de caza que él mismo había capturado y que le preparaba un famoso restaurador, Julien, añadiendo trufas, *foie-gras* y productos según la temporada. A veces el pastel era de liebre, de conejo o perdiz, y él disfrutaba doblemente. Además, llevaba otro plato que era un rosbif y que también elaboraban fuera, y pescado con una salsa de aceite de su invención. Él mismo sazonaba las ensaladas que acompañaban a los alegres almuerzos

Todos los proyectos de Dumas fueron monumentales, desde las letras a la cocina, este hombre escribía varios tomos a lo largo de cada año, su producción era inalcanzable, lo que físicamente solo podría corresponder a un hombre muy fuerte y activo, un prodigio de fantasía y capacidad creadora. Quiso hacer algunas obras casi apocalípticas, como una Historia del Mediterráneo desde Jesucristo a sus días, por ejemplo, y su afán enciclopédico era en parte herencia de la tradición enciclopédica ilustrada francesa y por otra parte fruto de su extraordinaria salud y de su optimismo. Su *Diccionario de cocina* si bien no fue el primero que se escribió, sí tuvo un enorme éxito y afianzó la tradición literaria gastronómica, encauzándola por una línea de entretenimiento y pedagogía simultáneamente.

Su amor a la gastronomía fue más bien amor a la vida, con todo lo sensual que esta representaba, por el disfrute de todos los sentidos. Le gustaban los festines, la alegría de vivir, la bebida, los amoríos; todo ello formaba parte de un conjunto, y no tanto era algo aislado e independiente como un conjunto de posibilidades de disfrute que le brindaba la existencia. Y sin embargo, no era indecente... era naturalmente amoral en el amor.

Ha muerto como ha vivido, sin darse cuenta
Dumas hijo

BIBLIOGRAFÍA

Dumas, A., *Mémoires*, París, 1863.
—*Mon dictionnaire de cuisine*, Mesnil-sur-l'Estrée, 2002.
Maurois, A., *Los tres Dumas*, (11-570), Barcelona, 1975.
Mennell, S., *All manners of food*, Nueva York, 1987.
Toussaint-Samat, M., *History of food*, Cornwall, 2000.

GEORGES AUGUSTE ESCOFFIER

Gran cocinero francés, estructuró la cocina moderna, proporcionándole una forma actualizada acorde a su época, ya que fue consciente de los cambios que se estaban produciendo y los que llegarían. Trabajó en los mejores restaurantes de Paris y Londres y junto con Cesar Ritz creó la cadena de hoteles Ritz-Carlton que aún existen. Escribió varias obras de cocina, y en especial la "Guía Culinaria", obra profunda y de gran calidad. Cocinó para el príncipe de Gales, para los grandes duques de Rusia, para Birsmack, Zola, Sarah Bernhardt, Doré, Guillermo II... Fue un hombre íntegro y feliz. Francia el 28 de octubre de 1846 en la pequeña villa de Villeneuve-Loubet y falleció el 12 de febrero de 1935.

La cocina es una de las mejores formas de diplomacia.

Auguste Escoffier no solamente fue un magnífico cocinero, que lo era y trascendió por ello, sino que fue algo más, llegó a ser uno de los grandes de la historia de la gastronomía: un hombre con valiosas cualidades personales, entre las que se encontraba su capacidad de dirección hasta el punto de que desde muy joven se impuso como jefe de cocina de los diferentes restaurantes en los que trabajó. Además de ser innatas en él la disciplina, la capacidad de trabajo y el orden, las reforzó en su etapa como cocinero en el cuartel general del mariscal Bazaine durante la guerra franco-prusiana. Tenía una rara habilidad para conocer y tratar a los demás, no solamente a sus subalternos y otros cocineros, de los que llegó a emplear a lo largo de su vida a más de dos mil en todas partes del mundo, sino que fue capaz de mantener estrechas y respetuosas relaciones con políticos, diplomáticos, artistas e incluso príncipes y reyes. Extraordinario patriota, sintió como suya la derrota de Francia en Verdún y durante toda su vida fue el mejor embajador de la cocina francesa y de los productos de su tierra, sintiéndose muy orgulloso de ser un exponente de la alta cocina —francesa, claro—. Trabajó continuamente desde los trece años hasta su muerte, porque aunque se jubiló con setenta y cuatro años, continuó viajando, haciendo demostraciones de cocina y colaborando en diferentes proyectos gastronómicos.

El pequeño Auguste nació en Francia el 28 de octubre de 1846 en la pequeña villa de Villeneuve-Loubet, en la zona de los Alpes marítimos, el antiguo departamento de Var. Sus padres eran Jean-Baptiste Escoffier y Madeleine Civatte, asentados en la zona y dedicados, como el resto de la familia paterna, a la fabricación de herramientas agrícolas desde hacía dos generaciones. En la zona tenían fama de herreros y cerrajeros hábiles. El conocimiento de esta profesión fue pura oportunidad, ya que Escoffier-abuelo adquirió cuando era muy joven, durante su estancia en el ejército en los años del Primer Imperio, los conocimientos necesarios para ser un excelente herrero. Tras ser herido en una batalla volvió a su pueblo natal, y vio la oportunidad de ganarse así la vida, oficio que aprendió de él su hijo, el padre de Escoffier. Este abuelo fue una influencia importante para el joven Auguste, él mismo cuenta cómo le enseñó a ser educado en toda circunstancia, tanto en la mesa como al hablar con las damas. «¡Oh!, el *savoir-vivre* es de una gran importancia en la vida», decía mientras el joven Auguste le oía embelesado. Lo recordó siempre, aplicando esta máxima a lo largo de toda su vida.

Su infancia transcurrió feliz y sin problemas importantes y su primer acercamiento a la cocina se produjo cuando aún era muy joven, ya que uno de sus tíos paternos se hizo cocinero y montó un restaurante en Niza que se llamaba Le Restaurant Français. Aquello debió resultar muy excitante para el joven, de manera que con ocasión de la celebración de su primera comunión cuando solo tenía trece años, Auguste anunció a la familia que sería cocinero, así que lo más lógico fue enviarlo con su tío paterno a Niza, lo que hicieron de inmediato. Cuenta en sus memorias que fueron años difíciles, pero él tenía la resolución de dedicarse a la cocina, lo que le daba fuerzas para no manifestar su infelicidad; nadie lo supo. Era una época en la que los profesionales de la cocina eran muy minuciosos, un tiempo en el que los restaurantes ya estaban consolidados y su público era sibarita y exquisito; exigía pero a la vez pagaba unos precios muy elevados por los servicios de restauración. Y de puertas adentro, ya en los fogones, las cocinas estaban muy jerarquizadas y con rangos precisos, tenían su propio —y muy estricto— protocolo y se exigía a los aprendices que recorrieran desde abajo el largo camino del cocinero: la escuela consistía por entonces en pasar por todos los puestos, desde los más simples o duros. El tío Françoise no se lo puso fácil y no permitió que el joven Auguste se saltara ningún paso, tratándolo como se hacía entonces con cualquier joven aprendiz; es decir, mal. Si había una bofetada que dar, se la llevaba; y si un trabajo duro se rifaba, Auguste sabía a quién le tocaría.

En aquella época cada día se hacía más necesaria la profesionalización, y los cocineros habían salido del ámbito doméstico porque los restaurantes cada vez ocupaban más espacio de la vida social. Pero aún en la jerarquía doméstica los cocineros se situaban en primera fila: su trabajo se exponía ante muchos invitados, por lo que los señores tenían muy en cuenta su opinión cuando se decidían los menús, y se les concedían ciertos privilegios como exponer libremente su parecer, incluso con cierta autoridad, como sería el caso de Escoffier.

No siempre fue todo fácil, Escoffier tuvo sus momentos de inseguridad, especialmente durante esos duros años pasados con su tío, cuando su voluntad de ser cocinero flaqueó alguna vez y no estuvo seguro de que era lo que realmente le gustaba, pero ya que estaba ahí... haría lo posible por ser jefe de cocina. Y volvía a erguirse en sus decisiones cuando se venía abajo: si había emprendido un camino llegaría hasta el final. Su voluntad, su capacidad de observación y su carácter diplomático y trabajador le abrieron muchísimas puertas desde entonces. Una de las cosas que percibió claramente fue que los nombres de los platos en los menús y su composición eran importantes para ayudar a la gente a conectar con su propio apetito, con el interés por la buena comida. En aquella época, el restaurant Français era el lugar de encuentro de la alta sociedad europea y se había convertido en un punto especial de reunión de oficiales rusos, que iban a pasar cada año la temporada de invierno a Niza. Los propietarios del restaurante, muy hábilmente, solían incluir a un cocinero ruso en el equipo para elaborar los platos más más típicos de esta gastronomía de la forma más fiel y tener contenta a su clientela. La cocina rusa, que estaba de moda en toda Francia, aún imperaba con mayor fuerza en la Costa Azul, y se consideraba elegante y aristocrática. La temporada más animada en Niza era el invierno, mientras que durante el verano los visitantes buscaban lugares más frescos; así que en verano el restaurante cerraba y era cuando Auguste iba a casa y cocinaba para su familia, la cual quedaba encantada de probar sus platos. Desde entonces ninguna etapa de su vida dejó de formar parte de su profesión. El aprendizaje fue continuo, e incluso cuando estaba de vacaciones un vecino de los Escoffier, que era un excelente pastelero, le invitaba y enseñaba en su taller. Este vecino elaboraba frutas en conserva, algo que le gustaba mucho al joven Auguste y que le resultaría muy útil en el futuro.

Después de tres años de aprendizaje en Niza y pasados los tiempos más duros, partió con vocación firme hacia las cocinas del restaurante Cercle Masséna, corría el 1863 y ¡ya era primer asistente! Algo que suponía un gran logro para un aprendiz aún menor de edad. En pocos meses, cuando el restaurante cerró por final de temporada, se fue como jefe de cocina a Les Frères Provençaux, en Niza también, y después de seis meses allí fue contratado en Chez Philippe, una tienda especializada en la preparación de frutas en conserva —oficio que había aprendido tan acertadamente pocos años antes—. Nunca se sabe cuándo se va a poder aplicar el conocimiento, pero jamás sobra.

Pero el gran paso estaba por llegar, las capitales son la meca de los grandes profesionales y Escoffier dio su primer gran salto desde Niza a París en el mes de abril de 1865. Comenzó a trabajar un lunes de Pascua en un famoso restaurante, el Petit Moulin Rouge, donde se afanaba como ayudante de cocina y al que ligaría durante una larga temporada su trayectoria profesional. Podemos imaginar un París previo a la Belle Époque y también a la gran guerra franco-prusiana que asoló Europa, pero eso sería después. Aún se vivía una época en la que la etiqueta, los buenos modales y el gusto prevalecían como parte de un modelo de vida que finalmente desapareció con la llegada de la I Guerra Mundial. El Petit Moulin Rouge era un restaurante elegante, con jardincillos y árboles en la entrada, con dos comedores acristalados en la planta principal y otras pequeñas habitaciones que se utilizaban como comedores privados en el resto de las plantas, hasta un total de treinta. Incluso tenía un acceso privado por donde podían entrar los clientes más importantes o discretas parejas de amantes sin ser vistos. No era raro encontrar allí al que sería más tarde rey de Inglaterra, Eduardo VII, aún príncipe de Gales —de carácter alegre, inteligente y muy galante—, cenando en privado con Gambetta —que entonces era el jefe de estado francés— y otros políticos, a las jovencitas de la alta sociedad, a actrices y cantantes, diplomáticos y artistas. En este ambiente era posible además escuchar los conciertos que se celebraban justo enfrente del restaurante, en los Campos Elíseos. En esa época la cena se servía entre las seis y las ocho, y después de la comida allí se solía acudir al Jardín Mabille, que se situaba muy cerca y en él se podía seguir disfrutando de la música. Los menús eran largos y deliciosos, para disfrutarlos en una cena temprana y prolongada, y con frecuencia incluían seis o siete platos, al estilo de las cartas tradicionales, además de café de diferentes tipos, *champagne* y licores y un par de postres. En aquella época los platos incluían elaboraciones muy complejas y trabajadas, propias de la cocina a la moda, con excelentes presentaciones, algo arquitectónicas y bien decoradas, herederas del buen hacer de Carême, en un entorno de comedores lujosos, de vajillas de porcelana y plata y cristalerías de bohemia. El lujo, la belleza, el ambiente suntuoso y sólido forjó una época alegre en París, en la que uno de los centros más divertidos era el Petit Moulin Rouge, decorado todo a la moda del Segundo Imperio, aunque después de la I Guerra el restaurante dejó de existir y la alegre sociedad aristocrática francesa y europea que se reunía en el moderno restaurante también se extinguió.

Después de tratar con la alta aristocracia durante un año y muy a su pesar, el jovencísimo cocinero dejó Le Petit Moulin Rouge en septiembre de 1866, obligado a cumplir su servicio militar en Villefranche-sur-Mer. Aunque fue por poco tiempo, solamente tenía que servir cinco meses, tras los cuales volvió a París en plena explosión de la ciudad, ya que comenzaba el año de la Exposición Universal —1867—, con lo que aquello significaría para la capital. Sin embargo, el pequeño paréntesis no supuso una ruptura o un obstáculo: su carrera no había hecho más que empezar y fue contratado por el conde de North, un bastardo del rey Jorge IV, al que —como a su padre— le encantaba comer bien. Pero el conde tuvo que ir a Rusia y él volvió a su trabajo como salsero principal al Petit Moulin Rouge. Hay que decir que ser salsero era una profesión por sí misma: todas las grandes cocinas tenían un maestro salsero, oficio que requería habilidad, excelente paladar, capacidad de cata y conocimiento de los fondos, que eran las auténticas bases de cocina. Suponía además el conocimiento de las especias y las hierbas aromáticas, el dominio de las pequeñas cantidades y la habilidad de las buenas combinaciones... En realidad, el salsero conocía la química más intrincada de la mejor cocina y tenía grandes posibilidades de ser un excelente jefe de cocina. Aquello iría forjando el conocimiento de Escoffier en todos los campos culinarios, hasta convertirle en un magnífico cocinero.

El año de la gran Exposición fue un éxito continuo para el restaurante, todas las personalidades europeas se acercaron a disfrutar de su magnífica cocina, y entre todas ellas a Escoffier le impresionó la llegada del emir Abd-el-Kader, el hombre que años atrás había dirigido la guerra contra Francia en Argelia, declarándole una fastidiosa y absurda guerra santa. Finalmente, su exaltación religiosa se entibió —gracias a Dios—, fue capturado y arrestado y tras su liberación vivió feliz en Francia; jamás se volvió a ocupar de arrebatos fanáticos, quizás comer bien y aprender a disfrutar de la vida habría ayudado a ello. Así, un buen día, aquel original árabe entró con su escolta en el restaurante, creando una sensación impresionante de exotismo. Le reservaron el pabellón chino, donde pudo disfrutar de un concierto y de un menú muy bien elaborado y completo, con diferentes vinos, entre ellos el mítico Château Yquem —que se utiliza constantemente a lo largo de los menús más elegantes diseñados por Escoffier— y numerosas botellas de *champagne* perfumado con fresas del bosque —nada que ver con los actuales y vulgares fresones—, un delicadísimo cóctel.

Menú escrito a mano por Escoffier.

Aquella fue una feliz época para el cocinero, interrumpida abruptamente en julio de 1870 por la guerra franco-prusiana, ya que de inmediato fue llamado a su regimiento. Movilizado en una época en la que Europa entera estaba revuelta, incluso España estaba sin rey —es la época de la muerte de Prim y del breve reinado de Amadeo de Saboya—. Los franceses creían que la guerra sería un paseo que terminaría con una marcha triunfal sobre los prusianos; así, las tropas fueron alegres y algo despreocupadas a la batalla en una salida de París que más parecía un desfile de victoria. Cinco meses sirvió Escoffier en el 38 Regimiento, pero pronto dejó de ser un simple soldado, ya que el ministro de guerra recabó el nombre —proporcionado por la Sociedad de Cocineros de París— de una docena de chefs que servían en el ejército, seleccionando a algunos para servir en el Cuartel General. Auguste fue rápidamente reclutado para las cocinas de los generales de Napoleón III, donde encontró a algunos compañeros. Después sirvió con la infantería argelina, en el Primer Regimiento de Turcos, y finalmente comenzó a servir en la Segunda División del Cuartel General. Como cocinero del Cuartel General asistió a los grados más importantes del ejército, e incluso al emperador, al príncipe heredero y por supuesto a sus generales. Y aunque lo peor estaba por llegar, todavía tenía posibilidades de hacer buena cocina en aquellas circunstancias. Pronto tendría lugar la batalla de Châlon, por lo que el Cuartel General al completo —incluidos cocineros— tuvieron que abandonar Metz, su lugar de acuartelamiento. Pero la salida fue tan precipitada y les avisaron con tanta rapidez que solo le dio tiempo a coger un buen trozo de carne de buey y unas cuantas latas, las cuales llevó hasta la carreta que les transportaría, en un lento y pesado convoy, en el que los cocineros iban con los oficiales y los suministros. Vestidos con uniformes de soldado, ellos no habían participado en la guerra nada más que como asistentes en la cocina y, en cuanto pudieron, todos los cocineros cambiaron los uniformes de soldados por las chaquetas de cocina, su auténtica profesión. En realidad, ellos no iban defendiendo o luchando sino como parte del *staff* y de la organización, protegidos por soldados a su vez, y vestidos así evitarían muchos problemas. El camino fue pesado y lento. Iban de Metz a Moulin y tardaron en hacer cinco kilómetros ¡ocho horas! El nuevo campamento estaba a las afueras de esta última ciudad. Al llegar, aunque agotado, no tenía ganas de descansar, estaba preocupado, inquieto y sin saber cómo abastecerían la despensa para poder elaborar un menú razonable por la mañana. Era una preciosa noche, cálida y sin nubes, con un cielo limpio que no animaba a dormir. El que sería su compañero durante toda la guerra, Bouniol, y él estaban haciendo cábalas de cómo conseguir la comida necesaria en una región que había sido saqueada hasta el máximo. Aunque... llevaba un buen trozo de buey —el que había conseguido coger—, una excelente pieza de carne que incluso se podría comer cruda, de lo buena que era. Pero... ¿Cómo la cocinarían? ¿Podrían brasearla al estilo tradicional? Ni soñarlo, el enemigo estaba cerca y en cualquier momento podrían ordenarles que abandonaran el lugar, si la pieza estaba a medio hacer sería imposible trasladarla caliente, Escoffier no quería dejar ese «recuerdo» tras él. Los jóvenes cocineros tomaron una decisión drástica: la asarían de inmediato, y así, pasara lo que pasara, a la mañana siguiente nadie se llevaría la pieza, porque él mismo podría cargar con ella en caso de apuro —ya estaría hecha y no a medio asar—. Y dicho y hecho, en mitad de la noche se pusieron a asar la pieza, pero como no había hornos ni nada parecido, aplicaron el ingenio para solucionar el problema: cortaron cuatro estacas del seto que protegía el ferrocarril y las pusieron por parejas, cada una en forma de una gran X. Sobre ellas colocaron la pieza de carne ensartada en una espada, y bajo todo el conjunto, un simple fuego de leños. Así, en una escena intemporal, prehistórica o casi homérica, y en mitad de la noche en un campo de batalla, asaron la pieza de buey inundando con el cálido aroma del asado todo el campamento, lo que provocó que muchos curiosos se acercaran a verla o a intentar apropiarse de un trozo. Hasta tal punto excitó el apetito de los hambrientos soldados, que Buniol y él tuvieron que hacer guardia durante toda la noche para que nadie se llevara el preciado asado. El día siguiente, un orgulloso Escoffier pudo ofrecer al alto mando un menú decente, compuesto por sardinas en aceite, salchichas, huevos escalfados, ensalada de patatas y un extraordinario asado. Pero solo había sido un agradable paréntesis: los días de guerra se iban complicando y los cocineros se esforzaban abasteciéndose de lo que podían para alimentar a los oficiales: un conejo cazado al vuelo, un poco de agua requisada a un campesino, algo de grano... combinando estos ingredientes con el ingenio, pudieron comer con cierta dignidad durante aquellos días. Por supuesto que los oficiales consideraban deliciosas todas las preparaciones y las comían entregados al buen hacer de Escoffier, que aprendió entonces el arte de la improvisación.

Sería la batalla de Gravelott, el 15 de agosto de 1870, la más grave y decisiva para su futuro. Al día siguiente de haber comido el gran asado, el emperador y el príncipe salieron de Gravelotte hacia Verdún. El menú de aquel día fueron los restos de la comida del día anterior, que poéticamente y con mucho espíritu Escoffier denominó «entremeses», y que consistían en un buen plato elaborado con restos del buey del día anterior y patatas fritas francesas. La batalla discurrió muy cerca del campamento y aunque los cocineros tenían sus propias preocupaciones, Escoffier asistió por aquellos días a las terribles escenas de una guerra que estaba siendo muy dura: hombres y animales ensangrentados, muertos por todas partes, heridos, el hospital de campaña, escenas heroicas... Finalmente y para alivio de todos, el fuego cesó a las diez de la noche y mientras los alemanes volvían hacia Ars-sur-Moselle, las tropas francesas tomaban posiciones en el territorio conquistado, así que urgía preparar la cena: su obligación era reponer las fuerzas de los oficiales. El día había sido espantoso y la noche llegaba oscura y con un fuerte viento, pero consiguieron levantar el campo, salir hacia una villa cercana y preparar una cena improvisada, como lo eran todas las cenas por aquellos días, con entremeses, como siempre —de nuevo los restos reaprovechados de días anteriores—, blanqueta de ciervo, huevos fritos y chuletas de cordero con patatas fritas. Perfecto para reponer fuerzas tras la batalla y dar aliento a los oficiales. Tampoco para él fueron días fáciles, ya que era necesario inventárselo todo, prever qué se podría necesitar para organizar provisiones, destinar ciertas cosas que a veces encontraban en abundancia a formar parte de las reservas para evitar carencias... Pero a pesar de sus esfuerzos, la escasez llegaría muy pronto. En Metz, y teniendo por seguro que a poco tardar les faltaría de todo, adquirió una gran cantidad de mermelada de ciruelas, la cual terminaría sustituyendo al azúcar. Con los animales que podía obtener y con los medios que poseía, en cuanto le era posible se disponía a preparar patés —en realidad carnes fiambre picadas y adobadas convenientemente— que duraban mucho más que las carnes crudas, y que él llamó «Los patés de Metz». Era posible elaborar un plato que permitía aprovechar los restos y que estaría en buenas condiciones muchos días. Día a día, la alegría de la salida de París se disipaba, la guerra era más dura de lo que habían pensado al principio y los franceses, que habían partido tan jubilosamente, pensando en una victoria rápida y fácil, veían como se iban quedando sin fuerzas, cómo los prusianos ganaban la partida y, lo que era más preocupante para Escoffier, cómo cada día era más difícil conseguir alimentos. Como faltaba carne y los hombres la necesitaban para reponer fuerzas, el general del regimiento aconsejó que se sacrificaran los caballos más fatigados y hambrientos de manera que los caballeros pudieran comer algo; aquellos caballos solo eran una rémora, ya no servían para la batalla. Pero aun así las raciones eran cada vez más pequeñas y la comida comenzaba a escasear. La carne recién sacrificada de las pobres bestias que apenas habían comido era magra y de deplorable calidad, aunque Escoffier consiguió cocinarla de la mejor forma posible, enriqueciéndola con lentejas, guisantes y judías... y con una larguísima preparación antes de guisarla; ya que tenía que escaldar las piezas de carne antes de elaborarlas para quitarles el sabor amargo intenso que tenían y cocinarlas con mucho cuidado de forma que además de ser nutritivas, estuvieran comestibles.

Aquellos días confesó a Buniol que no se las tenía todas consigo, creía que no conseguirían más carne, por lo que andaba con mucho cuidado de que las raciones servidas no fueran excesivas y de controlar todo para prever futuras necesidades, ¡habían pasado ya tantas que el miedo hacía su aparición! Los menús diarios consistían en una sopa —hecha con el primer hervor de la carne—, seguida por el guiso de carne, ensalada y fruta y al final siempre café y coñac —de estos últimos sí debía tener abastecimiento suficiente, ya que no prescinde de ellos en ningún menú—. Sin lugar a dudas y como él mismo confiesa, se hizo especialista en preparar sobras y sacar de ellas un gran partido, las solía convertir en unos entremeses para el día siguiente, y así completaban el menú. Todos estaban encantados con esta habilidad que había desarrollado, desde sus colegas a los oficiales ¡e incluso él mismo estaba asombrado!

El personal de cocina destinado a los oficiales era muy pequeño: además de él mismo tenía dos cocineros y un asistente. Hacían gratinados estupendos con unos pequeños trozos de carne que sobraba después de limpiar las carcasas, tras hacer la sopa. Una vez hecha la sopa mezclaban la carne con bechamel y macarrones, consiguiendo así un suculento plato fuerte. Y también capturaba lucios en el río Mosela, que solía convertir en pasteles de pescado; nada se escapaba a su aguda mirada de cocinero. Pero poco a poco, como había ocurrido con la carne, la verdura también fue desapareciendo, las patatas ya no se volvieron a ver y únicamente tenían nabos, que preparaba de todas las formas posibles —pero eran tan poco nutritivos que había que complementarlos—. Como llevaban algunas aves consigo, cuidaban mucho de los huevos puestos por las gallinas y los usaban para hacer postres los domingos, o para ponerlos sobre platos hechos con verduras como achicoria e incluso para enriquecer y suavizar aquellos durísimos pasteles de carne de caballo. Aún a pesar de sus esfuerzos por alimentarlos bien, los oficiales, que por aquellos días llevaban una dieta a base de pan de mala calidad y pequeñas cantidades de carne de caballo, contrajeron disentería. Y es que la falta de sal para conservar las provisiones y para guisar era una auténtica catástrofe y una gran carencia alimentaria tanto para el ejército como para la población civil. Sin ella, las condiciones de conservación de las carnes eran muy malas hasta el punto que provocaron la terrible infección que mataba incluso a más soldados que la propia guerra. Por su parte, los oficiales más ricos donaban todo lo que les llegaba desde Francia en forma de comida para la mesa, desde galletas a coñac, vino y otras cosas, y él utilizaba una parte de esto, además de para elaborar sus propias comidas, para ayudar a la mesa del 28 regimiento, que eran amigos suyos y que le estaban profundamente agradecidos de que les proporcionara algo de comer, hasta tal punto que le regalaron un rifle prusiano que desgraciadamente tuvo que tirar al río Mosela tras la rendición de las tropas francesas.

Las provisiones disminuían cada vez más, su pequeña arca de Noé, como el propio Escoffier llamaba a los animales que viajaban con él, menguaba y daba cada vez menos provecho: enflaquecían como los ejércitos. Llevaba una cabra a la que extraía cada día medio litro de leche con la cual solía hacer salsa bechamel, que es muy nutritiva y cundía mucho, y cuando había postre hacía arroz con leche pero sin azúcar —ya que no les quedaba—, y le añadía aquella mermelada de ciruelas que tan sabiamente había guardado, elaborando así un plato al que llamó «Arroz a la Lorraine», y que completaba cubriendo con galletas trituradas para proporcionar algo del sabor dulce que les faltaba. Finalmente, tuvo que sacrificar un cerdo de su pequeño ejército de animales, lo cual celebraron todos los hombres muy alegremente: hicieron con él salchichas, morcillas y otros embutidos que gustaron muchísimo y se tomaron con deleite, sobre todo después de las privaciones a que habían estado sometidos y frente a un futuro incierto. Escoffier sirvió durante algunos días trozos del cerdo estofados con lentejas y puré de habichuelas y finalmente preparó con los restos unas cuantas terrinas de cerdo y guardó todo lo que sobró con mucho cuidado, ya que sabía que lo volverían a necesitar. Cinco días después hizo un inventario y se asustó al ver lo poco que quedaba de todas sus provisiones después del alegre banquete que habían hecho con el cerdo como protagonista. Eran los últimos días felices antes de su captura y de la derrota francesa, ya que el 10 de mayo de 1871 el ejército francés se rindió y los cocineros, como tantos otros, fueron tomados como prisionero de guerra.

Tres días después de que las tropas francesas evacuaran Metz, Escoffier se había resignado a ser trasladado a Alemania como prisionero y a pasar lo que para él era la gran vergüenza: atravesar las filas de soldados alemanes que supervisaban la partida de los prisioneros franceses. Durante toda su vida fue un gran patriota y defendió a su país en cualquier situación, así que no es extraño que aquello —una humillación de la nación— supusiera también una ofensa para él. Sin embargo, algunas circunstancias en su detención le proporcionaron una estancia menos dura, entre ellas que los oficiales franceses fueran responsables del comportamiento de los cocineros, lo cual les otorgaba cierta libertad de movimiento. De inmediato los embarcaron en un extraño tren de cautivos en el que, si bien no les daban nada de comer, los prisioneros podían bajarse y comprar cosas, incluso ir a las fondas para comer algo o para dormir más confortablemente. La actitud de los alemanes era relajada en este sentido hasta tal punto que él mismo, olvidando que era prisionero de guerra y que estaba sometido a unas estrictas normas, encontró un trabajo en una pastelería, pero no consiguió los permisos para quedarse y fue enviado al fuerte. En el campo de prisioneros había dos escuadrones de Dragones, eran unos doscientos cincuenta prisioneros instalados en muy malas condiciones: dormían en barracones con colchones de paja, pero careciendo de todo tipo de abrigo o manta, en una época otoñal en la que el frío ya era feroz en las heladas tierras del norte de Europa. Para los más afortunados, una cantina presidía uno de los edificios del fuerte, en ella se podía comer un menú limitado compuesto por salchichas y cerveza en gran cantidad; eso sí, siempre que uno tuviera unas monedas, lo cual tampoco abundaba. Recién llegados al campo, fatigados, hambrientos y helados, sin comida y sin abrigo alguno, los prusianos los tuvieron tres días sin comer. Con aquel frío estaban realmente abocados a la muerte, pero finalmente pudieron salir al exterior del campo de prisioneros donde pudieron comer un poco y los habitantes de Mainz, apiadados por ellos —el campamento estaba ubicado a las afueras de la ciudad—, les dieron alguna ropa e incluso monedas para que pudieran comprar alimentos. Escoffier se encontraba entre los más afortunados y reuniendo unos céntimos pudo comprar un trozo de pan y salchichas en la cantina. Una lata de sardinas —que llevaba consigo— era su única provisión y pudo beber sin restricciones un excelente «Château de la bomba» —como vemos, no perdió en ningún momento su fino sentido del humor—. Pero en ningún momento dejó de ser cocinero y lo observaba todo, llamándole la atención la calidad del pan: cada hogaza tenía impresa la fecha de cocción y dos semanas después de haber sido elaborada aún se podía comer, algo que no se explicaba y que le haría meditar mucho sobre las habilidades panaderas de aquellos hombres. En aquel horrible fuerte había mucho tiempo para pensar y poca comida: solamente recibían una ración al día, consistente en un poco de sopa de centeno, arroz o patata, y de carne, otro día un guiso de lentejas con cerdo, guisantes o habichuelas. No solamente eran guisos malos, sino preparados sin cuidado alguno ni limpieza, lo que dolía extraordinariamente al joven cocinero, que se asombraba ante la falta de higiene de los cocineros prusianos, quienes, por ejemplo, después de pelar las patatas no las lavaban, y lo peor era que con frecuencia se dejaban en un barril sucio y éstas se comían días después —habían permanecido inmersas en un agua fétida y repugnante—. Los prusianos no facilitaron la vida a los franceses en aquel campamento, quienes pasaron muchas necesidades. Escoffier cuenta cómo los hombres se lanzaban a por unas migajas o lamían el plato, hambrientos y desfallecidos; perdida la dignidad y a punto de morir de frío. Sin embargo, tuvieron la suerte de que se organizara un sistema para que algunos pudieran realizar trabajos en la ciudad, como los sastres especialmente. Los prisioneros podían salir, aunque tenían un sistema de sanciones y reglamento muy estricto y gracias a ellos se pudo organizar un mercado negro para comprar algo de alcohol y comida; aquellos pobres franceses conocieron la miseria de primera mano. La tuberculosis y el hambre hicieron estragos entre los prisioneros más débiles y los prusianos no se manifestaron con ninguno de ellos especialmente misericordiosos.

Pero la suerte estaba de cara. Un día Escoffier se encontró en medio del campamento con los directores del Kursaal de Wiesbaden, un elegante restaurante justo al lado de la ciudad donde estaban ubicados los prisioneros... ¡Y llevaban consigo un permiso especial para que pudiera trabajar con ellos! De manera que se fue al Kursaal sin pensarlo. Los directores fueron muy generosos porque en realidad no tenían necesidad de un cocinero, pero trataban de hacer la vida algo más confortable a los franceses capturados. Escoffier les estuvo eternamente agradecido, porque a partir de entonces tanto él mismo como otros prisioneros a los que podía ayudar se vieron beneficiados de su reciente ocupación. Allí trabajó hasta el final de la guerra, era un local precioso en una ciudad muy elegante —sigue siéndolo aún— y estaba muy bien situado en el centro de la ciudad, con unos bonitos jardines en cuyo centro había un lago en el que se podía patinar sobre el hielo en invierno. Aquellas cocinas estaban muy bien organizadas y había suficientes provisiones, variadas y abundantes. Incluso se hubiera podido hacer alta cocina, pero muy atinadamente prefirieron hacer menús familiares y más simples, unos menús fijos que podían comenzar con una entrada de huevos o pescado, un plato fuerte de carne, otro de verduras y un postre, terminando invariablemente con un café. Era más apropiado para tiempos de guerra. Los menús variaban poco, a veces servían una entrada como un guiso o una sopa de legumbres, complementando con una ensalada o sirviendo algo de caza, pero poco más. En aquella zona había bosques con caza en abundancia, lo que le permitía completar y hacer unos menús más variados gracias a la carne de venados, liebres, perdices, becadas y urogallos. Su estancia en Wiesbaden no fue desagradable si no hubiera sido porque en realidad era un prisionero de guerra; como en Mainz, los habitantes no les hicieron la vida imposible. Los soldados fueron correctos con ellos y, sobre todo, los oficiales franceses no permitían que los prusianos abusaran de sus soldados. Los días se volvieron blancos, el invierno caía con fuerza sobre el campo de prisioneros, eran jornadas heladas y tristes y por fin llegó la Navidad y con ella el fin de un año terrible, el 1870; las puertas de París estaban ensangrentadas y cientos de prisioneros franceses estaban en los campos de prisioneros prusianos, acordándose de su familia, sus padres y sus esposas, y pensando que jamás los volverían a ver. Como jefe de cocina del Kursaal, Escoffier estaba muy bien considerado y tenía una buena situación en comparación con otros prisioneros que eran sus compañeros y que había dejado en el campo de Mainz. Pensaba todo el tiempo en ellos y en aquella horrible y escasa sopa que tomaban una vez al día. Así que se le ocurrió que podría llevarles un poco de comida decente para aquella noche, no sería difícil pasar a su propio campamento algo de comida, ni extraño verle allí, ya que al fin y al cabo era prisionero de aquel lugar. Y así fue, sin pensarlo dos veces preparó unas botellas de vino recio y unas provisiones el mismo día de Nochebuena, justo después de dar la comida, y se trasladó en secreto hasta el campo. Esperaba dar una grata sorpresa a sus amigos, pero fue mayor la que se llevó él: todos ellos, al verle aparecer inesperadamente se mostraron no solo alegres, sino como dice el propio Escoffier en sus memorias «salvajemente entusiasmados», felices y esperando que él les llevara noticias de Francia, de sus familias y del desarrollo de la guerra. Por supuesto que las provisiones también tuvieron un papel importante en la alegría de todos y rápidamente improvisaron una mesa en un catre —no había mesas ni sillas—, con una sola vela iluminando la escena. Tan alegre fue la noche que ninguna cena hasta ahora les había parecido tan excelente y aunque el condumio fue modesto, en relación con lo que comían desde hacía meses fue un auténtico banquete; celebraron una Navidad agridulce pero con esperanza. Bebieron y comieron, brindaron y expresaron sus ilusiones, añorando a sus familias. A las nueve y media, Auguste tuvo que volver a retomar sigiloso el camino hacia Wiesbaden, nadie sabía que había salido y tenía que servir la cena. Pero como finalmente todo termina, por fin el 14 de marzo de 1871 se acababa la guerra y los oficiales franceses volvían Francia, los soldados lo harían un poco después, aunque Escoffier obtuvo un permiso para regresar a París a la vez que los oficiales ¡Era libre! Compró un billete de tren y volvió a su país acompañado ya que el asador del Kursaal, Pierre, volvía con él. El viaje fue largo y duro, incluso tuvieron que hacer algunos tramos a pie. A pesar de la alegría de ver París, a su llegada nevaba copiosamente, era un día helado, el ambiente era triste y se veía a la gente deprimida, pero él ya estaba en casa; eso, de momento, era suficiente. Muy poco después de su llegada se produjo el movimiento revolucionario de la Comuna en París y prudentemente Escoffier deja la ciudad de nuevo y sale hacia los cuarteles generales del general MacMahon, en Versalles, general para el que había preparado el abastecimiento durante toda la guerra, y de nuevo sirvió bajo sus órdenes hasta que se consiguió controlar la Comuna. Durante todos aquellos meses, hasta el 14 de Agosto, estuvo al servicio del Cuartel General, pero le permitieron dejar su puesto algunos días para ayudar a la reapertura del Petit Moulin Rouge, ¡París de nuevo brillaría!

Cuando todo se calmó y el país estuvo tranquilo, un coronel, el conde de Waldner, que más tarde llegaría a ser general y que había conocido en la guerra, le propuso que entrara a su servicio. Y sin vacilar, se fue con él. Estuvo fuera de París, en la mansión del coronel, durante catorce meses y quedó encantado con la familia y el antiguo servicio doméstico, con la vida tranquila a otro ritmo y sin presiones. Aquella vida era sencilla y plácida y todos estaban muy interesados por sus platos y agradecidos por su buena cocina. Pero aquella existencia tranquila finalmente se le quedó corta al joven Auguste y decidió volver a Niza, con su querido amigo Bouniol a las cocinas del Hotel de Luxemburgo, aunque estaba claro que le quedaba mucho recorrido, y que se producirían muchos cambios en su vida. Corría el invierno de 1872-73 y volvió a París a trabajar al Petit Moulin Rouge, como jefe de cocina. Allí estuvo hasta 1878, una época pacífica, olvidadas las necesidades pasadas durante la guerra, y en un ambiente alegre y próspero, París revivía una vez más. Durante su trayectoria en este restaurante sirvió a príncipes y duques, a la élite social y política, a banqueros e incluso a reyes. Todo ello supondría un importante reto para él y le obligaría a inventar nuevos platos y a entrenar a otros cocineros para que trabajaran según sus normas. Fue la época de la creación de platos maestros como las supremas de pollo George Sand, los corazones de alcachofa giralda, las colas de langosta a la indiana, los pollitos de primavera Elisabeth la bella *bouquetière*, o los *soufflés* Montmorency. La Belle Époque triunfaba, la burguesía tenía dinero, la ciencia hacía prosperar el conocimiento y se vivía una época alegre que deseaba olvidar los horrores pasados. El elegante y apuesto —y rico— príncipe Galitzin era uno de los anfitriones que más cenas daba en el Petit Moulin Rouge, así que Escoffier conoció bien sus gustos y los de sus invitados. Años después de esta época se volvieron a encontrar en el hotel Carlton de Londres y juntos recordaban los viejos y alegres tiempos, cuando el príncipe era muy joven y vivía la alegre vida parisina, rodeado de bellas damas que gozaban de una época galante y atrevida.

Por el Petit Moulin Rouge no solamente pasaban diplomáticos y políticos: el mundo del arte y la escena tenía citas diarias en él. Escoffier trabó amistad con la actriz más importante de su época, que le causó un gran impacto: la célebre Sarah Bernhardt, a la que conoció en 1874 y con la que mantuvo una amistad toda su vida. Era una mujer que vivía para su trabajo, al que adoraba y que preparaba sus papeles a fondo; para uno de ellos deseaba aprender algo del arte de la escultura, acudiendo para solucionarlo al pintor y escultor Gustave Doré, quién estaba encantado de darle algunas lecciones. Cuando la Bernhardt y Doré se encontraban para este fin, el escultor encargaba al Petit Moulin Rouge una comida ligera para la actriz que Escoffier preparaba personalmente e incluso llevaba hasta el estudio del pintor, por lo que tuvo oportunidad de hablar con ambos en aquellas ocasiones; así conoció sus gustos y aprendió a preparar platos con los que pudieran disfrutar de verdad. A la actriz le gustaban mucho los sesos con fideos frescos, acompañados de *foie-gras* y trufas y el propio Escoffier solía prepararlos él mismo para que estuvieran a su gusto; ella sabía de sus desvelos y agradeció las atenciones con su amistad, que mantuvieron durante toda la vida, ya que a través de los años se vieron en París, en Londres, en Nueva York, en Niza, en Lucerna y en Montecarlo finalmente, donde la diva falleció. Auguste la apreciaba, Sarah era una mujer con un especial talento para ganarse el afecto de la gente, cálida y de personalidad sumamente atractiva. Aquel gran mundo fue el de Escoffier, en él se concitaban los más brillantes personajes de la época: políticos, actrices, cocineros... y reyes. Pero esta época parisina no solamente fue divertida, sino que París resultó la ciudad clave en la celebración de diferentes encuentros diplomáticos en los que estaba en juego el futuro de Europa, que se encontraba en plena transformación. Las comidas de estos encuentros políticos a alto nivel estuvieron en sus manos: fue él quien preparó los almuerzos de las reuniones en las que se gestó la «Entente Cordiale». El propio Gambetta —jefe de gobierno francés entonces— presidía las mesas en salones privados del Petit Moulin Rouge. Hubo muchas reuniones y concitó en torno a él a cantidad de invitados. Uno de los más habituales era el príncipe de Gales —que sería el futuro Eduardo VII— y en aquellas reuniones la discreción del servicio no solo era imprescindible sino una auténtica cuestión de Estado. El príncipe de Gales era un gran amante de la vida francesa, de las mujeres, de la buena comida y del Petit Moulin Rouge, así que era inevitable que Escoffier y él se hicieran amigos, desde aquellos días de las solemnes reuniones políticas hasta otros más gozosos y alegres. Sin embargo, todos los menús se cuidaban con idéntico esmero. Uno de los menús que se sirvieron al jefe del estado francés consistía en un principio de melón *cantaloupe* con vino de Oporto, seguido por un consomé royal, filetes de lenguado *meuniere*, silla de cordero asado con guarnición de judías verdes a la inglesa, patatas *noisettes* a la crema. Después *gelée* de pularda al estragón y ensalada de espárragos, *soufflé* de cangrejos Rothschild, y finalmente *biscuit glacé* con galletas normandas, melocotones de Montreuil con almendras verdes, y licores, café moka, *champagne* y diversos vinos.

Menús diseñados por Escoffier.

Escoffier asistiría de nuevo a muchos cambios en esta época. 1876 fue un año significativo, durante el cual adquirió en Cannes una tienda de comida, El Faisán Dorado, y abrió junto a ella un restaurante. El 15 de agosto de 1878 dejó el Petit Moulin Rouge por última vez —sus idas y venidas habían sido continuas los últimos tiempos— y el 28 de agosto se casó con Delphine Daffies, la hija mayor de Paul Daffis, un editor prestigioso. Estuvieron casados toda su vida literalmente, ya que ella falleció un par de días antes que él. Fue un matrimonio largo y feliz y tuvieron tres hijos: Paul, Daniel y Germaine. Así, en septiembre se fue de París a Cannes, acompañado de su recién estrenada familia para abrir el nuevo restaurante. Pero la mala fortuna quiso que su suegro muriera repentinamente dejando a una viuda con dos hijas muy pequeñas, menores de tres años. En pocas semanas se acumularon las desgracias y, además de él, fallecieron las niñas de tosferina, lo que le obligó a postergar la apertura de su establecimiento, pero ¡había que trabajar!, así que un golpe de suerte le llevó a que los propietarios de La Maison Chevet, cerca del Palais Royal en París, le propusieran ser el director de su negocio de comidas finas, servidas a domicilio. Escoffier aceptó encantado y estuvo con ellos ocho meses, convirtiéndose en un negocio de excelente reputación que enviaba comidas a los ministros, a familias burguesas e incluso a otros países entre ellos, Alemania o Inglaterra. Eran envíos delicadísimos, como podemos imaginar, y esta época le permitió entablar amistades con políticos y escritores y conocer sus gustos. En realidad, Escoffier cocinó, diseñó restaurantes, organizó brigadas y trabajó muchísimo, pero su don de gentes le abrió muchas puertas y le facilitó las relaciones al más alto nivel. Las cosas iban muy bien, y los dueños de La Maison Chevet le propusieron abrir un restaurante anexo al casino de Boulogne-sur-Mer, que era un precioso palacio con orquesta, teatros, juegos de todo tipo, con zonas de baile... todo un complejo para divertir a la clientela estival. Se trataba de un elegantísimo restaurante que casi superaba a los parisinos. «Uno parecía olvidar que estaba lejos de París», solía decir Escoffier, ya que allí se daban cita los mejores vinos, la diversión más exquisita, las comidas más suculentas y elegantes. Y al final de la temporada cuando se acababan los largos días del verano, el restaurante se cerraba y Escoffier volvía a París, al restaurante Maire, también de excelente reputación y lugar de reunión de la élite europea. De nuevo otra vuelta en su destino, ahora providencial, porque las consecuencias cambiaron su vida para siempre. En octubre de 1884 dejó el Maire para trasladarse a Montecarlo como director del restaurante del Gran Hotel, en donde conoció a César Ritz. Ritz buscaba a un cocinero experto en alta cocina que supiera todo acerca del servicio de restaurante, del muy moderno entonces servicio a la carta, un hombre que tuviera grandes ideas y ganas para llevarlas a cabo. Desde aquellos días hasta la muerte de Ritz, que se produjo durante la I Guerra Mundial, fueron amigos inseparables, y de su asociación nació la mejor hotelería y la mejor restauración que se había conocido hasta entonces. Después de la temporada de invierno en Montecarlo, Cesar Ritz pasó a dirigir el Hotel Nacional en Lucerna, donde se disfrutaba de la temporada de verano. Al año siguiente, Escoffier fue a trabajar con él, formarían un tándem unido para siempre. El Gran Hotel de Montecarlo era el punto de reunión de la alta sociedad europea, americana y rusa, y lo frecuentaban desde Chamberlain a Bismarck, los Grandes Duques de Rusia, el príncipe de Gales, y muchos más personajes de la época, todos del gran mundo de la Europa aristocrática. Los platos que más éxito tenían eran el caviar con blinis, las *veloutés* de cangrejos y langosta, las *cocottes* de caza fina, los crepés, timbales de colas de langostinos, las *gelées* de pechugas de ave —capón, pularda, faisán...— y las *mousses* para postre —cerezas, vainilla, fresas—. El *biscuit glacé*, eran algunos de los platos que hacían disfrutar a esta sociedad, regados con trufas, *foie*, gelatinas, *champagne*, *chartreuse*..., y siempre extraordinarios cafés acompañados por delicadas y diminutas pastas *sablée*. Toda una demostración de la gran cocina francesa en su época más espléndida. Durante aquellos días, Escoffier fue testigo de primera de muchos romances, como el que tuvo lugar entre la bailarina húngara Katinka y el príncipe ruso Kochubey. Esta bellísima bailarina era muy aficionada a los mariscos, pero le desagradaba pelarlos, así que cuando Escoffier supo esto, elaboró una mousse de merluza con gambas, plato que le dedicó, y al que llamó «El sueño de Katinka». Lo presentaron en la mesa una noche que cenaba toda la élite de la comunidad rusa en Montecarlo, era un plato ligero y delicado que Escoffier ofreció personalmente diciendo: «He confeccionado un plato ligero, tratando de repetir en él los pasos aéreos de vuestro baile». El plato tuvo un gran éxito y a la mañana siguiente la húngara fue a la cocina para felicitarle por la estupenda invención. El príncipe Kochubey también estaba encantado, pero sugirió a Escoffier una traviesa mejora: añadir unas ancas de rana a las gambas de la mousse. Todos se quedaron encantados y sorprendidos, pero en realidad era un juego para que los comensales tomaran sin saberlo las ancas de rana que les disgustaban profundamente pero que nunca habían probado. Escoffier repetiría la travesura más adelante. Aparte por el Gran Hotel de Lucerna pasaban todas las más famosas actrices y bailarinas, y una soprano famosísima en la época, «La Patti», lo visitó en una ocasión. A ella le gustaba el trato con el propietario del hotel, Mr. Jungbluth, con quién mantenía frecuentes conversaciones relativas a cocina. Un día le dijo que había notado que Mr. Jungbluth tenía un fantástico y saludable aspecto, y que suponía que él no tomaba aquellos menús que servían en el restaurante y que —hay que decirlo— eran algo pesados. Así que ni corta ni perezosa pidió que se le sirviera el menú de la familia, que era el que tomaban los propietarios y el personal. «Nada más sencillo», dijo Jungbluth, «hoy tenemos un *pot-au-feu* alsaciano que le encantará». Dicho y hecho, le sirvieron el plato que era un cálido guisote de cerdo salado que se dejaba hervir con verduras a fuego lento durante al menos tres horas. Entre los platos de la familia que desde entonces se sirvieron a la soprano se encontraba la propia sopa del guiso —que se hacía con el caldo— y también los excelentes pollos de la Bresse, famosos entonces y fantásticos aún en la actualidad. La época de Montecarlo y Lucerna fue de una gran cantidad de creaciones de platos para Escoffier, ya que disponía de tiempo, de recursos y de una clientela que estaba encantada de probarlos todos: el timbal Grimaldi, los filetes de lenguado Walewska, los filetes de lenguado a la florentina, la pularda Montecarlo, la pularda con raviolis a la Garibaldi, el pollo salteado a la florentina, las codornices Richelieu, Carmen o Chevalier Lombard, las fresas Mireille, la mandarina sorpresa y tantos platos que se pueden encontrar en su recetario —todos ellos se pueden rescatar de *Le Guide Culinaire*—. Pero como en la época la alta sociedad pasaba la temporada de invierno en Montecarlo y la de verano en Lucerna, él hacía lo propio e inventaba variantes de todos estos platos, porque la clientela era la misma, así que los revisaba continuamente para mantener a los clientes entretenidos y expectantes. En Lucerna dio de comer a la emperatriz Eugenia, al príncipe Fouad —que fue posteriormente rey de Egipto—, al ex presidente francés Thiers y al Maharajá de Baroda. El conde de Fontalva, el embajador portugués en Suiza, era muy animado y le gustaba organizar fiestas en el lago, banquetes que a Escoffier le llamaban especialmente la atención. El príncipe Jorge de Prusia, sobrino del emperador Guillermo, también iba con frecuencia; el gran mundo europeo vivía días de esplendor y Auguste Escoffier era el encargado de darle de comer, algo que hacía de maravilla. Todavía quedaban años para la I Gran Guerra y la población quería olvidar la última guerra franco-prusiana que asoló Europa. Fueron unos años espléndidos, divertidos, lujosos y llenos de ganas de vivir. Una época en la que los restaurantes de los hoteles eran realmente elegantes y sus salones y comedores se convertían en el centro de las reuniones de la flor y la nata de la alta sociedad. Un tiempo en el que se valoraban los platos nuevos, las novedades gastronómicas de todo tipo y, sobre todo, la belleza y buen gusto de las preparaciones. Un magnífico momento para la gastronomía.

Pero cambia la época para él —de nuevo y siempre para mejor— y César Ritz, que había sido invitado a ser el director del Hotel Savoy en Londres, animaría a su amigo a dirigir el restaurante del hotel. Ambos tenían tantas ganas de llevar a cabo un proyecto de este tipo, que se animaron a hacerlo juntos. Era una oportunidad única en la que todo saldría bien. El Savoy era un hotel prestigioso que había abierto en 1889, era moderno y estaba a la última en todo, pero los directores del hotel y de la cocina no habían hecho una buena gestión, así que se encontraba prácticamente en bancarrota. Fueron unos días de mucha ilusión para ambos, se sentían entusiasmados y felices: por fin emprendían un gran negocio juntos, podían desarrollar allí todas sus grandes ideas, con las que querían cambiar el mundo de la hostelería, y conseguir que este hotel llegara a convertirse en un modelo de cómo se debía gestionar un establecimiento de este tipo. Además de convertirse en una forma de dar a conocer la elegante y distinguida cocina francesa en la mis-mísima Inglaterra. Pero el día de su llegada se encontraron con una desagradable sorpresa: Era un silencioso y tranquilo domingo en el que todas las tiendas londinenses estaban cerradas, y al abrir la puerta de la cocina pudieron comprobar con gran disgusto que todo en la cocina estaba roto: desde la vajilla a las ollas, y no había ni una sola provisión de alimentos en buenas condiciones. Un panorama horrible, más aún cuando el hotel no podía dejar de funcionar, porque había clientes alo-jados. El director de las cocinas del Charring Cross Hotel, Louis Peyre, amigo personal de Escoffier, les prestó todo lo que necesitaron, con lo cual pudieron salvar la precaria situación durante unas horas y al día siguiente comprar todo lo necesario para desarrollar sus ideas de inno-vación y para llamar la atención de la alta sociedad inglesa. Escoffier impondría algunos cambios importantes, ya que en aquella época lo más corriente era comer de menú, que se ofrecía fijo a un precio deter-minado. Solamente se comía a la carta en los grandes restaurantes, y no en todos porque resultaba muy complicado, pero Escoffier siempre preparaba un servicio a la carta para que sus clientes pudieran variar, sobre todo cuando siempre eran los mismos. Aquello era toda una innovación que por supuesto implantaron en el Savoy, pero además servían menús para un mínimo de cuatro personas a un precio fijo. Escoffier anotaba las personas y el menú, y trataba de que no repitieran el menú en las siguientes ocasiones para que variaran y siempre hubiera novedades. Para implantar esta primicia trató además de no desorde-nar excesivamente la cocina, y los platos que presentaba en estos menús fijos estaban tomados de platos de la carta, con lo que así también se facilitaba el trabajo de cocina. Estos menús de precio fijo llegaron a ser muy populares y tuvieron un gran éxito en el Savoy, hasta tal punto que cuarenta años después de establecerse, seguían funcionando de forma idéntica. Escoffier amaba la cocina con todo lo que ella suponía: organización, composición de menús, diseño de nuevos platos y formación del personal.

Él y César Ritz pensaban hasta en los mínimos detalles que en su época fueron relevantes, y que tenían que ver con la importancia que se concedía a la belleza, un momento en el que la mujer tenía un papel muy especial, pero no todas las mujeres... Mientras actrices y cantantes solían dejarse ver en los lugares públicos, las esposas no salían a los restaurantes para que nadie las confundiera con mujeres de estilo de vida menos decorosa. Estas mujeres, que sí iban a los restaurantes, procuraban buscar luces tenues que resaltaran su belleza. Y Ritz, conociendo este hecho, desarrollo un sistema de iluminación suave y que proporcionaba cierto brillo al aspecto femenino, lo que la clientela apreció hasta tal punto que siempre prefería ir al Savoy, conviertiéndose en uno de los éxitos de estos inteligentes amigos que conocieron bien su tiempo, supieron analizarlo y dieron con la clave del éxito. Muy pronto sus aspiraciones se vieron hechas realidad, el restaurante del Savoy rápidamente se convirtió en el lugar de encuentro de la élite londinense. Había días más tranquilos y otros muy alborotados, uno de estos días especiales, en los que el trabajo se amontonaba, fue sensacional: cuando se celebró la boda de la hermana del duque de Orleans, la princesa Hélène, con el duque de Aosta. Fue un gran acontecimiento en el que treinta y siete príncipes y princesas, además de duques y duquesas ocupaban una suntuosa mesa en el centro de un salón. Los invitados al evento tomaban un menú diferente en otro salón contiguo. Pero aquel mismo día, el distinguido Cornish Club había organizado un banquete para cincuenta de sus miembros ¡en el Savoy también! El club estaba presidido por el príncipe de Gales, que tendría que desdoblarse si quería asistir al otro banquete real, pero celebrándose en el Savoy ambos todo fue más fácil; y así, el príncipe presidió su club y la princesa de Gales se ocupó de representar a la familia real en la boda que se celebraba en el comedor que estaba justo al lado. Fueron tres menús diferentes para tres eventos celebrados por todo lo alto en la misma jornada, todo un alarde de buena organización sin duda.

Además de las anécdotas de grandes príncipes y reyes, Escoffier vivió otras, notables y divertidas: en el año 1895, un grupo de aristócratas jóvenes ingleses ganaron una gran fortuna a la ruleta en Montecarlo —la juventud inglesa, como la juventud de todos los tiempos, era rebelde y alegre— y decidieron hacer un banquete ¡en honor de su color favorito, el rojo! Se fueron al Savoy para organizarlo todo según sus planes: todo debía ser rojo y dorado, excepto una pularda que se sirvió rellena de trufas y cubierta por ellas. Un auténtico recreo para la vista y para el paladar de los jóvenes, que se lo pasaron en grande con el menú organizado por Escoffier, en una sala roja, con luz roja y con todos los platos rojos y sobre todo, lo más importante, deliciosos.

Sin embargo, todo el mundo no vivía aquella maravillosa existencia, llena de placeres y lujos. La vida era dura para muchos otros y Escoffier lo sabía de primera mano. Las hermanitas de los pobres se acercaron un día al Savoy para pedir alimentos ya usados pero que aún podrían tener utilidad: por ejemplo, las hojas de té usadas, los granos de café que se habían preparado una vez pero que aún contenían cafeína suficiente... pequeñeces que enternecieron el corazón del cocinero. Desde entonces y mientras estuvo en el Savoy, se ocupó de que tuvieran algunas provisiones cada día, y de que se preparara un guiso aprovechando restos que quedaban de otras comidas. Incluso estudió un menú especial para ellas y, como quedaban bastantes restos de las codornices de los menús, diseñó un plato con ellas, de forma que los ancianitos tuvieran una comida algo más que digna, deliciosa. Cada media codorniz que quedaba de la preparación principal se reservaba para este propósito refrigerada, ya que para los menús del hotel solo se usaban las pechugas, y ¡aún tenían dos muslos llenos de carne! Cada día las monjitas iban a por la comida para sus asistidos, e incluso Escoffier les ayudó económicamente en momentos de crisis. Pero cuando él se fue de Inglaterra, sus sucesores olvidaron a las hermanitas y éstas tuvieron que buscar otro protector.

El joven cocinero provinciano se había convertido en un hombre de mundo que había desarrollado además un fino sentido del humor. Un día, cansado de que los ingleses llamaran a los franceses «comedores de ranas», trató de volver contra ellos el delicado plato —ya lo había hecho una vez—. Con ocasión de la celebración de un banquete para seiscientas personas, entre las que se incluía la élite inglesa, y con el mismísimo príncipe de Gales como cómplice de la broma, se le ocurrió rebautizar a las ranas y preparar un plato llamado «ninfas a la aurora». Al príncipe, que disfrutaba con la cocina francesa, le encantó el plato: se trataba de unas ancas de rana guisadas, tenían mucho sabor y estaban presentadas con arroz. Todos las comieron encantados sin saber que eran las detestables ancas de rana que comían los franceses. Los cocineros ingleses del equipo se quedaron atónitos con el éxito del plato y durante una buena temporada no les volvieron a llamar comedores de ranas. Aparte por aquellos días, Émile Zola, el gran novelista francés, fue a Londres a estudiar los barrios pobres de la ciudad para sus novelas aunque, paradójicamente, se alojaba en el Savoy. Escoffier sabía que Zola era un gran aficionado a la cocina provenzal y tuvieron tiempo de disfrutar de muchas charlas en las que hablaban de los guisos preferidos del escritor, que eran simples y domésticos, como el cordero o la col estofada. También le gustaban las sardinas frescas sazonadas con aceite de oliva, sal y pimienta, servidas sobre una fuente ligeramente untada de ajo, la blanqueta de cordero a la provenzal con azafrán, los huevos revueltos con queso y las trufas de Piedemonte servidas en finas rodajas en volován, el risotto con caza y trufa negra, o la polenta con trufa blanca; el *cassoulet* con tomate, berenjena y calabacín, eran también sus platos preferidos. Zola le decía que el recuerdo de estas comidas campestres le traía añoranzas de su infancia en Aix-en-Provence y Escoffier se ocupaba de que sus platos invocaran los recuerdos del genial escritor.

Auguste Escoffier y su personal.

Escoffier estuvo en el Savoy de Londres siete años, desde 1890 a 1897, y además participó en la apertura del Gran Hotel en Roma —de la misma cadena Savoy—, que acababa de ser construido. Los directores del Savoy, siguiendo los consejos de Ritz, crearon una compañía específica para el diseño del nuevo establecimiento de lujo. Ritz se ocupó de ello, y encargó a Escoffier que organizara todo lo necesario para instalar las cocinas y el restaurante, y para buscar a todo el personal necesario. También en la selección de la plantilla Escoffier se mostró como un hábil diplomático, ya que el reciente sentimiento nacional italiano estaba en un momento muy delicado. Así, decidió que en lugar de implantar toda la plantilla francesa, como era habitual, decidió que la mitad sería francesa y la mitad italiana, y el jefe de cocina sería uno de sus estudiantes, con lo cual todo resultó perfecto y a su gusto. La apertura del Gran hotel en Roma fue un gran éxito, y a raíz de su inauguración se abrieron otros similares, como el Excelsior, en el que Escoffier también ayudó a organizar el *staff* de cocina.

El final de su colaboración en el Savoy fue una pena, ya que en 1897 Cesar Ritz tuvo un desencuentro con el presidente —Mr. D'Oyly Carte— y ambos amigos dejaron el Savoy, empresa en la que habían puesto todo su corazón y el esfuerzo de muchos años. Una parte de las razones de este desencuentro fue la construcción del hotel Ritz en París, donde ambos organizaron en parte todo lo necesario —que era muchísimo— para poner a punto hasta el último detalle. El Ritz se abrió el 5 de junio de 1898, y enseguida fue el lugar de encuentro de la alta sociedad europea —en marzo del año siguiente ya era todo un éxito—. La situación era privilegiada y aún sigue siéndolo: en una esquina de la Place Vendôme y dotado de las mejoras más modernas de la época. A su llegada al Savoy lo habían salvado de la bancarrota, llevándolo a ser uno de los puntos de encuentro de la buena sociedad inglesa. Parece que después de este asunto, Escoffier se quedó bastante tristón pero la pena se vio mermada por la suerte que le acompañó siempre y que puso en sus manos la oportuna terminación del hotel Carlton, también en Londres. Así, contactaron con la dirección del nuevo hotel y el dúo de amigos volvió a comenzar otro gran proyecto, realmente entusiasmados e ilusionados de nuevo. Para él, aquello era una cuestión de orgullo, no quería dejar Inglaterra sin haber terminado un buen proyecto que quedara como muestra de la expansión de la alta cocina francesa, de la que él mismo era un destacado exponente. Los años que pasó allí le proporcionaron esa satisfacción y estuvo en Londres hasta 1920, cuando se jubiló, y siempre guardó unos excelentes recuerdos de su equipo, con el que disfrutó muchísimo.

La construcción del Carlton había terminado y ahora había que instalar todas las comodidades modernas para que el hotel estuviera perfecto. El 1 de julio de 1899 se inauguraba: el rey de los hosteleros, como se llamaba entonces a Ritz, había vuelto a triunfar. Pero aquel hotel no fue el único, y comenzaron a surgir oportunidades de construir otros

Carlton. Aquellos veinte años fueron también muy prolíficos para Escoffier: tuvo el tiempo suficiente de crear cientos de preparaciones para una clientela *gourmet* que sabía apreciar la calidad y el cuidado que se ponía en cada uno de los platos. Buscaba, según sus propias palabras, crear «nuevas sensaciones gastronómicas», algo que entonces formaba parte de un modernísimo concepto culinario y que hoy está en boca de todos los cocineros sin saber que hace más de un siglo Escoffier ya pretendía exactamente lo mismo.

Cada día a la hora de la cena, el restaurante del Carlton se llenaba de elegantes que esperaban comer muy bien, como siempre la flor y nata de la sociedad europea, para la que Escoffier cocinaría durante toda su vida. Millonarios americanos, duques, príncipes, reyes, políticos, artistas, estrellas de teatro, cantantes, escritores, banqueros.... Todo lo mejor se concitó alrededor de su mesa. Era una sociedad refinada que apreciaba la exquisitez en todos sus detalles, desde la luz a los colores, la belleza de las vajillas y la delicadeza del cristal, una espléndida época en la que se vivió con alegría y en la que esa belleza formaba parte de las necesidades de la vida. Para ellos —Escoffier y Ritz— era además un reto, como patriotas franceses, hacer que la cocina de renombre en toda Europa fuera la francesa. Les llenaba de orgullo haberla llevado a los lugares más selectos; no solo la cocina, sino los productos nacionales franceses, desde los vinos a los quesos, y decenas de otros alimentos. Muchos platos se inspiraban entonces en personalidades y llevaban sus nombres. Entre todas las historias de los platos de Escoffier destaca la del famosísimo postre «Melocotón Melba», preparación que trascendió a tal punto que incluso ha llegado —algo decadente, hay que reconocerlo— hasta nosotros. La primera vez que se presentó el Melocotón Melba fue en la apertura del Hotel Carlton. Él había conocido a la gran diva de la ópera, Nellie Melba en 1893, y después la había visto varias veces más en el teatro y le había dado de comer en sus restaurantes. Para demostrarle su gran admiración y el placer que sentía al escucharla cantar, quiso hacer algo para ella, que en aquellos días estaba interpretando Lohengrin en Covent Garden. Así, en honor al cisne mítico que aparece en el primer acto de la ópera, le presentó unos melocotones sobre una cama de helado de vainilla con unas frambuesas en puré, todo ello cubierto con hilos de caramelo dentro de un recipiente de plata, como si fuera un nido que se ubicaba en el interior de un gran cisne esculpido en hielo. Aquello fue todo un espectáculo y el postre provocó un gran revuelo, de manera que la Melba se quedó encantada con el obsequio, que celebró muchísimo. Pero no solo le gustó a ella:

causó tal sensación que veintisiete años después de su creación seguía siendo solicitado en el Carlton. Escoffier insistía en que la delicadeza era la clave de las proporciones del postre y que ninguna variación le sienta bien. Los melocotones Melba actuales solo son una parodia mediocre de aquel refinado plato.

Su larguísima estancia en el Carlton también le llevó a disponer del tiempo necesario para algo que fue muy importante para él y para que la posteridad conociera sus recetas detalladamente: la redacción de su famosa *Guía Culinaria*. Él creía que era necesario escribir una guía práctica para futuros chefs de grandes restaurantes, pero con todas sus ocupaciones, idas y venidas, no pudo empezar a elaborarla hasta 1898. Pero cuando volvió a Londres para la apertura del Carlton, el proyecto pudo volver a ser retomado con la ayuda de dos colaboradores, Philéas Gilbert y Emile Fétu, sin cuyo apoyo no hubiera podido hacerla. Escoffier era realmente moderno para su época y no quería que su *Guía* fuera un libro lujoso o que se transformara en una curiosidad, sino que deseaba construir una herramienta útil para los futuros chefs, una herramienta con más de ¡5.000 recetas!, que incluso así no era exhaustiva. Y como decía el mismo Auguste, el progreso nunca tiene fin, con lo cual muchas de ellas, con el tiempo, y según su criterio, siempre necesitarían una mejora, un paso más, algún pequeño detalle, lo que le llevó durante toda su vida a reeditar ediciones de una obra que hoy sigue siendo de gran interés para cualquiera que desee conocer la cocina a fondo.

En esta época ya se había convertido en un prestigioso cocinero, era conocido en todo el mundo ¡y por todos! e incluso algo más, se había convertido en todo un mito. A principios de siglo, entre los años 1904 y 1906, la compañía Amerika Line construyó un gran buque de lujo, el *Amerika*, para realizar travesías exclusivas entre Hamburgo y Nueva York. Era un auténtico palacio flotante, con suntuosos apartamentos, *suites* y un gran restaurante de lujo en el que se servía cocina francesa y donde los pasajeros de primera clase podían cenar a la carta e incluso ordenar con antelación algunos platos a su gusto. La compañía Carlton de Londres aceptó dirigir el restaurante del buque, que se bautizó como el restaurante Ritz-Carlton; y, por supuesto, fue Escoffier el encargado de organizar toda aquella cocina en la que diez cocineros y un jefe de cocina se ocupaban de elaborar las comidas del *Amerika*.

El barco partió de Hamburgo y dos días después, en Cuxhaven, tuvieron un inesperado invitado de lujo: Guillermo II, el emperador de Alemania, que visitó el barco y cenó a bordo con un pequeño séquito. Al comenzar la cena, uno de los oficiales dijo al emperador que Escoffier había sido prisionero de guerra en 1870 y que quizás quisiera vengarse por ello y envenenar al emperador. Las alarmas saltaron y lo primero que hicieron los asistentes del emperador fue ir a la cocina a investigar si realmente el jefe de cocina tenía intención de envenenar al emperador, lo que era una idea peregrina. Escoffier había aprendido mucho en los últimos años, durante los cuales se había relacionado estrechamente con la alta sociedad y contestó tajantemente a las acusadoras preguntas, pero con gran diplomacia: «Sí, de hecho fui prisionero de guerra en el campo de Mainz, pero no he venido a envenenar al emperador. Puede cenar en paz. Si un día su país vuelve a estar en guerra con Francia, podría ser capaz de hacerlo, ¡sería mi obligación!, pero en este tiempo pueden relajarse y no provocar ningún problema a su digestión». Sonrió y todos salieron de la cocina impresionados con la diplomática respuesta. Tras este primer encuentro que tuvo un feliz final, al terminar la cena el emperador se acercó a visitar la cocina y Escoffier le saludó con el protocolo y la cortesía debidos. Hablaron sobre su estancia como prisionero de guerra, que fue en época del abuelo del emperador Guillermo. El emperador le preguntó si le trataron bien, a lo que Escoffier contestó, mostrando de nuevo su habilidad: «No podría decir que buen trato es el término adecuado. Personalmente, no puedo decir que aquello me gustara mucho. Pero todo lo que vi a mi alrededor me mostró las consecuencias inhumanas de la guerra fratricida. Podemos ser alemanes, franceses, ingleses o italianos... pero ¿por qué hacer la guerra? Cuando uno piensa en los crímenes que se cometen, en las viudas, en los huérfanos, en los lisiados, en las pobres mujeres de las que abusan las fuerzas invasoras... uno no puede nada más que temblar de indignación». El emperador confesó que estaba de acuerdo con él, y que sentía no haber estado en aquella época para liberarlo. «Aprecio su solicitud, majestad, pero sin duda fue un acto de Dios para Su Majestad no habernos encontrado entonces».

La vida transcurría plácidamente y la alta cocina francesa, que había sido en una gran parte invención de Escoffier, era un éxito en todo el mundo. Los cocineros franceses mejoraban y proliferaban, siendo reclamados en las mejores cocinas. Escoffier llevaba consigo este estilo de alta cocina francesa a todas partes como emblema de la mejor gastronomía del mundo, la cual siempre era en sus manos un gran éxito. Todos los acontecimientos importantes de su época requerían la presencia de unas cocinas de categoría, y una nueva —e importante— aventura tendría lugar pronto: el banquete de la coronación de Su Majestad Eduardo

VII, el 24 de Junio de 1902. En cuanto recibieron el real encargo, Ritz y Escoffier trabajaron duramente día y noche: llegarían invitados de alta importancia desde todas partes del mundo, el hotel estaba repleto y cada uno de ellos requería una atención especial porque todos eran de alto rango, aristócratas, políticos y príncipes. El banquete de gala era delicadísimo y había que dar gusto al nuevo rey que tan bien había conocido Escoffier cuando era príncipe de Gales, y además era necesario que la corona inglesa quedara muy dignamente representada. Cuando todo estaba a punto, las compras hechas, las habitaciones reservadas, tan solo dos días antes de la ceremonia, surgió un problema inesperado: el futuro rey tuvo que someterse a una operación de urgencia y su coronación se pospuso indefinidamente. Como es natural, todas las reservas del Carlton se cancelaron, lo que fue para su querido amigo César Ritz un *shock* mental y físico de tal importancia ¡después de todo aquel trabajo! que provocó en él una reacción tan fuerte que hizo que jamás se recuperara del golpe. Finalmente, la coronación del príncipe de Gales tuvo lugar dos meses después, en agosto de 1902, pero Ritz ya no fue nunca más el mismo.

La carrera de Escoffier había sido larga y fecunda y en 1909 cumpliría cincuenta años de vida profesional, aniversario que sus amigos y colegas londinenses quisieron festejar. Para ello se reunieron y organizaron una recolecta importante, consiguiendo la bonita suma de seis mil francos. Tenían la idea de comprar para él una obra de arte, pero como querían que fuese a su gusto, le preguntaron sobre cómo quería gastar el dinero. Asistieron a la elección de Escoffier asombrados: él deseaba donarlo a una fundación que recogía a los chefs ancianos sin recursos, y que les permitiera vivir en el establecimiento dignamente en sus últimos años. Además, el propio Escoffier añadió unos tickets de lotería al regalo, con la esperanza de que hicieran la vida más agradable a sus colegas ya ancianos. Y aunque no hubo regalo sí celebraron una gran cena en el restaurante Mónico, el 23 de octubre de 1909, que estaba repleto de invitados y amigos. Se leyeron discursos y Escoffier dio las gracias, emocionado, a todas aquellas personas que a lo largo de los años habían trabajado con él o que habían representado algo en su vida. Recibió algunos regalos y los directores del hotel Carlton le regalaron una bonita sopera de plata. En estos detalles conocemos a un Escoffier atento a la sociedad en la que vivió, especialmente a los más necesitados: tuvo una importante inquietud social desde muy joven y durante toda su vida, la cual llevó incluso al ámbito público. En el año

1910 publicó un artículo sobre un proyecto que consistía en la creación de un fondo de mutua asistencia de los cocineros, para evitar que a la jubilación, quienes no habían tenido oportunidad de ahorrar, no se quedaran en la indigencia. Su pensamiento no nacía tanto del naciente socialismo de la época como de un concepto cristiano de la vida, aunque no quería tanto que se instaurara un sistema de caridad, sino más bien como un sistema retributivo de pensiones al estilo actual, similar al que ya funcionaba con los soldados jubilados. Finalmente, Francia organizaría un sistema de seguridad social en 1928 que sería el modelo previo al sistema moderno.

Sus sueños seguían viento en popa, haciéndose realidad y con gran éxito, y en 1910 se construyó un nuevo hotel Ritz-Carlton, nada más y nada menos que en Nueva York, y gracias a su reputación se encargó a Escoffier que organizara la instalación de las cocinas, que buscara el *staff* y que diseñara el comedor. Viajó por tercera vez a América y llegó un mes antes de la apertura para estar seguro de que todo saliera bien y para ocuparse además de que la brigada de cocineros, pasteleros, confiteros y heladeros estuvieran listos y todo estuviera en orden; imponer su exitoso estilo y ese «yonosequé» francés. Pero en la gran cena de apertura del hotel ocurriría un imprevisto, algo inimaginable en aquel momento: hasta entonces nadie fumaba en el comedor, pero aquella noche los americanos decidieron romper la vieja costumbre y fumar durante la comida, lo que creó un auténtico escándalo que al día siguiente salió en toda la prensa neoyorquina. Desde entonces, la costumbre cambió, y la gente no solamente comenzó a fumar después de la cena —lo cual, tanto a Escoffier como a mí misma nos desagrada profundamente— sino que además empezaron a fumar durante el servicio de los platos, una costumbre deplorable que él llamaba irónicamente «cena a la nicotina», y que obviamente entorpecía que se disfrutara del auténtico sabor de los platos. Una auténtica pena y un martirio para el paladar y los pulmones. Esta vez permaneció durante seis semanas en Nueva York, tiempo que le permitió incluso tomar algunas decisiones en la organización del Gran Hotel de Pittsburg. Fueron unos días en los que volvió a encontrarse con Sarah Bernhardt, tan admirada en América, y tuvo la oportunidad no de darle de comer, sino de almorzar con ella y con su médico personal en varias ocasiones en el Hotel María Antonieta, donde se hospedaba la actriz. Auguste Escoffier estaba fascinado por el secreto de su vitalidad: «¿Cómo se mantiene tan bien desde su juventud, parece que tiene aún toda esa vida en su interior?». Ella, que era coqueta, le dijo: «Mr. Escoffier, no puedo decírselo, esto forma parte de mis secretos femeninos». Pero lo pensó mejor y añadió: «Permítame invitarle a comer el próximo domingo y le contaré mi pequeño secreto». Al siguiente domingo, Escoffier estaba deseando que le contara su misterio, mientras comían juntos un delicioso paté de *foie-gras* que le habían enviado desde Estrasburgo. Durante el almuerzo, la actriz le confesó: «En todas las comidas bebo media botella de *champagne* Möet y Chandon y me hace sentirme maravillosamente, causándome un delicioso efecto que al final se nota en mi piel».

Escoffier percibía el cambio que los nuevos tiempos traían consigo y el interés que suscitaba la buena cocina, de manera que en la primavera de 1911 fundó un periódico en Londres, *Le Carnet d´Epicure*, escrito en francés, con el que pretendía dar a conocer no solamente la cocina francesa, sino también fomentar el turismo. En él proporcionaba una gran cantidad de información sobre los paisajes, los productos franceses, las vajillas y las cristalerías, incluso había un apartado de complementos femeninos, todo de estilo y gusto francés. Desgraciadamente, después de tres años de publicación, la I Guerra Mundial forzaría su cierre. En el periódico aparecieron algunos artículos con mucha gracia, como uno que narra un terrible incendio que se produjo en el Carlton y del que afortunadamente Escoffier y otras personas que estaban en el hotel se salvaron milagrosamente, aunque hubo daños que costaron más de dos millones de francos, lo que no le perturbó en absoluto. Él bromeaba: «¿Qué esperaban? He asado millones de pollos en los años que llevo en el hotel, y quizás ellos querían tomarse su venganza y asarme a mí. Pero solo han conseguido chamuscarme las plumas, yo solamente tengo que cambiar mi ropa». Aunque muchas habitaciones se habían quemado, el restaurante pudo abrir pocos días después y nadie salió herido.

Escoffier había entendido que un mundo nuevo avanzaba y que tendría que usar sus herramientas, como eran el telégrafo, el teléfono y la prensa moderna. Valiéndose de todo ello creó las «Cenas de Epicuro», que comenzaron en 1912, en las que participaban los miembros del club «La Liga de los Gourmands». Consistía en preparar y tomar un menú —diseñado por él— de forma simultánea en diferentes lugares de toda Europa, para los miembros de la Liga y sus amigos. Aquello no solo funcionó bien en las mesas, sino que fue todo un éxito en la prensa, una demostración del poder de la cocina francesa, consiguiendo que en una sola jornada cuatro mil miembros de la Liga, repartidos por toda Europa, tomaran idéntico menú preparado en cada uno de los lugares donde se celebraba. En los banquetes reinaba cordialidad, un ambiente cálido y divertido, y por telegrama se enviaban durante la cena comentarios que divertían a unos y a otros. La prensa también estaba invitada y recogió en sus crónicas el ambiente fervoroso de los miembros de la Liga. Sabía que el pasado de la cocina forma parte de su presente, y con este moderno espíritu rescató términos y recetas de la cocina antigua, una de ellas recogida en el *Viandier de Taillevant*, de Guillaume Tirel, que fuera el cocinero del rey Carlos V de Francia y que consiste en una terrina de pato hecha en su propia piel y relleno con pechugas de pollo, armañac, trufa, chalota y otras delicias.

El año 1913, poco antes de la Gran Guerra, se celebró un gran banquete en el buque Imperator, una auténtica ciudad flotante que enlazaba Hamburgo y Nueva York. El Káiser tenía un gran interés en esta línea y decidió pasar unos días a bordo para hacer el recorrido trasatlántico, y ante tan magno acontecimiento, el Carlton tomó las riendas de la dirección del restaurante, encargándole a Escoffier su organización. Era la segunda vez que el emperador y el cocinero se encontraban, y la ocasión tan conocida en la que Guillermo Hohenzollern le dijo que él era «El emperador de los cocineros». Escoffier estuvo varias jornadas preparándolo todo para que estuviera a punto y el emperador finalmente llegó con su corte el 10 de julio, partiendo el buque en cuanto él embarcó. Por la noche, después de la cena se exhibió una película sobre la captura de las langostas y otra más explicando las maniobras submarinas de la armada francesa en Túnez. Esta última película causó una honda sensación sobre Escoffier; Europa entera estaba en vísperas de guerra y la cinta mostraba acciones de la marina francesa que podían comprometer la seguridad de Francia. Se sintió preocupado y muy incómodo, siempre fue un gran patriota.

A pesar de todo, al día siguiente el monarca felicitó a Escoffier por hacerle aquellas jornadas tan agradables con su deliciosa comida y agradeciéndole que hubiera dejado Londres para atenderle durante su estancia en el barco. Escoffier se lo agradeció y le dijo que rogaba por la reconciliación de Alemania y Francia. También era el gran deseo del emperador, confesó Guillermo, de hecho le dijo que «con frecuencia es difícil y raro saber interpretar las mejores intenciones correctamente», y que él deseaba que en Europa se mantuviera la mutua comprensión. Escoffier le contestó: «Espero, majestad, que ambas partes muestren sus mejores intenciones y que podamos ver la reconciliación de estas dos grandes naciones, que coronarían de gloria a su reino y significarían la gran fortuna de las gentes de Europa». Un año después de aquel encuentro Alemania declaró la guerra a Francia, y el 1 de noviembre de 1914, su hijo Daniel Escoffier fue herido en la cara por un prusiano y murió instantáneamente, dejando cuatro hijos que Escoffier se llevó a vivir con él. La guerra llegó de nuevo sobre Europa amenazándola como una terrible tempestad y Alemania invadió Bélgica. Aquella misma noche, mientras se daban los primeros pasos de la naciente guerra, Lloyd George y Winston Churchill cenaban en el Carlton. Mientras, Ho Chi Ming, el futuro líder comunista vietnamita, estaba trabajando en la cocina de Escoffier limpiando verduras. Toda una paradoja de la vida.

La ciudad de Londres, donde vivía Escoffier, enloqueció: la gente invadía las tiendas buscando provisiones, abastecimientos que apenas existían, cualquier cosa era necesaria, todo era importante, por lo que las autoridades decretaron el racionamiento con el fin de prevenir la falta de víveres y otros objetos de consumo. El restaurante tuvo que adaptarse y como todos, se ajustó al racionamiento, pero tuvieron suerte porque algunas materias primas de buena calidad, como el ciervo, no estaba racionado, razón por la cual en el Carlton se comió ciervo por aquellos días con mucha frecuencia. Hay que decir que no era muy bueno, porque provenía a veces de animales viejos y estaba duro y chicloso, pero Escoffier, recordando los duros días de la guerra franco-prusiana, consiguió prepararlo de diferentes formas: en moussaka, con arroz, y también a la provenzal, acompañado de fideos y puré de castañas, convirtiéndolo así en un delicado bocado, ¡todo un milagro! Por su parte, los huevos, algunos pescados y el bacón no estaban racionados, pero sí el salmón —un artículo de lujo—, lo que resolvió encontrando un excelente proveedor escocés. La manteca de coco sustituía a la mantequilla y la imaginación tenía que suplir los ingredientes que no existían. Incluso tuvo una ocurrente idea cuando le preguntaron que qué hubiera hecho en lugar de Vatel, el famoso cocinero del s. XVII que se suicidó porque no habían llegado los pescados en su momento. «Yo hubiera montado un plato con pechugas de pollito muy joven», contestó, y detalló una complicada pero preciosa receta con la que con toda seguridad habría tenido un gran éxito, Escoffier sabía que con técnica y conocimiento era posible sustituir ciertos ingredientes. Durante el tiempo de guerra, la imaginación que había demostrado al inventar un plato de pescado sin pescado tuvo que desarrollarse agudamente, un poco más todavía. A la vez se veía obligado moralmente a socorrer a los familiares de los miembros de su equipo de cocina que se habían ido al frente y que con frecuencia tenían serias dificultades para sobre-vivir. Con esta intención creó un comité de soporte con muchas cosas que solucionar, como repartir dinero entre cincuenta mujeres y setenta niños, cuyos padres se habían ido al continente. Además se organizó para que todos los miembros de su equipo, al volver de la guerra, tuvie-ran su puesto de trabajo en las cocinas.

Por fin llegó el armisticio y los ingleses, normalmente de tempe-ramento muy calmado, estaban sobreexcitados y besaban en la calle a cualquiera que se encontraran, hasta tal punto había alegría en las calles londinenses que el restaurante se saturó de llamadas de personas que querían celebrarlo, y aquel día se sirvieron ¡712 comidas! Sin embargo, había tan poca carne... que tuvo que dar rienda suelta a su inventiva, y mezclar porciones de todas ellas: cordero, ciervo, cerdo y pollo, a lo que añadió paté de *foie-gras*, trufa, pan y crema, haciendo con la mezcla unas pequeñas *noisettes* que tuvieron un gran éxito y a las que llamó *Mignon-nettes d'Agneau Sainte-Alliance*. Un año después de finalizar la guerra el presidente francés dio una recepción y sorprendentemente le invitó a asistir. Le pareció raro pero fue encantado, ¡los tiempos habían cam-biado!, y cual no fue su sorpresa que en aquella ceremonia le impusieron la medalla de Caballero de la Legión de Honor, lo que le enorgulleció y llenó de alegría. Fue uno de los momentos más importantes de su vida.

Justo después de la guerra publicó *L'Aide Mémoire Culinaire*, un libro que adaptaba la cocina a los nuevos tiempos en que vivían. Sabía que los cambios no habían hecho nada más que empezar y se preparaba para ellos; así sería, Escoffier era consciente de que el lujoso y prodi-gioso estilo de vida que se había llevado hasta entonces se había aca-bado. Una época había muerto y era necesario volver a la simplicidad, pero también se podía comer bien en tiempos sencillos. Sabía que parte de la alta cocina francesa había muerto, aquella alta cocina que había convertido una forma de comer en arte. Adaptó su libro, reinventó las recetas y quitó las que ya eran imposibles.

Gran cocinero, inigualable organizador, patriota de corazón, Escoffier amó a Francia, y a través de los productos y de la cocina no dejó de llevarla como bandera a cualquier parte del mundo que visitaba y consiguió que los cocineros franceses cocinaran por todo el mundo —en realidad, implantó más de dos mil chefs en Europa y América—, promocionando así la cocina francesa. Creía sinceramente que Francia producía los mejores vegetales y frutas, los mejores vinos y las mejores carnes, caza y pescado. Y por lo tanto, desde esta perspectiva era fácil entender que hubiera multitud de personas encantadas de trabajar con sus productos: los cocineros. El primer paso ya estaba dado y se había fundamentado bien. Para él, la buena cocina era una prueba del grado de civilización que había alcanzado el país y que además de la materia prima se basaba en un estilo de vida carente de estrés, dotado de larga tradición, en la capacidad de transmisión de los secretos culinarios de madre a hija, y en la importancia de la cocina local, que tenía cientos de estupendas recetas en cada pequeño pueblo del país, cocinadas durante cientos de años y mejoradas con el paso del tiempo. ¿Chauvinista?, sin duda. ¿Patriota?, también. Para él, la cocina francesa era una ciencia y un arte que se retrotraía a la tradición gala anterior a Julio César. Eso pensaba y sentía Escoffier.

Banquete en honor de Escoffier, junto a Édouard Herriot,
Presidente del Consejo de Ministros, en 1928.

Finalmente, en mayo de 1920, cansado del exceso de trabajo que había tenido que desarrollar durante los años de guerra decidió retirarse, y en julio dejó el Carlton con el afecto de sus amigos, de los directores y de su equipo. A pesar de que dejaba muchos amigos en Inglaterra, volvió a Montecarlo, buscando el calor y el sol de la Riviera, pero aunque retirado no dejo nunca de trabajar. Escribió sus memorias, artículos y multitud de recetas, participando incluso en algunas exhibiciones culinarias. Incluso hizo una en Copenhague, en la que le invitaron a conocer a la familia real y estos le impusieron sin esperarlo la Cruz Danesa, un premio dedicado a la labor de los artistas; y él correspondió inventando el *soufflé* princesa Renée con los colores de la bandera danesa. Zúrich, Grenoble, Londres, Estados Unidos de nuevo... siguió viajando y con una gran actividad, sin duda. Ya con ochenta años, consiguió un viejo sueño: presidir la Sociedad Mutual de Cocineros Franceses, ocasión que se celebró en el restaurante Lucas, en la plaza de la Madeleine, donde todavía se puede comer muy bien. Y no dejó de recibir premios; en marzo de 1928 fue galardonado con el rango de Oficial de la Legión de Honor, lo que le llenó de orgullo, en una comida en la que había trescientos cincuenta invitados.

A los ochenta y nueve años, pocos días después del fallecimiento de su mujer, murió Escoffier, el 12 de febrero de 1935. Fue un gran recopilador de la mejor tradición culinaria francesa, supo adaptarse a los diferentes tiempos que conoció y nos dejó una gran cantidad de nuevas elaboraciones. Supo organizar en su *Guía Culinaria* los grupos de preparaciones y realizó un trabajo exhaustivo en ellas, presentándolas con bastante detalle. Sin duda fue uno de los grandes de la gastronomía, que puso un broche de oro a la Belle Époque y que preparó el terreno para las revoluciones culinarias que se producirían en el s. XX.

BIBLIOGRAFÍA

AA.VV., *Larousse Gastronomique*, Barcelona, 2006.
Escoffier, A., *Memories of My Life*, Nueva York, 1996.
—*Le Guide Culinaire*, Èvreux, 1993.
Rambourg, P., *Historie de la cuisine et de la gastronomie françaises*, Paris, 2010.

Retrato anónimo de Grimod de la Reynière.

ALEXANDRE BALTHAZAR LAURENT GRIMOD DE LA REYNIERE

Aristócrata, nacido sin manos a pesar de lo cual fue escritor, gran gourmet, incansable organizador de las mejores y más originales cenas de su época. Fue el primer periodista gastronómico y creó unas guías de productos y de establecimientos que tuvieron mucho éxito: «Almanaque de gourmands» y «Manual de anfitriones y golosos». Nació en París, el 20 de noviembre de 1758 y falleció el 25 de diciembre de 1838 en Villiers-sur-Orge.

Cada cosa de este bajo mundo quiere
ser servida, cogida y comida en su punto.

Snob, exhibicionista, ocurrente, incisivo y sobre todo ello un excelente *gourmet*, Grimod tiene el gran mérito de haber sido el primer periodista gastronómico de la historia. Con un grave problema físico —sindactilia— por carecer de manos al nacer, tenía una en forma de gancho y otra como pata de pato, pero sin dedos, viéndose obligado a usar unos ganchos o pinzas para poder tener algo parecido a unas manos reales. Su vida, su personalidad y su trabajo se vieron marcados por ello, y al alcanzar la madurez llegó incluso a inventar la historia de que en su tierna infancia se las había comido un cerdo en una excursión campestre. Era muy sagaz, y sabía que aquella historia aumentaría su leyenda, tenía un defecto que se convertiría, si lo hacía bien, en una ventaja, y era perfectamente consciente de que podría conseguirlo.

Nació en París, el 20 de noviembre de 1758, en una Francia agitada, prerrevolucionaria, y en el entorno de una familia que se originó en un matrimonio desigual, lo que señalaría para siempre su existencia. Díscolo, revoltoso, pícaro, muy rico y exquisito, conocedor y experimentado, Grimod fue consciente de la diferencia social de sus padres, algo que le disgustaba profundamente porque se sentía más aristócrata —por la rama materna— que comerciante —la ascendencia paterna—, y esto le hacía sentirse humillado, aunque aparentemente nadie se lo tuvo en cuenta, y menos en el entorno de la vida divertida y disoluta que llevó durante los primeros años de su existencia. Los padres de Grimod fueron el rico Laurent Grimod de la Reynière y la hija del marqués de Orgival, Suzanne Françoise Élisabeth de Jarente de Sénac. Ella pertenecía a la aristocracia francesa y su esposo era administrador de postas e intendente agrícola de Lyon, además de ejercer otros cargos que le permitían vivir más que holgadamente. Además de dichos puestos en la administración francesa poseía algunos comercios y negocios de distribución de alimentos. Su abuelo paterno que era abogado en París y del que su padre heredó todos los puestos anteriores, ya se inclinaba al buen comer hasta tal punto que murió ahogado mientras gozaba de un grueso y suculento *foie*.

Para su madre el matrimonio fue una constante fuente de asperezas. Su familia era de antigua aristocracia y su propia hermana, tía de Grimod, se había casado con un importante político de la época, Malesherbes —ministro de Luis XIV, y que posteriormente fue condenado a pasar por la ordinaria guillotina—, lo que la colocaba a ella, de alguna forma, en un lugar socialmente inferior al de su familia y su hermana. Suzanne se avergonzaba del origen plebeyo de su esposo y el nacimiento del pequeño Grimod, sin manos, fue la gota que colmó su capacidad de soportar tanta contrariedad. Maldijo por todo ello a su marido, a la vez que por esa razón él se negó a presentar el certificado de nacimiento e inscribir al pequeño en el registro; por lo que, a ojos de la ley, Grimod fue durante bastante tiempo un bastardo. No tener manos fue para Grimod un grave lastre que trató de disimular con un cinismo franco y directo, cruel incluso. Y pensando, como sus padres, que aquello era culpa de uno de los dos o de ambos, los maldijo por la mostruosa herencia recibida, la cual ocultaba debajo de unos guantes, en los que montaron unas prótesis metálicas que ¡al menos! le permitían valerse por sí mismo.

A pesar del mar de fondo, la infancia transcurrió tranquila, y después de estudiar con los jesuitas y disfrutar de una formación muy completa, dejó la escuela Louis-le-Grand a los quince años y viajó durante tres años por Saboya, el Delfinado, Lyon, la zona del Borbonado... y finalmente se quedó un tiempo en Suiza, en las ciudades de Ginebra y Lausane. Un tour que permitiría al joven conocer muy bien su país y también Suiza, a donde volvería posteriormente en las épocas más duras de la Revolución, por puro azar. A su vuelta a Francia, con diecinueve años, comenzó haciendo crítica de teatro y colaboró con el diario suizo *Neufchâtel*, con el que había entrado en contacto durante su viaje.

Su vida amorosa comenzaría muy temprano, ya que pasó una gran parte de su vida juvenil divirtiéndose con actrices, prostitutas y mujeres de vida alegre en general, con las que no estableció relaciones constantes o serias, y estuvo rodeado de un público tumultuoso, popular y sobre todo, variopinto. Tengamos en cuenta que, en la época, el de actriz era un oficio muy mal visto socialmente y que con frecuencia rayaba en la prostitución, lo que explica que la vida de Grimod fuera considerada escandalosa y libertina. Anduvo enamorado de su prima Angélica Bessi, un amor platónico y jamás correspondido; es más, Angelica se casó en 1779 con Charles Mitoire y nunca quiso tener relaciones con él ni saber de su excéntrico primo, con el que sin duda alguna habría sido muy desgraciada. Años después Grimod se casó con una actriz y llegó incluso a tener una hija. Pero antes de esto, su juventud fue libertina, llena de excesos, de amistades peligrosas y personajes de toda calaña, como el disipado marqués de Sade y su gran amigo Rétif de la Bretonne, ex sacerdote, quién podría ser un ejemplo del libertinaje típico de la época. Hasta tal punto fueron escabrosas sus relaciones y su vida que su buen amigo Retif dio nombre al «retifismo», el entusiasmo fetichista por el calzado femenino; es éste el más claro ejemplo del mundo del que se rodeó Grimod, aunque la Revolución les separó por crudas diferencias ideológicas que finalmente llevaron a Rétif a la guillotina.

Estudió derecho aunque ejerció muy poco como abogado, pero terminó su formación y se doctoró en el año 1777. Ejerció como tal y desarrolló su profesión de manera altruista, sin cobrar a sus clientes, ayudando a todo el que no tuviera recursos, especialmente a las personas relacionadas con el teatro; mundillo que tan bien conoció por su actividad profesional durante sus años de juventud y con el que estaba tan vinculado. Para todos ellos, artistas, escritores y actores, organizó también unas comidas que se repetían quincenalmente, incluso iba él mismo al mercado de Halle a comprar los alimentos necesarios para elaborarlas, y entre los comerciantes era conocido como «el agricultor general de la cocina». Le divertía cocinar desde los fundamentos: comprando, organizando, desarrollando las cenas.

Poco a poco, de su profesión como abogado y de su ejercicio como crítico de teatro, fue naciendo el interés por la buena comida, por la *gourmandise* y no por la gastronomía, como él mismo decía. ¿Quizás por una rivalidad con Brillat-Savarín? No lo sabemos. Grimod habló de la *gourmandise* y de los *gourmand*, pero no de los gastrónomos o de la gastronomía. Y es que le importaban las palabras, los términos que se usaran, quizás en contraposición a Brillat-Savarín, que sí habló de la gastronomía como concepto y no de la *gourmandise*. Pues así, despacio y conociendo a fondo los buenos productos que había disfrutado durante su infancia y a los que en su casa eran tan aficionados, se fue inclinando muy favorablemente hacia el placentero ejercicio de la buena mesa, interés que se fue desarrollando durante los últimos tiempos del Antiguo Régimen y que más tarde daría sus frutos, ya en su madurez y pasada la Revolución.

Grimod fue un hombre de fuerte carácter, con arranques de genio e irascibilidad que harían su compañía difícil y antipática. El incidente que le acarreó peores consecuencias fue una ocasión en que le sobrevino un gran despecho al constatar que su madre era amante del marqués de Breteuil. Corría el año 1780 y Grimod se encargó de que todo París se enterara de la adúltera relación; y lo que fue peor, de la pésima opinión que el mismo tenía sobre su madre, a la que vilipendió en todos los salones de la ciudad, para posteriormente batirse en duelo con dicho marqués. Su frenesí se tradujo, además de aquel tumultuoso arranque de ira, en una serie de publicaciones muy violentas, críticas e incluso ofensivas, que afortunadamente se moderaron muy pronto; por lo que restableció la relación con su familia sin mayores consecuencias. Una madre generosa con un amante, ¿comprensivo?, por la ira del difícil y extraño jovencito.

Una de sus anécdotas más famosas fue la preparación de una cena casi pública, que celebró el día 1 de febrero de 1783 en su propia casa. Una cena cuya memoria permanece por lo célebre que fue en la época, en un París que no se escandalizaba ante nada, pero que a todo atendía. En ella se presentaron catorce servicios con un protocolo organizado por él mismo, muy estricto y divertido. En este banquete, como en otros que organizaba, siempre había veintidós invitados, de los cuales veinte eran hombres y se invitaba a dos mujeres que debían ir vestidas de hombre. Además, había trescientos invitados que se asomaban a un corredor que estaba en la parte superior del comedor, en el que los invitados tenían derecho a mirar pero no a comer, así se aseguraba que al día siguiente todos los mentideros de París tuvieran alguna anécdota y se hablara de sus cenas y de él mismo. En la invitación se añadía explícitamente que se convidaba a «una sepultura y una cena». Aquello prometía y, efectivamente, ese primer y memorable banquete tenía como protagonista un catafalco negro que presidiría la mesa. Pero antes, habían hecho pasar a los invitados por diferentes estancias, en las cuales los criados vestidos como estrictos jueces les hacían preguntas que les permitirían —o no— pasar. El último paso consistía en dejar a los invitados en una habitación totalmente negra y a oscuras, que finalmente se abría al gran —y macabro— festín que fue objeto de comentarios y disgustos por parte de su familia durante mucho tiempo.

Aquellos fueron unos años especialmente agitados y poco después, en 1786, Grimod fue detenido por haber publicado una carta sobre la memoria del abogado Ange-François Fairau, aunque hubo más implicados en el asunto y fue una cuestión un tanto embrollada y con tintes políticos. Por aquel escándalo fue enclaustrado dos años en la abadía de Domèvre, donde podía recibir amigos e incluso salir siempre que lo autorizara el abad. No fue un castigo muy penoso y, sin embargo, resultó una excelente oportunidad para conocer las delicias de la hospitalaria mesa conventual, y quizás disfrutara además de algo de la paz que le faltó durante su juventud. Era un hombre culto y muy inteligente que sabía apreciar las ocasiones como aquella.

Dos años después, más calmado tras aquel clamoroso suceso y con una decidida fama de loco que él mismo se ocupaba de alimentar, comenzó a celebrar unos famosos almuerzos todos los miércoles, los cuales duraron hasta el año 1788. Debido al antiguo desencuentro con su madre, su familia lo había desheredado, por lo que de hecho estaba arruinado y sin ingresos ni una pequeña pensión. Pero jamás le faltaron anuncios, aguzó el ingenio y recurrió a la creación de los primeros recursos publicitarios de productos gastronómicos e incluso de tiendas. Fue una manera divertida, inteligente y muy moderna, en la época, de costear sus cenas sin desembolsar mucho dinero. Así, al terminar el banquete, contaba en tono ameno a sus invitados de donde procedía cada producto, que había sido regalado por el comerciante: «¿Os ha gustado el vino? Procede de la bodega de X... El embutido era de increíble calidad, me lo suministran de la casa X...». Con este simple pero efectivo sistema, animaba las ventas de sus proveedores y los daba a conocer a la mejor —y más rica— sociedad parisina. A él no le costaba nada la cena: al final, todos tenían un beneficio y él disfrutaba de unas excelentes comidas con buenos contertulios. Durante todo este tiempo se celebrarían muchas de estas cenas en su impresionante casa de los Campos Elíseos, en el Hotel de la Reynière. Grimod las llamó cenas filosóficas y místicas, aunque en realidad eran grandes banquetes a los que se asistía mediante invitación y que estaban teatralizados, muy al gusto de la época y en relación con su experiencia en el mundillo del teatro, que tan bien conocía. Su servidumbre, disfrazada, hacía pasar diferentes pruebas a los invitados, divirtiéndolos o exasperándolos, según el carácter de cada uno de ellos. Pero al final se comía muy bien y se bebía extraordinariamente.

Además de estas cenas, organizó los que se conocían en París como desayunos filosóficos, en los cuales se preparaban para los invitados unos desayunos abundantes y originales y después se les ofrecía algunas experiencias con diferentes entretenimientos, desde magia hasta equilibrismo e incluso charlas intelectuales con filósofos. Entre sus ocurrencias en el servicio de estos desayunos, por ejemplo, se servían las bebidas a través de unas tuberías que terminaban en un sátiro que tenía un grifo para servirse vino, o cualquier otra cosa a placer. Aquel tiempo de gozo y despreocupación se acabaría pronto, ya que en 1789 llegaría la Revolución a romper para siempre la alegre y libertina vida parisina.

Grimod no pasó la epoca de la Revolución en París. Por algún asunto turbio, poco antes de los sucesos trágicos, se le prohibió la entrada en la ciudad y se le permitió elegir entre irse a un manicomio, ya que todo el mundo lo daba por loco, o salir al extranjero. Grimod no dudó un instante porque en realidad estaba perfectamente cuerdo a pesar de su excentricidad: salió otra vez de París hacia las ciudades que tan bien conocía, viajando en primer lugar a Zurich y posteriormente a Lausana y Colmar. En esta época fue corresponsal de diferentes periódicos británicos pro monárquicos y gracias a esta actividad subsistió. Posteriormente estuvo en Neuchâtel y Estrasburgo, para finalmente establecerse en la gastronómica y rica ciudad de Lyon, otra oportunidad fantástica para conocer unos productos extraordinarios de primera mano. Esta salida de París fue en realidad providencial para él, ya que le libró de los peores años de la Revolución, especialmente los de la época del Terror. Ya establecido en Lyon, conoció a una actriz, Adelaide Theresa Feuchère, con quién consolidó una relación más estable de lo habitual para él y terminó casándose con ella. Tuvieron una hija, Adelaide Justine Laura, de la que se desconoce si superó la infancia.

En Lyon, centro de una de las zonas agrícolas más ricas de Francia, y conociendo muy bien el negocio de la alimentación, estableció como socio de su padre la empresa «Grimod et compagnie, aux Magasins de Montpellier, rue Mercière». Era una tienda de especias y productos alimentarios, perfumería y otros productos variados, que vendían en diferentes ciudades francesas. En esta época, hechas las paces con sus padres, y con una vida personal algo más estable, aprendió mucho de la distribución, del comercio y de los propios alimentos, aunque el brillante Grimod, tan capaz de sobresalir en París, no se demostró muy eficaz en la administración de la empresa, y tuvo que cerrarla.

De nuevo se veía forzado a comenzar, quizás fuera providencial su mala experiencia como administrador ya que eso le exigió volver a cambiar y retomar su carrera como escritor, ampliándola a la de gastrónomo... casi era obligado: conocía el oficio de las letras, había sido periodista y crítico, con toda seguridad lo haría bien. Por otra parte, también conocía muy bien los alimentos, sus calidades y tipos, todo se conjugaba para empujarle hacia la *gourmandise*.

Con este equipaje y en una Francia ya pacificada, volvió una vez más a París y escribió varias obras sobre crítica teatral, y en época del Consulado publicó el *Almanaque de Gourmands*, que tuvo un éxito inmediato, y que se fue vendiendo en diferentes entregas entre los años 1803 a 1812, ya que el público lo adoraba y esperaba cada edición expectante. El *Almanaque* era como una guía gastronómica en la que hablaba de restaurantes, comidas y lugares donde disfrutar de los diferentes productos y que inspiraría el posterior *Mapa Gastronómico de Francia* que escribió Gassicourt, el cual a su vez daría finalmente en las *Guías Azules*. A la vez que los afectados por la opinión de Grimod —restaurantes, productores, vendedores de todo tipo...— esperaban con impaciencia la nueva edición de uno de sus Almanaques, deseando verse entre sus páginas y así aumentar las ventas de su negocio. Aunque no siempre era todo positivo, y el Almanaque llevaba también a la preocupación de los propietarios, ya que era posible encontrar una crítica o comentario poco agradable a su producto o a su negocio. Las consecuencias de aparecer en el *Almanaque* de Grimod eran incuestionables y tenían siempre una repercusión en la marcha del local —a veces buena y otras veces no tanto—. Pero para el propio Grimod, la publicación de sus almanaques fue un gran éxito, esperado con emoción por compradores y vendedores, aunque finalmente la publicación se suspendió por un proceso desagradable relacionado con la honradez de las opiniones del autor y sus desinteresados —o no— comentarios.

Su ascenso no hacía nada más que comenzar, la vida social y *gourmand* de Grimod ya no pararía. Fue reconocido socialmente y nombrado miembro de la Cava moderna, una sociedad de canto vinculada a sus comienzos como crítico de teatro, lo cual supuso un impulso social y ya no dejó de escribir. En 1808 publicó el *Manual de Anfitriones*, de tanto éxito como las anteriores obras, y se dedicó a organizar con

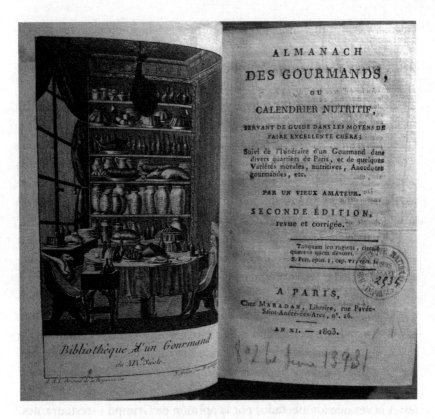

Bibliothèque d'un Gourmand
du XIX.º Siècle.

ALMANACH
DES GOURMANDS,
ou
CALENDRIER NUTRITIF,
SERVANT DE GUIDE DANS LES MOYENS DE
FAIRE EXCELLENTE CHÈRE;
Suivi de l'Itinéraire d'un Gourmand dans
divers quartiers de Paris, et de quelques
Variétés morales, nutritives, Anecdotes
gourmandes, etc.

PAR UN VIEUX AMATEUR.

SECONDE ÉDITION,
revue et corrigée.

Tanquam leo rugiens, circuit
quærens quem devoret.
S. Petr. epist. I, cap. VI, vers. 8.

A PARIS,
Chez MARADAN, Libraire, rue Pavée-
Saint-André-des-Arcs, n°. 16.

AN XI. — 1803.

Portada del *Almanaque de Gourmands*.

regularidad degustaciones en su casa y también en distintos locales, con el fin de dar a conocer diferentes productos. Cuando era el anfitrión se comportaba como el director de una obra teatral, que ordenaba y disponía a su antojo todos los detalles necesarios para conseguir el buen desarrollo de las más exquisitas y extravagantes cenas. Sin duda, era un goloso en el sentido más amplio de la palabra: seleccionaba lo que más le gustaba, no comía lo que no estaba bien elaborado y presentado, tenía buen gusto y siempre sabía cómo elegir bien. Fue un hombre de su época, que valoraba las novedades y apreciaba el ingenio.

Una de las novedades que más le llamó la atención fue la invención de Appert —un sistema para elaborar conservas, que finalmente devendría en el moderno enlatado—, la cual ganó un importante premio estatal, doce mil francos nada más y nada menos, y que fue una de sus grandes pasiones. Se comenzaron a embotellar por el sistema de Appert diferentes comestibles para los ejércitos de Napoleón durante las invasiones europeas, pero en cuanto estuvieron a disposición del público, Grimod se hizo un admirador franco y consumidor fiel. Le encantaban, realmente disfrutaba con ellas, ya eran famosas en su época y se pusieron de moda, así que todo el mundo quería disfrutar de la novedad. Para Grimod, Appert había inventado la más dulce y amable de las revoluciones: el disfrute de las delicias de la *gourmandise* de verano durante todo el año. Exquisitas cerezas y melocotones, albaricoques y ciruelas, judías verdes, guisantes y habas del Marais... todo tipo de productos vegetales, incluso algunos platos cocinados que él mismo recomendaba que se pudieran servir como entremeses, con lo que se facilitaría extraordinariamente —según su propio criterio— el trabajo de los banquetes.

Y para colmo del gozo, todas aquellas delicias estaban embotelladas en cristal y a la vista. Para él, que era un auténtico entendido, se disfrutaba aún más de ellas sabiendo que era tan difícil disponer de aquellos delicados y variados productos fuera de temporada. Además, no solo se presentaban elaboraciones de vegetales bajo el método de Ms. Appert, también se elaboraban carnes y pescados, incluso se podían encontrar platos importantes, ¡hasta una pieza de buey ya preparado! Y además de los platos más sólidos, se preparaban así golosinas delicadas como siropes, salsas y muchas otras cosas por las que Grimod sentía pasión. Appert supone el orgullo nacional y según sus propias palabras: «¡Es la obra de un francés, que se ha realizado ante nuestros ojos! Y que a pesar de provenir de una familia de comerciantes ricos y prestigiosos, ha dejado todo para dedicarse a sus trabajos de conservacion de alimentos». Grimod admiró su capacidad de innovación y fue muy consciente de las múltiples repercusiones de estos trabajos para la alimentación del futuro, además de los beneficios que suponían en el presente para el común de la población. Pero sobre todo ello, se alegraba porque podría disfrutar de las delicias que tanto añoraba cuando no estaban a su alcance debido a que los ciclos de la naturaleza se lo impedían.

Según Reveli, Grimod ha contribuido al desarrollo de la cocina de entendidos, fue un animador y creó un clima de expectación, estimulando la imaginación del público y la espera de la comida, una anticipación degustativa, y es por esta razón por la que se le conoce como «El Corneille de la gastronomía francesa». Después del deprimente estado de ánimo que creó en Francia el reinado del Terror y de todas las muertes que se produjeron y el miedo provocados por el espeluznante Robespierre, la frívola y golosa labor de Grimod fue como un bálsamo para los parisinos. Aquel extravagante y excéntrico ser sin manos actuó realmente como un animador de la gastronomía francesa y fue un soplo de aire fresco para la sociedad, siendo un estímulo para potenciar la pasión por la vida que llegó después. Sus obras ayudaron a cerrar las heridas y a crear ese estado de ánimo, la predisposición al disfrute por una buena comida que es tan importante como la propia presentación y calidad de los platos: el regocijo por anticipacion ante la buena mesa, tanto como por el acto de comer. Grimod abría el apetito con sus palabras, acariciando el estómago a través de la lectura; además, proponía en sus almanaques una puesta al día de la antigua cocina, que ya le parecía algo caduca y desacorde con los nuevos tiempos. La nostalgia por los viejos tiempos se compensaba con las novedades, a las que se hizo muy aficionado y con su ímpetu contagió a otros muchos.

Páginas interiores del *Manual de Anfitriones*.

Por otro lado, también pretendía mejorar —aunque sabía que no sería fácil— los modernos y poco refinados modos de la sociedad de nuevos ricos en que se había convertido Francia después de la Revolución. Así, en su propuesta por una cocina de calidad combinaba lo mejor de los nuevos tiempos y el refinamiento de los modos antiguos en una singular y única forma de hacer cocina y comer, mucho más practica —un término que usa constantemente en su obra— y más sabrosa, valiéndose de comodidades que antes ni se imaginaban. Entre ellas, por ejemplo, se encontraba prescindir de los criados durante los almuerzos, llamándolos solo cuando era necesario, lo cual sucedía durante los cambios de cubierto, o que los propios comensales pasaran las fuentes en la mesa, algo que se hubiera considerado inaudito en la antigua sociedad francesa. El Grimod comerciante hacía su aparición, era un hombre práctico que quería comer bien y disfrutar de la vida.

Grimod además entendió que la publicidad de las marcas representa un beneficio económico importante para los vendedores, así como también una diversión y forma de conocer nuevas cosas para los compradores. Así, los asistentes a sus comidas siempre estaban contentos: habían comido bien y se iban de su casa sabiendo exactamente donde adquirir los delicados productos.

Además de dejarnos un conocimiento muy profundo y extenso sobre cómo se comía en la época, Grimod nos proporciona una cantidad de datos muy interesantes sobre personajes de su tiempo: cocineros, restauradores, golosos y gente variopinta de la sociedad francesa de entonces. Entre ellos, habla de Parmentier y adora a Appert, aunque en ningún momento habla de Brillat-Savarin o de Carême. Es curioso, porque Grimod y Brillat eran de la misma generación y clase social, Grimod era apenas tres años mayor que Anthelme y seguro que tuvieron que encontrarse en algún momento, quizás en una mesa de París, quizás en los salones de madame Recamier. Y los dos, partiendo de diferentes premisas, trataron de mejorar la *gourmandise*, pero desde puntos de vista personales que hasta incluían vocabularios propios.

Como otros personajes de su tiempo, durante la Revolución se vió obligado a dejar la que fuera su vida habitual hasta entonces; una vida de lujos y comodidad, algo que tuvo que ser difícil y azaroso. Arruinado por la Revolución, fundó para poder vivir el Censeur Dramatique (1797-98) y luego el *Almanach des Gourmands* (8 vols, 18803-12), que obtuvo un éxito extraordinario.

Grimod no fue un teórico de la gastronomía ni un pedagogo, como lo fue Brillat-Savarín que intentó poner algo de orden en este cosmos desde el conocimiento incluso de otras ciencias. Grimod fue más bien, y en el mejor sentido de la palabra, un vividor, alguien que disfrutó mucho de la buena mesa y que además intento —y lo consiguió— vivir de ello más que satisfactoriamente. Transmite en sus páginas el conocimiento vivo y directo de su época a sus contemporáneos, para que compren y consuman, para que no pasen por el escaparate de una tienda sin probar un producto excelente que él ya conoce: anima y estimula, como hace el marketing hoy, y es por esta razón por la que su obra es viva, directa, fresca. Era uno de esos hombres predestinados a conocer, a disfrutar y a dar a conocer a otros las delicias de una mesa, pero también el recreo ante la idea de su preparación; el gozo ante la oportunidad de deleitarse de un banquete y de una buena compañía. Aunque le duele prescindir del aristocrático pasado y se ríe burlón ante la nueva clase de ricos ignorantes que la Revolución había creado, asume que es posible encontrar ideas nuevas y cosas sorprendentes entre tanto patán, y que podría ser viable utilizarlas en su propio beneficio. El concepto de confort, de comodidad y de practicidad se hacen aquí patentes y le permiten desarrollar todas sus nuevas ideas en un mundo nuevo sin provocar escándalo alguno. Para él sus banquetes fueron una manifestación de sí mismo: eran comidas excéntricas, divertidas, originales y exquisitas, con cierto punto de locura muy cuerdamente salpicada. Concibe la mesa como un teatro, para el que todos los actores deben estar muy bien entrenados, desde el cocinero al mayordomo o los lacayos que sirven la mesa, pero también el público participa, los comensales forman parte de este entramado en el que tanto actores como espectadores se divierten. La exaltación de un humor negro junto a una exquisita puesta en escena y unas comidas de gran calidad le proporcionaron motivos para seguir mejorando la *gourmandise*, como él llamaba a ese sensual placer de la buena mesa.

Grimod fue guía para una nueva generación de ricos franceses nacida después de la Revolución, ya que él conocía —y apreciaba mucho— los usos de la mesa antes de la caída de los Borbones y lo hacía saber sin atisbo de humildad, la pone al día y la magnificó de una forma espléndida. Conocedor de la tradición, añadió a esto su capacidad teatralizadora y su conocimiento sobre el mundo del espectáculo, lo que sumado a la oportunidad del momento, que le fue propicio, le haría triunfar. Por parte del público había interés por conocer la alta gastronomía, que como siempre era símbolo de poder, hay intensas ganas de gozar de los platos selectos y por otro lado el producto francés era espléndido, con la ventaja de que los participantes iban siendo cada vez más numerosos y los precios bajaban. Hasta entonces, la buena mesa había sido una forma de expresión del antiguo régimen, era parte de unos hábitos que estaban muy protocolizados y normalizados, y en la que cada uno sabía donde estaba, conocía su lugar y el de los demás, así que no había sorpresas. En su mesa, Grimod priorizaba la novedad, la auténtica selección y la diversión frente al protocolo y aunque le gustan los restaurantes siempre prefirió la comida casera y bien servida, en un recuerdo nada melancólico de los buenos tiempos anteriores a la Revolución. Por otra parte, y a pesar de que con frecuencia sus amistades eran muy soeces, apreciaba junto con la comida la buena educación, la finura de formas, la delicadeza y la conversación. Eso que le llevó a organizar la «Société des Mercredis», un grupo de amigos que se reunían a comer los miércoles, a disfrutar de la buena compañía, de la buena mesa y de la conversación entretenida.

Firma de Grimod de la Reynere.

Su juventud libertina dio paso a una madurez y vejez más conservadoras, lo que le llevó a salir de la agitada vida parisina y, finalmente, se retiró a Villiers-sur-Orange, donde patrocinó la construcción de una iglesia y murió en 1838.

Grimod fue un personaje especial desde su nacimiento, siendo perfectamente consciente de sus carencias las cuales trató de exhibirlas para ocultarlas, de sacarlas a la luz para que nadie lo hiciera en su lugar. Su ostentación, su arrogancia, no eran solo descaro, eran una fórmula inteligente de desviar la atención de sus defectos para hacerla centrarse en sus habilidades, en su inteligencia, en su capacidad como excelente conversador. Y así, en vez de un monstruo, se convirtió en un refinado hombre de mundo, en un auténtico *gourmand*.

BIBLIOGRAFÍA

Abramson, J.L., *Alexandre Balthazar Laurent Grimod de la Reynière*, en *Culinary Biographies*, Houston, 2006.

Mennell, S., *All manners of food*, Illinois, 1996.

Parkhurst, P., *Accounting for Taste: The Triumph of French Cuisine*, Chicago, 2004.

Revel, J.F., *Un festín en palabras*, Barcelona, 1996.

Reynière, de la, G., *Manual de anfitriones y guía de golosos*, prol., Domingo, X., Barcelona, 1998.

—*Almanach des Gourmands*, París, 1810.

HIPPOCRATES HIRACLIDÆ F. COVS.
Ex marmore antiquo.

Retrato de Hipócrates de Cos.

HIPÓCRATES DE COS

*Médico nacido en Cos, una pequeña isla mediterrá-
nea, en época de la dorada Atenas de Pericles. Revolucionó la medicina de su época, dotándola de independencia con respecto a otras ciencias y creó el
concepto de la alimentación adecuada así como de
la idea de que comer y hacer ejercicio forman parte
de los cuidados que debe tener el hombre consigo
mismo. Es el concepto de diaitia, de estilo de vida.
No se entendería la alimentación saludable hoy en
día sin los conceptos hipocráticos. Nació en Cos, una
pequeña isla mediterránea, en el 460 a. C. y falleció
en Tesalia en el 370.*

*En lo que respecta a la dieta humana hay que tener en cuenta las
constituciones naturales de los hombres, que son diferentes.*

A las diestras manos de mi padre, que tantos ojos curaron. A.V.

El héroe de la medicina hipocrática, como lo llamó Laín Entralgo, vivió
aproximadamente entre los años 460-370 a.c., en plena edad de oro de
Atenas, en la espléndida época de Pericles. El padre de la medicina no
solamente fue un gran médico, sino que —y por esta razón se encuentra
en estas páginas— fue el primero que puso en práctica y que explicó
la estrecha relación entre una correcta forma de alimentarse, de hacer
ejercicio y sobre cómo el entorno y las actividades diarias repercuten
en la salud. Comprendió —y supo explicar— cómo los alimentos, su
cantidad, su tipología y variedad, junto a la actividad física y la prevención constituyen lo que hoy llamamos un estilo de vida saludable. No
hay una forma de entender la gastronomía en la actualidad que no pase
por esta moderna premisa, la de comer bueno y bien, entendiendo que
forma parte de una forma de vivir inteligente. Si no hubiera sido por
el descubrimiento de la teoría hipocrática sobre las dietas y el estilo de

vida habría resultado muy difícil llegar en épocas tan tempranas a la comprensión de los efectos que tiene la buena alimentación para que las personas sanas se mantengan en excelente estado. Hipócrates también introduce el concepto de la variedad de alimentos en la dieta con el fin de que ésta resulte en su conjunto más atractiva y apetecible para el hombre, y, por supuesto, resalta el papel y la importancia que tiene el cocinero en todo este asunto: «Los cocineros les preparan a la gente platos de manjares varios, distintos, que se combinan de varios modos, y de los mismos ingredientes resultan cosas diferentes, alimento y bebida para el hombre. Si todo lo hicieran igual, no habría en ello deleite. Ni si en el mismo plato lo combinaran todo tampoco estaría bien»[38].

Además de explicar la importancia de la dieta como parte de los cuidados médicos necesarios para sanar a los enfermos, y de analizar la forma de introducirla entre los mecanismos curativos como elemento terapéutico, revoluciona los conceptos que se desarrollaban hasta el momento. Y lo hace incorporando el estilo de alimentación como parte necesaria de la curación y como pilar de la prevención ante la enfermedad, el cual entiende que debe ser un elemento clave en las vidas de las personas sanas, ya que, en palabras del médico de Cos: «... no puede el ser humano mantenerse sano solo comiendo, sino que tiene además que practicar ejercicios... pues (alimentos y ejercicios) se complementan con vistas a la salud»[39].

La pequeña isla de Cos, en el archipiélago del Dodecaneso, frente a la costa de Turquía, fue la patria de Hipócrates. Allí nació de Heráclides, también médico de profesión, y de Praxítela, sus padres. Formaba parte de una dinastía de médicos muy extensa y él, como su abuelo paterno Hipócrates, también practicó la medicina; esto nos indica que la experiencia y el aprendizaje del padre de la medicina se encontraban avaladas por varias generaciones con una forma de vivir similar, inmersas todas de lleno en la medicina y en su práctica, una escuela que conoció desde su nacimiento.

Su genealogía, sin embargo, se remonta a mucho más atrás, haciéndole miembro de la gran familia de los Asclepíadas, los hijos de Asclepio y sus descendientes, título que más tarde se amplió a todos los practicantes de la medicina, y no solo a los miembros de tan divina estirpe. Asclepio tuvo dos hijos con Epíone, hija del dios Heracles; los niños se llamaron Macaón y Podalirio y en su edad adulta participaron en

---

38   Hipp., *Diait.*, 18.
39   Hipp., *Diait.*, 2.

la guerra de Troya, en el campo de los aqueos, por supuesto. Éste es el origen de la divina casta de los Asclepíadas y entre sus descendientes se contaban el abuelo de Hipócrates, su padre y finalmente el mismísimo médico de Cos. De los dos hermanos, Macaón falleció durante la guerra pero Podalirio le sobrevivió y se instaló en la costa de Asia Menor, donde se casó con la hija del rey de Caria, a la que había curado de algún mal. Su suegro, feliz de haber recuperado a su hija, le ayudó en todas sus tareas, entra las cuales se contaba la fundación de una ciudad epónima de su esposa, Syrna. De este Asclepíada surgieron dos ramas: una se instaló en la isla de Cos y la otra en Cnido. La estirpe de los Asclepíadas se remonta a un tiempo en el que se tenía la medicina como un oficio de gremio, de familia, como pasaba con otros oficios como el de los bardos —los poetas que cantaban largos poemas como los homéricos—, de ahí la importancia de la ascendencia antigua y noble linaje para asegurar la confianza del paciente en el médico.

Hipócrates hablaba el dialecto dorio, lengua con la que se comunicaba todo el Dodecaneso y gran parte del Peloponeso; las islas más importantes como Cos, Creta y Rodas lo hablaban y, cómo no, los Asclepíadas también lo hacían. Sus obras están escritas, sin embargo, en prosa jonia, que era la lengua culta, científica y literaria de la época. Ése era su mundo y éste su entorno, que se configuraba a partir de una familia larga y antigua, de nobles y cultos ascendientes, entre los que se contaba un famoso médico, Nebro. Una de sus fue ser llamado al santuario de Delfos por los sacerdotes del dios Apolo para realizar una consulta; un gran honor en la época.

Los propios abuelos de Hipócrates, Hipóloco y Cadmo, ocuparon un lugar importante en la sociedad de Cos durante la guerra Médica, difíciles momentos durante los cuales se vieron forzados a participar en la defensa de la isla, que finalmente quedó en manos atenienses. Sus habitantes, libres de los persas, formaron parte de la liga Délfica, para lo cual debían pagar anualmente y sin prórroga un canon de protección con el fin de mantener la estabilidad y la seguridad. Terminadas las guerras, la infancia de Hipócrates transcurrió tranquila, en una época pacificada y rodeado de gente culta y bien dispuesta al conocimiento, versados en la medicina, con la seguridad de pertenecer a una familia de orígenes divinos —nada más y nada menos que un dios mítico y curador, Asclepio y el dios Heracles—, y a la vez con la certidumbre de formar parte de una estirpe de profesionales de la medicina bien enraizados en la mejor sociedad de Cos. Escuchando, observando e incluso realizando pequeñas prácticas y convirtiéndose en el ayudante principal de los médicos de su familia en el desarrollo de su profesión, es fácil que fuera asimilando la actividad de su padre y abuelo y así fuera aprendiendo casi sin darse cuenta, escuchando tantas veces los diagnósticos, viendo a los enfermos, participando en las consultas... En consecuencia, y de una manera natural, la medicina se impuso como disciplina profesional cuando llegó el momento, por lo largamente conocida, una disciplina ejercida de forma práctica desde que era muy joven.

Y con seguridad tuvo relación con otros médicos y pensadores contemporáneos, además de haber adquirido la necesaria experiencia familiar: Heródico el sofista, Demócrito de Abdera y Gorgias de Leontini, entre otros. No obstante hay que entender que aunque no fueran estrictamente médicos, sí tuvieron sin lugar a dudas cierta influencia en la formación y desarrollo de Hipócrates debido a que la medicina en el mundo antiguo participaba en el conocimiento de la filosofía y todas las ciencias estaban emparentadas, sin unos límites exactos que las diferenciaran con claridad; el conocimiento completo era lo que realmente importaba. El desarrollo de cada ciencia no solamente dependía de los profesionales que la dominaban y la practicaban, sino de las relaciones con otras ciencias y con otros sabios. En su caso, Hipócrates era solo diez años más joven que Sócrates y, por qué no, pudo tener algún tipo de vinculación con él.

En este entorno, y con un bagaje de conocimientos médicos en los que la dietética iba poco a poco perfilándose, vivió nuestro médico. Fueron antecesores suyos Alcmeón de Crotona y Empédocles de Agrigento, entre muchos otros. Conocer el pensamiento de algunos hombres instruidos le sirvió para fundamentar una medicina más independiente de otras ciencias y para hacer que la visión del médico tuviera mayor valor que las muy aceptadas teorías generales típicas de la medicina prehipocrática.

Además de las clínicas familiares en las que se administraba la medicina, en la isla de Cos existía un importante santuario a Esculapio, en el que los pacientes ya sanos escribían para la biblioteca del templo del dios cómo había sido su curación y qué tipo de tratamiento habían recibido. Aparte de la biblioteca, también había un archivo y no sería raro que Hipócrates hubiera estudiado toda esa información, que la pudiera haber transcrito, complementado y analizado después los resultados de forma práctica sobre sus propios enfermos, inaugurando una nueva época de la medicina, que se conoce como clínica. El desarrollo del *ojo clínico*, que tan importante se considera para los galenos en la actualidad, no es más —nada más y nada menos— que la experiencia, la contrastación, el análisis, el conocimiento y una cierta capacidad del médico para conocer en profundidad al paciente y su enfermedad. Nace del trato con muchos enfermos y añade un extra de conocimiento para el profesional: lo que conocemos como pronóstico, que es fruto de muchas horas del médico a la cabeza del doliente, de conocer y tratar a muchos enfermos y de aprender que ciertas patologías y sus manifestaciones tienen un origen que les es común. Es la medicina que se ha practicado durante siglos y que tiene íntima relación con la empatía médico-paciente y el conocimiento personal de éste. Desgraciadamente, la prisa y la cantidad de pacientes que hay actualmente por cada médico hace prácticamente imposible conocer de verdad al paciente, convirtiendo así con mucha frecuencia una relación humana en pura y experta mecánica.

Hipócrates hace nacer la que se conoce hoy como medicina occidental, la medicina científica; deshaciéndose definitivamente de los aspectos rituales y mágicos que hasta entonces entrelazaban el conocimiento precientífico con las prácticas de los médicos-magos-curanderos. La medicina se libera, eliminando los corsés antiguos de carácter mágico-religioso que solamente impedían su desarrollo, para conocer el principio de una época nueva. El gran mérito de Hipócrates consiste precisamente en encarnar esta época y convertir su obra, su experiencia y su práctica en el engranaje entre el antiguo y el nuevo método de practicar la medicina. La antigua predicción, de carácter aleatorio, frente a la práctica de una cuidadosa observación; el desarrollo de augurios frente al proceso de la nueva clínica, cuya base es el examen del paciente, fueron las dos grandes diferencias sobre las que se construyó el gran cambio que se produjo entre el antiguo modo de ejercitar la medicina y la nueva misión de los médicos, en las cuales contaban y cuentan tanto la enfermedad como el enfermo.

La isla de Cos, situada al norte de Rodas y frente a Halicarnaso, era un enclave estratégico en el Mediterráneo de la época de Hipócrates. La navegación facilitaba las comunicaciones que eran impracticables por tierra firme y el mundo del Egeo, literalmente salpicado de cientos de islas de todos los tamaños, estaba preparado para asistir a una gran eclosión del conocimiento en todo su esplendor. Sin embargo, Hipócrates no pasó toda su vida en Cos —la isla es reducida y tiene unas pequeñas dimensiones, de once kilómetros de ancho por cuarenta y cinco de largo, y se encuentra tan cercana a la costa, a tan solo cuatro kilómetros de distancia, que los días más claros se vislumbra desde ésta—. A pesar de las numerosas visitas que recibía y de la existencia de centros de práctica médica, quizás el médico tuviera la esperanza de conocer otros lugares. Sólo haría falta esperar un poco.

Cos es una isla típicamente mediterránea, dominada por el monte Dikeo, en cuya llanura se cultivaban vides, olivos y cereales, dando forma a la clásica tríada mediterránea, enriquecida por el laboreo de almendros e higueras y quizás algunas hortalizas y verduras para complementar la alimentación cotidiana. Además, fue un puerto comercialmente activo, desde el que llegaban perfumes y sedas orientales para surtir todo el Mediterráneo. Allí fue donde pasó Hipócrates su infancia, formando parte de una familia en la cual la medicina era la actividad principal, el eje de una forma de vida y de un estilo de concebir la existencia. Con seguridad, pasó de joven aprendiz a ser más tarde ayudante del padre y del abuelo, y finalmente a ser médico tras adquirir la experiencia necesaria con tan sólidos y expertos maestros.

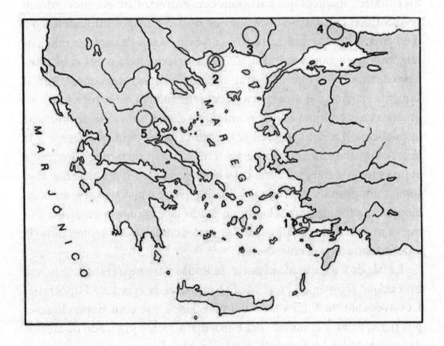

Principales lugares donde se desarrolló la vida de Hipócrates: 1. Isla de Cos, 2. Isla de Tasos, 3. Tesalia (Tracia), 4. Proximidades del Ponto Euxino, y 5. Larisa.

Se casó en su ciudad natal con una hija de Cadmo de Cos, el que fuera tirano de la isla durante la primera guerra Médica, y tuvieron dos varones, Tesaulo y Dracón, y una hija. Los dos primeros fueron discípulos suyos casi desde la infancia, junto a Polibio, otro alumno, que finalmente se casó con la hija del maestro. De la hija de Hipócrates no conocemos el nombre, pero la Edad Media la trocó en heroína de leyenda, haciéndola convertirse en dragón por un encantamiento que la llevaría de nuevo a su estado humano únicamente mediante un beso. ¿Les suena la historia...? Sin embargo, la realidad es que su vida transcurrió pacíficamente casada con Polibio en la cercana isla de Astipalea, donde su marido practicaba la medicina, y nadie se transformó en dragón ni en ningún monstruo parecido.

Pero Hipócrates se había convertido en un gran médico, e incluso ejerciendo la medicina en el interior de una pequeña isla, su fama de excelente profesional trascendió Cos, extendiéndose por todo el Egeo, tanto por el resto de las islas como por el continente. Pronto le reclamaron desde la ciudad de Abdera, situada en la isla de Tasos, frente a la costa tracia, la actual Grecia continental. A su llegada, los abderos le comunicaron que lo habían hecho llamar por la preocupación que sentían por la salud del filósofo Demócrito, que en los últimos tiempos se reía constantemente. Desconocían si había ido deslizándose desgraciada y lentamente hasta la locura o si se resentía de algún mal peor, y estaban seguros de que, de cualquiera de las dos formas, Hipócrates sabría cómo curarle.

El médico había viajado bien pertrechado de todo tipo de remedios: llegaba cargado de pócimas, de plantas, medicinas y todo tipo de tratamientos farmacológicos para curar al ilustre pensador. Tras escuchar a los isleños, pidió de inmediato que le llevaron a la presencia de Demócrito para asistirle. Así, le acompañaron hasta él, que se encontraba debajo de un árbol, rodeado de sus libros y escritos y con algunos animales diseccionados, solo y riéndose a carcajada limpia, como ya le habían vaticinado. Seguramente los visitantes se miraron entre sí y, excepto Hipócrates, todos abandonaron la escena apesadumbrados, ya que se constataba la preocupación de sus conciudadanos: el filósofo reía constantemente y sin sentido aparente. El médico se acercó para observar al posible paciente y le interrogó, interesándose por sus actividades, en las que se encontraba inmerso. En aquella época, Demócrito escribía un tratado sobre la locura humana y ambos conversaron durante un buen rato. Hipócrates descubrió que la risa de Demócrito, lejos de ser un síntoma de locura o enfermedad, era —como concluyó— un signo de sabiduría, ya que el filósofo, como le explicó durante su larga charla, se reía ante la locura de los seres humanos; un insospechado final para un diagnóstico sencillo y certero, ya que Demócrito estaba sano, solo padecía algo de hiperactividad y una capacidad intelectual muy superior a la de sus vecinos. Así que todo fue fácil y entre dos sabios dieron solución a un caso que en realidad no era un problema. Como muchas pequeñas historias del mundo antiguo, es imposible saber si algunas de estas leyendas son verdad o no, pero lo que sí sabemos es que Hipócrates trató a varios pacientes en Abdera, que fue contemporáneo de Demócrito y que probablemente se conocieron y trataron.

La reputación del de Cos iba creciendo y trascendía incluso pueblos y naciones. Ya no era solamente famoso entre los griegos, sino que los persas, tradicionalmente enemigos suyos, se hacían eco de su gran notoriedad. Sin embargo, y a pesar de las desavenencias e incluso guerras francas que se habían producido entre ambos pueblos, no era extraño que se hiciera llamar a médicos de otras naciones, incluso de las enemigas. En aquella época, los profesionales más reputados eran los egipcios: en Alejandría había varias escuelas de medicina que contaban con una gran experiencia y antigüedad, y los médicos egipcios viajaban por todo el mundo ofreciendo sus conocimientos y su asistencia, puestos en especial al servicio de los grandes. El propio rey Darío, abuelo del rey persa Artajerjes, tuvo en su corte al famoso médico Demócedes de Crotona, el cual logró una fuga de lo más inteligente y divertida, pero que no viene al caso. Ya en tiempos del Asclepíada de Cos, el propio nieto de Darío, el rey Artajerjes II, llamó a Hipócrates para tratar de curar una peste que tenía en vilo a su ejército y que estaba causando grandes estragos, pero el médico se negó a partir, aduciendo que su honor de patriota le impedía ayudar al enemigo. Mucho se ha hablado de esta negativa —y de si fue o no real—, y de las ofertas de riquezas —oro, plata— y honores que el rey Artajerjes le prometió, pero ya fuera por los años de cautiverio que tuvo que permanecer el otro médico griego con el abuelo del actual rey, ya fuera por su patriotismo, lo cierto es que Hipócrates rechazó la oferta persa, y que esta gesta ha sido retratada muchas veces en el arte de todos los tiempos. En realidad fue bastante prudente, no se dejó tentar por riquezas de las que no podría disfrutar si carecía de la libertad.

Durante las guerras del Peloponeso —del 431 al 404—, los reyes de Iliria, al noroeste de la zona continental griega, situada en la costa oriental del Adriático, preocupados por una fuerte epidemia de peste que se había declarado en su país, llamaron a Hipócrates para que les ayudara a controlar tan terrible enfermedad y organizara algún tipo de contención y cura contra el mal. Hay que decir que lo que llamaban peste en la Antigüedad podría ser cualquier tipo de epidemia contagiosa, no necesariamente lo que conocemos en la actualidad como la peste bubónica.

En esta actuación del médico comprobamos la importancia de la relación entre distintas ciencias, y no solamente el conocimiento científico concreto, ya que Hipócrates, después de estudiar la oferta y analizar la situación, y teniendo en cuenta un factor tan ajeno a la medicina como eran los condicionantes meteorológicos —en este caso la dirección del viento—, consideró que la epidemia no tardaría en alcanzar Atenas. Se dio cuenta de inmediato que ya era tarde y no podría hacer casi nada por Iliria, desgraciadamente, pero que sí podría hacerlo para evitar que se contagiara la población ateniense. Así, en lugar de ir hacia allí salió hacia Atenas, donde mandó encender unas enormes hogueras que aplacaron la peste, y consiguió mantenerla controlada, lo que le valió una gran fama y renombre entre los atenienses. No sabemos que pensarían de él los ilirios.

Plinio, Varrón y Galeno recogen la anécdota, pero no fue la única actividad de Hipócrates fuera de Cos, ya que su peregrinaje a través del mundo griego no había hecho nada más que empezar. No era muy normal que un médico abandonara su propio consultorio para visitar otros países y ciudades, pero Sorano nos cuenta que tras la muerte de sus padres fue acusado de haber quemado la biblioteca de Cnido. Y no fue ésta la primera acusación de incendiario, ya que también se le acusó de haber quemado el templo de Asclepio en Cos después de haber consultado todas las inscripciones médicas que se encontraban allí. Esto es grave, ya que por una parte caía sobre él la acusación de pirómano, y por otra la de plagiar las sentencias médicas para usarlas como material que revertiría en su propia obra. Pero es que a los grandes hombres también les persigue la suspicacia y la envidia, por lo tanto no habría que hacer demasiado caso a estas historias menores.

La búsqueda del conocimiento de nuevas tierras quizás pudo ir de la mano de su certeza de que el entorno influía en los hombres, así como por el deseo de conocer y de escribir sobre estos lugares y respecto a las diferentes ciudades. Y así una época nueva se abría en su vida, la de los viajes, cuyo inicio lo marcó el fallecimiento de sus padres, una nueva etapa como adulto. Ya no solamente se había convertido en un profesional de prestigio y bien considerado; era un gran médico, tenía familia propia, contaba con numerosos discípulos y esto le permitiría dejar sus asuntos profesionales en buenas manos. Partió hacia Tesalia, al noreste de Grecia, en pleno mar Egeo; en su obra *Epidemias* refleja parte de la geografía de la zona, y los nombres de algunas ciudades de allí: Larisa, Melibea, Crannon, Farsalia y Ferae. Quizás fuera con algunos de sus discípulos de Cos, o hiciera escuela en las ciudades por donde pasaba, pero con seguridad que no dejaría de enseñar la medicina además de practicarla.

Además de a todos estos lugares, Hipócrates viajó a la costa asiática, al mar de Mármara, entonces Propontis, y a diferentes ciudades en el ámbito Egeo; también llegó a la capital de Macedonia, a Pellas, en el norte de Grecia, de donde era rey Pérdicas, buen amigo suyo; y que padecía algún mal no definido. La leyenda cuenta que se encontraba enamorado de Philè, la amante o esposa de su fallecido padre, de lo que se percató rápidamente Hipócrates en una ocasión en la que estaba tomando el pulso al joven, pulso que se aceleró al entrar la chica en la estancia. Todo estaba claro para el médico, Pérdicas no estaba enfermo, sino que padecía un amor de difícil correspondencia. Pero esta historia ya se había contado del rey Antíoco, su médico Erasístrato y la joven Estratónice, esposa de su padre Seleuco I; aunque no debía ser raro en las cortes en las que las jóvenes esposas de los reyes podían tener la misma edad, o ser incluso más jóvenes que los príncipes. Teniendo en cuenta que los reyes tenían varias esposas el conflicto estaba servido.

Santuario de Delfos.

Hipócrates realizó uno de los viajes más importantes de su carrera cuando se desplazó a uno de los centros del mundo griego: al santuario de Delfos, en esta ocasión acompañado de su hijo Tesaulo. Junto a él, lo primero que hizo al llegar fue realizar unas ofrendas y sacrificios a los dioses del templo. Fue una estupenda ocasión para reafirmar los privilegios que le confería pertenecer a la familia de los Asclepíadas y que en aquel caso habían sido beneficios obtenidos por su antepasado Nebros durante la primera guerra sagrada —590 a.C.—. Además, obsequiaron al templo con una bella estatua de bronce que representaba a un paciente gravemente enfermo y que aún existía en tiempos de Pausanías, en el siglo II a.C., quien explicó estos detalles de la ofrenda, la cual se había mantenido por el prestigio que suponía quién la había realizado.

El prestigio que mantenían los Asclepíadas en toda Grecia trascendía lo cotidiano y se elevaba incluso a lo divino. Ellos tenían ciertos privilegios en el santuario de Delfos, podían consultar al oráculo y disfrutar de algunas prerrogativas singulares, así como disponer de algunos derechos que se nos escapan, aunque podrían estar vinculados al protocolo del oráculo, con características de preferencia con respecto al público. Pero había que tener ascendencia Asclepíada por parte paterna para poder disfrutar de las prerrogativas, y para que no quedara duda alguna. Debido a que las visitas de estos debían ser muy frecuentes, los sacerdotes del templo dejaron una inscripción en la que se leía lo siguiente: «Decreto del koinon de los asclepiadas de Cos y de Cnido: el Asclepíada, al llegar a Delfos, si desea consultar el oráculo, o realizar un sacrificio, debe jurar, antes de consultar al oráculo o sacrificar, que es Asclepíada por ascendencia masculina. El que rompa esta regla no tendrá acceso al oráculo de Esculapio, y no se le otorgará cualquier otro privilegio concedido por los de Delfos si no es de conformidad con las prescripciones anteriores»[40].

Después de años fuera de Cos y tras la visita al oráculo de Delfos, la vuelta a casa se iba haciendo una realidad o, mejor aún, una necesidad que sin embargo aún no se podría cumplir. Todavía quedaban cosas por hacer, no solo de carácter médico, sino casi diplomático, e Hipócrates tuvo que interceder en una disputa que tuvo lugar entre su país, Cos y la gran Atenas, entre los años 411-408. El Egeo era entonces un mundo en el que las relaciones entre islas, ciudades y territorios era una cuestión política y diplomática, donde cada adhesión era importante y contaba. Como otras islas del Egeo, la de Cos pertenecía a la

---

40   Jouanna, J., 1999, 34.

Liga délfica, la prestigiosa confederación de Delos, una alianza entre ciudades-estado del Egeo, pertenecientes tanto a las islas como a las costas oriental y occidental de aquel mar. Se trataba de un pacto entre naciones, una alianza de carácter marítimo cuyo fin era prevenir posibles ataques de los persas. La coalición estaba liderada por Atenas, en uno de los momentos de mayor prestigio de su historia, pero había otro peligro para ellos además del persa: era la omnipresencia de la potente ciudad-estado de Esparta, en constante lucha con Atenas. En una de las escaramuzas habituales, en el año 412-411, la Liga consideró actuar en Sicilia, batalla de la que Atenas salió muy mal parada, trasladándose poco después el centro de operaciones mucho más cerca de la ciudad, al Egeo, donde Cos se encontró de golpe como eje de atención de la flota espartana, y desgraciadamente entregada al pillaje de los combatientes que estaban al mando de Astíoco, el almirante espartano. La ciudad, como cuenta Tucídides, no estaba fortificada y además había sufrido un terremoto, el más terrible que se podía recordar. En estas circunstancias, y sin defensa alguna, la isla entera fue fácilmente saqueada y muchos hombres fueron capturados. A pesar de que era habitual tomar un botín de guerra, el almirante Astíoco se comportó bien con los de Cos, con la esperanza de que la isla cambiara de bando y se pasara al espartano; con los atenienses no fue tan benévolo. Pero finalmente, Cos quedó bajo dominio y protección ateniense y sirvió de base naval para la flota que se ocupó de la posterior rebelión de Rodas.

Frente a Astíoco y la flota espartana, la marina ateniense estaba comandada por Alcibíades, quién se había unido a la armada en Samos. Para defender Cos y evitar que cayera definitivamente en manos espartanas, obligó a los vecinos habitantes de Halicarnaso a aportar grandes sumas de dinero para volver a levantar la ciudad y fortificar Cos. Después de reparar las ciudades y preparar la defensa de la isla, todo había concluido, así que nombró un gobernador y volvió a Samos: el verano llegaba a su fin. La temporada de guerras en la Antigüedad acababa en otoño y las flotas se recogían en los puertos correspondientes durante unos meses de paz, forzada por la climatología.

Pero después de las acciones bélicas quedaban las diplomáticas, ya que para Cos las acciones del comandante Alcibíades, representante de la liga délfica, habían supuesto una afrenta. Esto se debía a que Alcibíades había manifestado hacia ellos una gran desconfianza, no creía en la lealtad de Cos hacia la confederación, digamos que su adhesión, según los atenienses, no había estado del todo clara. Ése fue el origen de la fricción entre Atenas y Cos, y en esta atmósfera de tensión entre las dos ciudades se produjo el discurso que Tesaulo efectuó ante los atenienses en nombre de su padre, con el fin de defender su patria que estaba atenazada entre la presión espartana y la desconfianza ateniense. Y parece que logró la confianza ateniense, Cos había depositado en él la esperanza de volver a tener la fe de la poderosa Atenas gracias al discurso redactado por Hipócrates. Es lógico pensar que en Cos no solamente se conociera a Hipócrates como un gran médico en su época, sino que a lo largo de las generaciones se transformó en un ser casi mítico —ni mucho menos lo fue, sino real—, que fue objeto de un culto similar al de los héroes y los dioses, al que incluso ¡se le hacían sacrificios en honor del día de su cumpleaños! Un ser que merecía algo más que consideración y cuyos aliados e incluso sus enemigos respetaban y escuchaban. Éste fue Hipócrates, un médico de prestigio y un hombre diplomático, alguien que inspiraba confianza y seguridad.

Los médicos prehipocráticos eran una suerte de artesanos del cuerpo, que aplicaron durante cientos de años fórmulas idénticas para casos similares y que estaban al servicio de la comunidad. Vivían de su oficio, como lo hacían los arquitectos y los bardos, ofreciendo sus labores, dispuestas al servicio público, y a los que el contacto con la gente les hacía adquirir un cierto prestigio si realizaban bien su trabajo. Hipócrates lo cambió todo, y se ocupó de aplicar a su oficio el pensamiento, la observación y no solamente la mecánica. Ése fue el gran cambio que permitió a la medicina conocer más a fondo la naturaleza del hombre y las relaciones entre distintos aspectos más allá de la fisiología. En Jonia y en la Magna Grecia se comenzaba a percibir este cambio, que no nació en un día, y que consistió entre otras cosas en que la medicina pasara de ser artesanía, mecánica aplicada, a ser un arte intelectual, mucho más completo y complejo. Sin embargo, tanto unos como otros, fueron personas muy respetadas ya que todos los médicos en Grecia tenían un gran prestigio, debido por una parte a su profesión y también a su origen; ya hemos visto cómo se les consideraba descendientes de Apolo o al menos copartícipes de su saber.

A lo largo de toda Grecia y del Egeo existían templos dedicados al culto de Asclepio, y en ellos se practicaba una medicina religiosa, en la que los Asclepíadas, o hijos de Asclepio —los médicos que la practicaban—, fueron en primer lugar padres e hijos, y poco a poco se les fueron uniendo miembros de otras familias hasta formar una gran estirpe, teniendo en común la práctica de un tipo de medicina, de una forma de pensar la realidad y las formas de cambiarla para mejorar la vida del hombre. Esta antigua y centenaria manera de ejercer la medicina convivió durante siglos con la nueva época representada por Hipócrates y con su pensamiento basado en la observación clínica.

En cualquiera de los casos, la medicina se podía aprender desde niño, pasando varios años junto a un médico que la ejerciera, o desde algo más mayor, estudiando y trabajando en una de las escuelas donde se enseñaba esta disciplina. Cuando el joven era experto, el maestro que lo había formado lo presentaba en la *ekklesia* —asamblea de los griegos—, ante todos, para presentarlo en sociedad y convertirlo en un médico que, con su aval, pudiera ejercer de forma individual la medicina, ya sin maestro. Con seguridad Hipócrates recibió el conocimiento de esta forma y también lo transmitió; no solamente a sus hijos, sobrinos o nietos, sino a multitud de discípulos a los que enseñó en Cos y a lo largo de sus peripecias por el mar Egeo, que fueron muchas y se sucedieron a lo largo de varios años.

En esta época, la medicina se había constituido en una ciencia de gran importancia, por lo que en el ámbito griego había varias importantes escuelas médicas: una en la Magna Gracia, otra en Cnido, en Rodas, en Crotona, otra en Cirene y, finalmente, por supuesto, en la isla de Cos. Pero había algo en común a todas ellas: el médico debía conocer la *tekne*, un concepto complejo en el que se modulaban el pensamiento, la experiencia, la inteligencia, la operación y la habilidad con las manos. Un buen médico era y es un buen cirujano, por lo que éste debe tener habilidad en las manos, agudeza en la vista, percepción fina y conocimiento de la medicina.

Cada una de estas escuelas médicas tenía diferentes peculiaridades. Es natural que los puntos de vista no fueran homogéneos, pero entre todas las del Egeo eran las escuelas de Cnido y de Cos las que sí manifestaban distintos posicionamientos: las prácticas médicas de la escuela de Cnido presentan unos orígenes diferentes, en los que es posible observar préstamos intelectuales egipcios e iranios, y en cuanto al tipo de terapéutica aplicada, esta escuela era experta en mecánica interna. Conceptualmente, trataba al enfermo de forma mucho más esquemática y amplia, generalizando y no particularizando, que es justo lo contrario que instaura el conocimiento de Hipócrates.

La de Cos, por su parte, trataba de individualizar las descripciones clínicas, los enfermos eran casos concretos de personas particulares y la medicina no se practicaba mediante la aplicación de dictámenes generales. Por su lado, las exploraciones eran más completas y trataban de crear un diagnóstico certero; además, las diferentes formas de terapéutica coica aplicaban procedimientos más moderados frente a los más rigurosos procedimientos cnidios. Hipócrates se acercaba al paciente, a cada paciente con su caso particular; ésa, y no otra, era la gran diferencia.

Como nada nace de la casualidad, la medicina sufrió unos cambios que eran expresión de un tiempo diferente. Y es que en el s. V ocurrió algo importante para que naciera la medicina concebida de una nueva forma, un entorno perfecto para una mente como tuvo que ser la de Hipócrates. Aparecen nuevas maneras de entender el pensamiento, de concebir el mundo, que permiten que Hipócrates pueda desarrollar sus flamantes teorías y además éstas disfruten de una expansión consecuente y a su altura, lo que facilitaría que la gente las aceptara. Para romper unas costumbres y forma de pensar milenarias es necesario que se produjeran varias circunstancias propicias en un mundo en el que los cambios no se buscaban por sí mismos. Era necesario que una personalidad fuerte e inteligente se convirtiera en el motor de un pensamiento más actualizado y veraz, como sucedió; así que era imprescindible que las escuelas de medicina estuvieran maduras para recibir ese nuevo pensamiento y, por lo tanto, era forzoso que existiera un sustrato intelectual que facilitara todas las novedades. Sin duda, el médico de Cos estaba en el lugar y en el momento adecuados para desarrollar sus teorías y que éstas conocieran la gran expansión consecuente.

La medicina prehipocrática había sido durante siglos una mezcla de magia y superchería, de ritos ancestrales y prácticas que funcionaban ocasionalmente. La medicina empírica, mezclada con una religiosidad que empapaba todos los ámbitos de la vida era difícil de sustraerse a los cambios que los nuevos tiempos propiciaban; y, en efecto, al menos una parte de ella se transformó en una nueva ciencia. Y esta nueva ciencia dejó sus frutos, no solamente en la práctica médica, junto a los pacientes, sino también en los escritos de Hipócrates, en los de sus discípulos y en los de otros miembros de los Asclepíadas. Y es que la obra de Hipócrates es algo más que una ocupación propia suya: se conoce como *Corpus Hipocraticum*, y se trata de un conjunto de escritos de diversas épocas vinculados con la forma de entender la medicina del médico de Cos. Son un conjunto —corpus— de escritos atribuidos a Hipócrates, de los que si bien no todos son suyos, sí lo es el espíritu que los animó. En realidad, se trata de la colección más antigua de obras médicas de la Antigüedad, que probablemente tuvo su origen en la biblioteca que poseía su familia, padre y abuelo, que ejercieron la medicina en Cos antes que él. La preocupación por transmitir el conocimiento, no solo a sus discípulos, sino a la Historia, es lo que ha hecho de Hipócrates el

ΙΠΠΟΚΡΑΤΟΥΣ
ΟΡΚΟΣ
HIPPOCRATIS
IVSIVRANDVM·

'ΜΝΥΜΙ' Ἀπόλλωνα.ἰητῦϊ· καὶ Ἀσκληπιὸν· καὶ Υγίαν· καὶ Πανάκειαν, ὑ θεοὺ πάντας καὶ πάσας, ἴστορας ποιεύμενος, ἐπιτελέα ποιήσειν κὴ δύναμιν καὶ κρίσιν ἐμεω, ὅρκον τόνδε ἢ ξυγγραφὴν τήνδε. ' ἡγήσασθαι μὲν τ διδάξαντά με ἢ τέχνην ταύτην, ἴσα γονεῦσιν ἐμοῖσιν, καὶ βίου κοινώσασθαι καὶ χρεῶν χρηίζοντι μετάδοσιν ποιήσασθαι. καὶ γένος τὸ ἐξ εωυτέου, ἀδελφοῖσιν ἐπικρίνειν ἄρρεσι. καὶ διδάξειν τὴν τέχνην ταύτην, ἢν χρηίζωσι μανθάνειν, ' ἄνευ μισθοῦ καὶ ξυγγραφῆς. ' παραγγελίης τε καὶ ἀκροήσιος, καὶ τῆς λοιπῆς ἁπάσης μαθήσιος, μετάδοσιν ποιήσασθαι υἱοῖσί τε ἐμοῖσι, καὶ τοῖσι τοῦ ἐμὲ διδάξαντος. καὶ μαθηταῖσι συγγεγραμμένοισί τε, καὶ ὡρκισμένοισι νόμῳ ἰητρικῷ. ἄλλῳ δὲ οὐδενί. διαιτήμασί τε χρήσομαι, ἐπ' ὠφελείῃ καμνόντων κὴ δύναμιν καὶ κρίσιν ἐμεω. ' ἐπὶ δηλήσει δὲ καὶ ἀδικίῃ εἴρξειν. ' οὐ δώσω δὲ οὐδὲ φάρμακον οὐδενὶ αἰτηθεὶς, θανάσιμον. Οὐδὲ ὑφηγήσομαι ξυμβουλίην τοιήνδε. ὁμοίως δὲ οὐδὲ γυναικὶ πεσσὸν φθόριον δώσω. ἁγνῶς δὲ καὶ ὁσίως διατηρήσω βίον τὸν ἐμὸν καὶ τέχνην τὴν ἐμήν. οὐ τεμέω δὲ οὐδὲ μὴν λιθιῶντας. ' ἐκχωρήσω δὲ ἐργάτησιν ἀνδράσιν πρήξιος τῆσδε. εἰς οἰκίας δὲ ὁκόσας ἂν ἐσίω, ἐσελεύσομαι ἐπ' ὠφελείῃ καμνόντων, ἐκτὸς ἐὼν πάσης ἀδικίης ἑκουσίης καὶ φθορίης τῆς τε ἄλλης ' καὶ ἀφροδισίων ἔργων, ἐπί τε γυναικείων σωμάτων ἢ καὶ ἀνδρώων, ἐλευθέρων τε καὶ δούλων. ' ἃ δ' ἂν ἐν θεραπείῃ ἴδω, ἢ ἀκούσω, ἢ καὶ ἄνευ θεραπηίης κτ βίον ἀνθρώπων, ἃ μὴ χρή ποτε ἐκλαλέεσθαι ἔξω, σιγήσομαι, ἄρρητα ἡγεύμενος εἶ' τὰ τοιαῦτα. Ὅρκον μὲν οὖν μοι τόνδε ἐπιτελέα ποιέοντι, ' καὶ μὴ ξυγχέοντι, εἴη ἐπαύρασθαι, καὶ βίου καὶ τέχνης, δοξαζομένῳ παρὰ πᾶσιν ἀνθρώποις, εἰς τὸν ἀεὶ χρόνον· παραβαίνοντι δὲ καὶ ἐπιορκέοντι, τἀναντία τούτων.

Ex Apollinem Medicum, & Æsculapium, Hygiamque & Panaceam inreiurando affirmo,& Deos Deasque omnes testor,me quantum viribus & iudicio valuero, quod nunc iuro, & ex scripto spondeo plane obseruaturū. Præceptorem quidem qui me hanc artem edocuit, parentum loco habiturum, eique cùm ad victum, tum etiam ad vsum necessaria, grato animo communicaturum & suppeditaturum. Eiusque posteros apud me eodem loco quo germanos fratres fore, eosque si hanc artem addiscere volent, absque mercede & syngrapha edocturum. Præceptionum quoque & auditionum, totiusque reliquæ disciplinæ, cùm meos & eius qui me edocuit liberos, tum discipulos qui Medico iureiurando nomen fidemque dederint, participes facturum, aliorum præterea neminem. Victus quoque rationem, quantum facultate & iudicio consequi potero, ægris vtilem me præscripturum, eosque ab omni noxia & iniuria vindicaturum. Neque cuiusquam precibus adductus, alicui medicamentum lethale propinabo, neque huius rei author ero. Neque simili ratione mulieri pessum subdititium ad fœtum corrumpendum exhibebo: sed castam & ab omni scelere puram, tum vitam, tum ætatem meam perpetuò præstabo. Neque verò calculo laborantes secabo, sed magistri eius artis peritis id muneris concedam. In quancunque autem domum ingressus fuero, ad ægrotantium salutem ingrediar, omnem iniuriæ inferendæ & corruptelæ suspicionem procul fugiens, tum vel maximè rerum venerearum cupiditatem, erga mulieres iuxta ac viros, tum ingenuos, tum seruos. Quæ verò inter curandum, aut etiam Medicinam minimè faciens, in communi hominum vita, vel videro, vel audiero, quæ minimè in vulgus efferri oporteat, ea arcana esse ratus, silebo. Hoc igitur iusiurandum si religiosè obseruaro, ac minimè irritum fecero, mihi liceat cum summa apud omnes existimatione perpetuò vitam fœlicem degere, & artis vberrimum fructum percipere. Quòd si illud violauero & peierauero, contraria mihi contingant.

A

Juramento Hipocrático.

hombre grande que hoy conocemos. En parte, la atribución de tantas y tales obras a su pluma se debe a que los bibliotecarios alejandrinos, muy celosos de la calidad de las obras que guardaban en su gran biblioteca, comenzaron a llamar hipocráticos a todos los manuscritos médicos anónimos, debido a la fama del de Cos, tratando de prestigiar las obras que ya existían entre sus estantes.

Tan importante llegó a ser Hipócrates que hoy los historiadores de la Medicina hablan de medicina hipocrática o prehipocrática; es decir, antes o después de nuestro hombre. A lo largo de la historia se suceden —con no demasiada frecuencia— estos momentos concretos, especiales; son conjunciones brillantes que crean y son creadas por situaciones, personas y por las relaciones que tienen lugar entre todos ellos, y que son delicadas y frágiles como telas de araña, pero espléndidas y, finalmente, fuertes por su solidez y buen resultado. Esto sucedió en la Grecia del s. V a.C., y estas situaciones no fueron tanto una sucesión de excepciones brillantes, como de presencia de un ciclo lúcido, en el máximo sentido de la palabra. Un momento en el que el conocimiento se propagó de diferentes formas: talento científico, desarrollo de sensibilidad ante las artes, aguda expresión filosófica y brillantez política. Y es justamente lo que ocurriría en su época, ya que el mundo griego conoció en este siglo un apogeo en todos los sentidos. El siglo de Pericles es la edad dorada en la que de forma no casual desarrolla su conocimiento médico Hipócrates, dotado de la experiencia médica de siglos anteriores y de la suya propia. La dietética se conocía con antelación, quizás incluso antes de Pitágoras, pero entendida de otra forma: la dietética antigua se concebía como toda la medicina, como una ciencia casi religiosa, litúrgica y sacra, más que como un concepto sanitario al estilo actual. Al desprenderse de los aspectos devotos, en el s. V se convierte en algo diferente, más conexo con el acto fisiológico de la nutrición y de la forma de vivir; en suma, lo que ha sido hasta la actualidad, la *díaita* —el término griego—, entendida como régimen de vida, como estilo de vida. La forma de vivir, de actuar, de comer, de dormir... todo mucho más amplio que la propia manera de alimentarse, pero que en cualquier caso influye, y mucho, sobre la naturaleza humana, sobre la salud y la enfermedad.

Para Hipócrates la dieta era todo esto pero también comprendía aspectos tan interesantes como el clima y país donde se habitaba, la práctica del ejercicio físico y su constante desarrollo; también la actividad profesional, los hábitos de la sociedad en la que se vivía y otros pequeños aspectos que solo al médico competía escudriñar. Así, entendida la dieta como estilo de vida, más que como restricción alimentaria, podemos decir que el concepto hipocrático había avanzado veintiún siglos de golpe, ya en el s. V., y así lo manifiesta: «En lo que respecta a la dieta humana... en primer lugar (hay que tener en cuenta) las constituciones naturales de los hombres, que son diferentes. Después, resulta que las edades tienen diversas necesidades; además están las disposiciones de los países, y los cambios de los vientos, las variaciones de las estaciones, y las características del año»[41].

Los médicos hipocráticos no solamente se ocupaban de prescribir dietas para aliviar las enfermedades, por ejemplo recetando tisanas de cebada —muy usadas como remedio múltiple de diversas dolencias— o suero de leche, sino que hicieron nacer la dietética como ciencia para personas que sí tenían salud: es el nuevo concepto de la prevención que hoy tantos gobiernos tratan de promover. Hipócrates consiguió que se comenzara a mirar los alimentos no desde el punto de vista de la farmacología, sino como instrumentos que a priori pueden mantener o mejorar el estado de salud y la vida, en suma.

Esta forma de entender el efecto de los alimentos, el poder seleccionar el momento justo y adecuado en que se deben consumir para cada cuerpo y circunstancia, la cantidad de ellos y las combinaciones entre diferentes comidas... es a la historia de la alimentación uno de los hechos más singulares e inteligentes que se han producido en esta relación del hombre con el alimento. Y este concepto no nace aislado, sino que forma parte de uno de esos momentos históricos que se ha dado en denominar edad dorada, en esos en los que realmente se producen eclosiones de prosperidad, paz, y por supuesto se deben a la aparición de hombres dotados de temperamentos e inteligencias fuera de lo común.

Sin duda momentos como estos son infrecuentes en la historia, apenas podemos hablar de algunos pocos períodos que iluminan el resto del devenir hasta la actualidad, pero han sido claves para comprender que el desarrollo y el progreso no son estrictamente paulatinos, sino que han ido conociendo impulsos sustanciales en momentos concretos, y que la humanidad se ha alimentado de ellos por milenios. El progreso histórico, el de carácter tecnológico, el relativo al pensamiento, incluso el *teknos*, han avanzado hasta la actualidad gracias al impulso que generan hombres y épocas especiales, y que aportan conocimiento esencial que resulta útil para siempre al género humano.

Y así, los libros del *Corpus Hipocraticum* que hablan de la dieta, y

---

41   Hipp., *Diait.*, 67.

que con toda seguridad fueron obra de Hipócrates o como mínimo se asume que tienen referencias directas a él mismo y que por lo tanto son fruto intelectual del médico de Cos son: *La dieta en las enfermedades agudas, Sobre la dieta, La dieta salubre* y *La medicina antigua.*

Al contrario que Ulises, Hipócrates nunca volvió a casa después de sus viajes por el Egeo, desde el norte de Grecia y a lo largo de toda la costa. Dejó una larga estela que dura hasta hoy y murió en Tesalia, en la ciudad de Larissa a una edad muy avanzada, que superó los 80 años, pero la leyenda deja buen recuerdo hasta de su tumba, alrededor de la cual cuentan que se establecieron unos enjambres de abejas que fabricaban una miel con propiedades terapéuticas, la cual se usaba para curar úlceras. En su tumba rezaba[42]: «El tesalio Hipócrates, de linaje coico, aquí yace, que, nacido del tronco divino de Febo, trofeos múltiples erigió derrotando a las enfermedades con las armas de Higiea, y consiguió inmensa gloria no por azar, sino con su ciencia».

BIBLIOGRAFÍA

Galeno, *De alimentorum facultatibus*, Powell, O., (ed.), Cambridge, 2003.

Goldberg, H.S., *Hippocrates, Father of Medicine*, Lincoln, 2006.

Hipócrates, *Tratados Hipocráticos*, Vols. I, II, III, V, García Gual, C. *et al.* (trad. y notas), Madrid, 1986-1990.

—*Tratados Hipocráticos*, vol. I, García Gual, C., et al. (trad. y notas), Madrid,1990.

—*Tratados Hipocráticos*, vol. II, López Ferez, J.A; García Novo, E., (trad. y notas), Madrid, 1986-1990.

—*Tratados Hipocráticos*, vol. III, García Gual, C., et al. (trad. y notas), Madrid, 1986.

—*Tratados Hipocráticos*, vol. V, García Novo, E., et al. (trad. y notas), Madrid, 1989.

Jouanna, J., *Hippocrates*, Baltimore, 1999.

Laín Entralgo, P., *Historia Universal de la Medicina*, II, Barcelona, 1972.

Tucídides, *Historia de la guerra del Peloponeso*, Torres, J.J., (trad. y notas), Madrid, 1990-92.

—*Historia de la guerra del Peloponeso* (Libros I-II), Torres, J.J., (trad. y notas) Madrid, 1990.

---

42   Ant. *Pal.*, VII 135.

—*Historia de la guerra del Peloponeso* (Libros III-IV), Torres, J.J., (trad. y notas) Madrid, 1991.

—*Historia de la guerra del Peloponeso* (Libros V-VI), Torres, J.J., (trad. y notas) Madrid, 1992.

—*Historia de la guerra del Peloponeso* (Libros VII-VIII), Torres, J.J., (trad. y notas) Madrid, 1992.

Retrato de Thomas Jefferson por Rembrandt Peale en 1800.

THOMAS JEFFERSON

Tercer presidente de los Estados Unidos de América. Intelectual, político, agrónomo, abogado, escritor. Un humanista en el s. XVIII, que se interesó por todo lo que le rodeaba. Llevó a Estados Unidos nuevas variedades de arroz, se interesó por cultivos para su país y trasladó su fascinación por la cocina francesa, de la que su mesa era uno de los mejores exponentes y se convirtió en el primer gastrónomo de América. Nació el 13 de abril de 1743 en Shadwell, Virginia, falleció el 4 de julio de 1826 en Charlottesville, Virginia.

Actúa como actuarías si te estuviese mirando todo el mundo,
y obra en consecuencia.

Estadista, agricultor, presidente, filósofo, inventor... Thomas Jefferson encarnó todas las virtudes del primer americano, del hombre ejemplar; mente clara y expositiva, de carácter apasionado, tímido, sensato y firme a la vez. Además de ser uno de los hombres más importantes en la historia y de haber dado forma a una gran nación y a un modo de pensar ilustrado y moderno simultáneamente, también introdujo la viña en Estados Unidos, el gusto por el vino y la comida refinada al —entonces de última moda— estilo francés en la mesa. Fue el precursor de todos los apasionados de la cocina francesa que vinieron después de él, desde Julia Child a James Beard. Pero un refinamiento entendido a la americana, evitando ciertas extravagancias propias de los últimos años de la monarquía borbónica que él conoció de primera mano y que caían en el derroche. Un refinamiento entendido desde el aporte de elementos e ingredientes que llevaría a la cocina americana una gran riqueza de nuevos componentes a las viejas preparaciones, aportando nuevos productos y utilizando materiales adecuados para la cocina y la mesa, con maquinaria de cocina y con cocineros expertos. Todo un cambio revolucionario, mucho más que detalles puntuales. Era saludable, frugal, de mente clara, fuerte, firme, sereno, con un tímido y encantador sentido del humor. Delgado, moreno y franco, de mirada inteligente, palabra tranquila y meditada, nariz fina, mirada aguda y cabello castaño, tenía un aspecto agradable, aunque su timidez le hacía parecer frío al principio. Practicaba en su propia vida la veracidad, la justicia y la franqueza y su primer objetivo era alcanzar ciertas virtudes que no podían ser compensadas por adquisiciones materiales. Para él, la primera bendición era un corazón honesto, y una cabeza sabia la segunda, y entendía que además era necesario un cuerpo fuerte y que éste hace fuerte a la mente.

En realidad Thomas Jefferson además de un gran pensador y hombre de estado fue un gran *gourmand*, con un fino sentido de la delicadeza en la comida y los vinos, a los que fue muy aficionado desde joven; pero no era un glotón en ningún aspecto, más bien una auténtica representación del hombre ilustrado al que le importaba la agricultura, la biología y la tecnología. Hasta tal punto llegaría su interés que también escribía sus propias recetas —de las que han quedado ciento cincuenta—, cultivaba en Monticello vides y todo tipo de plantas comestibles y árboles frutales.

América era una gran tierra, una tierra nueva en el sentido más exacto de la palabra, los primeros europeos pisaron Norteamérica en el año 1620. Los Peregrinos eran tan solo ciento dos personas que llegaron en el famoso buque Mayflower, un primer núcleo que iría creciendo y al que se sumarían más emigrantes desde el viejo continente. Aunque en las nuevas tierras había tribus nativas seminómadas, los amerindios, estos eran muy pocos y carecían de gobiernos estables, por lo que la conquista de los enormes territorios fue relativamente fácil. La historia americana, por tanto, en época de Thomas Jefferson, apenas tenía un siglo, ¡cien años! No era nada, Europa tenía sobre sus espaldas casi tres largos milenios —que se supiera hasta entonces—, y pesaban, pesaban. Los hombres eran los mismos, eran europeos trasplantados y adaptados, pero querían hacer una historia nueva; es más hicieron una historia nueva, crearon ciudades, dominaron, organizaron y civilizaron el enorme continente. Y fueron haciendo historia, creando su propio país de la mano de personas como Jefferson. Estaban imbuidos de una frescura de pensamiento, de unas creencias que si bien no eran nuevas, venían con aires nuevos. Tampoco la tierra era nueva, pero el hombre y la tierra, en América, se aliaron para confluir y generar un espíritu distinto, lozano pero no insolente, joven pero no procaz, nuevo, en definitiva.

En aquellas enormes extensiones de tierra, las recién nacidas ciudades se salpicaban a grandes distancias unas de otras, aquél era un mundo rural con pequeñas agrupaciones humanas y lo más normal era que la vida se desarrollara en esas comunidades rurales en las que los grupos familiares vivían relativamente aislados. En este estado de tierra libre y despoblada, el autoabastecimiento y la capacidad de disponer de recursos propios eran imprescindibles por lo que el conocimiento de una receta, de una conserva, de una forma de preparar alguno de los productos fundamentales como caza, pesca o cualquier otro recurso natural era una manera de salvar la vida, más que un lujo: en realidad se trataba de una auténtica herramienta que ayudaba a la supervivencia. Los primeros recetarios que se utilizaron se llevaron desde Inglaterra, pero la experiencia culinaria necesitaba una revisión en aquella tierra salvaje. Si bien se partía de un conocimiento previo, las cocinas no estaban igualmente bien equipadas, las carnes eran fundamentales para los que vivían más aislados, y disponer de unas nociones de botánica y agricultura aplicadas eran imprescindibles para seleccionar las setas correctas, las hierbas que podían ser nutritivas o los mejores granos. Los indios ayudaron a los colonos a reconocer los primeros productos y sin duda resultaría muy complicado para ellos al principio, pero pasaron hambre, que es un gran estimulante, agilizaron la mente y se esforzaron. Lo consiguieron.

Y comenzaron a escribir esa historia nueva desde lo más simple y necesario, y así los recetarios americanos hacían su aparición por necesidad y ayudarían a las mujeres —que eran las que cocinaban, en eso no habían cambiado las cosas— a manejar correctamente los recursos disponibles, a mantener despensas surtidas en invierno y a reconocer lo bueno de lo malo, lo tóxico de lo nutritivo. El primer libro de cocina de Estados Unidos se publicó en el año 1796. Amelia Simmons redactaría el *American Cookery*, un libro que tenía un gran sentido para las pioneras americanas porque era el primero que se hacía pensando en el tipo de cocina que aquellas mujeres y las familias necesitaban, con ingredientes americanos y sistemas de cocina prácticos en aquella tierra. Esta obra tenía en cuenta los recursos básicos disponibles en América: las carnes, los panes de todo tipo, los dulces, las conservas y la caza serían los protagonistas del recetario. En realidad eran recursos que tenían disponibles en su día a día, por lo que el carácter del libro es genuinamente americano y práctico. Es un librito de apenas unas pocas páginas, «adaptado a este territorio», dice en el título, en el que se enseña la mejor forma de elaborar grandes asados de caza: venado, buey, los pavos americanos que todavía no eran comunes en Europa, o la carne de tortuga... Y además pasteles de todo tipo para aprovechar esos recortes de carne que toda buena cocinera sabe que aparecen antes o después, puddings de todas clases, especialmente un *Nice Indian Pudding*, y recetas con productos nuevos para los europeos: calabazas, patatas, nutritivas habichuelas. Además mantequillas —*custard*— de todos los sabores, pasteles, galletas y conservas. Los nuevos americanos eran sin duda muy, muy golosos.

El pescado, sin embargo, era un bien limitado a los lugares cercanos a la costa o ríos, pero a cambio aparecieron otros productos, los nativos enseñaron a los ingleses a comer habichuelas guisadas que les resultarían muy nutritivas y que tendrían grandes posibilidades para estofados, además de que al deshidratarse de forma natural se podían transportar y mantener durante todo el invierno. Los indios las mezclaban con sirope de arce y añadían carne, una mezcla que estofaban durante horas[43] hasta que quedaba tierna. Además disponían de un ingrediente que no habían conocido en Europa, el maíz, que por su capacidad nutritiva formó parte de inmediato de todas las comidas de los colonos y, en las propiedades del sur, de la alimentación de los esclavos. El maíz se producía con gran facilidad, se almacenaba bien y permitía ofrecer raciones generosas de comida. Era un ingrediente que tenía infinitas posibilidades en la cocina. Además existían numerosas variedades y formas para la previa elaboración: maíz deshidratado y seco o fresco, de distintos colores, tamaños y sabores. En la vida de aquellos colonos, la dueña de la casa se ocupaba de todo lo relacionado con lo doméstico, en especial de la comida, de la despensa, de la bodega cuando la había —que era pocas veces a no ser en casas grandes—, y en general los abastecimientos. Ocurría así tanto en las familias más sencillas como en las de los grandes políticos e incluso en las casas de los jefes de Estado, como sucedió con Jefferson, cuya hija, Martha, ocuparía el lugar de señora de la casa y anfitriona.

Como sucede en todas las culturas la comida no solo era un asunto de supervivencia, sabor o disfrute, sino que tenía un simbolismo y un significado. En América la comida se convirtió en una cuestión relacionada con la forma de pensar: lo patriótico era frugal, y frente a la compleja y anticuada cocina típica de la corona inglesa se encontraba la independiente y fresca de los nuevos estados, simple y satisfactoria, sin más, una cocina que se practicaba tanto en las casas más modestas

---

43   Craughwel, 2012, 70.

como en las de los grandes hacendados. Simplicidad y frugalidad serían las claves del nuevo patriotismo de hombres que eran en su mayoría cuáqueros —como John Adams— o presbiterianos —como el propio Jefferson—. Como siempre, definir a «los otros» para identificarnos «nosotros», unas diferencias patentes en las mesas, en el vestido, en la religión y en la política.

Pero en las casas de personas importantes, como sucedía en la de Jefferson, rico hacendado virginiano, tener invitados a diario era algo habitual por lo que se hacía necesario disponer de unas cocinas, despensas y previsiones muy generosas y bien dispuestas para ponerse al servicio de la mesa en cualquier momento. Las poblaciones estaban muy alejadas unas de otras, por lo que era normal pasar la noche en las casas de los amigos o de los familiares, y a Jefferson le gustaba que a sus invitados se les acogiera alegremente y que comieran bien. Además, América producía mucha comida que se servía en multitud de platos en la mesa, lo cual era un signo de hospitalidad. En cuanto a las costumbres de la mesa, para la sopa se usaban las cucharas, y los cuchillos eran imprescindibles, sin embargo no era raro usar los dedos para coger la comida y llevarla a la boca, y el tenedor parecía excesivamente refinado en zonas rurales y al principio de la conquista por lo que no se usaba. Pero las élites de Virginia en época de Jefferson ya habían adoptado esta herramienta y poco a poco todas las colonias fueron incorporándola. Como sucedía con las mesas, las cocinas de los pioneros y los granjeros eran las más sencillas, pero las de los hacendados no eran necesariamente más sofisticadas, solo tenían a más personas trabajando. Las cocinas eran coto cerrado de las cocineras, que eran mujeres y frecuentemente negras, esclavas expertas que hacían comida doméstica, sencilla, popular, y que aportarían una mezcla de estilo americano, mano africana, toques indios e ingredientes que dependían, como en ningún otro sitio, de la estacionalidad. Los chefs no existían en Virginia, la patria de Jefferson, y menos aún la elaborada cocina francesa. La cocina sureña se estaba construyendo y aquellas serían sus bases.

Thomas Jefferson vivió en una época en la que se presentaban grandes contradicciones, pero estimulantes para un hombre inteligente y despierto como él. Aquel momento de la historia representaba dos mundos recién encontrados, el descubrimiento de un nuevo territorio en el que aún había culturas autóctonas con un diferente estado de civilización. Era un mundo que se desgajaba del antiguo y que perdía las anticuadas capas estamentales, la diferenciación por clases, que se desprendía de los prejuicios antiguos y en el que nuestro hombre era consciente de que el nuevo mundo exigía nuevos modos, pieles nuevas sobre los hombres renovados. A su vez, el pensamiento europeo influía en su mundo mientras ellos desarrollan el suyo propio, pero encontrarían en su territorio grandes diferencias con Europa y la forma de hacer política, y sobre todo carecían de invasiones y de conflictos típicamente europeos como cuestiones de fronteras, problemas de cercanías, etc.

En aquel momento tan solo estaba realmente colonizada la costa este de los actuales EE.UU. En el interior, la que fuera enorme provincia de Luisiana estaba casi desierta, y pertenecía a Francia, mientras que la costa oeste apenas tenía colonos. América era un mundo desconocido, virgen, que prometía lo que cada hombre quisiera pedirle, un mundo en el que las reglas del antiguo ya no valían, en el que los hombres podían establecer su propio orden, en el que había personas y no estamentos.

Pero el ideal de una nación de pequeños granjeros con el que nació América se fue con él. Jefferson decía que la tierra viene dada como soporte común para que el hombre trabaje y extraiga de ella su subsistencia, y que los pequeños propietarios rurales son las partes más preciosas de un Estado[44]. Las cosas discurrieron de forma muy diferente en los escasos doscientos cincuenta años que nos separan de él y sin duda los Estados Unidos son hoy una nación de comerciantes y no de pequeños granjeros, un país en el que los alimentos se adquieren pero no se fabrican. La lejanía del alimento con respecto a su punto de cultivo es la separación del hombre en relación con la auténtica realidad alimentaria. El inicio de la relación hombre-alimento en Estados Unidos fue estimulante, pero en su presente hoy las cosas son muy distintas aunque hay tendencias que animan a estrechar de nuevo la relación tierra-hombre-producto. O quizás es que el presente nunca es tan estimulante como el pasado o el futuro, porque en el presente conocemos las menudencias que hacen que todo sea inmediato, tan real, tan mediocre... y el tiempo, alejando esas cosas, aclara y bruñe, retirando todo aquello que en realidad no era tan importante, sino solo consecuencia del día a día. Pero Jefferson también fue consciente de que ni los tiempos son inmutables ni las cosas humanas tampoco y sería de la opinión de que una Constitución o una Ley no pueden mantenerse toda la vida, que hay que adaptarse a las circunstancias; lo que aportaría un gran sentido práctico al desarrollo de estructuras y organizaciones.

El tiempo de Jefferson sería un tiempo de cambios, una época en la que todo era nuevo para los colonos, en la que convivían diariamente

---

44   Jefferson, T., 2014, 348-49.

con el peligro de la soledad en las pequeñas granjas, las cuales podían ser atacadas por indios o a lo largo de la guerra más adelante. Él mismo los protagonizaría durante la guerra de la Independencia americana de Inglaterra y después cuando vivió en directo los primeros tiempos de la Revolución francesa. Muchas vidas que dependen de pocas personas, personas que viven aisladas —algo que él agradece y le encanta, pues cree que vivir en comunidad debilita al ser humano.

Fue una persona que se interesó vivamente sobre diversos aspectos de la vida, aceptándola globalmente y no como un especialista o un empecinado, en una única dirección. La armonía de la vida cotidiana, la belleza de los monumentos, de la pintura y la escultura, le hicieron contemplar lo mejor del mundo sin encerrarse en el disfrute sensorial estrictamente, sino en el placer espiritual que proporcionaba el goce de los sentidos. La mesa le gustaba cuando era ordenada, interesante y frugal pero dispuesta con generosidad, sin avaricia, en una época en la que la cortesía era un imperativo de cada momento de la vida. Thomas Jefferson estaba seguro de que el interés por la ciencia provocaría que la mente se despertara y que la sociedad se organizara mejor. Reconoció la simplicidad de la vida americana y la apreciaría extraordinariamente, amaba su país y las posibilidades que éste brindaría a las nuevas generaciones. Fue un hombre que expresaría de una forma muy clara los principios que iban a regir el mundo moderno desde su época hasta la actualidad, de ahí que la lectura de sus obras sea de auténtica actualidad, y hable directamente a la mente del lector moderno de una forma realmente inspiradora.

Thomas Jefferson nació un 13 de abril de 1743 en Shadwell, en el estado de Virginia. Sus padres fueron Peter Jefferson y Jane Randolph, los cuales tuvieron diez hijos, él sería el tercero después de dos hermanas mayores que estaban encantadas con el pequeño y le enseñaron y educaron con tanto cariño que terminaron siendo un auténtico referente para él. La familia era acomodada, y por parte de madre descendían de aristócratas ingleses. Su padre era un terrateniente que además ejercía como agrimensor. En 1745 se fueron a vivir a Tuckahoe durante siete años, ya que Peter Jefferson era albacea de su amigo Thomas Mann Randolph y al fallecer éste se tuvo que ocupar de la herencia y de su pequeño hijo. Su padre no era muy ilustrado pero todo le interesaba y trató de pulirse y mejorar su propia formación llegando a ser incluso profesor de matemáticas en una Universidad de Virginia; tenía una gran inteligencia natural. Así que se tomó el interés por la formación del pequeño, que ingresó en una escuela con cinco años, y después en una segunda fase en otra escuela en la que estudiaría latín, griego y francés desde los nueve a los catorce años. Volvieron a casa a Virginia y en el año 1757, cuando Thomas tenía solo catorce años, su padre murió y el joven heredó la finca y los esclavos, aunque legalmente hasta los veintiuno años no podría tomar posesión de su herencia. Allí construiría Monticello años más tarde, pero aún tenía muchas cosas que hacer, en primer lugar se formaría adecuadamente para llegar a ser abogado. Tras la muerte de su padre, Thomas estudió en la escuela de James Maury, en Fredericksville, con un reverendo que le enseñaría historia y ciencias. A los dieciseis años, en 1760, entró en el College of William & Mary en Williamsburg, donde trabaría amistad con el profesor William Small, al que él mismo describe como «un hombre profundo en la mayoría de las ramas útiles de la ciencia, con un feliz talento para la comunicación... y una mente abierta y liberal», el cual ejerció una gran influencia sobre el joven Thomas. Además estudió filosofía, matemáticas y metafísica, francés, griego y también a los clásicos con tal profundidad que durante toda su vida pudo leer la Odisea en griego, algo que le producía una gran satisfacción, y al estilo de la época también tocaba el violín. Era un estudiante incansable que se formaba durante quince horas al día, como sus compañeros recordaban años después, pero no dejaba por eso de tomar parte en todas las actividades que le resultaban de interés. Durante su estancia en la Universidad fue miembro de una organización secreta, acudía a la capilla por la mañana y por la tarde a las fiestas del gobernador del rey —entonces las colonias estaban todavía gobernadas por Gran Bretaña—, Francis Fauquier. En estas reuniones tocaba el violín y desarrolló su afición por el vino de la que más tarde disfrutaría durante su estancia como embajador francés. El profesor Small preparó al joven Thomas para ingresar como estudiante de leyes bajo la dirección de George Wythe, el íntimo amigo del primero. Nunca olvidaría las conversaciones a cuatro bandas con Small, Wythe y Fauquier, que serían para él de una gran instrucción. Aunque era un excelente estudiante, que aprovechaba cada momento y era fundamentalmente responsable y organizado, Thomas también era joven, le gustaban las chicas, los bailes y disfrutaba con sus amigos. En 1762 escribía a su amigo Page el día de Navidad una divertida carta, casi era un niño, solo tenía 19 años y sus letras tienen todo el encanto de la edad: «Esta fecha, que para otros es día de regocijo y jovialidad, me encuentra abrumado por desdichas más numerosas y mayores... ¿Creerás que las malditas ratas se comieron mi monedero que tenía junto a mi cabeza? Y... se llevaron mis desbotadas medias de seda... Hubiese llorado amargamente, pero me pareció impropio de la dignidad de un hombre». Entre otros bienes, llevaba en el monedero un dibujo de su amada, que entonces era Becca Burwell por la que suspiraba, y «aunque el retrato esté desfigurado, hay grabada en mi mente una imagen suya tan viva que pensaré en ella demasiado a menudo, temo, para mi paz de espíritu. Saluda afectuosamente de mi parte a todas las jovencitas que conozco». Parece un ambicioso recordatorio para que sus amigos —especialmente las chicas— recordaran que existía y que él se acordaba también de ellas. Es divertido, natural y normal, a esa edad en un chico que parece apasionado y tímido a la vez, lo que le tuvo que hacerle sufrir con frecuencia en esa primera juventud. Las distracciones en la época eran los bailes y las reuniones, «Anoche, bailando en el Apollo con Belinda, tan dichoso como podía hacerme una compañía tan agradable...».

Aún era muy joven, y aunque responsable y serio todavía no era independiente, y en realidad tenía estrechos lazos con su familia. Su madre vivía —falleció en 1776— y mantenía una relación estrecha con ella y sus hermanas, era un joven que tenía obligaciones porque se había convertido en el cabeza de familia y sabía que tendría que velar por muchos. La vida familiar era feliz, pero su hermana mayor se había casado y vivía con su marido en su propia casa, mientras que su querida Jane murió un año antes que su madre, con tan solo veinticinco años. Esto le sumió en una depresión, él era tímido y sus hermanas le hacían sentir muy bien, se divertía con ellas y se sentía cómodo en su compañía. Los hermanos pequeños, dos niñas y dos chicos, eran demasiado jóvenes para proporcionarle el estímulo intelectual de sus hermanas, aunque de mayor tendría buenas relaciones con ellos.

Finalmente, terminaría su periodo de formación y recién finalizados sus estudios de Derecho, se graduó en 1762 y se hizo abogado en Virginia en el año 1767, pero la Revolución cerró los tribunales. En el año 1769 se convertiría en miembro del poder legislativo por elección. Aquél sería su trampolín y le enseñaría la práctica de todo lo que había aprendido teóricamente, y lo fue hasta que el Tribunal General lo clausuró. Ya tenía muy claro que se posicionaba con los liberales y que con el gobierno del rey inglés sus propuestas no serían aceptadas. La más importante que presentó en esa época fue la propuesta de la emancipación de los esclavos y confiesa que: «Nuestras mentes se hallaban encerradas en estrechos límites por la creencia de que nuestro deber era permanecer subordinados a la madre patria». Además de abogado, representó al condado de Albemarle en la Cámara de los Ciudadanos de Virginia a partir de 1769.

Serían unos años muy productivos en lo profesional y en lo personal, la vida avanzaba rápidamente. En 1768, como ya había tomado posesión de su herencia, la finca paterna, comenzó la construcción de Monticello. La casa original se modificó según su criterio, Jefferson era un admirador de la arquitectura de Palladio, el gran arquitecto renacentista y quiso hacer un edificio en el que el equilibrio, la elegancia y la racionalidad predominaran sobre todo. Lo construyó elevado sobre una colina de la finca, lo que le proporcionaría una vista amplia y altura, pero estuvo toda su vida en obras, y también hizo que se endeudara. Para él era su templo, el ideal que representaban los principios ilustrados a los que era tan afecto, aquél era su paraíso y deseaba que expresara la armonía y perfección, la belleza y el sentido práctico. Sus jardines no solo eran decorativos sino productivos, y alimentaban a la familia. Además organizó unos invernaderos como laboratorios botánicos, donde experimentar con diferentes especies de plantas. El jardín lo dividió en una zona de frutas, en otra de raíces y en otra de hojas, y se ocupaba de hacerse traer especies de México y Europa.

A partir de ahora le tocaría vivir uno de los episodios más importantes de la historia americana, la independencia de Inglaterra, con su revolución y la guerra que supuso. Jefferson fue uno de los hombres centrales de los que se desprendería el torbellino que fueron aquellos años en todos los aspectos: en lo político, en lo intelectual, en lo social. Todo iba a cambiar, y su capacidad de trabajo y clarividencia de pensamiento sería uno de los motores más fuertes de la independencia americana.

En su biografía confiesa que, tras disolver las instituciones, «no ocurrió nada de interés durante un tiempo considerable. Nuestros conciudadanos parecían haber caído en un estado de insensibilidad hacia nuestra situación. El arancel sobre el té no había sido rechazado aún...». Eran los días en que un reservado de la Taberna Raleigh se convertiría en el lugar donde se reunirían a escondidas —Jefferson, Henry Lee, L. Lee, Carr (marido de su hermana) y otros— para acordar una forma de proceder diferente. En realidad eran conspiradores, porque los parlamentarios más veteranos según Jefferson «carecían de la osadía y la devoción requeridos por los tiempos». Se hacía imprescindible llegar a un acuerdo con el resto de colonias, identificar a Gran Bretaña como el enemigo común y tener una unidad de acción. Para ello enviaron correos a cada una de las colonias, se organizó un comité de correspondencia y enterado el gobernador inglés lord Dunmore de sus actividades, los disolvió de inmediato. No sirvió para nada, al día siguiente siguieron con las mismas.

El 16 de septiembre de 1773 tendría lugar uno de los episodios más conocidos del proceso de independencia americano, el Boston Tea Party, cuando, por un problema de tributos impuestos a las colonias sin su participación, los colonos entendieron que se les perjudicaba y que sus intereses estaban dañados. El puerto de Boston se vio invadido por una serie de protestas que se convertirían en la primera gran manifestación americana frente al poder inglés. Aquella noche, los miembros de una asociación patriótica conocida como los Hijos de la Libertad se disfrazaron de indios mohawk y tiraron muy eficientemente a la bahía todo el té que transportaba el barco. Los acontecimientos se precipitarían, el gobierno inglés declaró de inmediato el estado de excepción y como consecuencia, en 1774, el Parlamento británico publicaría las famosas «Leyes intolerables». Jefferson escribió resoluciones en contra de la actitud del gobierno británico, publicando una visión completa de su pensamiento en *Una vista resumida de los Derechos de la América británica*, en la que aportaba la idea de que los colonos tenían el derecho a gobernarse a sí mismo y no carecería de consecuencias, hasta tal punto que se convertiría en el marco intelectual de la independencia posterior.

El 19 de Abril de 1775 comenzaba la guerra de la Independencia americana, las trece colonias formarían una nueva nación tras la guerra. Jefferson preparó una declaración para Gran Bretaña explicando las causas de la revolución, que después pactaron entre todos los asistentes al comité para presentarla de forma conjunta. Y en junio de 1775 sería nombrado delegado por Virginia en el Segundo Congreso Continental. Finalmente los delegados de Virginia, entre los que él se contaba, propusieron al Congreso declarar la unidad de las colonias y romper el vínculo político entre ellas y Gran Bretaña, formando una confederación que daría lugar al nuevo estado. En Julio ya era necesario preparar una declaración, la que sería Declaración de la Independencia, que fue redactada por un comité en el que se incluían Franklin, Adams, Sherman, Livingstone y el propio Jefferson.

Durante toda la guerra asistió al estado en todo lo que le fue posible: en la Declaración, en la creación de leyes y en la creación y desarrollo de una estructura. Con una casa —Monticello, que era por sí mismo un gran proyecto— que estaría en construcción constante durante muchos años, el joven Jefferson no quería esperar más para el matrimonio y en 1772 se casaría con Martha Wayles Skelton. Ella era una joven viuda de veintitrés años y él tenía veintinueve. Martha era hija de un hacendado y abogado con el que Jefferson se llevó muy bien desde el primer momento. Al fallecer su suegro, al año de casados, el matrimonio

Monticello, la residencia de Jefferson.

duplicó su fortuna por la aportación de la herencia de Martha. Tuvieron seis hijos y fueron un matrimonio muy feliz, Martha tenía muy buen carácter y era una excelente ama de casa, cualidades ambas muy apreciadas por Jefferson. La mayor de todos los hijos sería Martha, llamada como su madre, que nació el mismo año de la boda de los padres y que tendría una relación extraordinaria con Jefferson, convirtiéndose con el paso de los años en el ama de casa de Monticello. Después de tener el último hijo, en 1782, Martha quedó muy debilitada y no se recuperó del parto, tras lo cual falleció. Jefferson le prometería en su lecho de muerte no volver a casarse, cosa que cumplió. La ternura con que hablaba a su esposa y cómo le decía las cosas es visible en las cartas que le escribía, que muestran un corazón sereno y una excelente forma de comunicarse con ella: «Algunas damas piensan que con los privilegios del *deshabillé* pueden ser descuidadas y negligentes en su arreglo durante la mañana. Pero desde que te levantes hasta que te acuestes debes estar tan aseada y bien vestida como a la hora de cenar... No hay para nuestro sexo nada tan desagradable como una falta de limpieza o delicadeza en el vuestro...», le escribía en la última etapa de su vida en que muy probablemente el embarazo le hacía estar incómoda empujándola a vestir más confortablemente que como lo hacía de costumbre. Pero no deja de tener encanto un padre de familia que se preocupa de que su esposa esté atractiva y que la anima a estar bien arreglada. Él tenía claros los principios que provocaban que la vida fuera fácil y feliz, y escribía a una amiga, la Sra. Trist cuando estaba en París, poco después de que Martha falleciera: «La aspereza de la mente humana está tan pulida entre ellos —los franceses— que parece posible deslizarse toda una vida a su lado sin un solo roce. Es posible también que sus modales sean los mejor calculados para la felicidad de un pueblo en esta situación, aunque estoy convencido de que no logran suscitar una felicidad tan templada, uniforme y duradera como la que se disfruta por lo general entre nosotros. Los vínculos domésticos faltan aquí —en Francia— por completo y ¿dónde hallar compensación? Quizá logren algunos momentos de transporte por encima del nivel de tranquila y común dicha que nosotros experimentamos, pero están separados por largos intervalos, durante los cuales todas las pasiones están en alta mar, sin timón ni brújula». Y para él la diferencia entre América y Francia, al examinar ambos pueblos, era la gran felicidad que disfrutaba mucha gente en América según su forma de entender la vida. Los jóvenes franceses estaban ocupados en intrigas amorosas, y los mayores en intrigas de ambición. Y como según su experiencia el amor conyugal no existía, la felicidad doméstica era radicalmente desconocida. «En su lugar hay aventuras que alimentan y fortalecen todas nuestras malas pasiones... Inferior, muy inferior es esto a la dicha tranquila y permanente con que bendice a la mayoría de sus habitantes la sociedad doméstica en América...».

Aunque es bastante objetivo y sus opiniones no son monolíticas, de manera que considera que los franceses en los placeres de la mesa: «Están muy por delante de nosotros, porque añaden la moderación al buen gusto. No terminan sus educadas comidas transformándose en animales. No he visto todavía en Francia a un hombre borracho». Bueno, sería una exageración, Francia le debió parecer a su llegada un país excepcionalmente urbano y civilizado, en contraste sobre todo con el recién nacido al otro lado del Atlántico. Además de la gastronomía, a Jefferson le interesaría la educación, que era lo más importante que para él debían tener los jóvenes: conocer los clásicos, las lenguas modernas, matemáticas, filosofía e historia natural, historia civil y ética y todas sus ramas. Para él, un americano se debía educar en América y no en Europa, al cambiar de continente adquiría el gusto por el lujo europeo, despreciando a su propio país perdía en conocimiento, en moral, en salud, en costumbres y en felicidad. Haría amistades europeas que después no cultivaría, y se vería acometido por el espíritu de aventura con las mujeres, olvidando la fidelidad al matrimonio, y llegando a considerar esto como una práctica incompatible con la felicidad, olvidando el uso adecuado de la lengua nativa, que según él se consolida y engrandece entre los quince y los veinte años.

Finalmente, el 3 de septiembre de 1783 terminaría la guerra con Gran Bretaña y Jefferson fue nombrado congresista por Virginia aunque el nombramiento le duraría poco porque casi de inmediato le propusieron dejar el Congreso para ir a Francia como embajador, cargo que desarrollaría hasta el año 1789. Allí se ocuparía de negociar todos los tratados de comercio y diversas alianzas con Francia, ya que Estados Unidos recién estrenado necesitaba crear acuerdos y buscar apoyos. Sin embargo, como un poco antes de que acabara la guerra, el 6 de septiembre de 1782, había fallecido su esposa y él tenía hijos pequeños, se encontraba en una situación difícil para abandonar Monticello y trasladarse a Francia, no solo por razón de lo doloroso del hecho de la muerte, sino también debido a las dificultades derivadas de carecer de un ama de casa y de tener varios hijos pequeños. Él mismo decía que «la tarea más dura y urgente estaba en casa, donde había mucho que hacer remodelando nuestros gobiernos...», pero también en su propia casa tenía muchas obligaciones por entonces: «Había perdido yo a la amada compañera de mi vida, en cuyos correspondidos afectos llevaba viviendo diez años de felicidad sin precedentes. Junto con los intereses públicos, mi estado de espíritu se unió a la recomendación del cambio de escenario propuesto y acepté la designación». Tan solo diez años de matrimonio que fue feliz y que recordaría siempre. Finalmente aceptó, abandonando Monticello con cierta pena, y salió a Europa acompañado de Martha, su hija mayor, dejando a las dos pequeñas en Monticello con unos tíos. Tras cruzar el Atlántico, después de un viaje que duraba unos veinte días, padre e hija llegaron a París el día 6 de agosto acompañados de varios esclavos. Todavía no habían caído los Borbones y la Revolución Francesa estaba por llegar, aunque quedaba poco. Aquél era el momento más espléndido de la suculenta y barroca cocina de los últimos tiempos de Luis XIV, en una corte muy protocolizada y estricta, donde las cenas eran fastuosas y los platos tan suntuosos como lo era la moda en el vestido. Impactado por aquella forma de comer, por los platos complejos, por el sibaritismo y la cantidad de elaboraciones que se presentaban en la mesa, Jefferson no fue ajeno a los encantos de la cocina francesa. Aunque como era un hombre moderado a la vez que exquisito, no seguiría la moda más exagerada; él era más del estilo de Rousseau, que era vegetariano, y como el filósofo adoptó las pautas alimentarias vegetarianas: moderación y frugalidad, aunque si bien no era vegetariano como él ni llevó sus costumbres a aquellos extremos.

El tiempo pasado en Francia fue altamente productivo para Jefferson. Desde allí dirigió los planos del edificio del Capitolio, se encargó de diseñar un plan de educación general para crear escuelas elementales para niños de toda condición y, sobre todo, conoció y se enamoró de las delicias de la elaborada cocina europea, o más específicamente de la francesa. Su intención al aceptar el viaje y la estancia en Europa no solamente se debió a querer hacer un trabajo imprescindible para su país como embajador y servir a sus compatriotas, sino también por ese característico espíritu ilustrado que le mantenía atento y alerta a todo lo que pudiera suponer progreso para su recién estrenada nación. Estaba entusiasmado por conocer nuevos instrumentos que se fabricaban en Europa y que podrían facilitar la dura vida americana y además deseaba establecer unas fundamentales relaciones comerciales entre los dos continentes. No lo iba a dudar más, un destino en Europa era más que conveniente para su carrera, colmaría sus intereses ilustrados y supondría un bálsamo para la distracción después de la muerte de su amada Martha. Patsy —como llamaba a su hija Martha—, con tan solo diez años, viajaría con él, tenía edad para hacerlo y sería una grata compañía. A las pequeñas Mary de seis años y Lucy, de dos, las dejó con sus tíos Elizabeth y Francis Eppes, en Virginia. Eran demasiado pequeñas para viajar y cruzar el Atlántico y las niñas se quedaron encantadas con ellos y con sus primos —la pequeña Mary, pasado el tiempo, se casaría con uno de esos niños—. Y así, Thomas y Martha Jefferson junto con el esclavo James Hemings, tomaron un barco para cruzar el Atlántico. Martha pasó todo el trayecto enferma, mareada y casi sin salir de su camarote, pero su padre, rebosante de salud, disfrutó en el barco y aprendió todo lo que pudo del capitán y de la experiencia del viaje. Desembarcaron en Inglaterra y desde allí cruzaron el Canal de la Mancha, y sin esperar a una diligencia, como era lo normal, en la misma costa alquilaron un coche de caballos en el que se trasladaron a París. Martha se recuperó rápidamente en cuanto se bajó del navío y el camino les pareció una maravilla. Acostumbrados a la entonces campiña salvaje de Virginia, el paisaje cultivado de Francia fue a los ojos de los viajeros una fértil tierra, cuidada y nada improvisada. A Patsy le gustaron las iglesias góticas, que no conocían, como es natural, en América.

Poco después de llegar, y pasados los primeros días por la impresión de la bellísima ciudad, Thomas Jefferson se dio cuenta de que a pesar de que en Virginia era un elegante hombre de Estado, en Francia solamente parecía un campesino paleto. La diferencia entre la forma de vestirse en uno y otro continente era enorme: en Francia era la época de las sedas bordadas, de los zapatos con lazos, de las levitas y los ricos terciopelos, mientras que en América se vestían con paños simples y una gran moderación de adornos, incluso las señoras. Pero no estaba dispuesto a parecer un simplón, así que enseguida encargaría una espada, zapatos, ropas y todo lo necesario para que tanto él como Patsy vistieran a la moda europea. En París le quedaban muchas cosas que hacer, pero no estaría solo, unos importantes compatriotas le acompañarían y apoyarían su labor: Franklin y Adams. Ellos habían llegado antes con un objetivo parecido al de Jefferson, para establecer esas oportunas relaciones comerciales y políticas con la nación que les había apoyado en su independencia. Pero a pesar de que formaban un excelente equipo eran hombres muy distintos. Franklin no había renunciado a llevar su sombrero de fieltro —cuando todos en Francia llevaban peluca blanca—, su traje simple y algo burdo, oscuro y práctico pero honesto y honorable. La sencillez de Franklin resultaba un tanto exótica en aquel abigarrado París, parecía un cuáquero rústico que sin embargo tenía una mente enormemente despejada y era capaz de hablar muy claramente con cualquiera, ya fuera príncipe o un simple ciudadano. Extrañamente a lo que hubiera podido parecer, Franklin encajó muy bien en la sociedad francesa. Tenía una activa vida social, salía a cenar y volvía muy tarde, lo que provocaba que se levantara igualmente tarde y llevara una vida algo desordenada para las simples costumbres americanas, pero gracias a la asistencia a tantas reuniones hizo muchos amigos, algo que era imprescindible para sus labores diplomáticas. Adams estaba totalmente en desacuerdo con él, no aguantaba las *soireés*, no le gustaba trasnochar y prefería levantarse temprano para resolver todos los asuntos pendientes, lo que provocaba con frecuencia que ambos tuvieran diferencias para organizar reuniones de trabajo. Allí conocieron a muchos ilustrados, entre ellos a Voltaire. Gracias a su talento y a sus amistades, Franklin recibió un importante homenaje en la Academia de las Ciencias de París. Resultaba un hombre encantador, besaba a las señoras al estilo francés, algo muy extraño en América. Se había adaptado perfectamente sin perder su identidad. John Adams también inteligente, capaz y excelente estadista —fue el segundo presidente de los Estados Unidos— estaba muy celoso de él y se sentía amargado, odiaba todo lo europeo, el desorden y los excesos, añoraba América y le costaba trabajo hacerse un hueco en la frívola sociedad francesa, lo que a su vez provocaría que nadie quisiera estar con él. En realidad ¡estaba fuera de sus casillas! Pero pudieron entenderse entre los tres, trabajar y conseguir unas excelentes relaciones con Francia, más aún tras la llegada de Jefferson, cuando Franklin, que tenía entonces setenta y ocho años padeció una larga racha con piedras en el riñón que le obligaba a pasar muchos días en casa, porque el traqueteo de los adoquines y el movimiento no le sentaban bien. Jefferson, que vivía en una casita cerca de Versalles, a las afueras de París, iba a visitarlo cuando le era posible, ya que vivía solo y agradecía mucho la compañía. Por su parte, John Adams vivía con su esposa y dos de sus hijos también en los alrededores de París, y a pesar de su negativo carácter le gustaba mucho la ubicación de la casa y la casa misma, que era enorme para sus necesidades —tenía entre cuarenta y cincuenta habitaciones —. En París, Jefferson se hizo muy amigo de los Adams, iban de compras juntos —a Jefferson le encantaba ir de compras— y adquiría todo cuanto le parecía que le pudiera ser de utilidad a su vuelta a Monticello. Entre otras cosas, libros, vinos e instrumentos de medir de todo tipo, incluso algunos artilugios curiosos y originales que aún se conservan en Monticello. Pero sobre todo, por aquellos días encontró una pasión secreta: le encantaba la ciudad, la vida urbana. Hasta tal punto que había buscado una casa en el centro de la capital al contrario que Adams y Franklin —quienes habían preferido unas viviendas algo alejadas del centro de la capital—. Por su parte, la vida simple de hacendado había sido sustituida por una alegre vida de corte en la que había encajado a la perfección. Su interés por el conocimiento y por la propia ciudad llevaba a Jefferson a explorar los alrededores, trataba de conocer todos los monumentos, así como los edificios de todo tipo, tanto antiguos como modernos. Le gustaba el aire libre y paseaba conociéndolo todo e interesándose por cualquier cosa que viera a su alrededor. Sin embargo, hay que matizar que a él le gustaba la ciudad, pero no tanto la pompa y el boato que acompañaban a los reyes. Aquellos protocolos estrictos, aquella demostración de poder exuberante le hacían sentir incómodo. Le ocurría lo mismo con las ceremonias católicas, él era episcopaliano y el culto católico le parecía impresionante y fastuoso, pero no cómodo. Pero aunque hubiera cosas que no le gustaban no quería dejar, como mente despierta, de conocer ni una sola de las que le rodeaban y trataba de conocerlo todo: los monumentos, las casas, los palacios, la música, las reuniones de los salones y todos los eventos de la vida elegante que dejaron encantado a este disciplinado hombre de Virginia.

Estaban bien instalados y mucho más contentos de lo que hubieran podido imaginar, aunque la niña y el padre no habían ido solos a Francia, les acompañaba un esclavo negro, James Hemings, un jovencito —tenía solo diecinueve años— que era hijo de su suegro y de una concubina negra con la que tuvo varios hijos más. Aquella familia la heredó Jefferson a la muerte de su suegro, en realidad eran sus cuñados, hermanos de padre de su esposa. Su suegro, además de cuatro hijas que tuvo con su esposa, tuvo seis con esta esclava, y aunque desde luego la relación no estaba legalizada, sí eran parientes de sangre. Este joven y listo esclavo, James, acompañó a Jefferson a París con el objetivo claro por parte de su amo de que aprendiera cocina con algún experto. A Jefferson le costaría ciento cincuenta francos que un famoso chef, Cumbeaos, enseñara de forma profesional a James la cocina francesa a fondo. El aprendizaje fue muy útil para James y le abrió las posibilidades de una nueva vida en libertad. Aunque las leyes de la esclavitud no eran efectivas en Francia —hasta tal punto que allí estaba prohibida— y el chico podía haberse escapado sin ser perseguido, se quedó con su amo. Jefferson le había hecho una promesa que incluso dejó por escrito: si el chico aprendía a cocinar en París y volvía a Monticello y allí enseñaba a otro esclavo su arte, entonces le daría la libertad. James aceptó y disfrutó en Francia de una auténtica vida libre. En muy poco tiempo, hablaba muy bien francés, era joven y aprendió rápidamente en las cocinas. Mientras, Jefferson había aprendido francés con un escocés en su juventud, y tenía un acento tan terrible que apenas nadie le entendía, lo que le causaría muchas molestias durante su estancia en Francia.

París sería la gran ciudad de su vida, en la que aprendería muchas cosas, y allí tendría la oportunidad de retomar la amistad con algunos amigos que había conocido durante la guerra de la Independencia. Especialmente afectuosa fue la que mantuvo con el marqués de Chastellux, uno de los generales que envió Luis XVI a la guerra. Este marqués visitó Monticello y si bien nada más conocer a su anfitrión pensó de Jefferson que era un hombre frío y distante, muy serio, confesó después que tras pasar unas horas con él se sentía como si hubieran sido amigos durante toda la vida. Dijo que le parecía un hombre culto e interesado por cultivarse, que no se cansaba de aprender. Era un comentario que se oiría con frecuencia con respecto a Jefferson, que no era frío en absoluto, sino tan solo un hombre tímido que tenía que esforzarse en general por cultivar amistades y por profundizar en las relaciones sociales, ya que aunque su natural fuera reservado, su trabajo le obligaba a relacionarse con otras personas. El duque de la Rochefoucauld, que también lo conoció durante su estancia en París, opinó exactamente lo mismo sobre él: que parecía un hombre frío y distante, pero que en cuanto se acercaba uno a él era cálido, agradable y de fácil carácter, además de culto. A Chastellux le pediría consejo Jefferson para llevar a la pequeña Patsy a una escuela, recomendándole éste una selecta escuela de señoritas, la Abadía real de Panthemont, donde solo había quince o dieciséis en la residencia; Jefferson estuvo encantado y envió allí a la pequeña. A la vez que Patsy, había otra niña allí: se llamaba Josefina de Beauharnais, la futura esposa de Bonaparte. Patsy se adaptó muy pronto a la nueva escuela y aprendió, como James, a hablar un excelente francés en el que se sentiría muy cómoda rápidamente, ya que lo aprendió como él por inmersión.

Aunque estaba cómodamente instalado en la nueva casa francesa, y a pesar de que a Jefferson le gustaba la cocina europea, sintió cierta añoranza de algunos platos y pidió que le enviaran de América semillas para plantar batatas, melones y un tipo de maíz, además de solicitar dos docenas de grandes piezas de bacón. París le animaría a aficionarse a los buenos vinos, entre los que prefería el Borgoña, sobre todo, después el moscatel y el Sauternes. Su vida estaba bien organizada y era muy agradable, había alquilado una casa más que confortable —que tuvo que amueblar porque no tenía nada allí— y tomó un mayordomo que se ocuparía de organizar el servicio, la intendencia familiar e incluso las cuentas. Después de dos años de *training*, y cuando James terminó su aprendizaje, lo tomó como empleado pagándole una suma mensual como al resto del servicio doméstico, a pesar de que fuera un esclavo de su propiedad y la ley americana no le obligara a ello. Es más, le pagó el doble de sueldo que cobraba cualquier criado francés, una inteligente forma de asegurarse de que el chico no escapara.

La vida social francesa era muy grata a Jefferson, allí encontró amigos y colegas entre los que disfrutar de su erudición, de su inteligencia y de las conversaciones enriquecedoras. Respiraba el aire liberal y científico de París, alegre, atento, entusiasmado incluso. Aquel era un París gozoso, de grandes bulevares, nuevos servicios como el de correos, y palacios muy bien cuidados. También había cafés que acababan de crearse y que fueron un tremendo éxito auspiciado por dos hermanos armenios que abrieron una tienda en donde únicamente preparaban y expendían café, era el Café Procope, que Voltaire, Jefferson y Franklin, además de otros ilustrados famosos, visitaban cada día. Había innumerables cosas que hacer y numerosos jardines con veladores en los que tomar algo de vino, disfrutar de buenas conversaciones con amigos y de la vista de bellas mujeres. La afición por los buenos caldos, sin embargo, no era nueva, había comenzado de joven, cuando asistía a las reuniones del gobernador inglés en Virginia, pero fue su época europea la que le proporcionaría un gran conocimiento e inclinación por los vinos buenos hasta que llegó a convertirse en una nariz excepcional. Incluso llevó *vitis vinífera* de Europa a Monticello que desgraciadamente se perdió por culpa de la filoxera.

Pero aunque París le proporcionaba muchas posibilidades, Jefferson quería conocer algo más, un poco más del país e incluso otros países europeos. Así, en febrero de 1787, comenzaría un viaje que entonces estaba muy de moda y se conocía como el «grand-tour». Alquiló un coche con solo un conductor y espacio para él, con la idea de llegar a Marsella y allí saltar al norte de Italia, ya que no volvería hasta principios de verano a París y tenía tiempo de sobra. Deseaba estar al tanto de la arquitectura, de la escultura, de las antigüedades, de la agricultura de la vida de pobres y ricos..., quería conocerlo todo, en realidad, saber cómo era Europa, y no solo por la visión de la gran capital que en aquel momento era París. La excusa perfecta fue una muñeca rota, para lo que los médicos le recomendaron tomar las aguas de un conocido balneario al sur de Francia, en un clima cálido que ayudaría a la recuperación. Viajar en su propio vehículo era una forma lujosa de desplazarse, todo el mundo iba en diligencias compartiendo espacio y trayecto, pero además de la comodidad, atravesar Francia en su propio coche representaba poder parar cuando quisiera, llevar el servicio necesario para su asistencia y cambiar la ruta a su gusto. Primero pasó por la zona de Champagne, donde reconoció las tierras y los vinos, ya era un experto en los espumosos y opinaba que los mejores no eran los *champagne* jóvenes, sino los que habían comenzado a envejecer. Pero también quería conocer a la gente, comprobar hasta qué punto era cierta la presencia de la pobreza que La Fayette le había dicho que había en Francia. Después fue hacia Burdeos, donde se producían los vinos más famosos de la Francia de la época y exploró la región alquilando un guía y un pony para pasear entre los viñedos y comprobar las calidades de las tierras, las mezclas que éstas tenían con piedras y la necesidad de la piedra en el cultivo de la vid. Su idea estaba clara desde el principio: quería repetir la experiencia en Monticello, criar viñas e incluso hacer vinos, pero para eso tendría que conocer el cultivo muy bien, así como estudiar la vinicultura, las bodegas y todos los detalles que no se escaparían a un hombre tan observador. Beaujolais sería la siguiente provincia, no se olvidaría de visitar a diferentes órdenes religiosas, monasterios casi perdidos donde los monjes hacían antiguas recetas de vinos y licores. En Beaujolais fue al castillo de la condesa de Laye-Epinaye, llevando una carta de presentación del Abad Chalut, amigo de ambos, gracias a la cual la condesa lo recibió de forma excelente y lo invitó a quedarse en su casa durante tres días, donde le enseñaron los riquísimos viñedos de la propiedad. Después siguió parte del curso del tumultuoso Rhin, con peor tiempo y lluvia, pero entre Lyon y Nîmes encontró otra excelente distracción: las ruinas romanas, que le maravillaron y que le indujeron a conocer mejor las antiguas estructuras, que dijo que habían sido saqueadas por los bárbaros de la edad media. Se sintió «Nutrido por las ruinas de la grandeza de Roma y sumergido en antigüedades de la mañana a la noche». En Nîmes visitó las ruinas del templo de Diana y el anfiteatro, también el acueducto, pero sobre todo le impresionó la Maison Carrée. Además del paisaje, Jefferson iba disfrutando del cambio que el propio viaje llevaba consigo al ir acercándose a los climas meridionales, y que se veían potenciados por la llegada de la primavera en aquella exuberante tierra de almendros y olivos. Por aquella zona compró botellas de vino de Côte Rôtie, elaborado con uvas syrah y también un abrebotellas, un innovador invento que llevaba siempre consigo en una cajita junto a su cepillo de dientes. Allí comprobó que la caza estaba vedada para la nobleza y que aunque la población tuviera hambre, cazar un conejo o un pájaro estaba penado. La zona de Provenza le gustó mucho, era su primer destino a pesar de todas las paradas, ya que iba a tomar las aguas a la ciudad de Aix. Se quedó allí algunas semanas y tomó las aguas hasta cuarenta veces, pero sin ninguna mejora evidente. Aunque no le agradaba que su muñeca se mantuviera algo dolorida, en realidad el clima cálido aliviaba el dolor y por otro lado el viaje le había permitido conocer una gran parte de Francia y seguir haciendo excursiones y conociendo la ciudad y el entorno. «Estoy en la tierra del cereal, del vino, aceite y del sol. ¿Qué más puede un hombre pedir al cielo?». A finales de marzo dejó Aix para ir a Marsella, cuya vida y actividad le encantaron. Llevaba cartas de presentación para Henri Bergasse, un importante comerciante francés en vinos, con el que tenía idea de negociar para enviar una buena variedad a su bodega de Monticello, cosa que hizo de inmediato.

En Marsella encontró muchos alimentos que le gustaron y de los que se llevó semillas de todo tipo a su casa: de uva, de higos, alcaparras, pistachos y almendras, productos que podrían tener éxito en Virginia ¡estaba encantado! Y muchas de estas semillas fructificarían en la rica tierra virginiana de Monticello años después. En Marsella también le llamarían la atención la calidad de los arroces que se usaban, que mantenían el grano entero incluso después de la limpieza. Se interesó vivamente por las técnicas y maquinarias, porque en Estados Unidos los arroces tenían peor calidad y se rompían durante el proceso. Indagó mucho y dar con la clave le costó bastante trabajo, hasta que finalmente, en Lombardía, encontró la explicación de la calidad de este proceso, que era una máquina especial para realizar esta tarea. Sin embargo, tras observar la máquina comprobó que en realidad no era muy distinta de las que usaban en América... aquella no era la clave, pensaría decepcionado, pero sí lo era la calidad del grano, ya que el arroz si era de mejor calidad que el que se cultivaba en Virginia. El misterio estaba solucionado, así que compró semillas de arroz en cantidad suficiente para enviar a Estados Unidos. Pero la ley impedía la exportación de semillas, otra complicación más que no tuvo más remedio que solucionar; en realidad, a él le importaba el progreso y desarrollo de su país, había viajado a Francia precisamente con este fin. Y no tuvo reparo alguno y sin más complicaciones sobornó a un arriero para que transportara unos cuantos sacos de arroz a Francia y enviarlos desde allí a América. Era un servicio a su país, no tuvo problema alguno de conciencia al haber infringido una ley, no había más que hablar. Pero el viaje era un auténtico disfrute, le estaba entusiasmando: arte antiguo, nuevos productos, ingeniería y maquinaria y el elemento humano, que tanto le interesaba. Jefferson viajó como un auténtico ilustrado, enviando semillas y frutos a casa en cuanto podía, era un hombre de campo, era un científico, era un hacendado, era un aficionado a los vinos, era un humanista del XVIII. También envió olivos a Carolina del Sur, pero no fructificaron. En cuanto al arroz que llegó a América, los hacendados no quisieron hacer un experimento para correr el riesgo de quedarse sin nada en aquella cosecha, de manera que lo que hicieron fue sembrar juntas la antigua semilla y la nueva para provocar cruces de polinización. El cultivo fue tan bueno que Italia, que tenía el monopolio del mercado internacional del arroz, lo perdería.

A lo largo de todo su viaje, Jefferson tomaría notas continuamente, unas notas que son muy interesantes porque era muy observador, se fija en la tierra, que en la zona de Champaña le parece «rica, de color mulato», en los cultivos y precio de las tierras, en las personas y sus vestidos, y va observando cómo cambia el paisaje y con él los cultivos, y el maíz va dejando paso a olivos, naranjos, higueras y granados en la zona meridional, se interesa por los aparatos y las máquinas más extravagantes y hasta por anécdotas sobre el tiempo atmosférico, como: «Hace unos cinco años hubo una granizada que mató gatos». Al pasar por el norte de Italia, describe la elaboración del queso parmesano, que le llama especialmente la atención, escucha a los pájaros y los identifica «Oí a un ruiseñor», «aquí hay ruiseñores, becafigos, hortelanos, faisanes, perdices, codornices...».

También sería un feminista activo, al menos de corazón e intelectualmente, lo que no era poco en una época en la que apenas se pensaba en este tema, y creía que la mujer debía disponer de formación, pero no solo las blancas, sino todas, las que incluso se consideraban entonces razas inferiores. Así, explica al hablar sobre los indios de América del sur que «Las mujeres están sujetas a un injusto yugo. Supongo que esto acontece con todos los pueblos bárbaros, donde la fuerza es la ley. El sexo fuerte se impone al débil. Solo la civilización devuelve a la mujer el disfrute de su natural igualdad. Es lo que inicialmente nos enseña a someter las pasiones egoístas y a respetar en otros los derechos que valoramos en nosotros mismos».

Sí, es verdad que en gran parte Jefferson fue un intelectual de salón, un ilustrado con grandes teorías que no siempre podría ver cumplidas, hacer cumplir o cumplir él mismo. No derogó la esclavitud aunque abominó de ella, pero en cuanto a la mujer, ilustró a sus hijas, reconoció la igualdad femenina y que la desigualdad solamente se producía en condiciones de barbarie, de falta de civilización que perjudicaban finalmente a la sociedad. Otro problema en su mundo era la presencia de indios, de los que pensaba eran idénticos a los hombres blancos pero en situación de inferior civilización y dificultades, y que en condiciones idénticas a los blancos tendrían más hijos y serían mejores.

Terminado el largo *tour* europeo, volvería a París, donde tuvo unas noticias terribles. Su pequeña hija Lucy, que se había quedado al cuidado de su hermano y su cuñada en Virginia, había sufrido unas fiebres y tanto ella como la pequeña de su hermano habían fallecido de viruela. Pero Mary —Polly en familia— había estado también enferma y lo había superado. Su esposa había fallecido después de nacer la niñita y la noticia impactó tanto a Jefferson como a Martha, hasta tal punto que el padre tomó la determinación de llevársela a Francia, pero la pequeña contestaba en sus cartas que no quería irse, que prefería quedarse con sus tíos. Ella quería ver a su padre, pero por ningún motivo deseaba cruzar el Atlántico, y dijo a su padre: «Quiero veros, a ti y a Patsy, pero debéis venir a casa del tío Eppes». Así que organizaron la siguiente estratagema entre todos: su hermano, su cuñada y los niños, con Polly, se montaron en un barco varios días, haciendo creer a la pequeña que viajarían todos juntos a Francia, pero en mitad de una noche, cuando todos dormían, la familia bajó del barco, que se puso en marcha, y al despertarse Polly estaba camino de Francia con Sarah Hemings, una esclava de 14 años a la que llamaban Sally. Jefferson quería que la niña hubiera viajado con una esclava más experta, alguien de la casa con más años y experiencia con los niños, pero no fue posible y Sarah sería la única posibilidad. La niña, que tenía fama de tener muy buen carácter, se encariñó durante el viaje con el capitán y al bajar del barco no quería dejarlo, pero se fue con los Adams que la esperaban allí, y también se encariñaría con la

Sra. Adams. Por su parte, la jovencísima esclava también era educada y no dio ningún problema a los Adams. Era una joven de piel y rasgos casi blancos y de cabello largo, la hermana pequeña de James, el futuro cocinero de Monticello, y como la describiría la Sra. Adams, casi una niña. Hasta entonces, Sally, como sus hermanos, habían sido esclavos muy mimados, ninguno había trabajado en el campo, sino dentro de la casa, con los niños y otros quehaceres. Sin duda Jefferson cuidaba a los hijos de su suegro, quizás incluso por encargo directo de éste. Al llegar a París, tanto Patsy como el propio padre eran casi extraños para la pequeña, que añoraba a sus tíos, al capitán y a la Sra. Adams, pero pronto se adaptaría también a su propia familia. Finalmente, Polly fue enviada al colegio con su hermana, mientras Sally se ocupaba de la casa y se entrenaba para ser acompañante de las jóvenes señoras. Todo el mundo interpretaba que eran más amigas que señora y esclava, así que la relación era excelente entre ellas —en realidad, Sally era tía de las niñas—. Pero Sally no hizo ningún trato especial con Jefferson, como sí lo había firmado éste con su hermano, no se le obligó a aprender nada ni se le prometió nada. En París la vacunaron de viruela, Jefferson ya estaba vacunado, y también las niñas, ya que se presentó una epidemia gravísima que afectó a una gran parte de la población americana. París debió suponer un *shock* para la joven esclava que jamás había salido de la plantación: enormes edificios, gente por todas partes, vestidos lujosos, fiestas..., aunque a estas últimas solo asistiera como espectadora, detrás de una puerta quizás, o sirviendo la mesa. Mientras, su hermano estaba casi terminando sus estudios de cocina, que habían sido profundos y excelentes hasta tal punto que incluso estuvo unos meses aprendiendo en las cocinas del príncipe de Condé, en su castillo de Chantilly, nada más y nada menos. En el castillo de Chantilly daban de comer a miembros de la familia real, incluso al rey y la reina, y los banquetes eran famosos por su refinamiento. Todo aquello propiciaría que James se convirtiera en un auténtico genio de la cocina, era el mejor entrenamiento que le hubieran podido dar. Y fueron unas clases carísimas. El chef era un mal encarado genio, a cargo de una gran cocina con personal masculino únicamente, que hacía alta cocina, difícil, puntillosa y algo hermética incluso. Elaboraba platos refinados, imaginativos, complejos y en gran número. Las tareas estaban repartidas: el salsero y sus ayudantes, el tallador de hortalizas, el mayordomo, el trinchador de carne, el oficial de boca... la cocina era un oficio con una gran estratificación, como también lo era la sociedad francesa de la época y saber mandar a toda aquella tropa requería mucha disciplina, don de mando y conocimiento de la cocina. En América las cosas eran tan distintas... la cocina no estaba estratificada, era de carácter familiar, servida y elaborada por mujeres esclavas, y todo el mundo comía cosas parecidas, como queso, caza y carnes, pan, dulces y cosas simples. Aquí todo era diferente, eran auténticos profesionales elaborando obras de arte, nada de comida familiar, sino platos complejos preparados por el género masculino —los únicos que se profesionalizaban en cualquier aspecto de la vida—. Jefferson, con el asesoramiento de James adquirió para la cocina de Monticello utensilios de cobre —que es un excelente conductor y muy útil en la cocina— desde sartenes hasta ollas, moldes de todo tipo, pequeñas máquinas. Todo aquello carísimo en América pero asequible en Francia. También se llevó una máquina de hacer macarrones, trufas, aceite de oliva, *champagne*... James era ya un experto, sabía cocinar y había madurado, también sabía mandar. En las cocinas de Jefferson, aún en Francia, dispuso de personal de cocina que organizar; era un hombre de autoridad y Jefferson aumentó su salario en consecuencia. Él se ocupaba de las compras y de organizar toda la intendencia de la cocina, estaba deseando mostrar sus habilidades y Jefferson le dio muchas oportunidades organizando fiestas y cenas para sus amigos. La primera cena sería en honor de María Cosway, una artista inglesa mal casada, por la que Jefferson parece que tuvo cierta inclinación, y para la que escribió un precioso ensayo en forma de cartas al que llamó *Diálogo entre mi cabeza y mi corazón*, que le envió a María. Y tras despedirse, quizás para siempre, Jefferson se quedó «sentado ante el fuego, solitario y triste».

El año que Patsy cumplió dieciséis quiso hacerse monja y convertirse al catolicismo, toda una aventura para la americana y una gran sorpresa para su padre. Aquello era un problema, porque si bien el catolicismo estaba mal visto en Inglaterra, en América estaba prohibido. Jefferson fue muy hábil para convencer a la adolescente, no se enfrentó a ella y cuando en abril de 1788 le pidió formalmente permiso para profesar, él le envió vestidos y zapatos nuevos a la última moda, caros y muy modernos. Nunca le dijo que no, solamente la tentó con los placeres mundanos, que eran muchos y muy atractivos, y además lo hizo muy bien, tan bien que finalmente Patsy abandonaría la idea de hacerse católica y monja. Después de aquello sacaría a las niñas de la escuela católica.

Los problemas domésticos se centrarían ahora en James, quién después de su *training* pagó de su propio bolsillo veinte meses de clases privadas de francés con M. Perrault. Pero al terminar repentinamente las clases debía al francés veinticuatro libras, que se negó a pagar. Perrault incluso fue a la casa de Jefferson a pedir al alumno que abonara sus honorarios, y parece que la entrevista acabó a golpes de uno y otro. Perrault se dirigió a Jefferson directamente pidiendo que se le abonara su salario, aquello se solucionaría sin más trascendencia, pero hay que tener en cuenta que Francia estaba en crisis, la Revolución estallaría muy pronto y se percibía crispación y miedo. Había necesidades económicas y hambre y quizás se explicara por este motivo las diferencias entre Perrault y James. La Revolución era ya una realidad, y Jefferson estuvo muy cerca de las fuerzas revolucionarias, en la calle incluso, enterándose de todo pero sin participar. No creía en todos los horrores que implicaban a María Antonieta en asuntos turbios y escandalosos, y aunque no opinaba que fuera una gran reina, era consciente de que una leyenda negra envolvía sus actos. Sólo habían pasado unos meses después del inicio de la Revolución y finalmente, en el mes de septiembre, recibió una carta de su amigo James Madison y volvería a Estados Unidos. Una violenta migraña le sacudiría de tal forma que tuvo que guardar cama durante una semana... no era nada especial, solo la pena por la pérdida de todo lo que había vivido en Francia, de sus amigos, de la vida en la ciudad, de la ciencia... por no hablar de la posibilidad de conocer de primera mano el desenlace de la gran Revolución. No dijo a nadie que tenía que irse, y aunque ofrecería una cena de despedida para La Fayette, el duque de La Rochefoucauld, el marqués de Condorcet y el gobernador Morris, de América, no se despidió del resto. Saldría de París el 26 de septiembre y tenía muchas cosas que organizar antes de abandonar Francia, su equipaje era tumultuoso: llevaba libros, esculturas, un clavicordio para Patsy, utensilios de cocina por cientos, máquinas para hacer pasta, todo tipo de ingredientes además de árboles, mostaza, semillas y todo lo que pudo transportar.

El día 25 amaneció claro y fino, uno de esos días especiales y límpidos, París se despedía en todo su esplendor mientras Jefferson y las niñas salían en un carruaje y James y Sally en otro. Al llegar al Canal de la Mancha una violenta tormenta agitaba las aguas e impedía el tránsito entre Francia e Inglaterra, así que tuvieron que esperar diez días antes de salir y aprovecharon para dar paseos por los alrededores y hacer compras. Thomas adquirió unos perros ovejeros que le resultarían muy prácticos en el futuro. Las noticias que llegaban de París eran alarmantes aunque Jefferson no las atendió, siempre creyó que la Revolución sería una transición relativamente inquieta pero sin derramamiento de sangre. Escribió una última carta a María Cosway, diciéndole: «La próxima primavera podría encontrarnos mientras nos reunimos en París, con las primeras golondrinas. Así, mi querida amiga, *adieu*, bajo la esperanza de que una vez más acuérdese de mí y ámeme».

La expedición llegaría a Monticello dos días antes de la Navidad de 1789. Martha la describe así: «Era una escena que jamás olvidare en mi vida... cuando la puerta del carruaje se abrió, ellos —los esclavos— recibieron a mi padre con los brazos abiertos y le abrazaron por toda la casa, besándole las manos y los pies, algunos llorando, otros riendo. Parecía imposible satisfacer la ansiedad de tocarle y besarle». Sería a Martha a quien le correspondería asumir el mando de la casa y organizarlo todo, ayudada por las esclavas. Pero no estuvo sola, un nieto de Elizabeth Hemings, que era un hombre hábil, responsable y ordenado, fue nombrado mayordomo de la casa y también ayudaba a Jefferson como *valet*.

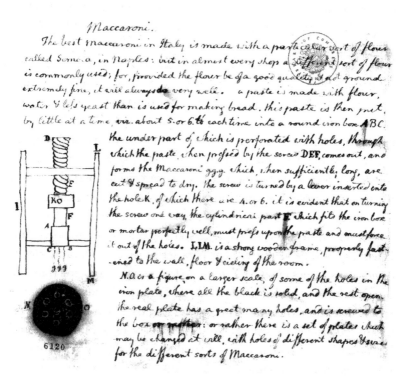

Dibujo de una máquina de pasta por Jefferson, 1787.

La llegada a los Estados Unidos fue otro lanzamiento para su carrera, que en realidad nunca había dejado de impulsarse, ya que durante la travesía de Europa a América el presidente George Washington nombraba a Jefferson Secretario de Estado. Una parte importante de su vida se desarrollaría a la vuelta a América, sería la parte más pública y la que dejaría hondas raíces en la historia americana. A su vuelta, algunos compatriotas emprendieron una gran campaña contra él, ya que decían que se había afrancesado. Pero en realidad, como sucede con todos los hombres, sus gustos fueron cambiando con el paso del tiempo, y el primer Jefferson, un terrateniente de la frontera, bebía Madeira y cualquier cosa que se pudiera beber en una simple taberna. El segundo Jefferson era un ciudadano trasplantado a París, algo perdido en aquella revuelta Europa que lo mismo bebía en los salones de las señoras que en las reuniones políticas, grandes borgoñas y burdeos o *champagne*. El tercer Jefferson, experimentado y casi parisino, a su vuelta de Francia conocía todos los vinos y se había sofisticado, ya era una nariz experta, con un gusto claramente escorado a lo francés. Se había afrancesado en sus gustos culinarios, pero más bien en el sentido de que había aprendido a disfrutar de los grandes caldos y en absoluto entendiendo esto como una traición a su patria, a la que amaba por encima de todo.

Recién llegado a América fue a casa, añoraba Monticello pero estaría allí poco tiempo, ya que George Washington lo urgía a aceptar la oficina de la secretaría de Estado, lo que a él le angustiaba por el poder central que suponía. Pero aceptó y fue a la primera capital, Nueva York. Después iría a Filadelfia, y como era natural llevaba su propio servicio con él, entre ellos a James que ya era un excelente cocinero pero que no había tenido oportunidad de formar a otro esclavo y que reclamaba la libertad prometida. ¡Estaba impaciente! Y era natural que lo estuviera, ya que incluso hicieron un contrato por escrito en el que el amo se comprometía a dejar libre a James. Así, al dejar Filadelfia, Jefferson eligió a un hermano de James, Peter, un chico de veintitrés años para ser su sucesor. Durante algo más de dos años, James enseñó a Peter todo lo que sabía: la cocina francesa, el uso de los útiles que había adquirido en Francia e incluso reformaron la cocina, haciendo unos hornos y fogones nuevos. Martha era la que organizaba todo aquello. Como a Jefferson le gustaba tener intimidad durante las comidas y le molestaba que los criados abrieran y cerraran constantemente las puertas, inventó unas mesas que se situaban entre comensal y comensal donde tenían todo lo que pudieran necesitar, de forma que cada uno se servía a gusto y no tenía que haber criados mientras comían, lo que era especialmente práctico cuando tenían conversaciones de Estado o secretas. Por fin terminaba el *training*, y Peter había aprendido todo lo necesario y más, así que James se emancipó en febrero de 1796. Tenía treinta años y dejó sus tareas bien hechas: un inventario de la equipación de las cocinas y un equipo bien adiestrado. Se fue a Filadelfia, donde trabajó como cocinero y después volvió a Francia, pero volvería a su país, donde estuvo en contacto con su antiguo propietario.

En cuanto a la carrera de Jefferson... Finalmente llegaría la presidencia y buscaría un cocinero francés, le gustaba la cocina refinada pero sin exageraciones, y era enemigo de gastar innecesariamente, y de la extravagancia. Durante la última etapa de su vida envió a otras dos esclavas de Monticello a aprender cocina francesa con el chef Julien, que después cocinarían en su propia casa. Los menús que tomaba durante la presidencia quedaron por escrito de manos de Lemaire, un francés que se ocupó de la cocina del jefe del Estado. Y sin duda comió muy bien. Se servía pavo al menos una vez a la semana, faisanes, pichón y pato, aunque el ave preferida de Jefferson era la gallina de Guinea. El pescado era barato porque era relativamente fácil encontrarlo, la gallineta y el esturión se capturaban en el Potomac, y de la Bahía de Chesapeake llegaban ostras frescas. También se comía mucho pan a diario, así que se encargaba a un panadero. Los vinos se hacían traer de Europa, también aceite de oliva, anchoas y queso parmesano, que era la sensación de todos los invitados. Pero Jefferson no se conformaba con aquello, había conocido excelentes mostazas, almendras, nectarinas... todo ello también formaría parte de sus comidas durante la presidencia, comidas que tenía que costear él mismo de su bolsillo, porque su sueldo como presidente no sería suficiente.

Una de las cuestiones que más se le reprochan a Jefferson es que a pesar de haber luchado por la libertad de todos los hombres no emancipó a sus esclavos, y sería él mismo quién reconocería en la Declaración de Independencia, donde escribía literalmente: «Que todos los hombres son creados iguales; que son dotados por su Creador de ciertos derechos inalienables; que entre estos están la vida, la libertad y la búsqueda de la felicidad». Hay que entender a las personas en el contexto en que viven, y Jefferson sería un gran jefe para su familia de esclavos. Por una parte, tenía el objetivo de no adquirir esclavos, únicamente los compraba si era para reunir a una familia, y a la vez trataba de no venderlos ni romper sus vínculos, aunque a veces tuvo que hacerlo porque apenas tenía dinero para mantenerlos, ya que se pasó toda su vida haciendo equilibrios económicos y al final estaba casi en la ruina. En cuanto a su relación con Sally Hemings, la esclava negra medio hermana de su mujer, y que la leyenda le ha atribuido como concubina durante toda su vida, no está del todo clara, aunque parece que tuvieron una larga relación posterior a esta época, en Monticello. Recientemente se ha realizado un análisis de ADN que aclara que un varón de la familia Jefferson es el antecesor de los descendientes de Hemings. Sally Hemings era una esclava heredada de su suegro, parece ser que incluso hija de éste, y por lo tanto hermanastra de Martha, la esposa de Jefferson. Pero además de haber rumores de la relación Thomas-Sally también los hay de la relación de la propia Sally con un sobrino de Jefferson, Peter Carr. Y es que en realidad, lo que quiere decir el documento es que el padre pudo ser Jefferson u otro miembro de su familia, o bien que ambos tuvieran un antecesor común, como podría ser normal por las relaciones entre hombres blancos y esclavas negras que ocurrían entonces. Los que defienden la teoría de su relación, aseguran que fue en Francia cuando comenzó, pero entonces Jefferson tenía cuarenta y cinco años, la niña solo catorce y él estaba enamorado de María Cosway.

Durante el viaje a Francia, Jefferson pagaría a Sally un salario de unos dos dólares, a James, el cocinero, hermano de Sally le pagaba 4 dólares y al pinche dos dólares y medio. A su vuelta, una vez ganada la libertad, James formó una dinastía de cocineros y volvería intermitentemente a ayudar en las cocinas de Monticello, su hermano recogería sus recetas y las pasaría a sus nietos y a los de James —él moriría joven—. Si bien la relación entre amo y esclavo podría haber sido difícil, es evidente que mantuvieron una buena relación, incluso amistosa, o no se explica en otro caso la relación posterior a la liberación de James. Por su parte, Martha Jefferson daría la libertad a Sally Hemmings, la supuesta concubina de su padre, que tuvo seis hijos que eran prácticamente blancos y que vivió de anciana en Charlottesville.

Jefferson dejó unas ciento cincuenta recetas por escrito, sus preferidas o quizás las que tomaban más frecuentemente, como eran macarrones con queso, patatas fritas a la francesa y *crème brûlée*. Además introdujo la vainilla y los macarrones en América y su recetario, que no tenía presunción en absoluto de libro, es una manifestación de la nueva cocina que había nacido en los Estados Unidos, y que sería de uso interno en la familia. En sus páginas se percibe la herencia francesa en recetas como el *fricasseé*, el *fricandeau*, el buey a la moda, las charlotas, los *macaroons* y el frangipan[45], la sopa juliana y la francesa o el *pot ou feu*... Por otro lado la herencia del continente se percibe en recetas como

---

45   Una masa elaborada con almendras.

la sopa mexicana, o de calabaza, de okra y de gumbo, el *pudding* indio, el *pudding* de Filadelfia, en las numerosas recetas dedicadas al pavo y al pato salvaje. También hay recetas para elaborar platos de caza, de venado y aves principalmente. Además, son visibles los propios gustos de la familia y que desarrollan, un estilo propio en las numerosas recetas de dulces, no muchas de vegetales, algunas de pescados. Cocinaban con grasa de cerdo preferiblemente que con mantequilla, y hay un apartado de recetas para vegetarianos, una tendencia que se impondría en aquel país desde sus inicios. Sin duda se percibe en el recetario que hay elaboraciones que Jefferson había probado en Europa, como las islas flotantes, el trifle, el casi medieval manjar blanco que aún se preparaba en Francia. Pero a cambio, hay productos que en Europa aún tenían un lugar apenas testimonial en el día a día, como son el maíz, las patatas y el coco. Por otro lado, en las recetas de Jefferson no se usa en ningún momento el tomate o los pimientos, pero sí con frecuencia lo que llaman *indian meal*, la harina de maíz. En América fue toda una novedad el helado, es el primer recetario americano que lo incluye, y la elaboración es idéntica a como se hacían en Francia, donde seguramente Jefferson los probó por primera vez. Allí se preparaban elaborando una crema que después se batiría en una heladora cubierta por tres partes de hielo y una de sal. Hay un número muy elevado de preparaciones que debían gustar especialmente —porque las recetas son muy numerosas—, como los *pudding* —tanto salados como dulces— y platos blandos como pasteles de carne y de pescado. En parte se debe a que los *pudding* no eran tanto un plato principal, sino una guarnición de los platos fuertes del estilo de los asados de carne y de los estofados. Además hay algunas salsas para acompañar platos concretos, la salsa de manzana para los gansos asados; salsa de ostras y crema para el pavo. También recetas para cenas más protocolarias como el *chartreuse*, que no era el elegante licor francés sino un molde de verduras muy bien presentado, y además presenta en él guisos de habichuelas rojas a la criolla, En realidad era el recetario doméstico de un hombre que había viajado y conocido una excelente y refinada cocina, pero que se adaptaba a la alimentación de la tierra donde vivía.

Jefferson era muy aficionado al consumo de verduras, no era vegetariano, pero sí prefería estos alimentos con respecto a otros. En su época era una rareza, porque las verduras no eran platos principales, sino guarniciones y complementos de productos más importantes, como carnes y pescados. Además de las verduras poco especiadas le gustaban las aves y las carnes blancas, y como era un jardinero muy entregado tenía unos extensos huertos en Monticello donde cultivaba todas las verduras que su gran familia de blancos y negros necesitaba para comer cada día. Le apasionaban los guisantes de primavera, los higos de Marsella y las flores de acacia, también las lechugas que aliñaba con una salsa de su invención que consistía en aceite de oliva, vinagre de estragón y chalotas —muy francés por cierto—. Le gustaba tanto el aceite de oliva que compró una prensa para hacerlo él mismo en Monticello, quizás importara las aceitunas, porque allí no se producían olivos. Y aunque sabemos que cultivaba y comía tomates, en su recetario no hay ni un sola receta elaborada con estos frutos.

Receta del helado de vainilla escrita personalmente por Jefferson.

Thomas Jefferson sería presidente durante dos legislaturas, y finalmente James Madison le sucedió en la Casa Blanca. Jefferson volvería a su amada Monticello, pero se mantendría en estrecha relación con los siguientes presidentes. Después del incendio provocado por los británicos en la Librería del Congreso, Jefferson ofreció vender al gobierno su biblioteca personal para reponer la pérdida en la medida de lo posible; una rica, variada y extensa biblioteca que sería el germen de la que existe en la actualidad.

Su afán por la instrucción de los jóvenes cristalizaría en la creación de la Universidad de Virginia, de la que sería el primer rector, y que se inauguró en 1819. Fallecería el 4 de julio de 1826.

BIBLIOGRAFÍA

Craughwell, T.J., *Thomas Jefferson's Crème Brûlée*, Filadelfia, 2012.

Hailman, J., *Thomas Jefferson on Wine*, [EE.UU], 2009.

Gabler, M., *The Wines and Travels of Thomas Jefferson*, Baltimore, 1995.

Gordon-Reed, A., *Thomas Jefferson and Sally Hemings. An american controversy*, Charlottesville, 1997.

Jefferson, T., Epistolario, en *Escritos políticos*, 317-610, 2015.

Kimball, M., *Thomas Jefferson's Cook Book*, Charlottesville, 1979.

http://www.monticello.org

Retrato de Catalina de Médicis. Anónimo flamenco del siglo XVI.

CATALINA DE MÉDICIS

Florentina de la familia Médici, fue reina de Francia, esposa de Enrique II y madre de los últimos miembros de la dinastía Valois. Llevó a la corte francesa el refinamiento florentino en la mesa, aportando una nueva cocina en la que tenían cabida las masas de hojaldre, el tenedor, las mesas decoradas con flores y los pasteles más delicados. Sus cocineros impulsaron la nueva cocina en Francia, y por su influencia desaparecería la vieja cocina medieval. Nació el 13 de abril de 1519 en Florencia, murió el 5 de enero de 1589 en el castillo de Blois.

> *Verdeggia un ramo sol con poca foglia*
> *E fra tema e speranza sto sospesa*
> *Se lo mi lasci il verno o lo mi taglia*
> Ariosto

Mujer fuerte. ¿Calculadora o más bien oportuna? ¿Diplomática, mano firme o despiadada? No podemos juzgar sus intenciones, pero sí sus hechos, ya que cuando tuvo la oportunidad se comportó como una gran reina de Francia, protegiendo el trono de su marido y de sus hijos con gran esmero y entrega. Gracias a Catalina se terminaría gestando en la corte francesa una auténtica revolución gastronómica de tal importancia que terminaría provocando el final gastronómico de la Edad Media para alcanzar la Edad Moderna y un espléndido Renacimiento que daría lugar a la gastronomía refinada típica de los siglos siguientes en Francia. Poderosa, fea, inteligente y solitaria, la niña se hizo fuerte desde su infancia y pocas veces abrió o dejó su corazón en manos de otro, con algunas excepciones; la primera su marido, de quién —desgraciadamente para ella— se enamoraría nada más conocerlo. Enrique, segundo hijo del rey de Francia, duque de Orleans, jamás la quiso y mantuvo una relación de por vida con Diana de Poitiers a la que amaría tiernamente.

Alexander Dumas, que escribió *La reina Margot*, fue quién acuñó el cliché que ha acompañado la memoria de la reina, llamándola intrigante, advenediza, de mano negra, «ser grotesco, ponzoñoso y sanguinario», todo ello sin tratar de conocer a la persona a fondo, sino novelando la leyenda más oscura, que se daría por real y que ensució durante siglos la memoria de la primera Médicis que reinó en Francia. La leyenda negra acompañaría a la extranjera italiana desde su llegada a Francia, y desde entonces se le atribuyeron numerosas muertes, casi todas ellas de familiares, y la primera del propio delfín de Francia, que Catalina supuestamente habría ejecutado con tan solo dieciseis años. Se decía que además de manejar muy bien las especias dominaba el arte de los venenos, que por entonces funcionaban extraordinariamente y que se disimulaban gracias al azúcar que acababa de entrar en las vidas de los europeos y que enloquecía a todo el mundo. Sin duda, le rodeó un halo compuesto de fantasía, hábiles mentiras y una gran dosis de ignorancia.

Por otro lado, hablar de Médicis y hablar de poder, de religión, de intriga, de enredos familiares y de prácticas inconfesables es todo uno. El apellido Médicis trae a la memoria a grandes Papas —León X, Clemente VII, León XI—, cortes poderosas, autoridad y riqueza, pero también muchas fantasías y una leyenda negra muy bien urdida, y utilizada como argumento fácil de novelas. Catalina de Médicis pertenecía a una de las familias más ricas y poderosas de Florencia y de toda Europa, era duquesa de Urbino y fue reina de Francia, influiría en su historia y en la historia de Europa. Glotona, intrigante, capaz e inteligente, vivió en un momento en el que Europa padecía una gran agitación religiosa, sufriendo a la vez una serie de cambios convulsos que harían desembocar a todo el continente en la era moderna, pero que agitarían Francia desde 1560 hasta el final del siglo.

Los banqueros y entre ellos la familia Médicis, percibirían a lo largo de este inquieto siglo la llegada de más cantidad de plata y oro, metales que provenían desde la recién descubierta América, y cuya presencia estimularía la economía europea haciendo que mejorara la banca y se proporcionaran mayores facilidades a los clientes —inventaron las letras de crédito y otras facilidades—. Además de la banca, esta época traería una mejora de las manufacturas y con ellas prosperaría la industria, mejorando sus posibilidades y su alcance mientras las comunicaciones también avanzaban, abriéndose vías marítimas y apareciendo-

con una importante renovación del comercio. Aquella era una época de grandes novedades, de descubrimientos que cambiarían el estrecho mundo de la envejecida Europa y que provocarían el auge de la burguesía, que se enriquecía mediante la profesionalización de sus oficios y gracias al comercio y a la banca. Las ciudades crecían y prosperaban, y con ella los burgueses iban adquiriendo más peso social y capacidad económica hasta tal punto que sería en ellos en quienes se apoyarían las monarquías, que adquieren una gran importancia en esta época. Se respiraban aires de cambio.

En 1531 se publicaba la obra de Maquiavelo *El Príncipe*, un libro que sin duda conocía la culta Catalina y que tendría muy en cuenta a la hora de gobernar años después su nueva patria: mano dura y maneras de reina. Al llegar a Francia era una joven que hablaba —y escribía— italiano y francés, que había vivido con diferentes miembros de su familia —tíos, abuelos...— sin pertenecer estrictamente a ninguna de ellas, que estaba muy bien formada y que conocía el Renacimiento desde la mejor atalaya; su propia ciudad, Florencia. Quizás el conocimiento y la cultura de Catalina asombraría a los franceses, que la mirarían con un cierto desprecio y, por qué no, con innegable envidia, una nefasta combinación. Esto se debía a que sus orígenes paternos eran burgueses y ella no era hija de reyes, razón por la que la tacharían de advenediza. Si bien el hecho de asumir el poder la llevaría a tomar decisiones que no siempre le resultarían gratas, Catalina no era la intrigante que daba de beber a cualquiera que se pusiera en su paso el temible veneno florentino como tan poéticamente y falto a la verdad escribiera Dumas.

En esta época y por influencia directa de la reina se fecharía una revolución gastronómica que resultaría clave para entender la historia de la gastronomía francesa y europea, una revolución pacífica, culta, humanista, de marcado carácter renacentista y muy ligada al propio carácter de la reina. Si bien Catalina encontraría terreno abonado para que sus novedades provocaran un interés especial y transformaran la gastronomía de su época, ni ella las llevó a Francia con esa intención ni entonces tenían la importancia que le concedemos actualmente. Catalina llegaría casi niña a Francia, con tan solo catorce años aunque, eso sí, con las cosas bastante claras —iba a su propia boda y sabía que aquella era una alianza de estado—, pero sin la conciencia de la trascendencia de su papel en la historia, mucho menos en la historia de la alimentación. Pero voluntariamente o no, Catalina de Médicis sin duda fue el catalizador del refinamiento florentino en una cocina, la francesa, que estaba preparada para convertirse desde aquel momento en una de las más importantes gastronomías de su siglo. Muy al contrario, esta metamorfosis llegó por sí misma, eso sí a través de ella, de las novedades que aportó a la corte francesa y de su afición a la buena mesa. No solamente llevaría nuevos productos sino que, sobre todo, trasladaría a París lo más importante: a las personas que la acompañaban y que conocían un mundo diferente, más abierto y moderno, más avanzado, personas que habían vivido de primera mano el renacimiento italiano temprano. Todos ellos dominaban técnicas nuevas y sabían ponerlas en práctica, de forma que el conjunto de todos aquellos factores revolucionaría la cocina francesa desde dentro, en una rebelión silenciosa pero muy eficaz, porque los viejos modos se dejaron atrás y los nuevos tomaron el relevo. Con la nueva cocina haría su aparición una de las más interesantes habilidades de sus cocineros, que era la elaboración de dulces en azúcar: la repostería fina. La fantasía y el azúcar serían las herramientas ideales en manos de cocineros habilidosos y aparecerían decenas de novedades: pasteles, galletas y frutos secos con caramelo, especialmente con almendras, y también las frutas escarchadas en las que algunas ciudades del sur de Francia se iban a especializar, llegando hasta la actualidad. Más tarde otra reina de Francia de la familia de los Médici, María, introduciría las pastillas de caramelo de mil y un sabores de la mano de un pastelero italiano, Giovanni Pastilla, que la acompañó a la corte francesa[46]. Sin embargo, el renacimiento gastronómico ya había hecho algunas apariciones en época de su suegro, Francisco I, quien tenía pasión por los sorbetes y los puso de moda en Francia, aunque después irían mejorando y perfeccionándose. El rey había invitado a la corte al famosísimo Leonardo da Vinci en el año 1516. Las cortes y principados italianos estaban de moda, eran las que entonces marcaban el paso en arte, en literatura, en política y, cómo no, en gastronomía; el caso es que los italianos, con su gran prestigio, habían llegado a la corte francesa anteriormente a Catalina, preparando el camino y el interés por el nuevo movimiento renacentista.

Catalina también llevaría a Francia las primeras alcachofas, o su variedad silvestre, los alcauciles, más pequeños y delicados que las alcachofas actuales. No es que no se hubieran tomado nunca, sino que tras la caída del imperio romano el gusto por el consumo de los alcauciles se perdió, así como su conocimiento. En época imperial, la capital de la Bética romana, Colonia Patricia Corduba, exportaba a Roma alcauciles confitados en aceite de oliva virgen extra, una auténtica *delicattessen*

---

46 Toussaint-Samat, M., 567, 1994.

para los paladares de los *gourmets* más exquisitos en la capital del imperio. Lo más probable es que la tradición de su consumo se conservara en el imperio oriental tras la caída del occidental y de ahí en la corte bizantina, de donde saltaría la tradición por el consumo de alcauciles hasta Florencia, una vía que seguirían otros productos, hábitos y técnicas que provenían del mundo antiguo.

Volvemos a la gran Médici, a la mujer, a Catalina, que sería reina de Francia, una gran reina, aunque a su llegada el gran interés de esta mujer tenía relación con sus orígenes y radicaba en que había nacido en el centro del floreciente mundo renacentista, en la bellísima ciudad de Florencia. Hija de Lorenzo II de Médicis, duque de Urbino y de Magdalena de la Tour, condesa de Boulogne y de origen francés, nació el 13 de abril de 1519. Su madre murió al poco de nacer ella de una fiebre puerperal y su padre fallecería pocos meses después, muy joven, así que la pequeña quedó huérfana de padre y madre recién nacida y bajo la tutela del papa Clemente VII, que era tío suyo y que deseaba que tuviera una gran instrucción y una formación ilustrada, propia de una mujer renacentista. Ferviente católica, vivió con distintos parientes pero siempre bajo la vigilancia de su tío Clemente, primero con su abuela Alfonsina Orsini, después con sus primos y su tía Clarize Strozzi y más tarde, cuando Florencia que estaba en manos de los Médicis fue tomada por otra facción, vivió en varias abadías con distintas órdenes de monjas, que sería en realidad la época más feliz y tranquila de su vida. Su existencia estuvo salpicada de acontecimientos imprevistos, cuando tenía tan solo ocho años se produjo el saqueo de Roma y el cardenal Silvio Sassenini la enviaría a la villa de Poggio, en Caiano —en la Toscana—, con el fin de protegerla y para evitar que le ocurriera nada. La niña era un buen partido para cualquier familia importante de la Cristiandad, bien relacionada, rica y culta; el rey de Francia, Francisco I, se interesaría por ella y finalmente llegaría a un acuerdo con el Papa Clemente para concebir un matrimonio de Estado. No era necesario esperar demasiado, la niña no tenía padres y estaría mejor casada con el hijo de un rey, aunque éste no fuera el delfín. A la corona le vendría de perlas disponer de su dote y de una estrecha relación con los Médici; era un rica dote que consistía nada más y nada menos que en cien mil ducados y algunos castillos. Así que su tío la prometió y casó con Enrique, duque de Orleans e hijo segundo de Francisco I de Francia. Era visible que el matrimonio interesaba a todos: el rey francés tenía sus ojos puestos en las posibilidades de su país por incursionar en Italia y hacerse con algunos territorios, mientras que al Papa Clemente también le interesaba quitar de en medio a la inteligente sobrina, ya que quería Florencia para su hijo Alexander y así, casándola con un príncipe francés, el interés de la joven por la ciudad y las posibilidades de que Catalina disputara con su primo desaparecían. Y sin más preámbulos fue enviada a la corte de París, a casarse con un jovencito Enrique de Francia en 1533, dos adolescentes de la misma edad. Y aunque no estaba destinada a ser reina su boda se celebró igualmente con gran fasto en Marsella, el 28 de octubre de 1533, y cuando el festín y el baile acabaron el propio rey Francisco acompañó a los desposados a la cama hasta que consumaron el matrimonio, diciendo al día siguiente que «Ambos mostraron su valor en la justa».

Catalina llevaría a París una auténtica corte: damas de compañía, cocineros, doncellas, sirvientes, su propio médico, perfumistas y artistas..., un séquito culto y modernísimo, realmente a la última. Todos ellos irrumpieron en la corte francesa y representaron allí un antes y un después, una bocanada de aire fresco que provenía de la corte más moderna, culta y rica de la época, la florentina, ciudad que era ya la cuna del Renacimiento. La Florencia de la época era la heredera del esplendor bizantino, que tanto esta ciudad como otros estados italianos reflejarían como auténticos espejos que posteriormente darían brillo a toda Europa. Francia sería el país privilegiado al que primero llegaría ese fulgor bizantino recogido por Florencia, que se había convertido en una ciudad espléndida, rica, culta, donde los artistas, escultores, arquitectos y pensadores crearon obras inigualables.

La boda no tenía un fin dinástico ya que el delfín no era Enrique sino su hermano Francisco, por lo que la relación se atenía a la necesidad de estrechar lazos políticos y diplomáticos manteniendo a la joven pareja en una segunda fila. Sin embargo, los protagonistas también tenían un papel, y aunque nadie les consultó su parecer serían marido y mujer. Al llegar a la corte y nada más conocerlo, Catalina se enamoró de Enrique y permaneció enamorada de él durante toda su vida, para frustración de la desgraciada italiana, ya que su marido jamás la quiso y vivió enamorado de la bellísima Diana de Poitiers, con quien incluso tuvo a una hija, Diana de Francia; aunque no sería la única, porque el rey tuvo numerosas amantes e hijos. Él sería feliz junto a Diana en su auténtico hogar, el castillo de Chenonceau, lugar donde ubicaría una corte paralela a la de París.

Pero la fortuna, en aquellos tiempos en los que la vida era un bien fugaz, cambiaría para la joven pareja y tres años después del matrimonio el delfín Francisco, tras jugar a un intenso partido de pelota y de beber una considerable cantidad de agua helada, falleció y el jovencísimo matrimonio quedó en primera fila: inesperadamente serían los herederos al trono. Las malas lenguas comenzaron a aventurar que la joven princesa era experta en venenos y que con la muerte de su cuñado había cometido su primer envenenamiento. A Enrique las habladurías le dolieron mucho porque quería mucho a su hermano y se había quedado desolado por su muerte, de manera que los comentarios le desagradaron profundamente, pero los hechos eran los hechos y no se podían demostrar, así que finalmente Enrique, de la casa de Valois, y Catalina de Médicis serían reyes de Francia en 1547 a la muerte de Francisco I, de cuyo fallecimiento también culparían a Catalina aunque el rey moriría por una neumonía.

Catalina y Enrique no tuvieron hijos durante diez años, lo que sumiría a la reina en una grave tristeza, máxime cuando su marido apenas la soportaba y era pública la relación que tenía con la muy atractiva Diana de Poitiers, que aunque veinte años mayor que Enrique era una gran belleza, esbelta, guapa, distinguida y hábil. Diana, viuda y con dos hijas, había conquistado el corazón de Enrique, que la amó durante toda su vida, algo que hizo sufrir muchísimo a la reina Catalina porque seguía enamorada de su esposo a pesar de los desmanes de éste; pero nunca quiso escandalizar ni hacer nada que perjudicara a la corona, así que de nuevo, la rica y poderosa florentina, la reina de Francia... estaba sola. Pero a pesar de tener el corazón roto, ella fue tan hábil que dio la vuelta a la situación y se hizo amiga de Diana, al menos aparentemente. Estaba preocupada porque que existía la posibilidad legal de que su marido la repudiara tras tantos años de matrimonio sin darle siquiera un hijo. Por su parte, Diana animaba a Enrique a que dejara encinta a su esposa y finalmente Catalina tendría once embarazos y siete de los pequeños llegarían a la edad adulta. Cinco de sus hijos reinaron, aunque tras ellos la rama Valois desaparecería.

Sin embargo, y a pesar de las desavenencias matrimoniales, la joven se desvelaría como una excelente gobernante desde el primer momento de su reinado. Enrique viajaba mucho y mientras estaba fuera de París Catalina asumía la regencia, algo que hacía muy eficazmente, ya que cumplía todas las encomiendas que su marido le hacía, con gran éxito, si bien no le permitían tener muchas iniciativas en el gobierno. Durante su vida en Francia, y hasta que fuera reina, se comportó de manera moderada, discreta y silenciosa, pero después se haría fuerte y experta y adquiriría voz propia y una gran desenvoltura en el manejo del poder.

Catalina era una mujer humanista, renacentista en el más amplio sentido de la palabra, estaba interesada por todo, quería saberlo todo sobre todo, pero también era supersticiosa y se rodearía de clarividentes dotados de mayor o menor perspicacia. Se interesó mucho por la astrología, siendo la primera mecenas de Michel de Notre-Dame, a quien nombraría su médico personal por sus habilidades en muchos campos, y no solo en la medicina. Aquel personaje sería Nostradamus, el nigromante provenzal de la lejana y luminosa ciudad de Saint-Remy. Cuando conoció sus habilidades, la reina hizo invitar a Nostradamus a París, preocupada por llevar sin hijos tantos años, y el adivino-médico-mago solucionó su problema en muy poco tiempo, consiguiendo que la reina concibiera con mucha rapidez gracias a una pócima de su invención, lo que provocaría que su aura de nigromante aumentara y se le atribuyeran una gran cantidad de prodigios. La fórmula de la fertilidad de la reina Catalina no ha trascendido, pero los hijos llegaron al trono de Francia. El poder visionario de Nostradamus fue extraordinario y se celebraría mucho; en aquella época redactaba sus célebres cuartetas. Además tenía encuentros con la reina a la que descifraba el futuro, y fue Nostradamus quién la avisaría en el año 1555 de que el rey debía tener cuidado. Redactó una cuarteta en forma de terrible augurio:

El león joven al viejo sobrepasará,
En campo bélico por singular duelo,
En jaula de oro los ojos le atravesará,
Dos choques uno después morir muerte cruel.

Con la cuarteta advertía a la reina pero era tan poco claro el aviso a priori... Nostradamus se lo repitió personalmente, debía ser muy precavida porque había visto en sus sueños que el rey podría morir... y fue lo que ocurrió. Fue durante el desarrollo de un torneo, cuando «El león joven al viejo sobrepasará», y, ciertamente, un joven sobrepasó al rey de Francia. Enrique de Francia fallecería el 10 de julio de 1559 durante las celebraciones del matrimonio de su hija Isabel con Felipe II de España —que se casaron por poderes—. Tuvo lugar uno de esos torneos de caballeros que eran normales en la celebración de los esponsales, durante uno de los cuales la cruel muerte del rey que había anunciado Nostradamus se hizo realidad. Además de Nostradamus, la propia Catalina había soñado que su marido caería víctima de un ataque con el rostro ensangrentado. Las cosas fueron así: el conde de Montmorency en un lance fortuito, durante uno de los torneos en los que se batía con el rey a caballo, armados ambos con grandes lanzas, introdujo inadvertidamente la punta de la lanza en el casco de oro del rey —la insinuada jaula de oro de Nostradamus—, que penetró por un ojo. Enrique tuvo una terrible agonía y falleció a consecuencias de las terribles heridas pocos días después. Catalina tenía entonces cuarenta años, y desde entonces se vistió de luto en señal de duelo por su marido, quedando muy entristecida. A la vez que la familia se deshacía se complicaba el panorama político, ya que la situación era difícil debido a la escasa edad del delfín, Francisco II, desde ahora rey de Francia y que solo tenía 15 años y que para colmo de males estaba casado con María Estuardo, la cual se llevaba muy mal con la reina. Catalina estaba muy pendiente de su hijo pero dio un paso atrás en la corona, ya que no se convertiría en regente a pesar de que el delfín era muy joven. Desgraciadamente el joven Francisco tan solo vivió un año y medio, lo que la obligaría a convertirse en regente de Francia. A pesar de que Catalina apenas tenía poder al principio del reinado de su hijo, aprovechó para desterrar a Diana de Poitiers..., una fría y necesaria venganza en la cual tampoco se recrearía, ya que mantuvo la dignidad y respetó sus bienes. Se quedaba tranquila, podía desagraviar así tanto dolor, aunque, a pesar de todo, no era una represalia cruel ni excesiva.

En los primeros meses de su reinado, Francisco se apoyaría para ejercer el poder en el duque de Guisa y en la familia de su esposa, María, lo que provocó una rebelión por parte de los Borbón. A la complejidad del panorama político francés, a la vez que oscuros intereses de diversas casas, se sumaban intereses religiosos ya que los Borbón eran de tendencias calvinistas y los Guisa eran católicos. Hasta tal punto se produciría una gran tensión entre ambas tendencias que hubo un intento de golpe de estado, la Conjuración de Amboise en 1560, a la que sucedería una gran represión religiosa que el joven rey no había calculado y que hubiera podido complicar aún más la ya difícil situación para Francia. Sin embargo, la tensión se aliviaría a la muerte de Francisco II. Catalina de Médicis fue nombrada regente y puso en marcha una política más tolerante entre los dos credos. Efectivamente, el jovencísimo delfín Francisco —rey por entonces— fallecería, sucediéndole su hermano Carlos IX que a la sazón tenía solo diez años, por lo que su madre se convertiría en regente. Catalina, a pesar de ser católica, trataba de entender los motivos de los hugonotes, mientras que Felipe II, su yerno —se había casado con su hija Isabel—, trataba de inclinar la balanza a favor de los católicos. Pero la italiana, con mano firme, sostuvo un cierto equilibrio que evitaría males mayores, gracias a ella se consiguió enderezar la situación y equilibrarla en la medida que le fue posible, contrarrestando el peso entre las dos poderosas e intolerantes facciones y manteniendo un diplomático esfuerzo para evitar una contienda civil.

Esta característica de excelente diplomática sería visible a lo largo de los siguientes años, Catalina tendría la oportunidad de demostrar a Francia sus cualidades como gobernante y que tenía una mente despierta y una mano firme e implacable. A lo largo de los años que fue regente de Carlos hizo gala de sus dotes para la diplomacia. Francia estaba dividida entre católicos y hugonotes y ambos tenían sus propias preferencias políticas. Comprobando la división del panorama francés, a Catalina le pareció que sería bueno para su país hacer un largo viaje con la idea de conocer diferentes ciudades y que los franceses a su vez conocieran al joven y encantador delfín, con la idea de hacer valer su autoridad frente a los pequeños intereses que enconaban la difícil situación: aristocracia potente y pequeños aristócratas con poder sobre localidades, la pujante burguesía, incluso las rencillas de familia y por encima de todo los intereses religiosos que mantenían a Francia en medio de guerras de religión. Por entonces había en Francia muchos partidos: los Guisa, que lideraban los intereses católicos, por otro lado estaban la casa de Lorena, Los Condé, los Chatillon y los Montmorency, que eran los más importantes. Tanto protestantes como católicos tomaban parte por diferentes familias y hacían fuerza en la Francia de la época para provocar que sus intereses fueran los más beneficiados. Durante el viaje incluso se reunió en Bayona con el duque de Alba, en una entrevista secreta; reunión que parece que fue uno de los orígenes de la espeluznante y sangrienta Noche de San Bartolomé, el 23 de agosto de 1572. Su gran esfuerzo por equilibrar los poderes políticos y para que nadie tuviera un exceso de fuerza la llevó a organizar una red de espías que la hacía estar al tanto de todo lo que ocurría. Y consiguió la paz entre católicos y protestantes durante los primeros años de regencia, pero cuando el joven rey se vio tan influido por los hugonotes que llegó a tomar partido por ellos, la reina autorizó al duque de Guisa a que alzara las espadas frente a los protestantes. Sin embargo, su reputación tras las matanzas de San Bartolomé se vió manchada para siempre y acrecentarían la leyenda negra sobre la crueldad de la reina.

Las guerras de religión que vivió Francia tenían su origen en las dos poderosas facciones de hugonotes y católicos que a su vez participaban en las facciones que querían acceder al poder, en una alianza que incluía poder político y religioso muy representativa de la época. La presencia de una reina regente y no de un rey, a pesar de la mano firme de Catalina, propiciaba la aparición de disputas y fomentaba las diferencias entre las dos facciones que querían hacerse con la voluntad del delfín. El rey, Carlos IX, ordenó que se asesinara a un grupo de nobles que se habían reunido en París y de los que se creía que preparaban un levantamiento general. Esos nobles, que eran protestantes, fueron todos asesinados pero la matanza fue a más y se extendió a toda la ciudad, donde murieron más de dos mil personas. Poco después fallecía sin descendencia el joven Carlos IX, el 30 de Mayo de 1574; el mismo día que concedió un documento de regencia a su madre, quién actuaría como tal hasta que volviera su siguiente hijo Enrique III, que era rey de Polonia y el preferido de la reina.

La juventud disoluta y rodeada de afeminados, de Enrique III, a los que colmaría de regalos, junto a su escasa salud, no parecía augurar un reinado muy largo. El príncipe, ya rey, se casó a disgusto de su madre, una reina que no conseguiría ver perpetuado el apellido, y a pesar de que cinco de sus hijos fueron reyes, con ellos acababa la dinastía Valois, que tendría continuidad en el trono de Francia con los Borbón. Su hija Margarita —la célebre reina Margot— se casó con Enrique III de Navarra, un Borbón hugonote que había sobrevivido milagrosamente a la matanza de San Bartolomé porque su esposa pidió a la reina que no lo mataran. Este Enrique sería el sucesor de los Valois convirtiéndose en Enrique IV de Francia en 1589, quién dijo la famosa frase: «París bien vale una misa».

Catalina moriría de una pleuresía el 5 de enero de 1589 y ocho meses después un fraile asesinaría a puñaladas a su hijo. El trono de Francia era ya de los Borbones, de su yerno Enrique, ya convertido al catolicismo. Sus hijos habían ocupado tronos europeos, pero los Valois se extinguieron dando paso a la dinastía Borbón que ocuparía desde entonces el trono de Francia y más tarde el de España. La Edad Media se acababa, ella había sido la primera reina francesa del Renacimiento.

Catalina de Médicis fue una gran reina, culta, activa, de mano férrea, inteligente y firme, que trabajó para que sus hijos fueran reyes de Francia y para mantener los intereses de la Corona. Luminosa y no oscura, pero sin duda envuelta en enredos políticos, tenía muy claros los intereses de Francia, se le acusó de ser una reina negra, pero fue una gran política y tuvo capacidades innegables para la diplomacia, propias de quién había nacido Médicis y florentina, acostumbrada desde su infancia a enredos familiares. Llevó a Francia el humanismo, que ya apuntaba en época de su suegro pero ahora sería espléndido, y lo conduciría en forma de cultura: ella organizó el primer ballet de la historia, acumuló y coleccionó muchos documentos, que fueron la base de la primera gran biblioteca y archivo franceses. Era una mujer educada al estilo renacentista y deseaba conservar el conocimiento —de ahí el apego por guardar cartas, documentos y libros—, gran coleccionista de porcelanas, cristales y otros objetos, y además estaba su amor por la arquitectura, que daría forma en Francia a la construcción y arreglo de diferentes castillos y al diseño y construcción del palacio de las Tullerías. Llevó consigo de Florencia a París a maestros perfumeros como Renato de Florencia, quien surtiría a la reina de fragancias e inauguró una perfumería en París. Se acusaría a la reina de practicar alquimia en su local, ya que se decía que iba a la perfumería de Renato para realizar prácticas nigromantes, de las que se decía que era experta, y también que elaboraba allí los venenos necesarios para sus planes.

Si bien los cambios en alimentación y gastronomía no fueron inmediatos ni la historia de la alimentación es una ciencia exacta, sí hay varias causas que provocarían los cambios que harían vibrar siglos más tarde a la cocina francesa. El refinamiento italiano, especialmente de la corte florentina, en la que Catalina había vivido, sería clave en este aspecto, ya que el mundo medieval francés y florentino eran muy diferentes. Florencia dominaba el esplendor de la riqueza de los comerciantes, el lujo de Bizancio, una riqueza y brillantez que Catalina había conocido en su infancia. La cocina que se vive en la infancia marca toda la vida y la suya estaría rubricada precisamente por una cocina refinada y moderna, más avanzada y aquilatada que la de la vieja escuela medieval francesa. Llevar a sus propios cocineros al llegar a Francia en 1533 sería solamente el principio. Los cocineros cambiaron las técnicas, la forma de componer los platos, el orden de los alimentos, incluso introdujeron nuevos instrumentos y alimentos diferentes. Algunos franceses insisten en que la aportación de Catalina solamente es una leyenda, pero, a pesar de que se hubiera podido sobrevalorar, no olvidemos el clásico chauvinismo francés que no entendería el éxito de su cocina por influencia de otra nación, sino por el desarrollo propio y progreso interno de sus medios.

Por aquellos años, en la década de 1550, los cocineros profesionales franceses empezaban a adquirir una excelente reputación. Pierre Belon du Mans no dudó en afirmar que ni los españoles, portugueses, ingleses, flamencos, italianos, húngaros, alemanes y otros pueblos sujetos a la iglesia romana tenían tanta habilidad en aparejar buenas viandas como los franceses. El fin de la Edad Media y el inicio del Renacimiento daban a Francia la conciencia de ser una de las naciones más cocineras y exquisitas de la cristiandad, el mariscal de Vieilleville decía en directa alusión a Catalina que: «Todas las princesas extranjeras buscan cocineros y pasteleros en Francia, así como otros servidores para usos de boca y todo el servicio de mesa... Los otros reyes de la Cristiandad, e incluso del universo, no se acercan a nuestras excelentes *delicatessen* ni nuestras singulares formas para triunfar en los festines».

El gusto iba cambiando, y lo haría con rapidez, algo que se observa en la aparición de los nuevos recetarios de confituras y dulces, que fueron un auténtico éxito. En 1532 Rabelais escribiría *Gargantúa y Pantagruel*, ambigua, sorprendente, extraña obra en la que se percibe la ironía del pensamiento renacentista plasmada en dos personajes gigantes y monstruosos que comían desmesuradamente, en relación con su tamaño. Con el Renacimiento las costumbres se refinan, los cambios que provocan ese nuevo mundo no son solo artísticos o filosóficos, atañen a las costumbres cotidianas; la alegría de vivir que poco a poco inunda Europa se refleja en una forma de comer más placentera, con una mesa cuidada y refinada —recordemos el maravilloso salero que Cellini esculpió para Francisco I, suegro de Catalina—, una mesa en la que tendrían cabida útiles que facilitaban comer de forma más elegante, como con el tenedor que Catalina llevaría a la corte francesa.

Salero de Cellini. Escultura de mesa obra de Benvenuto Cellini (mediados del s. XVI).

El tenedor de dos dientes se utilizaba desde el mundo clásico, pero no para comer sino para ayudarse a trinchar carnes. En Italia era relativamente corriente utilizarlo para ayudarse a comer en el año 1560, sin embargo, en Francia no se generalizaría aunque la reina lo usaba a diario, y su uso comienza en la mesa real para continuar usándose en la corte de forma más extendida. Hay que decir que la reina Catalina también usaba un tenedor con mango largo para rascarse la espalda. El caso es que era de muy mal gusto coger la comida con las manos, con excepción de las alcachofas o los espárragos, y aunque ya había utensilios parecidos en la Grecia clásica y el Imperio Romano, el tenedor apareció como tal hacia el 1077. Se especula que el inventor de este artefacto fue Erick Pries. El tenedor llegó a Europa procedente de Constantinopla a principios del siglo XI de la mano de Teodora, hija del emperador de Bizancio, Constantino X Ducas, quien a su vez lo llevó a Venecia al contraer matrimonio con Doménico Selvo, *Dux* de aquella república. Pero Teodora para sus contemporáneos era tachada, por ésta y otras refinadas maneras orientales, como escandalosa y reprobable y hasta San Pedro Damián amonestó desde el púlpito estas extravagancias, llegando a llamarlo *instrumentum diaboli*.

En cuanto al carácter de Catalina, cómo sabemos, estuvo marcado por ser una niña sin padres, y en plena adolescencia por estar casada con un hombre al que amaba sin haber elegido; así que sin lugar a dudas tendría graves problemas afectivos. Era ambiciosa, escéptica en lo religioso —había vivido tan de cerca la religión que debía ser fácil desengañarse—, suspicaz en política, lo que la llevaría a pactar con quien más conviniera según el momento, pero sin una orientación concreta. Sin embargo, comprendió el peso de la corona así como las obligaciones que ésta conllevaba.

Francia, a su llegada, ya se manifestaba interesada en la gastronomía. Los primeros tratados de cocina franceses datan de finales del XIII y principios del XIV. En 1474 aparecería *De honesta voluptate et valetudine*, de Platino, una obra que era el libro de un humanista, que junto a la obra de Castiglione, *El Cortesano*, sentaron cátedra en la naciente Europa humanista[47]. Platino era un hombre culto, epicúreo, que conocía a los clásicos y que trataba de enseñar a sus lectores las formas de disfrutar de una buena comida dentro del marco de unas reglas morales sólidas. Como había ocurrido desde la Antigüedad, todos los libros de cocina incluían otros aspectos además del puramente culinario: conse-

47   Revel, J.F., 1995, 130.

jos para la salud, recetas mágicas, propiedades de los alimentos. La existencia de estos libros y del interés por la gastronomía fraguaría la aceptación de las novedades que Catalina aportaba desde Florencia. Después de esta obra aparecería el *Viandier* de Taillevent —a fines del XIV— y el *Cuisinier français*, de La Varenne, en 1651. Pero en época de Catalina, la cocina francesa aún era medieval: el gusto por los agridulces, la mezcla de azúcar en los platos principales, las exageradas representaciones en los grandes banquetes, la cantidad de especias utilizadas, todo seguía siendo medieval. Sería Italia la referencia que provocaría de forma casi alquímica los cambios necesarios para que la cocina francesa se transformara de medieval a moderna.

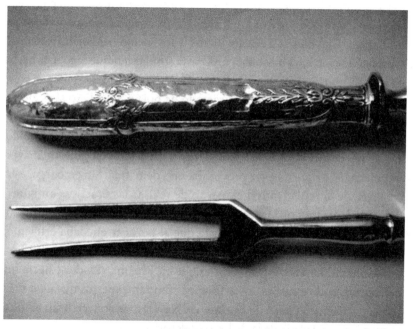

Tenedor bizantino.

Catalina llevó a Francia el refinamiento más que la cantidad de comida, los cuidados preventivos de salud mezclados con normas relacionadas con el protocolo, como el lavarse las manos antes de comer, el aseo personal no solo en la mesa sino en todo momento, así como el uso del tenedor en lugar de los dedos. Además propuso un mayor consumo de vegetales, lo que sí era una auténtica revolución, ya que hasta el momento los campesinos medievales miraban con pena y auténtico dolor a las «hierbas» que se veían obligados a comer, frente a las cárnicas dietas de las élites. Aquellas hierbas: guisantes, coles, lombardas y cientos de deliciosas verduras todavía no se apreciaban, se consideraban casi como pasto de animales, y no se valorarían hasta al menos un siglo después. Se deseaban las carnes, los panes blancos, la grasa y la repostería fina, que eran las comidas tradicionales de los aristócratas.

La aparición de los recetarios con capítulos completos dedicados a las verduras formaría parte del cambio que iba a convertir a Francia en la nación más gastronómica de Europa; aunque, por el momento, los panes negros de centeno y grano, las verduras y hortalizas seguían tomándose, pero con lágrimas en los ojos, envidiando y deseando panes blancos, carnes abundantes nadando en grasa.

Antonin Carême atribuyó a sus cocineros la invención de las espinacas a la florentina, que se preparan con salsa bechamel, aunque en realidad se desconoce con exactitud si es así. Además de esta popular salsa bechamel, se atribuiría a sus cocineros la invención del hojaldre; lo cual tampoco es cierto, ya que había una pasta similar aunque algo más basta en el s. XV y en la Antigüedad clásica existían pastas hojaldradas, si bien no tan finas, elaboradas con un método de hoja a hoja. Pero sí es cierto que tras su reinado los hojaldres se comenzaron a popularizar, fueron mejorando y adquirieron un gran prestigio en época de la reina debido a que las corporaciones de panaderos y pasteleros adquirían mayor importancia, lo que a su vez provocaba más demanda. Sin embargo, este cocinero de la reina tendría el mérito de revisar las prácticas antiguas, de hacer la pasta hojaldrada con mantequilla, y de conseguir unificar el resultado hasta obtener una pasta que al hornear quedaba crujiente, inflada y fina. Hasta tal punto sería significativa la aparición de las corporaciones altamente especializadas que en Rheims, donde se hacía un delicioso pan de especias, los artesanos eran tan expertos que algo más tarde, en 1596, en época de Enrique de Navarra, se convertirían en una corporación separada de la de los pasteleros.

En época de la reina Catalina se daría forma a otros platos tradicionales franceses, como el *cassoulet*, un delicioso y contundente guiso oriundo de la zona del Languedoc, cuyo ingrediente principal son las habichuelas. Las primeras habichuelas llegaron en 1528 a manos del Papa Clemente VII. Catalina llevaba en su equipaje para convertirse en reina francesa un saquito de estas *fagioli*, que sus cocineros elaborarían allí y que serían las primeras que se consumieran en la corte para hacerse después plato popular y cotidiano. A ella le encantaban los riñones de gallo asados con guarnición de corazones de alcachofa, y comió tantos en la boda de Mademoiselle de Martigues que pensó que moriría, decía un cronista de la época, Pierre de l'Estoile. En aquellos tiempos tenía cierta edad, era la reina madre, y como consecuencia del empacho tuvo un grave episodio de descomposición. A la reina le gustaba comer, y comer bien; en otro caso no habría tenido sentido el que llevara tantos cocineros y que a lo largo de su reinado se interesara por la buena cocina. Y para agradarla, tanto sus cocineros como los cocineros franceses, trabajaban intensamente en la elaboración de platos de todo tipo.

En Europa comenzarían a llegar importantes novedades, el descubrimiento de América iba a proporcionar productos nuevos para alegrar la cocina europea. La llegada de los productos americanos, si bien no se había extendido totalmente, ya empezaba a notarse y poco a poco se irían introduciendo nuevos platos. La Edad Media tocaba a su fin, aunque aún permanecía en la cocina un tufillo medieval y algo de Renacimiento. Los medievales estofados e inacabables asados de todo tipo de carnes condimentadas con canela, jengibre, pimienta y agraz, rellenos, complicados y abarrotados de frutos secos, darían paso a un mayor interés por la repostería fina: confituras, mermeladas, jarabes, frutas en conserva, como Nostradamus presenta en el libro que se publica en el año 1552. Europa, inmersa en una guerra de religiones, vivía una serie de cambios que harían brillar la mesa cada vez más; la reina Catalina había llevado a la corte el gusto por las mesas bien puestas y decoradas con flores, una cocina culta y refinada, nuevas técnicas, productos y platos. Todo ello provocaría que la cocina francesa eclosionara y comenzara un esplendoroso paseo por la gastronomía hasta convertirse en un modelo para todo el mundo.

BIBLIOGRAFÍA

La Ferriere, H.; Baguenault de Puchesse, G., *Cartas de Catalina de Médici*, París, 11 vols., 1880-1943.
Revel, J.F., *Un festín en palabras*, Guipúzcoa, 1995.
Rambourg, P., *Historie de la cuisine et de la gastronomie françaises*, Cher, 2010.
Toussaint-Samat, M., *History of Food*, Cornwall, 1994.

Lienzo de Tlaxcala. Hernán Cortés y La Malinche en su encuentro con Moctezuma II en Tenochtitlan, 8 de noviembre de 1519.

MOCTEZUMA XOCOYOTZIN, EL JOVEN

Rey de los aztecas a la llegada de los españoles. Le gustaba comer bien y disfrutar de la mesa con la solemnidad de un rey, con el refinamiento de un gran hombre. Enseñó a los españoles las comidas más exquisitas, propias de una mesa real, entre las que se encontraba la carne humana, a la que eran muy aficionados. Es el exponente de una época de grandes cambios y tras él la cocina española y mexica se fusionaría en gran medida. Nació en 1466 en Tenochtitlán y falleció el 29 de junio de 1520 en Tenochtitlán.

«Era el gran Montezuma de edad hasta cuarenta años, y de buena estatura e bien proporcionado e cenceño e pocas carnes, y la color ni muy moreno, sino propia color e matiz de indio, y traía los cabellos no muy largos, sino cuanto le cubrían las orejas, e pocas barbas, prietas e bien puestas e ralas, y el rostro algo largo e en el mirar, por un cabo amor, e cuando era menester, gravedad. Era muy polido e limpio, bañábase cada día una vez, a la tarde. Tenía muchas mueres por amigas, hijas de señores, puesto que tenía dos grandes cacicas por sus ligítimas mujeres, que cuando usaba con ellas, era tan secretamente, que no lo alcanzaban a saber sino alguno de los que le servían. Era muy limpio de sodomías. Las mantas y ropas que se ponía un día no se las ponía sino después de tres o cuatro días.

En el comer, le tenían sus cocineros sobre treinta maneras de guisados, hechos a su manera e usanza, y teníanlos puestos en braseros de barro chicos debajo, porque no se enfriasen, e de aquello que el gran Montezuma había de comer guisaban más de trescientos platos, sin más de mil para la gente de guarda. Y cuando había de comer, salíase el Montezuma algunas veces con sus principales e mayordomos y le señalaban cuál guisado era mejor e de qué aves e cosas estaba guisado; y de lo que le decían, de aquello había de comer; e cuando salía a lo ver, eran pocas veces e como había de comer; e cuando salía a lo ver, eran pocas veces e como por pasatiemo. Oí decir que le solían guisar carnes de muchachos de poca edad; y como tenía tantas diversidades de guisados y de tantas cosas, no lo echábamos de ver si era de carne humana o de otras cosas, porque cotidianamente le guisaban gallinas, gallos de papada[48], faisanes, perdices de la tierra, codornices, patos mansos e bravos, venado, puerco de la tierra (pécari), pajaritos de caña, e palomas y liebres y conejos y muchas maneras de aves e cosas que se crían en estas tierras, que son tantas que no las acabaré de nombrar tan presto. E ansí no miramos en ello; más sé que, ciertamente, desque nuestro capitán le reprehendía el sacrificio y comer de carne humana, que desde entonces mandó que no le guisasen tal manjar»[49].

Para no estar en las listas de los gastrónomos más reputados, Moctezuma tenía un sentido de la delicadeza, un gusto por los mejores manjares y un refinamiento que nos indican que sin duda alguna, podríamos considerarlo parte de la gran familia de los *gourmets* más significativos. Sabía elegir y podía hacerlo, una combinación perfecta para disfrutar de la gastronomía en un país rico y con multitud de frutos comestibles, productos deleitosos y un excelente recetario. Moctezuma fue un gran rey, el último gran rey mexica que disfrutó de los placeres de una corte bien ordenada, entre los que el banquete ocupaba un espacio clave, como ha sucedido en todas las cortes —sin excepción— a través de la historia. Él es el hito clave en la historia del imperio mexica, y tras su muerte, su corte, su ciudad y todo el mundo americano cambiaron radicalmente. Después de él, las cosas jamás serían iguales: como había intuido finamente, su mundo se desmoronaría.

Si bien Moctezuma no fue un gastrónomo como se entiende en la actualidad, su figura tiene la gran importancia de haber encarnado al último gran rey mexica que gozó de los grandes banquetes palatinos de su época. A través de ellos brindó su hospitalidad a los españoles, quienes conocieron de primera mano y en su mesa los platos y productos del nuevo mundo. Utilizando la comida como forma de rendir homenaje a los visitantes, les mostró como el maíz podía transformarse en decenas de platos: tortillas, panecillos, tamales, guisos y salteados, y de cada uno de ellos multitud de variedades y combinaciones. De ahí

---

48   Pavo.
49   Díaz del Castillo, B., 2011, 321-322.

su importancia para la historia de la alimentación, como el último —y brillante— representante de un mundo que acababa con él.

Pero comencemos por el principio... el último rey azteca, Moctezuma el joven o Moctezuma segundo, era hijo de Axayácatl e Izelcoatzin. Nació en el año 1466 y murió prematuramente el 29 de junio de 1520. Fue rey del pueblo mexica durante dieciocho años, desde 1502 hasta su muerte, que se produjo cuando tenía cincuenta y cuatro años. Era miembro de una larga y aristocrática familia y estaba emparentado con todos los emperadores y reyes de su época y su mundo, Moctezuma no era ni mucho menos un arribista, sino un legítimo heredero del trono. Su nombre quería decir señor encolerizado, o señor sañudo. Se casó varias veces, pero su esposa principal fue Teotlacho, la hija de otro gran rey, de la que tuvo una hija, Tecuichpo.

Durante su juventud vivió la existencia de un joven príncipe en una poderosa corte, la mexica, como uno más de los muchos jóvenes infantes que, con distinto grado de parentesco, eran nietos de reyes. Perdió a su padre, Axayácatl, casi niño, quien debía haber sido emperador mexica antes que él, por lo que su tío Ahuitzol tuvo que ocuparse de gobernar el estado mientras el joven heredero alcanzaba la madurez. Y mientras el tío regía los crecientes territorios, en medio de numerosas guerras de conquista con los pueblos vecinos, Moctezuma se formaba como gran sacerdote y comandante del ejército azteca. Muy joven aún, cuando todavía su predecesor Ahuitzol regentaba el territorio, fue adquiriendo experiencia en las batallas hasta que llegó a ser un importante jefe militar. Poco a poco se modelaba su carácter y se conformaban las cualidades de Moctezuma como futuro «huey tatloani»[50] de los mexicas. Demostró ser un fiel creyente en su religión y en sus tradiciones, además de un excelente conocedor de ellas. A la llegada de Cortés conocía el mito que trataba sobre la vuelta de un antiguo dios, Quetzalcóatl, quien había estado con ellos hacía mucho tiempo y que había prometido volver. La leyenda decía que llegaría en forma de hombre blanco y barbudo, desde el gran océano que se encontraba al este de sus tierras. Moctezuma hizo todo lo posible por evitar el encuentro con los que supuso conquistadores desde que le transmitieron su llegada, de alguna forma intuía las dificultades que la llegada del dios causaría a su pueblo. Por eso, y desde el primer momento, trató dificultar la llegada de los españoles, aunque sin mostrar un enfrentamiento claro y directo hacia ellos, quizás porque sintiera una mezcla de miedo ante las

---

50   Emperador.

consecuencias de desafiar al dios en su vuelta y de desasosiego ante el cumplimiento inevitable de las profecías.

Buen guerrero, físicamente bien preparado, atlético, justo, grave y amado por su pueblo, de la fortaleza de su carácter hablan sus hechos: fue capaz de conseguir el afecto de Cortés y de los españoles sin renunciar a sus obligaciones, a su pueblo ni a su religión.

Así fue como el joven príncipe fue formándose mientras su tío regía el imperio, y cuando llegó el momento de asumir el poder, había ganado ya varias e importantes campañas militares contra sus enemigos directos —los cuales más tarde se aliarían con Cortés—: los txalcaltecas. Su imperio era muy extenso y rico, pero algunas de sus tierras estaban aisladas en territorio txalcalteca y tuvo que luchar para incorporarlas a sus dominios; sin embargo, la conquista le impidió terminar su proyecto.

En una de las batallas contra los txalcaltecas cayó uno de sus hijos predilectos, y la pérdida fue tan dolorosa que, a pesar de que hasta aquel momento iba perdiendo la guerra, trató de vengarse de ellos realizando un gran esfuerzo militar, buscando aliados y reuniendo a todas sus fuerzas. Lógicamente dolido e irritado contra aquel pueblo. Su lado humano nos lo muestra como un padre justiciero, que no tuvo reparos en vengar la muerte de su hijo.

Sin embargo, la guerra entre txalcaltecas y mexicas tuvo necesariamente que detenerse entre los años 1504 a 1505 debido a una hambruna que hubo en todo el país y que impidió que las batallas se produjeran satisfactoriamente. Finalmente, Moctezuma saqueó las comarcas y luchó contra todos los enemigos, aunque no llegó a tomar todas las tierras que había deseado desde el principio de la guerra.

Además de su faceta como guerrero, Moctezuma era consciente de su poder como emperador mexica. En Tenochtitlán, la capital, había una corte donde el protocolo era estricto y de obligado cumplimiento. Todos los cortesanos eran sumamente respetuosos con el rey, no le podían mirar a la cara, en su presencia estaban obligados a manifestar modestia y humildad, para lo que mantenían la cabeza hacia el suelo, con los ojos bajos; además iban descalzos y vestidos con ropas pobres. Era de precepto hacerle tres reverencias y no le podían tocar en ningún momento. Como una cortesía hacia Cortés, al recibirle, le permitió que le tomara de la mano, pero no consintió que le abrazara al estilo castellano. Moctezuma había enviado por medio de embajadores las vestiduras del dios para que, en un punto de su viaje, Cortés las viera y se invistiera con ellas, por lo que el «huey tatloani» concluyó que solamente el auténtico Quetzacóatl se habría atrevido a utilizarlas, y de inmediato dedujo que era él: había llegado de nuevo.

Siempre que salía del palacio iba en andas, bajo baldaquino, acompañado de un numeroso séquito, y a su paso, el pueblo tenía que obedecer idénticas normas de respeto, ya fueran príncipes o simples campesinos. La presencia del «huey tatloani» tenía sus exigencias.

A pesar de no haber descubierto la rueda y de no usar animales de tiro, las construcciones mexicas fueron impactantes. La riqueza de este pueblo era apabullante. Y como bien sabemos, los pueblos ricos tienen mercados bien abastecidos y en los que hay mercancías variadas, bien compuestas y presentadas, especialmente las de comer. Los conquistadores que visitaron los mercados mexicas por primera vez contaban que eran similares a los que se celebraban en el s. XV en Medina del Campo, en Valladolid, uno de los centros de comercio más importantes de España. Allí había una constante exposición de productos variados, desde comidas a ropas, cerámica, y todo tipo de objetos de uso diario. Había gentes anunciando y pregonando su género y llamando la atención a los compradores.

En ellos, los puestecillos se multiplicaban y se podían encontrar todo tipo de géneros y productos en relación con la comida, desde mercancías crudas —como frutas, carnes, pescados y hortalizas— a todo tipo de platos elaborados, del estilo de guisos, tortillas, tamales y salsas. Además, en los mercados se podían encontrar vasijas y cerámica, y también instrumentos cortantes como cuchillos de uso diario y azuelas de piedra.

En estos completos mercados había zonas especiales en las que se exponían hierbas de todo tipo, unas para comer y otras para curar. También se vendían frijoles y salvia, legumbres, hortalizas y verduras de cualquier clase imaginable. Además había puestecillos en los que se expendían carnes de gallina y de pavo, de conejo, de liebre y venado, así como otras cosas menos agradables para el occidental como perrillos y anadones —serpientes— y otras muchas carnes que los conquistadores no llegaron a identificar y que con toda seguridad provendrían de la caza de animales salvajes en la prolífica selva. Por supuesto, no faltaba la venta de sal —el condimento más preciado para todos los platos—, ni de ajíes o chiles con decenas de variedades y presentaciones, y que sin duda era el condimento más representativo de su cultura.

El mercado bullía, incluyendo tenderetes con frutas, hojas y hortalizas de todo tipo; ya conocemos la riqueza de México en todo este tipo de productos. Y no solo se vendían comidas crudas, sino elaboradas: algunos platos salados y otros dulces, desde unas raíces de un árbol que al cocerse eran muy dulces y con ellas se preparaba fina repostería, a platos contundentes, guisos sólidos y económicos, de cuchara, que estaban al alcance de todo el mundo. Y otros platillos del tipo de las gachas pero elaborados con maíz, algunos similares a la mazamorra, blandos y fáciles de comer y, sobre todo, la estrella ya entonces de la gastronomía mexica: tortillas de maíz por todas partes y de todas las clases que se puedan imaginar. Blancas y finas, gruesas y saciantes, tostadas o crudas... Las tortillas eran el alimento por antonomasia, que acompañaba todos los platos y se podía tomar en cualquier momento, usado tanto en la alimentación más popular como en los grandes banquetes de la corte de Moctezuma.

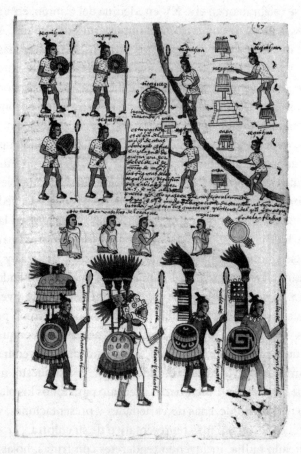

Lámina del Códice Mendoza (siglo XVI). La conquista militar de otros pueblos permitía a los mexicas obtener bienes de primera necesidad y de prestigio; también les daba acceso libre a los mercados.

Además había pescado procedente de los lagos cercanos, que vendían las pescaderas especializadas en estos productos. Eran de todas clases y tamaños, y además tenían como producto estrella un plato elaborado, muy diferente a los anteriores productos: unos panecillos hechos con algas de un lago cercano, los cuales tenían cierto sabor a queso.

Además, para los postres —los mexicas eran muy golosos—, se vendían jarrillos con miel y melcocha —pasta de miel cocida— o nuégados de todo tipo, unas ricas golosinas elaboradas con miel, cacahuetes y diversos frutos.

Para abastecer las cocinas, sin embargo, no era suficiente con las comidas, también se necesitaban útiles, y en aquellos mercados se vendía loza de todo tipo, desde los imprescindibles platillos para las tortillas a las tinajas, grandes o pequeñas, así como platos de todos los tamaños, calidades y colores. También había navajas de pedernal y hachas de latón, cobre y estaño, así como jícaras y jarros fabricados de madera y pintados.

La vida bullía en Tenochtitlán, la gran capital de Moctezuma y no solamente había enormes edificios, monumentales templos y palacios, o bien planificadas estructuras urbanísticas y avenidas pavimentadas. Además de una estructura urbanística, disponían de silos para guardar el maíz, ya que los gobernantes sabían perfectamente la importancia de la previsión, que era una herramienta imprescindible para la buena organización del estado. Para abastecer las reservas, existía un excelente sistema tributario perfectamente organizado, para el cual se entregaban tributos en especie, esclavos procedentes de capturas tras las batallas y contribuciones de los diferentes pueblos sometidos en forma de especie, de mercancía o servicios, lo que hizo que el pueblo mexica dominara desde el golfo de México al Pacífico y, de una forma u otra, toda Mesoamérica.

Y en el corazón del imperio mexica, rodeado de una ciudad perfectamente alimentada, y en el centro de un territorio relativamente pacificado y bien organizado, se encontraba el palacio del soberano Moctezuma, donde, como era natural, no faltaba ninguno de los alimentos principales y, sobre todo, ninguna gollería con la que deleitarse en los banquetes.

Desde luego, la corte de Moctezuma estaba irreprochablemente abastecida; la familia real era casi multitudinaria, había algunas esposas y decenas de concubinas, y con ellas, como es natural, muchos hijos. Pero eso no era todo, y también había hermanos, sobrinos y nobles de todo el país. Embajadores, visitantes, viajeros y gobernantes... Era una corte que tenía que dar de comer a mucha gente y disponer de excelentes suministros, lo que llamó la atención de los españoles por la excelente organización y la gran cantidad de espacios, instrumentos y comidas que se prodigaban en ella[51]. Había por tanto, en una zona del palacio, enormes cocinas con grandes despensas, almacenes de bebidas —pulque especialmente—, depósitos de maíz, abastecimientos de carnes, pescados y frutos frescos, todo ello perfectamente organizado y abastecido. Mayordomos, tesoreros, despenseros, cocineros... pululaban por aquella parte del palacio real, ocupándose de los distintos menesteres relacionados con el comer, con el buen comer.

La organización de las cocinas era disciplinada y en las mesas también existía una etiqueta estricta, cuya principal ocupación era que Moctezuma tuviera el espacio que le correspondía, y todos lo respetaran, incluso —y sobre todo— durante los banquetes. Había jóvenes que llevaban a la mesa los platos, las bebidas, los aguamaniles y que se ocupaban de la recogida de los enseres, pero eso no era todo y también existían distintos cargos relacionados con la intendencia de las cocinas y despensas. Uno de estos cargos, el más importante quizás, era el de mayordomo mayor, un honor que correspondía a un gran cacique, como en las antiguas mesas españolas correspondía el honor de trinchar la carne a un miembro de la nobleza. Los españoles pusieron por nombre Tapia al mayordomo mayor de Moctezuma. Este Tapia no solamente se encargaba de controlar los abastecimientos del palacio real, también era el responsable de los libros en los que se reflejaban las cuentas de las rentas de Moctezuma, las cuales le entregaba religiosamente en los plazos convenidos. Moctezuma era muy rico, tenía muchas casas con lujosas viviendas, huertos y jardines, con flores y árboles aromáticos, con estanques de agua, albercas, baños y canales para conducir el agua. Decenas de albañiles, canteros, jardineros, carpinteros y ayudantes, mantenían todo el entramado doméstico, que requería mantenimiento constante y que facilitaban que la familia real viviera espléndidamente.

Cuando Moctezuma visitaba alguna de sus propiedades era costumbre organizar en ellas un banquete para celebrar su presencia, ¡llegaba el rey! En estos banquetes lo primero que se presentaban eran las tortillas de todo tipo, que eran la base de la alimentación mexica, y junto a ellas se ofrecían aves diversas, consideradas un alimento muy refinado, como gallinas, toda clase de pajaritos y pavos. Además se ofrecían venados y algunos animales sin identificar que los conquistadores

---

51   Díaz del Castillo, B., 2011, 324.

confundían porque no conocían. Al fin y al cabo, la biodiversidad de las selvas es enorme. Y aunque no sea muy agradable para el hombre actual, la verdad es que se comía carne humana y no ritualmente, sino como parte de la oferta cotidiana de los banquetes reales, y ésta era tan difícil de diferenciar de otras que los españoles tuvieron que pedir expresamente que no les guisasen aquel fúnebre manjar. Al final de la comida les llevaban fruta de todos los tipos imaginables, aunque Moctezuma comía muy poco de ellas. En copa de oro fino le llevaban cacao líquido, amargo y triturado, mezclado y batido con agua. El proceso de batido provocaba la aparición de una fina espuma que quedaba sobre la bebida, un detalle de refinamiento que les gustaba mucho.

Si la época era fría, durante el servicio de comida se hacía fuego con una leña de la que solamente se aprovechaba la corteza y que no hacía humo, pero además de calor provocaba un suave y agradable aroma que inundaba la estancia. En realidad, los detalles que se cuidan en el entorno del banquete nos hablan del refinamiento de una sociedad que valoraba la belleza, los placeres sensuales bien aquilatados y el cuidado con los detalles.

Las mesas estaban construidas con unas tablas labradas en oro, en las que se repujaban a manera de adorno sus dioses, que tenían una presencia constante en la cultura mexica. Moctezuma se sentaba junto a las mesas en asientos bajos, blandos y acomodados, con los mejores tejidos para el rey. Por su parte, las mesas se cubrían con manteles blancos y antes de comer cuatro bellas mujeres le llevaban un aguamanil para que el emperador se lavara las manos, que secaban posteriormente con toallas finas. Moctezuma comía solo, pero durante la colación había cuatro ancianos —de pie, por respeto— que eran sus consejeros. Con ellos hablaba durante la comida, e incluso les permitía probar los platos que más le habían gustado. Pero exigía que nadie gritara ni le molestara mientras comía.

La vajilla era de cerámica roja y negra, de Cholula, y en ella se servían los mejores platos. Aunque el entorno, las vajillas y el servicio eran diferentes para ricos y pobres, en todas las mesas la comida básica eran las tortillas de maíz, naturalmente en distintas calidades. Así, las había de mil variedades distintas: tortillas blancas y calientes, que se servían dobladas, otras muy grandes, blancas, finas y sumamente blandas. Otras eran blancas, grandes, gruesas y algo ásperas. Además las había tostadas y hojaldradas —unas delicadas y exquisitas variedades muy valoradas—. Y para completar el elenco de los platos elaborados con maíz, el principal cereal y alimento, se presentaban unos panecillos alargados y cilíndricos, también hechos con este cereal. Y además unas finísimas y suculentas tortillas hechas con el maíz sin cuajar, aún tierno y jugoso. En realidad, todo un repertorio y una auténtica lección de cocina el conseguir decenas de platos distintos con el mismo producto e idéntica técnica.

Después de las tortillas se presentaban los tamales que, como en el caso de las anteriores, los había de muchas variedades, pero normalmente se presentaban cerrados en pequeños paquetes, redondos y apretaditos sobre sí. Algunos tenían sobre el propio tamal un caracol —forma cilíndrica en la parte superior— en el que se pintaban los ingredientes que contenía la masa. Otros tamales eran delicados y blancos y algunos más duros. Otros era colorados y tenían una masa algo ahumada que se había trabajado durante días. Los tamales se comían con todo, pero a los señores les gustaban con diferencia los elaborados con gallina, ya que se consideraban muy refinados. Las empanadas también tenían su espacio: empanadillas individuales o grandes, que se troceaban, y estaban elaboradas con carne de gallina o gallo, de codornices, de frijoles… y así, con decenas de variedades, todas ellas cocinadas entre finas capas de masa de maíz.

Además, a los mexicas les gustaban los guisos de cuchara, especialmente el de gallina con chili, tomates y pepitas de calabaza, también el de gallina muy picante, otro más con chili amarillo… Y potajes con diferentes tipos de chili, combinados siempre con tomates y otras verduras. Los platos picantes eran una de las debilidades de todos, muy popular y corriente.

También comían pescado guisado, presentado en cazuela y acompañado con chili amarillo. Otro guiso de pescado se presentaba con tomate, chili rojo y pepitas de calabaza molidas, y en temporada había cazuela de ranas con chili verde. Los pescaditos pequeños también se preparaban en guiso y era muy bien recibida en las mesas la cazuela de hormigas aludas y gordas, presentadas en salsa. Los chapulines (saltamontes) más grandes también se preparaban en cazuela y, cómo no, unos gusanos que solo se encontraban sobre el maguey y que se servían también guisados en salsa. Había multitud de cazuelas de pescados, combinados con chili de diferente tipo en cualquier caso y otros ingredientes como el tomate, y en ellos se mojaban las tortillas y los tamales.

El maíz generalmente se dejaba sazonar hasta que alcanzaba la madurez, pero a veces se comía tierno y fresco, aún en la mazorca, a veces con la mazorca inmadura, sin cuajar, solamente cocido, sin añadir nada más; y parece que era un plato fino y muy delicado. También tenían mucho éxito los guisos de verduras como bledos con chili, tomates y pepitas de calabaza, o diferentes verduras y hortalizas, siempre guisadas, a veces con la flor de la calabaza tierna. Otro delicado bocado.

Para beber se presentaban bebidas calientes y frías, que Fray Bernardino de Sahagún describe como puches o mazamorras. Eran bebidas espesas en mayor o menor grado, pero casi todas muy nutritivas y saciantes. Algunas eran dulces, otras picantes, debido a que llevaban entre sus ingredientes chili y miel, a veces incluso combinados. Otras bebidas eran blancas y espesas y estaban elaboradas con harinas o pepitas de calabaza. Algunas se preparaban con las tortillas de maíz desmigadas, pero lo más importante de las bebidas sobre cualquier otro aspecto es que se trataba de productos con muchas variantes, especiados, de distintas texturas y muy sabrosos. Además de estas bebidas nutritivas estaba el pulque, un licor fermentado elaborado a partir del maguey, del cual se extraía un aguamiel de su corazón una vez maduro, que después se dejaba fermentar hasta el punto en que se pudiera beber. Si bien se bebía con mucha frecuencia, la embriaguez no estaba bien vista y había severos castigos para quién bebiera públicamente hasta emborracharse con asiduidad, sanciones entre las que se incluía la pérdida de la propia casa.

Las comidas eran el momento de descanso y diversión de Moctezuma. Solía tener para su entretenimiento jorobados, enanos y personas contrahechas, que le divertían durante las comidas con sus gracietas, igual que sucedía en las cortes europeas. También se entretenía con danzas de bailarines y con los cantos y las narraciones de los juglares. Todos ellos contaban historias, bailaban y cantaban para solaz del monarca. Después de la comida del rey, que podía ser larga, los consejeros se retiraban, y solo entonces podían comer los guardias y las personas del servicio, los visitantes y algunas personas que esperaban en el palacio por diversos asuntos.

Al finalizar la comida se presentaba el gran postre por antonomasia, al que Moctezuma era muy aficionado: los cacaos en mil variedades, preparados con toda delicadeza y cuidado. Los había de todo tipo, algunos hechos con los cacaos muy frescos y aún sin cuajar, otros aderezados con miel de abejas o preparados con semillas tiernas y jóvenes. También había bebida de cacao con diferentes colores, según el tipo de ingredientes con que se aderezaba, y se podía beber cacao rojo, blanco, negro o naranja... Se bebía en jícaras pintadas, de las cuales había muchos tipos y tenían tapaderas y cucharas para mover la bebida y disfrutar de la espuma que se depositaba delicadamente en su superficie.

El mundo mexica, en pleno disfrute de sus posibilidades y sus recursos y en medio de una gran expansión conquistadora de los territorios adyacentes, vio caer, sin embargo, el gran imperio casi inmediatamente después de la llegada de Hernán Cortés al país: empezaba una nueva era y no todos sobrevivirían a ella.

Desde la capital del país, Tenochtitlán, Moctezuma se enteró de que habían llegado a su país, procedentes del mar, unos extranjeros. Se trataba de hombres blancos y barbados, como la tradición religiosa auguraba que ocurriría. Moctezuma tembló. Por su parte, los españoles, con Hernán Cortés a la cabeza, habían desembarcado en Veracruz el 22 de abril de 1519 y esperaban con ansia las novedades y riquezas que les proporcionarían las nuevas tierras. Cortés se valió de una persona clave para entenderse con los mexicas: Malinche, una india de familia noble que se convirtió en su amante y que hablaba varias lenguas de la zona —náhuatl y maya—, por lo que sirvió a Cortés de traductora durante todo su periplo, y le resultó de gran utilidad para comunicarse con Moctezuma y sus embajadores. Cortés se preparaba para conquistar el territorio mexica mientras Moctezuma presagiaba que su llegada no traería nada bueno a su pueblo.

El monarca no quería que los españoles llegaran a Tenochtitlán, temía que Cortés fuera el dios Quetzalcóatl, y que se cumpliera la antigua profecía que auguraba la llegada desde el este de un dios blanco y barbado, por lo que, durante los seis meses que duró la trayectoria de Cortés hacia el corazón del imperio, iba enviando ricos regalos al pequeño grupo, algo que hizo a lo largo de toda su ruta, con el fin de que con ese botín se conformaran y se fueran. Por supuesto, al creer que el que llegaba era Quetzalcóatl, no quería irritarlo y aunque ponía obstáculos no se atrevía a hacerles frente. Pero Moctezuma no había previsto el efecto contrario ya que lo único que consiguió fue excitar la codicia de los españoles y hacerles pensar que si aquello que enviaba el rey eran pequeños regalos, qué botín no podrían obtener conquistando su ciudad. Y Cortés siguió su duro y complejo camino por la selva, junto a sus hombres y con intención de conocer aquella riquísima corte y el imperio que sostenía. Sin embargo, el mexica, a pesar de que no deseaba que llegaran los españoles y de que incluso llegó a mandar el cierre de los caminos y ordenó entorpecer los pasos para que los viajeros no llegaran a México, no preparó la guerra contra ellos, no armó a sus hombres y mandó que no se les molestara, enviando todo lo necesario para proveerles durante su trayecto. Una postura comprensible si pensamos que él creía que el que llegaba era un dios.

Al llegar los españoles a Cholula, muy cerca de Tenochtitlán, Moctezuma salió a recibirlos: era el 8 de noviembre de 1519. Iba bajo palio, ricamente vestido y rodeado de importantes personajes de su corte, de nobles y gobernantes nativos, y llevaban como presentes a los visitantes flores de todo tipo, algunas presentadas en envases hechos con calabaza y otras montadas en forma de guirnaldas, y también collares de oro y de piedras. El propio Moctezuma puso uno de estos a Hernán Cortés y le dio la bienvenida, presentándose como el rey de aquel país e invitándoles a disfrutar de su casa y sus palacios como si de ellos mismos fueran, después de tan duro y largo camino. Cortés le habló por boca de Malinche, tratando de corresponder a la nobleza del mexica y le transmitió su contento por conocerle finalmente, después de todas las peripecias sucedidas a lo largo del viaje. Ambos sentían curiosidad, miedo y cierta simpatía por el otro. Caminaron a pie hasta llegar a la ciudad, donde entraron, hasta que les aposentaron en la que fuera la casa del padre de Moctezuma. El propio rey les enseñó una cámara llena de piezas de oro, la cual deslumbró a los españoles, y después les envió a disfrutar de un banquete muy suntuoso[52].

Encuentro entre Cortés y Moctezuma.

---

52   Díaz del Castillo, B., 2011, 314.

El primer intercambio entre españoles y mexicas, tras las flores, fue el de los alimentos. Moctezuma se negó a probar las pobres y escasas provisiones de los navegantes españoles: el cerdo seco, la cecina y la que llamaban galleta, que era en realidad un pan cocido dos veces, fino y duro como un pan andaluz de regañá. Sin embargo, la curiosidad le pudo, e hizo que sus jorobados lo probaran por si era bueno, lo que confirmaron, porque les encantó.

La llegada de Hernán Cortes, a la cabeza de los españoles representó el final del imperio y sería también el final de la vida de Moctezuma. Los españoles llegaron a la ciudad de Tenochtitlán el 8 de noviembre de 1519 y, a pesar de que eran tan solo un puñado de hombres —400— con algunos caballos y un número más elevado de aliados tlaxcaltecas —entre dos y tres mil hombres—, se hicieron con el poder. Cortés recibió numerosos regalos de Moctezuma, entre los que se contaba su propio penacho fabricado con ricas plumas, oro y piedras preciosas, y que aún se conserva en el museo de etnología de Viena.

Penacho de plumas de Moctezuma.

Desde aquel día, si bien no formalmente, Moctezuma fue retenido por los españoles en su propio palacio, ya que era la única garantía de terminar con vida la aventura para ellos. Unos y otros fueron generosos con la otra parte: Hernán Cortés le pidió que no se enojara y que sería mejor que se quedara con ellos a ir a sus aposentos, donde correría peligro su vida.

Moctezuma replicó: «Yo tengo un hijo y dos hijas legítimas, tomadlos como rehenes y a mí no me hagáis esta afrenta. ¿Qué dirán mis príncipes, si me viesen llegar preso?». Finalmente, fue de buena voluntad con los españoles y allí le llevaron sus andas y todos los servicios y comodidades que se le pudieron proporcionar.

En aquella cómoda pero extraña prisión, en su propia casa, Moctezuma también podía recibir a los próceres mexicas, así como a sus familiares, especialmente a sus inquietos sobrinos, y también a sus generales. Tenía su baño, sus mujeres y veinte grandes señores lo acompañaban como correspondía a su categoría de «huey tlatoani». Cortesano avezado, durante todo el tiempo que duró la extraña situación, no reconoció que estaba prisionero, sino que manifestaba a todos sus visitantes que estaba a gusto con los españoles y que deseaba su compañía. Sabía que de esta forma evitaría un enfrentamiento directo entre sus súbditos y los conquistadores, que a nadie beneficiaría. En las dependencias donde estaba recluido realizaba sus habituales ocupaciones, y recibía a los embajadores, a los gobernadores de tierras lejanas, y resolvía todos los pleitos, como solía hacer en su propio palacio. Los caciques le rendían pleitesía, como en la corte, quitándose en su presencia los vestidos caros y costosos para ponerse mantas sencillas y raídas, en muestra de humildad y sumisión. Después de las tres reverencias preceptivas le decían: «Señor, mi señor, mi gran señor». Aparentemente, nada había cambiado, Moctezuma deseaba proporcionar sensación de tranquilidad, pero se vivía con una gran inquietud la presencia de los españoles en la ciudad mexicana.

El encierro se veía suavizado por diferentes entretenimeintos, y Cortés y Moctezuma jugaban al totoloque, un juego que consistía en pasar unas canicas de oro por unos aros, a una distancia determinada, y hacían pequeñas apuestas sobre su juego. Cuando ganaba Cortés repartía los beneficios entre los sobrinos y los privados de Moctezuma, y si ganaba el «huey tlatoani» hacía lo propio con la guardia española. Así pasaban el tiempo, entre bromas que Moctezuma no consentía que trocaran en esas vulgaridades[53] que en ocasiones nacen de la camaradería mal entendida. No dejó, ni por un momento, que su dignidad quedara en entredicho, exigió el respeto que se le debía y no permitió que se relajara la sumisión a su persona ni el protocolo al que estaba acostumbrado. Magnánimo y severo a la vez, hombre de fe y algo supersticioso, Moctezuma se reveló durante su cautiverio como un gobernante paciente y a la vez entregado a sus creencias.

A pesar de que la relación entre Moctezuma y Cortés fue amistosa, la situación no era fácil entre los dos pueblos y cada día saltaban chispas que terminarían por incendiar la ya difícil situación. Unos capitanes mexicas dieron muerte a varios soldados españoles, y Moctezuma ordenó que se les diera el castigo que Cortés mandara, ya que era el ofendido. Sin dudar un momento, y después de cerciorarse de que los hombres que habían matado a los soldados eran aquellos, y al estilo de los autos de fe, Cortés mandó que quemaran en la hoguera a los culpables. Aunque estaban acostumbrados a los sacrificios humanos, la ejecución irritó profundamente a Moctezuma, y hasta tal punto se crispó que hubo que ponerle grilletes para que no provocara un problema mayor. La única vez que sucedió esto durante su cautiverio, y que lamentaron juntos, con lágrimas en los ojos, tanto él como Cortés.

Desde entonces, uno de los traductores que llevaban los españoles, un joven paje español hijo de un soldado, al que llamaban Orteguilla, se quedó al servicio del «huey tatloani», para contarle cosas de Castilla y actuar a la vez como servicio de inteligencia de los españoles en la improvisada corte de Moctezuma. Éste no había cambiado su vida prácticamente y repetía la rutina que solía hacer antes de la llegada de los españoles: por la mañana hacía sus oraciones a sus dioses, ante los ídolos que tenía en sus habitaciones, y después tomaba algo de ají, sin comer nada más sólido. Entonces llegaban las ocupaciones propias de un gobernante: solucionar pleitos entre los caciques, hablar con sus ministros y arbitrar diversos asuntos correspondientes al estado. Por la tarde, solía pasar el tiempo en entretenimientos diversos. Mientras duró su prisión en las habitaciones de los españoles, pudo salir de él y disfrutar de otras actividades, yendo a realizar algunos sacrificios al templo de Huichilobos, donde a pesar del expreso y repetido deseo de Cortés se seguían realizando sacrificios humanos. Y en otra ocasión salió a cazar venados y conejos, para lo cual había que cruzar el gran lago Texcoco. Los españoles prepararon para su diversión una nave con velas especial-

---

53   Díaz del Castillo, B., 2011, 60.

mente construida para la ocasión, en la que navegó Moctezuma con sus consejeros y disfrutó muchísimo del paseo, viendo cómo la fuerza de las velas podía transportarle más rápidamente que las canoas con sus remos.

Pero los meses pasaban, y los sobrinos de Moctezuma andaban inquietos y creaban tensión en los distintos señoríos del territorio, ya que aunque el emperador no lo manifestaba, todos sospechaban lo que de verdad estaba ocurriendo: que estaba prisionero de los españoles. Su principal heredero y sobrino, Cacamatzin, joven y levantisco, quería comenzar la guerra contra los conquistadores para liberar a Moctezuma. Como el joven puso en aviso de sus intenciones a Moctezuma, y éste no deseaba ser rescatado, avisó a los españoles, ya que el rey de los mexicas, sobre todas las cosas, no quería que su pueblo entrara en una guerra. La prisión, como vemos, era más figurada y cortés que otra cosa: Moctezuma podía nombrar gobernadores, hablar con todo el que deseara hacerlo, incluso con los enemigos de los conquistadores y con los inductores de las revueltas. La posición —solo aparentemente— extraña de Moctezuma se explica por sus creencias, y por la convicción firme en ellas: en realidad, estaba entregado y sabía que los acontecimientos no le favorecían, conocía las antiguas profecías aztecas y creía firmemente en que se cumplirían. Además tenía la seguridad de que había llegado el momento de que se hicieran realidad a mano de las gentes recién llegadas del este que liquidarían el reinado mexicano. Solo trataba de retardar la situación lo más posible.

Mientras, Cortés y sus hombres seguían afanados en conseguir la mayor cantidad de oro posible y en desarrollar todas las formas de hacerlo, por lo que pidieron a Moctezuma una explicación sobre el lugar desde donde salía tanto oro y la forma que tenían de extraerlo de la tierra. Llegaron incluso a enviar una expedición para localizar las minas. Además, Moctezuma entregó todo el oro que poseía y que mandaron fundir para hacer lingotes y repartir el botín entre todos, conservando siempre el real quinto, el impuesto obligatorio para el rey de España. Pero ni siquiera entre los españoles había tranquilidad, los conquistadores se quejaban de que Hernán Cortés tomaba una parte del botín que no le correspondía, mermando el beneficio de los demás, pero tal y como estaba el panorama entre todos, y con el peligro de los mexicas casi en pie de guerra, nadie hizo nada al respecto.

Moctezuma trataba de suavizar las relaciones entre españoles y mexicas, algo que cada vez era más difícil y llegó incluso a ofrecer una de sus hijas como esposa para Cortés, de la que más tarde éste tuvo una hija, Isabel Cortés Moctezuma. Cortés no cejaba en su insistencia sobre que dejaran de hacer sacrificios humanos y solicitaba que les permitiera colocar en los altares de sus dioses una cruz y decir misa, con el fin de terminar con lo que consideraban idolatría de aquel pueblo. Pero el emperador no cedió, los sacrificios continuaron, y los ídolos siguieron en su sitio. Aunque los sacerdotes y el pueblo, viendo cómo los españoles terminarían acabando con sus costumbres, arrojando una gota más al vaso que podría derramarse en cualquier momento, estaban constantemente inquietos, y preparando una conjura se dirigieron a Moctezuma. Le confiaron que iban a matar o a expulsar a los conquistadores.

Otra vez más, Moctezuma avisó a los españoles del peligro que corrían, así como de la necesidad de que debían salir pronto de Tenochtitlán, pero no había navíos para embarcarse, por lo que si no podían salir tendrían que batallar. Pronto comenzaría la guerra, aunque algunos españoles, para contentar a Moctezuma, salieron hacia la costa con la misión de fabricar naves. Lo hicieran al paso más lento posible, según las indicaciones de Cortés.

Desde noviembre a junio las cosas se fueron deteriorando y la situación era francamente difícil. El pueblo no quería ver a los españoles en su tierra y el día 29 de este mes surgió una revuelta claramente atizada por los mexicas a la que no habría más remedio que poner fin. Cortés estaba realmente sitiado en el palacio. En realidad, eran solo unos pocos hombres y los mexicas eran muy numerosos, por lo que habló con Moctezuma para que convenciera a su pueblo que debía dejarles salir con vida. El «huey tatloani» pidió al jefe de armas del palacio que calmara la revuelta, pero no consiguió nada, y la situación se iba complicando y haciendo más difícil. La población estaba muy irritada y creía que Moctezuma se había puesto de parte de los españoles... ya no confiaban en él. Es por eso que Moctezuma se dispuso a hablar, desde el pretil de una azotea del palacio, con la idea de arengar al pueblo y calmarlo, pero malinterpretaron sus palabras y creyeron que sin duda estaba en connivencia con los españoles, por lo que en medio de la arenga comenzó a caer una lluvia de piedras y flechas sobre Moctezuma y los españoles, la cual apenas se pudo evitar. Los propios súbditos acabaron hiriendo de muerte al mexica. Fue una muerte innoble, inmerecida e injusta.

Aquella fue la noche triste. Los españoles habían aprendido a apreciar a Moctezuma, y los meses que habían pasado en tan estrecho contacto habían percibido su calidad humana, su diplomacia y capacidad de razonar, así como su generosidad.

Tres de los hijos de Moctezuma tuvieron descendencia con nobles españoles: la primera, Isabel de Moctezuma —de nombre Tecuichpo Ixcaxochitzin—, que fue madre de una de las hijas de Cortés. También Pedro de Moctezuma —Tlacahuepantzin Yohualicahuacatzin—y, finalmente, María de Moctezuma —Xipaguatzin—. Se casaron en España con miembros de la nobleza, y de ellos nació la aristocracia de los descendientes del último gran «huey tatloani» del pueblo mexica, que aún sobrevive al tiempo.

La riqueza alimentaria que llegó de toda América —y no solo de México— hacia Europa, y que cambió la gastronomía en los dos mundos, definitivamente y para siempre, se nutrió de tomates y patatas que tenían decenas de variedades de las que muchas hoy apenas se recuerdan, y únicamente se siguen cultivando en pequeñas plantaciones andinas. También llevaron a occidente pimientos, calabazas y frijoles. América proporcionó alimentos que serían básicos en todo el mundo, como la mandioca, las batatas y el pavo, y golosinas muy valoradas como el cacao. También llegaron frutas como las chirimoyas, el aguacate, el achiote, el higo chumbo, la fruta de la pasión, la piña o la papaya. El intercambio llevaría desde América a todo el mundo frutos secos como las pipas de girasol, el cacahuete, y especias como la vainilla y el palo santo. Asimismo estaba el maguey para fabricar el delicioso y alcohólico pulque… y, por supuesto, el maíz, el amaranto y la quinua, los cereales americanos.

El maíz era la representación de una cultura, de una forma de vida, la esencia de un sistema agrícola y alimentario, pero también un mundo de simbología religiosa y de creencias. Había maíz de todos los tipos y colores: blanco, negro, amarillo, morado claro y oscuro, con mezcla de diferentes colores y con granos de distinto tamaño. Algunos tipos de maíz proporcionaban una harina tierna y suave, y otros tenían unos granos duros a los que llamaban muruchu. Y cada especie tenía un nombre y unas variedades, así como diferentes formas de prepararlo. El maíz fue un símbolo religioso constante en todos los diferentes panteones americanos —maya, azteca e inca—, fue la base de las distintas mitologías y formaba parte de los orígenes fundacionales de algunas de ellas; en las que el primer hombre fue un ser fabricado de maíz.

El término maíz es una palabra de origen caribeño que quiere decir «lo que sustenta la vida», y dentro del panteón azteca, del que el mexica era heredero, el maíz fue un regalo —la gran ofrenda— de los dioses a los hombres. Los mitos fundacionales del imperio mexica se basaban en la creencia de que había habido cuatro creaciones frustradas, cuatro edades que precedieron a la última y definitiva, llamada el quinto sol, en la que vivían los hombres. En sus leyendas, el gran dios Quetzalcóatl robó el maíz del Monte del sustento para llevarlo al resto de los dioses, que después lo regalaron a los hombres. Sin el maíz no se podría entender el mundo azteca, porque explica sus orígenes, su religión, su forma de cultivo y porque se convirtió en su principal alimento.

Pero también los españoles enriquecieron el panorama alimentario americano, sin el cual hoy no se entendería la gastronomía allí, llevando a América productos tan importantes como los anteriores: trigo, cebada, arroz y avena, los cereales con mayor capacidad nutricia. Frutas como la manzana, el melocotón, la pera y el membrillo, además del albaricoque, los cítricos y el higo. También los plátanos, los dátiles y las granadas formaron parte del equipaje hacia las Américas. Y entre las carnes se contaban las ovejas y las cabras, las vacas, los cerdos y, por supuesto y como consecuencia de los anteriores, la gran familia de los derivados lácteos, con mantequillas, cremas y quesos. Además, llevaron los frutos secos del viejo mundo: las almendras, las nueces, las avellanas y, como colofón, la suave caña para endulzarlo todo. Entre las legumbres transportaron las judías verdes, las lentejas, las habas y los garbanzos. Y en cuanto a las hortalizas, trasladaron la berenjena, la col, la zanahoria…, además llevaron las aromáticas, ¡cómo no!, entre ellas el perejil, el cilantro, el azafrán y los mediterráneos orégano, ajo y cebolla; además del apio, los espárragos y las lechugas de todo tipo. Y para condimentar el jengibre y la mostaza.

Todo un encuentro entre los dos mundos, tras el cual nada volvió a ser igual ni en las cocinas ni en los platos de los dos lados del Atlántico. Y es que América ha dado al mundo algunos de sus alimentos más consumidos en la actualidad. Qué sería de Europa en la actualidad sin la patata, el maíz o el tomate; sin el cacao, los pimientos, la batata o el pavo, y qué sería de América sin el arroz, la caña de azúcar o las legumbres.

Pero la América precolombina también fue mucho más que el puro producto y descubrió para el mundo centros de investigación agronómica como el moray, puesto en práctica por los incas, además de la organización de comunicaciones altamente eficientes careciendo de animales de tiro y de la rueda, o la creación de sistemas de bancales para el cultivo en lugares de difícil acceso, así como la organización de reparto de alimentos en las distintas culturas.

BIBLIOGRAFÍA

Bernardino de Sahagún, Fr., *Historia General de las cosas de Nueva España*, tomos I, II, III, México, 2002.

Carrillo de Albornoz, J.M., *Moctezuma II, el semidiós destronado*, Pamplona, 2006.

Céspedes del Castillo, G., *América Hispánica*, Barcelona, 1994.

Coe, S.D., *Las primeras cocinas de América*, Mexico D.F., 2004.

Díaz del Castillo, B., *Historia verdadera de la conquista de la Nueva España*, Madrid, 2011.

Lucena Salmoral, M., *El Maíz, de grano celeste a híbrido industrial. La difusión española del cereal mesoamericano*, Madrid, 1996.

Escultura representando a Moisés, obra de Miguel Ángel, en
la basílica de San Pietro in Vincoli de Roma (1509).

MOISÉS

Patriarca, caudillo, liberador del pueblo judío de los egipcios. Su gran mérito se encuentra en su labor compiladora de la tradición judía, y en la creación de una normativa alimentaria que desde entonces seguirían millones de judíos hasta el día de hoy, y que aún tiene actualidad y se practica en la vida diaria de muchos de ellos. Escribió los cinco libros bíblicos: Génesis, Éxodo, Números, Levítico y Deuteronomio. Nació en la tierra de Gosén, al sur de la antigua ciudad de Avaris, en el s. XIV a. C., y falleció en el Monte Nebo en el s. XIII, habiendo vivido casi cien años.

> *Cuando alguien quiera hacer una ofrenda*
> *al señor, será de flor de harina*

Moisés[54] es una de las grandes figuras de la historia de la alimentación. Sin proponérselo, como suele ocurrir con los grandes personajes, ha tenido tal influencia en la forma de comer que millones de judíos, a lo largo de tres mil años de historia, han seguido fielmente las normas de carácter sanitario y religioso que él compila y establece; entre ellas, las reglas alimentarias que regulariza, gracias a lo cual han llegado intactas desde su época a la actualidad. Las únicas fuentes que nos proporcionan conocimiento de Moisés son de carácter literario, y gracias a ellas

---

54   Diferentes autores presentan teorías críticas sobre la existencia de Moisés, tiempo exacto del posible Éxodo y otros aspectos académicos de gran interés. Sin embargo, nos centraremos en la fuente literaria que ofrece el *Antiguo Testamento*, debido a lo que representa el personaje para la historia de la alimentación, independientemente de las dataciones exactas y teorías sobre su existencia.

sabemos que el padre de la religión hebrea vivió en una época que pudo transcurrir entre los años 1272 y 1152.

Legislador, taumaturgo, caudillo, mensajero de Dios... Jefe, guía y padre del pueblo judío durante la errática aventura en el desierto narrada por el libro del *Éxodo*, él no solo conduce al pueblo: Moisés se convierte en el nexo de unión vivo entre Yahvé y los israelitas. Dios no se le aparece en sueños ni le habla a través de símbolos, como hace con otros profetas, sino que se dirige a él hablándole directamente; Dios le permite la súplica, la conversación, la petición. Tras Abraham, el padre de todas las tribus hebreas, Moisés representa el comienzo de una religión propiamente dicha. Es para los judíos el gran rabino, el legislador; primer profeta para los cristianos, gran profeta para los musulmanes: todas las gentes del Libro lo consideran como una de las figuras principales de la historia de su religión. Y paradójicamente, Moisés no vive la infancia ni la juventud de un hebreo, sino la de un egipcio.

Pero comenzamos con el nacimiento de Moisés, un hebreo hijo de Amram y Jocabed, que eran descendientes de Leví, uno de los doce hijos de Jacob que a su vez era nieto del patriarca Abraham, por lo que Moisés cuenta con una ascendencia enraizada en la más pura sangre judía. Al nacer tenía un hermano mayor, Aarón, y una hermana, María, pero ningún hermano más después de él.

Cuando nació Moisés los hebreos trabajaban en régimen de esclavitud en Egipto, inmersos en la construcción de las ciudades de Pitom y Rameses, las grandes ciudades-almacenes proyectadas por Ramsés II. Este faraón temió por la seguridad de Egipto al ver cómo se multiplicaban los judíos en su propia tierra y, como medida preventiva para evitar que llegaran a ser demasiados, ordenó que se dejara vivir a las niñas y que a todos los varones se les ahogara en el río, de manera que aun manteniendo población vigorosa y joven no se disparara el número de israelitas que habitaban en el país. Es justo en esta época cuando a Amram y Jocabed les nació el pequeño Moisés, un bebé tan hermoso y agraciado que sintieron lástima de ahogarlo y lo mantuvieron oculto en su casa hasta que cumplió tres meses, cuando ya se hizo imposible encubrirlo más tiempo porque el niño lloraba y temieron ser denunciados o localizados por algún egipcio. Para alargar la esperanza de su vida durante el mayor tiempo posible, ya que parecía inevitable que el niño muriera como los demás, se les ocurrió hacer una cestilla de papiro que calafatearon con betún y pez. Cuando la frágil embarcación pudo mantenerse en el río sin hundirse, introdujeron en ella al bebé, llevándolo a la orilla del Nilo con la esperanza de que ocurriera algo inesperado que lo salvara. Y aquello ocurrió.

La gran suerte de Moisés fue que la hija de Faraón había bajado a bañarse muy cerca de donde su madre puso la pequeña cesta. Y al ver de lejos el extraño bulto, ordenó a una de sus doncellas que le acercara el objeto. Lo abrió y pudo ver a un hermoso bebé judío de tres meses, con claros rasgos semitas y ropas hebreas; entonces el pequeño lloró y ella, que no tenía descendencia, se conmovió y decidió adoptarlo como suyo. La suerte de Moisés cambió justo en aquel momento por la ternura de una mujer que comprendió que el destino había llevado al pequeño hasta sus brazos. La escena del Nilo, mil veces repetida y conocida por todos, no deja de ser dramática y oportuna: de repente una niña pequeña sale de entre las cañas y los juncos y ofrece a la princesa buscar a una nodriza para que amamante y críe al pequeño. A la hija de Faraón no le parece mal, asiente, y la pequeña llama a su propia madre, a la que la egipcia le dice: «Toma este niño, críamelo y yo te recompensaré». Cuando el pequeño estuvo grandecito, la madre se lo llevó definitivamente a la egipcia, quizá cuando ya no necesitaba la leche materna y era capaz de comer solo. No sabemos cómo le puso de nombre Jocabed, pero la egipcia le llamó Moisés, pues de las aguas se salvó. El nombre de Moisés era un sufijo que se añadía a muchos nombres egipcios, anteponiéndose a él el nombre de algún dios u otra partícula, componiendo así un nombre completo. Con el tiempo Moisés no renunció a su nombre egipcio del todo, retiró la primera parte dejando solo el final; así mantenía su personalidad pero a la vez eliminaba la parte más egipcia y se sentía —y lo sentía su pueblo— más hebreo y menos egipcio.

Y así, Moisés el judío, el padre de los hebreos, guía del pueblo hebreo, nació de madre judía, pero viviría desde sus primeras semanas como un príncipe de Egipto. Aunque hijo de judíos pobres esclavos en tierra egipcia, fue criado y educado como un aristócrata egipcio, como parte de la realeza, entroncada familiarmente con los dioses. En la corte egipcia se formaría desde su infancia como un niño más de la familia real, y como señalan las fuentes bíblicas estaba bien versado —*Hech., 7, 22*—; Filón de Alejandría —*De vita Mosis*— lo corrobora diciendo que estaba iniciado en la filosofía egipcia. Un joven bien formado y educado en la mejor escuela del mundo de su época, la egipcia. Se fue instruyendo en la sabiduría egipcia, aprendió a leer y escribir, estudió matemáticas, teología y todas las ciencias que en la época se consideraban necesarias para la formación del joven hijo de una princesa real. Desde niño se le enseñó disciplina y los sacerdotes-maestros le aleccionaron para convertirse en príncipe de Egipto, para ser parte de la dignísima familia de uno de los líderes más importantes del mundo antiguo. También adquirió hábitos que solamente se aprehenden durante la infancia: la forma de moverse, la sensación objetiva y absoluta de su condición superior de príncipe. Durante todos aquellos años vivió como un ser superior al resto de los mortales, le enseñaron a mandar, a desarrollar su innata capacidad de liderazgo y a que sus palabras no se cuestionaran. Moisés creció educado al estilo egipcio, se hizo un hombre, un príncipe hijo de la hija de Faraón, un egipcio noble y respetado que no tenía conciencia de ser otra cosa, y mucho menos de sus orígenes hebreos. Crecer y educarse de esta forma crea carácter sin duda, y así, durante los primeros cuarenta años de su vida, Moisés se convertiría en el germen de lo que se desarrolló en la segunda parte de su existencia. En uno de los grandes mitos de la historia por la conjunción de dos factores clave: su predisposición natural a una capacidad de liderazgo y su educación como un ser superior al resto de los mortales. No es raro, que alguien con este perfil pudiera fácilmente ser el posible redactor de cinco libros bíblicos como asegura la tradición: el *Génesis*, *Éxodo*, *Números*, *Levítico* y *Deuteronomio*, para los hebreos el *Talmud*. Es fácil comprender que un príncipe bien formado pudiera acometer una tarea de descripción de la historia de su pueblo, la narración de los hechos de su presente y además la organización de las prescripciones y normativa que serían en el futuro la base de varias religiones milenarias. Ningún otro hebreo de su tiempo podría haber acometido semejante obra y además conducir al díscolo pueblo durante cuarenta años por el desierto. Moisés fue un hebreo-egipcio —o egipcio-hebreo— al que Dios permitió usar todos los medios del pueblo dominador para liberar al dominado. La aparente contradicción tiene toda la lógica: Yahvé había elegido bien a su hombre, a su profeta, ya que ningún hebreo de su época, en condiciones normales, hubiera podido tener todas las cualidades de liderazgo, conocimiento, educación y cultura que tuvo este príncipe de Egipto. Gracias a la sólida formación que se impartía a los príncipes egipcios, conoció muy a fondo la religión egipcia y quién sabe si también tuvo acceso al conocimiento de la disensión religiosa y administrativa de la corte de Amenofis IV —s. XIV a.C.—, que había fallecido tan solo una generación antes.

La vida le había colocado en un excelente punto de partida para tenerlo todo, proporcionándole una situación perfecta: era hombre y no mujer, príncipe y no plebeyo, egipcio y no judío, educado y no inculto, rico y no pobre, hombre de fe en lugar de no creyente. Y, sobre todas las cosas, sería el hombre más cercano al mismo Dios. Y a pesar de que las condiciones a priori eran inmejorables, aquello le proporcionaría más pesares que otra cosa: cargó con todos los problemas de su pueblo, tratando de que Dios disculpara los pecados de todos, facilitándoles la vida diaria, y hasta suplicando por el necesario alimento que los judíos recibían cada día en forma de maná y codornices.

Y llegamos a la plena madurez de Moisés con cuarenta años, un hombre gallardo, apuesto, guapo incluso cuando un día como cualquier otro salió del palacio y pudo ver como un egipcio maltrataba injustamente a un hebreo. Aquel hecho le conmocionó y le hizo intervenir en la situación de forma airada, hasta tal punto afectado que golpeó al egipcio hasta matarle. Abrumado por la muerte que había provocado, se calló y lo enterró sin decir nada a nadie, pero nada queda oculto, y al día siguiente, en aquel mismo lugar, vio a dos hebreos riñendo y les afeó su comportamiento. Fue cuando uno de los judíos se le enfrentó y dijo: «¿Quién te ha puesto a ti como jefe y juez entre nosotros? ¿Es que quieres matarme como mataste ayer al egipcio?». Moisés se asustó, dándose cuenta de que su acción no había quedado oculta como hubiera deseado. Y así fue, la noticia de la muerte del egipcio a manos de Moisés llegó hasta Faraón, quién sufrió un enfado mayúsculo hasta tal punto que dio orden de que se le buscara para ejecutarlo. Este fue el principio del peregrinaje mosaico, de su salida repentina de Egipto en una huida hacia lo desconocido. Mal preparado y sin equipar, tras vagar por el desierto caminó desorientado hacia la tierra de Madián, en la actual Arabia, una zona desértica, tórrida y dura, difícil para cualquiera, pero aún más para él que había huido en aquellas circunstancias. Un día cualquiera de aquella dura marcha encontró un pozo donde unas jóvenes pastoras llevaban su ganado a beber. Eran las hijas de Jetro, un sacerdote del pueblo de Madian.

Otros pastores llegaron donde estaban las muchachas y las echaron del pozo a la fuerza, para que su ganado bebiera antes que el de ellas el agua más limpia y en mayor cantidad, pero Moisés se levantó en defensa de las jóvenes, ahuyentó a los pastores y las ayudó a sacar el agua para abrevar a las cabras. Esta acción le valió el reconocimiento de los madianitas y cambió su vida, ya que cuando las mujeres volvieron a su campamento contaron a su padre que un extranjero las había defendido del ataque de los pastores. Como generosos anfitriones, Jetro y su familia agradecieron el gesto incorporándole a la tribu hasta tal punto que Moisés terminó tomando a Séfora, una de las jóvenes pastoras hijas de Jetro, por esposa.

Así, vivió con los madianitas durante otros cuarenta años como uno más y tuvo de Séfora dos hijos a los que llamó Geram y Eliezer, disfrutando de una vida pacífica y sencilla, como miembro de un pueblo de pastores. Parecía que el pasado se olvidaba de él y le permitía vivir en paz, aunque todavía no había cumplido su destino. Durante todos esos años no había vivido entre un pueblo diferente en todo al suyo ya que los madianitas eran descendientes de Abraham —como él mismo— y muchos de ellos, entre los que se contaba Jetro, seguían adorando al mismo Dios, Yahvé. Jetro fue un suegro que se reveló como un acogedor anfitrión en medio de un enorme desierto, en el que la hospitalidad era clave para la supervivencia, y a lo largo de su relación se fue mostrando como un hombre comprensivo e inteligente. Jetro intuyó la misión sagrada de Moisés y no solo no la comprometió por afecto a su hija, sino que la apoyó, facilitando a su yerno la libertad cuando la necesitó.

Moisés vivió entre madianitas aquellos años, guardando el ganado y sin duda aprendiendo de su suegro en una existencia sencilla, familiar y pacífica. Aquel sería un tiempo de meditación, de trabajo y vida dura, de escasas facilidades para un hombre que había sido príncipe de Egipto, que había disfrutado de confort y comodidades, de lujos, y que ahora carecía de todo solaz. Sin embargo, parece que no solo estaba abnegado ante la nueva situación, sino que hasta era feliz: tenía esposa e hijos y aparentemente no recordaba con amargura el pasado, quizás incluso lo rememoraba con alivio. La libertad en el desierto era lo único que poseía a cambio de haber abandonado su posición social. Aquella nueva existencia fue monótona, regular y quién sabe si hasta placentera, hasta que un día todo cambió de nuevo: tuvo una visión en la que Yahvé se le apareció por primera vez. Un día grande.

Amaneció una mañana más entre las invariables jornadas del desierto, tan iguales unas a otras, monótonamente sofocadas por el ardiente sol cuando estando junto al bíblico monte Horeb le ocurrió algo singular. Imaginemos a un Moisés de ochenta años apacentando a sus ovejas en medio de un desierto de piedra y roca, solitario y aislado en aquel silencio gigantesco, al pie del enorme corte del rocoso monte Sinaí. Una de las más jóvenes se extravió y al seguirla se encontró con una sorprendente zarza que ardía sin consumirse... la tuvo que mirar durante largo rato para comprender lo que pasaba, algo que le resultó tan misterioso y extraño que se acercó para comprobar a qué podría responder el arcano. Al acercarse a la zarza, escuchó una voz que le dijo: «No te acerques, quita las sandalias de tus pies, porque el lugar donde estás es tierra santa». Y entonces, Dios se define ante Moisés: «Yo soy el Dios de tus padres, el Dios de Abraham, el Dios de Isaac, el Dios de Jacob. He visto la aflicción de mi pueblo en Egipto... Y he bajado para librarle de las manos de los egipcios y llevarle a una tierra que mana leche y miel».

Moisés quedó realmente impactado por la visión, cayó de rodillas y creyó en Yahvé desde entonces y para siempre. Sin embargo, la misión era excesiva para él, se sentía mayor, confesó a Dios que no tenía fuerzas para ir ante Faraón ¡otra vez! y rescatar a los hebreos. ¿Cómo iba él a poder hacer algo semejante? Entonces se produce una auténtica lucha entre ambos, Yahvé y Moisés: uno ordenando, el otro suplicando. Pero Dios gana, le impele a hacerlo, aunque no le convence... le empuja, le obliga, aunque eso sí, promete la ayuda divina, su constante compañía y apoyo: «Yo estaré contigo». Moisés se rebela, no quiere ir al país del que había huido, ni siquiera cree que el pueblo israelita, al que casi no conoce, entienda que Dios le envía hasta Egipto para salvarles, pero Yahvé sabe que sí, y le da la clave. El enigma sagrado solo podrían solucionarlo los judíos, y Dios lo sabía. Les dirás: «Yo Soy El que Soy, me manda a vosotros». Es la revelación de su nombre un momento de especial trascendencia para la relación entre ambos, ya que en el mundo antiguo la importancia del nombre de Dios es clave para entender su existencia y para comprenderlo. Durante generaciones, los judíos habían implorado a Dios para que les ayudara a salir de Egipto. Él por fin había escuchado sus súplicas y les ayudaría mediante Moisés en el momento adecuado, ya que justo entonces el faraón que quería matarle había muerto; todo empezaba a ser más fácil a pesar de que Moisés no deseaba volver, y sin embargo Dios le convence; o mejor dicho, le vence.

Monasterio de Santa Catalina, al pie del Sinaí.

Moisés no quiere regresar, mantiene grandes reticencias a viajar a un país que ya no es el suyo y a salvar a un pueblo que tampoco reconoce como suyo. Y precisamente de los egipcios, nada más y nada menos; que son unos feroces enemigos por cuya causa tuvo que huir de su país hacía ya unos larguísimos cuarenta años, y con quienes aún tenía una cuenta pendiente por la muerte de un hombre. Dios le asegura que nadie le perseguirá por este delito y le proporciona todo tipo de explicaciones para que pueda desarrollar su misión con éxito, explicándole la forma en que liberará al pueblo egipcio, lo que tendrá que hacer para escapar del Faraón, y qué decir. Incluso le facilita algunas señales prodigiosas, como un cayado que se convierte en serpiente, una enfermedad que surge y se cura a su voluntad y la capacidad de convertir el agua en sangre. Y aunque Moisés sigue sin estar convencido, ya no tiene argumentos para oponerse, y con poca fuerza pone su última traba, quejándose de que tartamudea desde joven. Pero también eso lo soluciona Dios, que finalmente se enfada contra el elegido por su falta de fe en Él. Es el principio de la relación más importante en la vida de Moisés y por la que permanecerá en la historia.

Así, y convencido muy a desgana, Moisés pide autorización a su suegro para volver a Egipto con la excusa de que quiere comprobar que sus hermanos siguen vivos. Y sale de Madián acompañado de Séfora y de sus hijos, rumbo a una aventura que se avecina peligrosa. Durante el camino suceden muchas cosas, Dios le habla constantemente y le dice que Faraón se mostrará muy duro con su pueblo y que no les pondrá la salida fácil, pero también le ofrece la solución: Moisés deberá amenazarle con la muerte de su primogénito. La pequeña familia, sin embargo, no tenía tregua en el angustioso camino y a medio camino entre Madián y la capital egipcia experimentan un horrible acontecimiento durante una noche: un ser divino se les aparece y quiere matar a uno de los niños. Pero Séfora, hija de sacerdote, sabiendo qué era lo que aquel ser quería, y sobre todo tratando de salvar la vida a su hijo, lo circuncidó rápidamente, aunque tras este episodio se asustó y decidió volver. No quería abandonar a su esposo, sino salvar a los niños, así que tocó los pies de Moisés con la sangre de su hijo y le dijo: «Eres para mí esposo de sangre», y de inmediato se volvió con su padre dejando a Moisés solo.

Él continuó su rumbo, pero pronto tendría compañía ya que Dios avisó a su hermano Aarón, quién salió a recibirle al desierto. Juntos entrarían en Egipto, convocando a los ancianos y hablando al pueblo judío de su próxima liberación, explicándoles como Yahvé deseaba ayudarles a salir del país. Una impresionante sorpresa para todos. Los dos hermanos solicitaron una audiencia con Faraón para pedir la liberación de todo el pueblo; pero Faraón, como era de prever, se niega a dejar salir a una mano de obra que le era necesaria para las construcciones que estaban previstas. Y no solo eso, para evitar que se mantuvieran unidos, ordenó que ya no se les facilitara la paja para elaborar adobe, la cual se les proporcionaba para hacer los ladrillos. «¡Era el doble de trabajo!», el pobre pueblo contrariado se queja por primera vez a Moisés, un lamento que será desde entonces constante, inagotable, y que Moisés escucharía hasta su propia muerte, momento en que les confesaría finalmente: «Ya no puedo más».

Moisés y Aarón, ya muy compenetrados como hermanos y con idéntica misión, entablarán una auténtica lucha dialéctica y de fuerzas espirituales contra Faraón y sus sacerdotes: las diez plagas son poco para convencer al gobernante de que debe permitir a los hebreos salir de Egipto. Aguas teñidas de sangre que riegan la muerte por donde pasan, plaga de las ranas, plaga de los mosquitos, otra de moscas; aparición de la peste que mata al ganado egipcio, ulceraciones en el cuerpo de los egipcios, destructor granizo, invasión de langostas, incluso tres días completos de tinieblas absolutas. Y finalmente la plaga más dura y la que termina por convencer a Faraón: la muerte de todos los primogénitos egipcios, tanto hombres como bestias, a manos de un ángel exterminador. Esa misma noche de muerte en Egipto, encerrados y protegidos por una marca de sangre en las jambas de las puertas, los judíos celebran la Pascua, la primera Pascua de todas, la misma que se sigue celebrando en la actualidad en todo el mundo, con idénticos ritos: se comienza con el sacrificio de un cordero o cabrito sin defecto, con cuya sangre se untan los dinteles de la casa. La carne se tomará asada, ni cocida ni cruda, toda la carne esa misma noche, y se acompañará de pan ácimo y verduras amargas, quizás lechugas y plantas como endivia o escarola.

El día de Pascua es el día memorable que celebra la salida de los hebreos de Egipto y durante los siete días posteriores se toma pan ácimo y no hay levadura en las casas judías. Hoy se llama a la festividad que recuerda estos alimentos la fiesta de los Ácimos y en ella se consagran los primogénitos de los hombres y de los animales. Por otro lado el sacrificio del cordero se ha interpretado como uno de los signos de la nueva contra-religión, ya que el carnero era uno de los símbolos sagrados de Egipto. Por lo tanto, el pueblo que nace con una nueva religión sacrifica a ese mismo carnero para diferenciarse inequívocamente del politeísta pueblo egipcio.

Por fin, tras una dura lucha e innumerables padecimientos, después de muchas generaciones y cuatrocientos treinta años en Egipto, el pueblo judío sale de Rameses acaudillado por Moisés, de noche y con prisa, asustados y sin creérselo del todo, a pesar de que Faraón había autorizado la salida, desconsolado y atónito como estaba por la muerte de su primogénito. Precedidos por una columna que era de humo de día y de fuego de noche, Dios guiaba a su pueblo, y así los israelitas lo veían continuamente. Llevaban a Moisés a la cabeza y caminaron hacia el mar Rojo. Iban contentos, con el corazón alegre y la promesa de una tierra nueva, libre, fértil y solo suya. Los israelitas pasaron en su camino por Soccot y Etam y desde allí cambiaron la marcha y se dirigieron al mar Rojo, junto a Piahirot. Pero Faraón se arrepintió de dejarles salir, estaba enfurecido y dolido por tantas muertes inútiles y por perder su valiosa mano de obra. Fruto de la rabia y el dolor se produce demasiado tarde la persecución de los judíos, cuando se encuentran a las orillas del mar Rojo. Y frente al mar, el gran milagro: acosados por los egipcios, la columna de fuego que guiaba a los judíos se apostó entre estos y los militares que los perseguían, mientras Moisés extendía sus manos sobre el mar. Es la impresionante imagen de las aguas del mar Rojo abriéndose para dejar un paso libre con el fin de que pudieran atravesarla los judíos, con sus hijos, sus posesiones y sus rebaños. Y los egipcios, asustados y tan impresionados como los judíos, avanzaron tras ellos, pero el mar se cerró a su paso, provocando que una gran parte del ejército se ahogara en él.

Ya no tendrían que huir de los egipcios, con el consuelo de la tierra prometida, el pueblo comienza una dura travesía por el desierto hasta llegar al Sinaí. Un pueblo desagradecido y quejoso, ingrato e infiel, que sin embargo es el pueblo de Yahvé, de un Dios que no les deja solos jamás. El papel de Moisés a lo largo de todos los duros años de desierto es ser el intercesor con Dios, suplicando constantemente por el bienestar de ellos, por su comida, por mantener viva la esperanza... y él siempre consigue ante Dios lo que desea para su pueblo, jamás cejará ante una dificultad. Pero éstas llegan muy pronto, tan solo un par de días después de haber entrado en el desierto: no hay comida fresca, falta pan, falta carne... y hay hambre. El pueblo añora las ollas de carne que comían cuando estaban en Egipto, y Moisés pide pan y carne a Dios: es la primera vez que tendrán un alimento sagrado, porque viene del cielo y al caer la tarde. Para alivio de los estómagos, descendería sobre los israelitas una enorme bandada de codornices que capturaron con facilidad y cocinaron a placer. ¡De nuevo están alegres, hay comida! En la madrugada les llega además el milagroso pan, el maná, que caerá muchas veces durante los cuarenta duros años de travesía en el desierto, alimentándoles constantemente. Dios les prometió que no les faltaría el maná, pero hay una norma: no acumularlo. Pero su pueblo es tozudo y almacena maná y éste se pudre. Solamente les estará permitido coger doble ración de este asombroso alimento los viernes para consumirlo durante ese mismo día y comerlo también el sábado, el día de descanso obligado en el que no está permitido cocinar por ser día destinado a Yahvé.

El enorme grupo de fugitivos sigue su camino con dirección a Horeb y con el sofocante calor aprieta la sed y los israelitas vuelven a protestar, en ese largo lamento. No importa, Moisés toca una gran roca con su cayado y de ella brota el agua en cantidad suficiente para que los israelitas y su ganado beban hasta saciarse. A lo largo de la existencia de los israelitas en el desierto, vemos como su comportamiento y sus aventuras se quiebran entre el milagro, los padecimientos, la fe y la desesperanza. Está claro que el camino va a ser largo, muy largo, riguroso y duro hasta llegar a la tierra prometida, y que habrá poblaciones durante el camino que no permitirán que los hebreos pasen por sus tierras, que beban su agua o que se alimenten con sus víveres. Habrá luchas y Yahvé les ayudará a vencer en todas. La primera de ellas no tarda en aparecer, cuando al paso por el territorio de los amalecitas[55] tienen que luchar contra estos porque se sienten invadidos. Josué, gran general judío que cuenta con la confianza y el afecto de Moisés, guía al pueblo en esta primera batalla, y cuando el patriarca invoca a Yahvé para suplicarle que su pueblo gane la acometida, Dios le da una respuesta clara: «Vencerán siempre que Moisés mantenga las manos levantadas hacia el cielo». Moisés no duda y eleva las manos, que cuando están levantadas provocan que los israelitas ganen y cuando las baja, agotado, lo hacen los amalecitas. Como la batalla era larga y fue inclemente, Moisés en ocasiones, quedándose sin fuerzas, bajaba los brazos, así que Aarón tenía que sujetarlos para así ganar la primera batalla en su travesía por el desierto.

Continuamente les ocurrirán muchas cosas, sorprendentemente, aún en aquel inhóspito y vacío desierto, solo rico en piedra y en amplios espacios vacíos, en sofocante calor y sol constante. Entre ellas, lo peor es que todos los pueblos del entorno comienzan a tener noticias de las erráticas idas y venidas de un pueblo que ha aparecido en el desierto, y nadie quiere ser molestado. Pero también la llegada de los judíos hace

---

55   Que no son los familiares de Séfora y Jetro, sino otros pueblos amalecitas.

que Jetro se entere de que su querido yerno se encuentra cerca, así que no vacila, a pesar de su edad, y toma el camino para llevarle a su hija Séfora y a sus dos hijos, Geram y Eliezer. Jetro era un hombre sabio, sacerdote con experiencia, que cree que la mujer debe estar con el esposo y que considera que ésa es su forma de apoyar a Moisés. Los dos hombres se encuentran en el desierto y Jetro pone su sabiduría al servicio de Moisés, con consejos útiles de anciano experimentado. Al llegar al campamento hebreo, a Jetro le sorprendió comprobar la intensa actividad que tenía el patriarca como administrador y juez de todo el pueblo, así que le recomienda que los litigios ordinarios los juzgaran otros que hubiera designado él mismo y que reservara su opinión para asuntos importantes solamente. Eso le descargaría de las cuestiones más triviales para permitirle concentrarse en las realmente importantes, lo que sin duda fue un excelente consejo.

A pesar de tantos acontecimientos solo habían pasado tres meses desde que el pueblo saliera de Egipto, ya habían llegado al Sinaí y Moisés se encontraba acompañado de su familia, y aunque para un hombre normal debería haber supuesto un apoyo, el sostén de Moisés era en realidad Dios. Su matrimonio con Séfora no debió ser muy fácil, ya que ella era madianita, descendiente de Abraham pero no hebrea; quizás los primeros tiempos del matrimonio fueran mejores, cuando Moisés apareció como un valiente peregrino en tierra extraña y se desposó con ella, cuando era tan solo un hombre necesitado de compañía y solitario, sin posesiones ni obligaciones. Pero ahora las cosas eran distintas, la misión de Moisés siempre estuvo antes que su familia, era más importante incluso que su propia vida: él puso su relación con los judíos, con su pueblo amado, sobre sus propias necesidades y también sobre las de su esposa y sus hijos. No hubo nada más importante para él, y su familia lo sabía.

A pesar de la paciencia de Séfora, y de saberse en un segundo plano en la vida y obligaciones de Moisés, cuando llegó con su padre tuvo que sufrir la crítica de sus cuñados Aarón y María, quienes estaban a disgusto con que su hermano hubiera tomado a una madianita por esposa. Tomar como esposa a una mujer no hebrea estaba realmente mal visto en aquella pequeña sociedad y ni mucho menos era lo habitual. Pero esta mujer valiente por casarse con un extranjero, valerosa por acompañarle después a Egipto con sus pequeños incluso y por dejar finalmente su tribu para vagar con él por el desierto, siguió los pasos de su esposo en los más asombrosos y extraños viajes y acontecimientos sin cuestionarse nada.

Moisés conocía bien aquellas tierras, y subió por primera vez a lo alto de la imponente meseta del Monte del Sinaí para dialogar con

Dios; algo que se terminaría convirtiendo en una costumbre en su vida. Aquella tierra impone, es dura y polvorienta, arriscada y solitaria, un desierto pedregoso y difícil en el que apenas pueden pastar las cabras y el calor es insoportable. Las sombras que proporcionan los grandes riscos del Sinaí alivian las horas más duras, pero es necesario estar muy preparado y ser fuerte y prudente para sobrevivir allí. Se trata de una inmensa extensión ondulada de tierra, piedras de todos los tamaños y algunos hierbajos que habría que descubrir para que los animales se alimentaran escasamente. Las fuentes son más que exiguas y están contadas, y las diferentes tribus tenían constantes problemas por el acceso a ellas. Por otro lado, el silencio y la soledad son sobrecogedores, vastísimos, y si hay un lugar en el que Dios pueda acercarse al hombre es el Sinaí.

Sin dudas en su corazón, Moisés subió al monte Sinaí, a aquella enorme roca a la que se puede ascender no sin con cierta dificultad y desde la que es posible abarcar a simple vista todo el desierto. Después de hablar con Dios y de pactar que Israel sería su pueblo elegido, bajó para comunicar a los sacerdotes y a todos los hebreos la gran noticia, explicándoles que por este motivo se tendrán que preparar y que debían desearlo profundamente o no tendría sentido ni la ayuda de Dios ni su propio esfuerzo personal. Todos los israelitas asienten, están alegres, ¡quieren ser el pueblo elegido! Algo que en principio suponen que tendrá muchas ventajas, y se prepararán purificándose, lavándose y santificándose durante tres días, en espera de que Moisés promulgara una ley, que de ahora en adelante sería la de todos ellos, su ley, que ordenará sus vidas y las de generaciones posteriores para siempre. Mientras el pueblo se preparaba, Moisés había vuelto al monte y esperó a que todo estuvo listo para el gran momento. Entonces bajó al desierto para celebrar la ceremonia de la consagración en medio de una aparatosa puesta en escena, rodeado de rayos y truenos y cubierto de una espesa nube. Yahvé había bajado hasta el monte envuelto en fuego y todo ardía, humeando e impregnando la atmósfera de humo y fuego, en un momento sagrado y terrible que los israelitas no debieron olvidar jamás. Tan aterradora fue la presencia del ruido y el fuego que los judíos se quedaron aterrorizados y pidieron a Moisés que Dios no les hablara: si su sola presencia podía causar tal espectáculo, la voz podría hacerles morir. «Háblanos tú y te oiremos, no nos hable Yahvé, no sea que muramos», y así, por la petición del pueblo, Moisés habló y les llevó grabados en piedra los diez mandamientos que debían cumplir y también las instrucciones para la construcción de la mítica Arca de la Alianza. Aquel fue un gran día. El día de la proclamación de la gran alianza entre Dios y los judíos, que comenzó con la buena disposición del pueblo y después con la presencia divina impregnándolo todo, para finalizar con la presentación de las leyes divinas y del Arca. Se celebraron sacrificios y holocaustos con los que se firmó el pacto eterno: aquellos hombres se comprometieron a cumplir las normas divinas y Moisés roció al pueblo con la sangre de los animales sacrificados, diciendo: «Ésta es la sangre de la alianza que Yahvé ha hecho con vosotros, sobre todas estas cosas». Terminaron celebrando un rito en el que un grupo de setenta ancianos y sacerdotes subieron al monte Sinaí con Aarón y Moisés y allí se les apareció Yahvé, en lo que fuera una muestra de su existencia para todos ellos. Tras el impactante encuentro divino, todos bajaron excepto Moisés que permaneció allí durante cuarenta días completos, sin comer ni beber, mientras Dios le facilitaba la explicación de todos los signos de la nueva religión: las instrucciones para construir el Arca y el Tabernáculo y cómo serán los ropajes sacerdotales, además de la liturgia. Incluso le proveería de las dos tablas de la nueva ley escritas por Su dedo.

Pero cuarenta días fue demasiado tiempo para los impacientes judíos, que obligaron a Aarón a fabricar un becerro con todo el oro que pudieron reunir, un nuevo dios al estilo de aquellos paganos que conocían tan bien en Egipto. La idolatría irritó tanto a Dios que Moisés tendría que contener su furia con todas sus fuerzas, y le cuesta mucho trabajo porque él mismo está colérico hasta tal punto que hace que los cabecillas sean ejecutados, reduce a polvo el becerro de oro y lo mezcla con agua que obliga a beber al pueblo. En un ataque de ira finalmente rompe las tablas de la ley. ¡Todo su esfuerzo malgastado para este ingrato pueblo! Yahvé le dice que no acompañará a Israel a la tierra prometida, a pesar de que Moisés le suplica perdón y clemencia, pero tras mucho esfuerzo por parte del patriarca, y después de hacer penitencia y de muchas exhortaciones, Moisés consigue que Yahvé renueve la alianza con ellos y le arranca la promesa de que les mostrará su gloria. Y así, las tablas de la ley vuelven a ser grabadas en piedra por Su dedo en el monte Sinaí: aquello era el signo de que Moisés había conseguido que Dios les perdonara. Moisés había alcanzado su objetivo de nuevo, y vuelve a subir al monte Sinaí y pasa en él otros cuarenta días completos en oración. Esta vez baja en paz, los judíos no han provocado conflictos. Moisés aparece ante los judíos con el rostro resplandeciente e iluminado, despidiendo rayos que desde aquel momento le obligan a ponerse un velo sobre el rostro cuando habla con los hombres porque los deslumbra. Aquel velo que solo se lo quitaría en presencia de Dios

—la luz Dios—. Ésta es la razón de que se represente a Moisés en la escultura tradicional con lo que parecen ser cuernos, que en realidad son rayos que simbolizan ese resplandor divino, una luz que le penetró hasta tal punto que él mismo resplandecía. No hay más detalles sobre los días que pasó Moisés con Yahvé en el monte Sinaí, pero sin duda le dieron la fuerza necesaria para someterse a su voluntad y no protestar incluso cuando Dios le anunció que moriría justo antes de entrar en la tierra prometida, en la que jamás pondría el pie.

Moisés rompe las tablas de la Ley. Grabado de Doré.

Es entonces cuando comenzaría una de las labores más místicas y extraordinarias de la historia del pueblo judío: la construcción del Tabernáculo y del Arca de la Alianza, la confección de las vestiduras de los sacerdotes, de los objetos para la liturgia y todo lo necesario para el culto divino. La alianza se hizo realidad y llegaba el momento de la construcción de una nueva religión, la hora de concretarla de una forma física. Los judíos comienzan a conocer las nuevas fiestas religiosas y de qué manera se santificarán y las harán puras; también sabrán cómo se desarrollarán los sacrificios, las leyes, los ritos de las fiestas, las normas alimentarias por supuesto. Los hijos de la tribu de Leví, personalizados en Aarón serán los levitas, sacerdotes encargados del culto, una actividad que se transmitiría desde entonces de padres a hijos. Aquel tiempo de construcción fue una época de estar establecidos en un solo lugar, pero Israel terminó pronto su labor y volvió al obligado peregrinaje, ahora transportando sus elementos sagrados como una realidad que les identifica: el Arca, las tablas de la Ley y el Tabernáculo, todo el tiempo tras la columna divina en forma de nube, cuya aparición será siempre la señal de partida, mientras que el signo de parada era un toque de trompeta de plata. Hasta la construcción del primer templo de Jerusalén, los judíos transportarán todo este bagaje divino en andas y entre todos a lo largo del devenir errático por el desierto.

Moisés se presenta como un hombre fuerte, de índole firme y recta y a la vez humano y humanitario; tiene un carácter enérgico que le incita a amonestar a los judíos cuando se encuentra cargado de razones para hacerlo, pero con mucha más frecuencia se apiada de ellos y suplica constantemente a Dios por su pueblo. Actúa con Israel como un padre con un niño, reconviniendo a los judíos, que padecen una tenaz falta de fe, a la vez que una gran necesidad de Dios, que se debaten continuamente entre fidelidad y alevosía; unos judíos que persisten en una constante queja, en la idolatría o en la súplica. Siempre se lamentarán acordándose de su estancia en Egipto, donde tenían alimentos a pesar de la esclavitud... Es Moisés quién refuerza la fe del pueblo, quién está investido de autoridad para pedir a Dios que acorte los castigos que, enfurecido, lanza sobre los desagradecidos judíos. Aunque Moisés tiene afectos y un entorno familiar: madre, esposa, hijos, un suegro con el que tiene una excepcional relación, hermanos... a lo largo del relato de sus hechos se trasluce que cumple con sus obligaciones familiares, pero donde deposita su corazón es en Yahvé. Nada le detiene para subir al monte donde se reúne con Dios, nada le aparta de su destino como guía de su pueblo, y es más que el sacerdote de Dios, es su presencia misma entre los hombres. No es un pastor iluminado, embrutecido o inculto: se trata de un hombre cultivado, bien formado y con criterio, que elige la soledad de la vida entre tribus por propia voluntad, y que definitivamente se había apartado de la vida fácil del egipcio aristocrático. Lidera con el apoyo de su Dios pero en soledad, sin apoyo ni consuelo sobre hombres muy inferiores a él, aunque manifiesta una paciencia infinita con ellos a pesar de algunos arranques de ira eventuales. Él es la raíz de todos los israelitas actuales, el hombre gracias al cual sobrevivieron y gracias al cual caminaron... No le preocupa su linaje, no pide a Dios que sus hijos sean padres de una gran nación, como sí pidió Abraham. Solamente pide por su pueblo, por los ingratos y duros de cerviz judíos, y de hecho apenas volvemos a tener noticias de sus hijos. Parece que conoce el duro destino que les depara la historia y que es por esta razón tan paciente y amoroso con ellos hasta en los peores momentos. Sus múltiples enfados se apaciguan, siempre vuelve a interceder por ellos, una vez más, inagotable. Y su única queja contra ellos, antes de morir, es que ha habido momentos en que por defenderlos y salvarlos se ha indispuesto con la única auténtica pasión que tiene en la vida, y que es la relación con Yahvé.

La llegada de los judíos al desierto de Farán, ya pueblo de Dios, con una religión formada, con sacerdotes, el Arca y el Tabernáculo, es un auténtico hito en el camino del desierto. Están muy cerca de la tierra prometida, Moisés envía a doce exploradores para que visiten Canaán y evalúen las posibilidades que tienen de entrar allí. Todos tienen ganas de llegar, se respira una gran impaciencia mezclada con ilusión y quizás, por qué no, turbación ante la nueva situación. Los exploradores pasaron varios días en aquellas tierras, hablaron con las gentes, indagaron todo lo que pudieron y, finalmente, volvieron al campamento cargados de frutos y contando cómo aquella tierra era fértil, riquísima... La promesa era una realidad al alcance de la mano, ya tan cerca... Pero a la vez, relatan que las ciudades eran inexpugnables y que en ellas viven hombres enormes, que harán imposible la entrada del pueblo de Dios en la tierra prometida. A pesar de la excitación por la realidad que representa Canaán después de tantos años y de que sea la tierra que mana leche y miel, el desaliento se generaliza y los israelitas caen en el abatimiento. Todavía siguen pensando en volver a Egipto y hasta tal punto están agitados que pagan su terrible frustración tratando de apedrear a Moisés, a Aarón y a Josué. Dios aparece en ese momento y, de nuevo —no es la primera vez—, quiere destruir al pueblo ingrato, al que ha llevado a las puertas de su prometida y feraz tierra. Moisés cumple su papel, solicita su perdón y exige el cumplimiento de la promesa divina. Pero esta vez Yahvé está realmente enojado, y si bien promete que el pueblo llegará a Canaán, dice que lo hará la nueva generación, no aquella que se volvió contra él. Sólo Josué, entre todos ellos, lo hará, porque mantuvo su fe inquebrantable. Y ésta es la razón de que los judíos vaguen treinta y ocho años más por el desierto, ya que Dios les dice que no entrarán allí hasta que hubieran muerto todos los mayores de veinte años. En este tiempo no solamente tienen encuentros con otros pueblos, las diferencias entre ellos mismos son graves y les costarán la vida a muchos israelitas, porque Yahvé siempre está de parte de Moisés y dispuesto a hacer cumplir su palabra. En una ocasión, un grupo de rebeldes, encabezados por Coré, se rebelaron porque querían ser los responsables del sacerdocio, en lugar de que lo fueran Aarón y sus descendientes. Y Moisés les habla pacientemente diciendo a todo el pueblo que la forma en cómo ha organizado su nación no ha sido voluntad suya sino de Dios, y que por esa razón hay que respetarla. ¡No es fruto de su voluntad personal! Y como castigo ejemplificador para el resto del pueblo, la tierra se abrirá debajo de los pies de los infractores, de sus mujeres y de sus hijos, y se los tragará, porque no han respetado la voluntad de Dios. Y, efectivamente, esto sucede, para asombro de todos, delante de todo el pueblo; y murieron en aquella ocasión doscientos cincuenta hebreos. Después del miedo pasado, inagotables, al día siguiente los judíos quisieron linchar a Moisés y Aarón, culpándoles del suceso del día anterior, hasta tal punto que estos se tuvieron que refugiar en el Tabernáculo y una plaga mató a todos los atacantes. De nuevo Dios proveía.

La última aventura de Moisés, desgraciada para él, fue cuando el pueblo de Israel, una vez, se queja de sed y por su mediación Dios les conduce a una gran roca, a la que podrían pedir que les diera agua, y manaría si se le pedía con fe. La roca dio agua para todos, hombres y animales; sin embargo, aquella fue una dura prueba para la fe de Moisés y Aarón, quienes no tuvieron la suficiente para creer que la roca proporcionaría el agua. Dios conoció esa falta de fe por lo que impediría la entrada del profeta y de su hermano en la tierra prometida.

Finalmente, poco antes de llegar de nuevo a Canaán, con su destino por cumplir, fallecería Aarón en primer lugar. Moisés se ocupó de revestir a su hijo Eleazar con las vestiduras sacras para que continuara en él la estirpe sacerdotal. Pero aún no había acabado el Éxodo y los israelitas tuvieron que luchar contra los edomitas, contra serpientes venenosas y contra los amorreos. El plazo estaba a punto de cumplirse y el Éxodo tenía los días contados, Moisés, que lo sabía y se sentía cansado, pidió a

Yahvé un sustituto para su actividad, que fue Josué. Sus últimas actuaciones son de recuerdo constante de las promesas hechas a Yahvé, de la necesidad del cumplimiento de la ley y del pacto de la alianza. Y no perdió un momento, sabía que se aproximaban sus últimos días y deseaba que los hebreos fueran fieles a su promesa. Les habló para recordar las leyes y su obligado cumplimiento, y las bendiciones y maldiciones que sufrirán o disfrutarán quienes las cumplan o no. Los israelitas estaban preparados, a punto de entrar en la tierra prometida, la cual ya estaba organizada y repartida entre las diferentes tribus incluso antes de entrar en ella. Él les confiesa su cansancio: «Yo no puedo, por mí solo, soportaros... ¿Cómo soportar yo por mí solo vuestra carga, vuestro peso y vuestros litos?». Moisés se encontraba abatido, habían sido cuarenta años dedicados a acompañar, proteger y guiar el pueblo. Pero no podía más, incluso su amado Yahvé se había enfadado con él varias veces a lo largo del interminable Éxodo por defender pacientemente al pueblo de Israel, incluso sentía amargura porque a pesar del esfuerzo realizado no alcanzaría a ver la tierra prometida. Es el final de su vida, Moisés recibe de Dios el anuncio de su muerte y hasta su último momento él se dedica a organizar, estructurar y revisar que la labor de tantos años se siguiera cumpliendo, así como de recordar los pactos divinos para que nadie los olvidara. Finalmente en el monte Nebo, Yahvé le muestra desde la altura la tierra de Canaán de la que pronto disfrutarían los israelitas, y Moisés muere, siendo enterrado por un ángel a la edad de ciento veinte años, con todos sus dientes y su vista intacta, como relata el *Deuteronomio*.

Es difícil buscar un patrón claro y exacto para definir a Moisés, caudillo, sacerdote, vigilante, patriarca y cuidador paciente y constante de su pueblo... Quizás el término que le puede definir con mayor claridad es el de patriarca. Moisés fue un patriarca en todo el gran sentido de la palabra: el padre de todos, el que provee del sustento, el juez, con capacidad reconocida por el pueblo para juzgar, castigar o perdonar. Fue el vínculo entre Dios y los hombres, sin duda una figura de respeto e incluso capaz de provocar temor en el corazón de los hebreos, apasionado en su lucha constante por su pueblo para que Dios los protegiera. Él no necesitó la fe porque tenía relación directa con la divinidad, tenía constancia de Él y conocía a Dios, ésa es justamente la característica que lo hizo especial y por la que su pueblo le respetaba. Por otro lado, y además de esta presencia carismática y abrumadoramente completa, las actividades de Moisés fueron múltiples a lo largo de su vida y entre todas ellas, la que más destaca y que mayor relevancia tiene para la historia de la alimentación es que Moisés fuera el compilador de la tradición oral hebrea. Gracias a sus conocimientos y aptitudes intelectuales, adquiridas a lo largo de su etapa juvenil de formación en Egipto, fue capaz de redactar minuciosamente hasta el más mínimo detalle todos los aspectos reglamentarios de la alimentación, que desde entonces fueron ley para los hebreos. Sabemos que redacta el *Pentateuco*, los cinco libros completos, que los hebreos conocen como *Torah* y que abarcan gran parte del *Antiguo Testamento* cristiano. Entre todos los libros que escribe compone el *Levítico*, un libro difícil, normativo y claramente fundador de nuevas costumbres, que responde a la creación de un nuevo sacerdocio que instaura en la persona de su hermano Aarón y su descendencia y que sienta las bases de las costumbres recién adquiridas. Éstas se convertirán en tradición milenaria para que siempre se recuerde la palabra de Dios, no solo mientras su pueblo vagaba por el desierto, sino para siempre y hasta la actualidad. Por eso es que este libro es tan específico, tan concreto, tan reiterativo. Y es que Moisés es el que realmente organiza la fe que Dios había entregado a Abraham, quién estructura una religión, unos hábitos, unas costumbres y una forma de alimentarse, aspectos fundamentales para la cohesión de una cultura. La forma de alimentación del pueblo hebreo en la actualidad es una de las más interesantes precisamente porque se ha mantenido intacta a lo largo de los siglos. La permanencia en la misma religión, con idéntica normativa y tradición oral, ha hecho del pueblo judío un reducto de gran interés para los investigadores de la historia de la alimentación, por seguir practicando el mismo tipo de dieta a lo largo de miles de años.

Esta forma de alimentarse es una manera de expresar la identidad religiosa y étnica, un yo, un nosotros que ostenta unos límites muy marcados y estrictos, claramente diferenciadores de los otros, una posición definida que los no judíos también perciben. De ahí la endogamia milenaria del pueblo judío: la dificultad para entender una tradición tan estricta y relacionada con hábitos cotidianos y necesarios como son la alimentación, la higiene personal, la salud y la enfermedad. Moisés dicta una ley que prohíbe y que permite, que crea tabúes en muchos sentidos, y que diferentes investigadores han analizado sin terminar de aclarar totalmente los motivos. En su normativa alimentaria hay diversas prescripciones, muy claras y metódicas, prohibiendo:

- Tomar sangre de animales, por lo que hay que desangrarlos perfectamente. Ésta es muy rigurosa, y se prohíbe taxativamente comerla bajo ninguna forma, así que los animales hay que desangrarlos al máximo y con rapidez, para que no quede sangre dentro del tejido, y deben ser sacrificados por un matarife judío, el *shojet*. Así, hay toda una normativa y técnica práctica para desangrar a los animales, con mil matices que solo los rabinos y expertos carniceros llegan a conocer a fondo.

- Mezclar carne con leche en una misma comida. Es la prescripción del *Levítico*, no cocinarás al cabrito en la leche de su madre.

- Se veta el consumo de grasa animal.

- Comer animales no sacrificados —muertos sin conocer la causa—, los cuales se consideran impuros.

- Sí pueden comer los animales que rumian y tienen la pezuña hendida, pero queda vedado el consumo de cerdo, caballo, camello, avestruz y conejo, mono, perro, gato o rata. También se prohíbe la ingestión de algunas aves, como todas las rapaces, cuervos, gaviota, halcón, pelícano, ibis y otras. En cuanto a los peces, se pueden comer todos menos los que no tengan aletas ni escamas, excluyendo también moluscos y crustáceos. Así, no pueden comer gambas, langostinos ni mejillones, por ejemplo, y tampoco reptiles, caracoles, calamares o lamprea. Ni langosta crustáceo, pero sí la langosta insecto.

- Y por supuesto, la santificación y ritualización de todas las fiestas, que desde el semanal *Sabbat*, la fiesta del séptimo día de la semana, jornada de descanso, dedicado a la oración y meditación, en el que estaba prohibido hasta guisar o encender el fuego del hogar.

Todo lo anterior implica que hay que sacrificar a los animales de una forma adecuada, por lo que se necesitan carniceros expertos y revisión de los sacrificios por un rabino. Las prescripciones alimentarias ortodoxas se llaman *cashrut*, y los alimentos ortodoxos son los *casher*. Las leyes de la alimentación son, junto a otras prácticas religiosas, el nexo de unión para un pueblo que ha vivido en la diáspora. Encontrar que un judío desconocido practica exactamente los mismos rituales que otro los acerca, es indudable. Los judíos son un pueblo en el más cabal sentido de la palabra, no solo porque comparten una misma religión, tradición y hábitos, sino porque descienden de un mismo grupo de una zona concreta. Esas leyes alimentarias, la práctica de unos ritos comunes, todas las celebraciones *Sabbat* y de todo el resto de las fiestas religiosas, mantendrían viva una tradición milenaria, cuya expresión alimentaria llega hasta hoy. En fin, su código religioso tiene unos preceptos muy claros en cuanto a alimentación, a los productos y sus tipos de comidas, así como a las diferentes formas de consumirlos. Este hecho y la práctica constante durante miles de generaciones han llevado a que la cultura alimentaria judía sea realmente interesante, ya que es la única en el mundo que sobrevive con estas características desde los comienzos de la edad antigua. Desde luego, hoy se ha enriquecido con muchos alimentos, principalmente los de origen vegetal: tomates, pimientos y patatas son alimentos permitidos, como todos los vegetales, y una puesta al día a través de la larga historia era inevitable.

Pero todas estas normas, hoy tradición milenaria, hábitos ya establecidos, entonces fueron revolucionarias. Representaron la ruptura con la época politeísta y pagana, frente a una era de monoteísmo que creó una forma de vivir y de ser israelita, proporcionando a su pueblo una identidad muy clara y exacta: un solo Dios, al que ser fiel, unos preceptos que cumplir, una forma de comer y de entender las relaciones entre los hombres. El Éxodo es la época de creación de esa identidad, prácticamente fuera del contacto con otros pueblos, que son únicamente eventuales y no siempre amistosos, guiados por un Dios que se proclama el Dios de ese pueblo de seminómadas, de su pueblo elegido. Fueron hombres para los que su auténtica realidad fue el compromiso que adquirieron con Yahvé y que se encarnó en la figura de Moisés.

BIBLIOGRAFÍA

Assman, J., *Moisés el egipcio*, Madrid, 2003.
Bottéro, J., et al., *Initiation à l'Oriente Ancien: de Sumer à la Bible*, París, 1992.
Ebban, A., *Legado, la civilización y los judíos*, Madrid, 1987.
Grivetti, L.E., *Food Prejudices and Taboos*, en *The Cambridge World History of Food*, 1495-1513, Ohio, 2000.
Finkelstein, I.; Asher, N., *La Biblia desenterrada*, Madrid, 2011.
Kuhrt, A., *El Oriente Próximo en la Antigüedad, 2*. Barcelona, 2001.
Küng, H., *El judaísmo. Pasado, presente y futuro*, Barcelona, 1993.
Liverani, M., *El antiguo oriente*, Barcelona, 1995.
Nacar, E.; Colunga, A., (trads.) *Sagrada Biblia*, Madrid, 1971.

Peláez del Rosal, J., (ed.) *De Abrahan a Maimónides. Para entender a los judíos*, Córdoba, 1992.

Trigger, B.G *et al.*, *Historia del Egipto Antiguo*, Barcelona, 1997.

Tubb, J., Chapman, R., (eds.) *Archaeology and the Bible*, Londres, 1990.

Von Rad, G., *Deuteronomy: A Commentary*, Londres, 1966.

Retrato fotográfico de la marquesa de Parabere.

MARÍA MESTAYER DE ECHAGÜE
MARQUESA DE PARABERE

Escritora, cocinera y restauradora, ha dejado dos de los libros de más éxito de la historia de la cocina española, «La Cocina Completa» y un tratado de «Confitería y Repostería» que aún siguen vigentes. Nacida en Bilbao, el 20 de diciembre de 1879, de padre francés, falleció en Madrid, el 19 de noviembre de 1949.

> *En lo tocante a los guisos soy altruista, y estando bien puesto, todo me parece sabroso.*

Nacida María Mestayer Jacquet pero conocida como marquesa de Parabere, título que nunca le correspondió pero que utilizó en todos sus libros y por el que el mundo de la gastronomía la conocería[56]. La antepasada de la que tomó el título era María Magdalena de la Vieuville, condesa de Parabere que fue una cortesana francesa nacida en 1693 y que se casó con dieciocho años con César de Baudeau de Parabere, que quedo viuda en 1716 y tuvo muchos amantes. El primero de todos fue el regente de Francia, Felipe de Orleans —bajo la minoría de edad de Luis XV—, cuyo favor conservó cinco años. El último fue el duque de Antin en 1739, y murió en 1750, pero seguramente María Mestayer conocería de primera mano por su familia algunos detalles estimulantes de la otra Parabere, que la llevarían a tomar su nombre.

Nada que ver con la gastronomía, desde luego, pero sí con ese espíritu aventurero, valiente y luchador que animaría a la Parabere, la cual

---

56   Gracias al nieto de María Mestayer, D. Gonzalo Echagüe Méndez de Vigo y a su bisnieto, D. Gonzalo Echagüe Prieto, he conocido de primera mano muchas anécdotas y algunos aspectos de la vida de María Mestayer que apenas son conocidos. La autora agradece el apoyo y las atenciones de ambos.

resultaría una mujer de una pieza, sólida, fuerte y trabajadora, a pesar de que la vida le había regalado una posición muy confortable y no hubiera tenido que esforzarse en nada si no lo hubiera deseado ardientemente como ocurrió. Se dedicó por entero a la gastronomía: estudiándola, escribiéndola y llevándola a la práctica, sin cejar en su esfuerzo y con constancia. No era una mujer de carácter dubitativo, sino muy segura de sí misma, de cómo se debían hacer las cosas bien, de la mejor forma de escribir sus recetas para que todo el mundo las entendiera. Perfeccionista, conocía bien sus limitaciones y sus posibilidades, no se engañaba a sí misma, y la fortuna de viajar durante su juventud con su padre y después con su esposo la hizo conocer mucho mejor Europa y ser plenamente consciente de todo lo que a España le faltaba en el camino del progreso. Muy amiga de diferentes cocineros, como Teodoro Bardají, Paco Mullor, Rondossini, Gastón Derys y otros más, se desenvolvió en el difícil mundo masculino profesional de forma muy cómoda y segura, fue muy libre y generosa con mucha gente, ayudando durante la guerra civil a multitud de amigos y conocidos, que en ambos bandos atravesaban por circunstancias difíciles.

Nació en Bilbao, en el año 1879[57], era hija del cónsul de Francia en Sevilla y de María Jacquet, hija de un famoso banquero de los Orleans —que eran los propietarios de la entonces famosa banca Jacquet—. La vinculación de la familia Montpensier con los Mestayer sería el origen del nombramiento de su padre como cónsul. Se trataba de una familia de la alta burguesía, acaudalada, bien relacionada, con raíces aristocráticas y en la que comer bien era todo un rito. En su casa había una estupenda biblioteca que fue clave para su formación, como ocurrió con Emilia Pardo Bazán, por ejemplo, y cuyo iniciador fue su abuelo paterno. Era una de esas bibliotecas familiares que se van enriqueciendo poco a poco y que son tan suculentas para un lector ávido.

La familia vivió en Sevilla desde que ella era muy pequeña, en una casa de la plaza de Santa Cruz, asistiendo María a un colegio para señoritas donde se enseñaban los buenos modales apropiados para una niña bien. Ella cuenta que el colegio de Mlle. Celia, en el que estuvo desde los siete años, era muy pintoresco y divertido y que su directora era francesa. Era: «El colegio de mis ensueños, donde no aprendí nada y nada nos exigían». Allí «Llevábamos merienda en una cesta, y había quién llevaba como merienda una rosca de pan y dos terrones de azúcar o un puñado de aceitunas. Ustedes no me creerán, pero esa merienda ¡me

57   Hemos encontrado referencias de que su nacimiento fue en 1878 o 79.

daba una envidia! No porque me apeteciera, sino porque la mía cho-caba: un enorme bistec bien sanguinolento metido en un bollo... Nada, que las aceitunas de mis condiscípulas me parecían, ¿cómo diré? Bueno, que encajaban más en el ambiente». Allí celebraban el día de Santa Celia, patrona de la directora, tanto como la Navidad, y «todas nos des-colgábamos con sendas bandejas de dulces... con castillos, catedrales y ramilletes de guirlache llenos de frutas confitadas y cubiertos de verda-deras cataratas de huevos hilados, y las enormes tortas de polvorón, y las pirámides de bizcochadas y mostachones, y los cajones de yemas de San Leandro». Total, que allí al menos se divirtió, hizo muchas amigas y conoció Sevilla desde cerca.

Después estuvieron un tiempo en Casablanca, y más tarde volvió la familia a Bilbao, donde se instalaron. Una vez allí y ya María mayor-cita, su padre y ella viajaron por toda Europa con cierta frecuencia, no olvidemos que su familia era francesa y que contaban con amigos y conocidos en aquel país. Sería con su padre con quién viajaría por el continente y con quién conocería a mil personajes del mayor interés entonces, desde Buffalo Bill, ya anciano, al escritor Marcel Proust en París, o incluso al gran duque Cirilo, hermano del zar de Rusia, y a la princesa Tatiana en San Petersburgo, antes de que se produjera la revo-lución, lo que nos da una idea de los largos viajes que realizaron.

A la vuelta de uno de aquellos viajes, con veintitrés años, conoció a Ramón de Echagüe y Churruca, abogado donostiarra con el que se casaría en 1901 y con el que tuvo ocho hijos. Eran una pareja muy vis-tosa, el resultaba altísimo para la época, era guapo y medía un estu-pendo metro noventa, y ella poco menos pero era también muy alta y bien plantada, y es que María era muy francesa en todo. Elegante, bien arreglada, coqueta y mujer de mundo. Sabía valorar la buena cocina porque la había conocido de primera mano en su casa y en sus viajes, pero le quedaría algo de tiempo hasta practicarla personalmente. El matrimonio tiene una preciosa fotografía tomada durante su luna de miel en los jardines del Bosque de Bolonia en la que se puede compro-bar la garbosa pareja que hacían.

Así, una recién casada María se instala con su marido en Bilbao después de su llegada del viaje de novios, pero... ella no sabía nada de cocina, ni siquiera sabía dar las órdenes a la cocinera para hacer los platos. Poco tiempo después de la vuelta a casa, su marido comenzó a quedarse a comer al mediodía en la Sociedad Bilbaína —con tal de comer bien—, ya que en su club podía almorzar dignamente. Segura-mente en su casa la comida era, como menos, deficiente. No hay duda de que dejar a una recién casada a comer sola un día y otro tendría alguna explicación, y María, que era muy perspicaz, comprendió lo que ocurría. Se preocupó al ver que su marido no llegaba a comer y entendió que era una situación insostenible. Y de aquella forma tan sencilla y tan natural comenzó a interesarse por la comida, por la cocina y por los productos, cuanto más cuando ella conocía muy bien la diferencia entre una buena y una mala comida, y había disfrutado junto a sus padres de los mejores restaurantes en sus viajes por España y Europa. En aquellos primeros años de matrimonio, y precisamente por su interés por la cocina, se vinculó a Acción Católica y a círculos tradicionalistas, y seguramente ya habría aprendido mucho de cocina, porque se animó incluso a impartir cursillos de cocina en el convento de las Hermanitas de los Pobres y en sociedades femeninas muy establecidas en Bilbao. Pero no dejaría de continuar su entrenamiento, porque habría muchas bocas en su casa; enseguida comenzó a tener hijos, hasta ocho en total: cuatro chicas y cuatro chicos. Tras esa intensa etapa de actividad y aprendizaje ya sabía cómo organizar la cocina, qué cosas funcionaban y cuáles no, incluso era capaz de cocinar personalmente, pero sobre todo sabía organizar la cocina de su casa. No olvidemos que María Mestayer no era una cocinera, sino que fue una gran señora a la que le gustaba la cocina, por la que tuvo auténtica devoción. Después de aprender bastante cocina, continuó no solo con la faceta práctica, sino con la más teórica, publicando artículos y recetas en diferentes periódicos: en el *Excelsior* bilbaíno y el *Diario Vasco* de San Sebastián, además de en *La Nación* de Buenos Aires, usando el seudónimo Maritxu.

Fue entre los años 1928 y 29 cuando comenzó a utilizar el seudónimo de marquesa de Parabere. No es seguro cómo llegó a utilizarlo, pero se barajan varias posibilidades y quizás lo más seguro es que se produjera una combinación entre todas ellas: que se lo sugiriera alguno de sus buenos amigos como Alejandro de la Sota, el decorador Mariano Lapeyra o el antiguario Maqua. Pero en cualquier caso, y fuera quién fuera el promotor, firma por primera vez con el Parabere un cuento que publica en el periódico *Excelsior*. Usar el título le divertía, mucha gente se dirigía a ella como «Señora marquesa», mientras ella, traviesa, no afirmaba ni negaba. Sin embargo el efecto confuso que provocaba le resultaba un juego interesante, y lo que comenzó solamente como un seudónimo para sus artículos terminó formando parte de su personalidad, incluso sus libros los llegó a firmar con su nombre y el seudónimo.

Su familia había crecido mucho, eran diez, nada más y nada menos, y mientras ella escribía, preparaba sus recetas y redactaba sus libros, su marido se encontraría muy pronto inmerso en una importante crisis. Las consecuencias del crack de la bolsa del 1929 produjeron un gran impacto en todo occidente, que llegó a convertirse en una grave crisis mundial. A España llegaron como era de esperar, y desgraciadamente arruinaron a su esposo con el hundimiento de los valores alemanes. Debió ser una terrible experiencia, en una familia en la que había muchas bocas y en un momento en el que España se encontraba progresivamente más inestable e insegura, y la situación política se iba complicando y desestabilizando el país a marchas forzadas. La dificultad del entorno, sumada al grave problema que padecían, debió provocar un serio desajuste en la familia Mestayer, como sin duda sucedió con miles de familias en todo el mundo, hasta que pudieran retomar las medidas necesarias para ajustarse a las nuevas circunstancias, que no debieron ser fáciles por la propia situación de la España de la época.

Muy poco después, entrada ya la época de los treinta y animada por Pedro de Eguillo, comenzaría a publicar sus recetas, que trabajaba una a una y que experimentaba personalmente. En el año 1930 editó su primera obra, *Confitería y Repostería*, y ya no pararía de escribir recetas y de publicar recetarios, aunque no todos verían la luz. Colaboraría con una prestigiosa revista de gastronomía, *El Gorro Blanco*, que estaba dirigida por Ignacio Doménech, y que contaba con un gran reconocimiento en la época, así como para algunas revistas de Barcelona, colaboraciones que terminaron necesariamente cuando comenzó la guerra civil. Aquella primera obra supondría para ella un antes y un después porque desde entonces se dedicó de lleno a la gastronomía, y sin lugar a dudas supuso un reto con su vida personal. El problema que tuvo siempre fue que por una parte era sumamente golosa, algo que en principio no debía ser un problema, pero a la vez era diabética, una enfermedad que finalmente acabó con ella. Los médicos le recomendaban cuidarse, ¡el azúcar era su veneno! De manera que aquella primera obra de repostería debió ser un reto para una mujer que no podía tomar dulces. Y era imprescindible, preparando un libro de cocina, tener que probar continuamente sus elaboraciones. Las múltiples pruebas que hacía de todas las recetas, los ensayos con las temperaturas de los hornos, con las cantidades, con los ingredientes, debieron representar una época feliz y a la vez dura, porque la repostería es sin duda la más estricta de las disciplinas de la cocina. Es una materia que exige minuciosidad, disciplina, que requiere la calibración de todos los parámetros de las recetas, y que

María Mestayer, recién casada con su marido Ramón de
Echagüe y Churruca, en un parque de París.

cada ingrediente se acople perfectamente con el resto; es sin lugar a
dudas la más complicada de todas las artes culinarias. El libro presenta
en sus páginas todas las diferentes elaboraciones que tienen que ver con
las distintas facetas de la confitería y la repostería sin olvidar licores
caseros, helados —tan difíciles de hacer por entonces—, turrones, cara-
melos, compotas y jaleas así como la confitería y repostería clásica, tan
variada y compleja. Hasta tal punto es complejo que no ha habido otro

libro de cocina de un autor importante que, dirigido a las amas de casa, haya estado tan bien acabado desde entonces.

Esa obra de repostería se vio seguida en el año 1933 por su gran obra, el mejor libro de la Parabere y por el que se hizo famosa, la *Enciclopedia Culinaria*, que estaba compuesto por este libro de *Confitería y repostería* y por *La cocina completa* en un solo volumen. Eran nada más y nada menos que dos mil cuatrocientas recetas en total. En el año 1940 decidió separar ambos volúmenes y actualmente se editan en dos, la del libro de cocina que comprende tres mil recetas, y la del libro de repostería que incluye mil quinientos postres.

Ediciones antiguas de los libros *Confitería y repostería*
y *La cocina completa* de Espasa-Calpe.

Dos años después, en 1935, se publica una obrita menor en extensión, pero a la que ella como vasca tenía un gran afecto, ya que adoraba la excelente cocina de su tierra y conocía de primera mano todos los guisos, los productos y dominaba las técnicas: aquellas páginas fueron un homenaje al buen comer que conocía tan bien de primera mano y que le traía recuerdos de su Bilbao juvenil. Y tan solo un año después presentaría *Entremeses, aperitivos y ensaladas*, ya que percibía que las costumbres cambiaban y que estos pequeños platitos que antes apenas tenían cabida en la mesa, ahora comenzarían a ocupar un lugar importante, por lo que era necesario enseñar a la gente a cuidarlos. Se atisbaba levemente el principio de muchos cambios y, entre ellos, las comidas empezaban a aligerarse, a ser más simples y cortas. Los grandes platos antiguos se estaban viendo sustituidos por platos más ligeros, incluso a veces por un sencillo plato combinado o unos aperitivos, cosa que Parabere entendió y dejó por escrito. A lo largo de sus páginas podemos ver cómo esta mujer captó que el futuro haría que la vida corriente y la cocina, con ella, fueran muy diferentes al estilo de vida español de su época, y que era necesario adaptarse a ello. Así, este librito contiene un surtido de canapés, mantequillas, ensaladas, gelatinas, huevos rellenos, cremas de untar, bocadillos y modernísimos sándwiches —con el recién llegado pan de molde a España—, *cornets*, áspic, *mousses* y un largo etcétera de pequeños y delicados bocaditos. Era una obra singular por lo moderna que fue y porque incluía recetas de preparaciones europeas que entonces suponían una ruptura con la tradición de productos y de cocina.

Ese mismo año completaba las dos grandes obras de cocina y repostería con la publicación de un libro de conservas caseras también destinadas al ama de casa. Hay que tener en cuenta que en la España de la época era muy corriente elaborar las conservas en casa, no solo las de dulces, sino las de carnes, verduras y pescados, y especialmente los productos de temporada como las frutas y la caza, para disponer de su disfrute durante todo el año, y también para prevenir carencias en los lugares peor abastecidos. Todavía la industria alimentaria no había conseguido resultados como los actuales, y por supuesto no había llegado a todo el público. Y en cualquier caso, Parabere asegura algo de lo que estamos firmemente convencidos, y es que las conservas caseras «siempre resultan superiores a las de fábrica».

Y justo antes de empezar la guerra civil, a principios de 1936, recibiría el dinero de una herencia, el cual le haría muy sencillo irse a Madrid con dos de sus hijas, Tere y Lola, a las que pronto se uniría su hijo Víctor: quería montar un restaurante. Y ni corta ni perezosa llamó a Víctor, que a la sazón era periodista en Argentina, para que la ayudara a llevar el restaurante, lo que efectivamente hizo, no sin la oposición de sus amigos argentinos y de su tío paterno, redactor jefe del periódico, quienes le decían que era un disparate irse a España en esas circunstancias prebélicas. Víctor no hizo caso de nada y se fue con su madre, corría febrero del 36 y la aventura de un restaurante parecía excelente y oportuna. Sin embargo, para María no fue fácil el viaje, ya que la ida a Madrid de la madre con algunos hijos le costaría un gran disgusto porque se iba con la oposición de su marido y dejaba detrás a los más pequeños. María tenía la idea de fundar un restaurante de alta cocina, al que llamaría Parabere, como su seudónimo. Y efectivamente, lo organizó todo con gran eficiencia y rapidez. Aquel sería el primer Parabere y se ubicaría en la calle Cádiz, cerca de la Puerta del Sol. Después de los preparativos intensos, que realizó en poco tiempo, inauguraría su restaurante en marzo de 1936, pocos meses antes del inicio de la guerra civil, un acontecimiento que sorprendió a la familia separada por muchos kilómetros. Como Madrid era zona republicana, y en vista de que era necesario un local de este tipo, en el que el gobierno pudiera atender a personajes importantes, la CNT requisó el Parabere. Lo mantuvo abierto y protegido bajo milicianos armados del sindicato de hostelería, bajo la dirección de la camarada marquesa. Aquel restaurante fue visitado por todo tipo de personajes, desde políticos como Julián Besteiro o Manuel de Irujo a diplomáticos como Rosemberg o Kennedy padre, periodistas y escritores como Hemingway y Alberti, militares rusos, jefes de las Brigadas Internacionales... en fin, cualquier persona de cierta importancia que visitaba el Madrid de la guerra pasaba casi obligatoriamente por el Parabere.

Pero la familia estaba separada y la guerra transcurrió entera sin poder verse... desde luego que añoraría a sus hijos y a su esposo, pero no era mujer de arredrarse y la vida continuaba. Ella estaba en Madrid y tenía que sacar adelante a la otra mitad de la familia y, como no, el negocio. Aunque era difícil abastecer el restaurante, el gobierno republicano aseguraba el suministro de alimentos, y también contaba con la protección del sindicato de hostelería. Pero sobre todo con los envíos que una prima suya francesa le hacía por valija diplomática a la embajada de Francia. Como siempre, María no paraba, además de dirigir el restaurante tenía reuniones en su casa de la calle Serrano, en las que acogía a una numerosa concurrencia. Eran reuniones peligrosas porque estaban prohibidas y porque con frecuencia los asistentes estaban buscados por los milicianos. A veces tenían que interrumpirlas... sonaban las alarmas de los bombarderos con su estridente rugido, y se hacía urgente protegerse en los sótanos de la casa, bajar las escaleras a galope. Pero aquellas reuniones eran la mejor manera de disponer de información, allí se enteraba de las muertes de los amigos, de los bombardeos y de todo lo que iba pasando en la guerra. Allí también se enteró de la destrucción y el saqueo de su casa vasca en Las Arenas, con lo que rabió porque aquella casa le gustaba mucho. Un duro golpe llegó cuando en una de las reuniones se enteró del fallecimiento de su marido, que moriría en 1939, así que desde que María salió de Bilbao no lo volvería a ver jamás. Eran tiempos difíciles en los que cada día se enteraban de alguna noticia horrible: muertes, bombardeos, destrucción... Tuvo, sin embargo, la suerte de que sus hijos sobrevivieran a la contienda, pero no estaba tranquila del todo porque a uno de sus hijos varones le tocó servir con las fuerzas republicanas, siendo capturado por los italianos para después pasar al bando nacional, donde continuó luchando. Mientras la guerra seguía su curso, María Mestayer, con su carácter valiente y decidido, salvaría a mucha gente de ambos bandos debido a que sus contactos la hacían una persona con capacidad para ayudar a muchos. Y prueba de que tenía amigos en todas partes y de en todas partes ayudó, el jefe del sindicato de hostelería de las FAI y anarcosindicalista, Avelino Cabrejas, quién la ayudó a su vez en alguna ocasión. Había sucedido algún problema con su hijo Víctor y él consiguió que aquello se solucionara sin más consecuencias. Por su parte, María, cuando se enteró de que Avelino había sido condenado a muerte tuvo un gran disgusto y trató de interceder en su favor, pero no consiguió nada, lo que la entristeció profundamente. También durante la guerra, los republicanos capturaron a Teodoro Bardají, famoso cocinero y gran amigo de María, con la gran suerte de que éste fue reconocido por un miliciano en una checa. El miliciano, que conocía a Bardají, fue a ver a la marquesa para ver si podía ayudarle. Y, efectivamente, la camarada marquesa intercedió por el cocinero a través de uno de los comensales habituales del Parabere, un ministro republicano, y consiguió sacarle de la checa y salvarle la vida.

Por fin acabaría la guerra que había destrozado a España. La Parabere, como muchos españoles, había sufrido innumerables pérdidas, desde personas queridas como su propio esposo, amigos y conocidos hasta propiedades: la guerra lo había paralizado todo. España estaba destrozada y Europa entraba en la II Guerra Mundial, lo que provocaría que la recuperación fuera más lenta aún. Los alimentos estaban racionados y eran escasos, ella tenía que alimentar a una familia muy numerosa y seguramente a muchos añadidos, a gente necesitada... fue una mujer muy generosa con todos a su alrededor. Pero aunque los tiempos eran difíciles y la clientela era mucho más pobre y más escasa, volvió a abrir su restaurante, no había quién la parara, aunque tenía sesenta y dos años. Así que de nuevo montó otro Parabere, éste ubicado en la calle Villanueva, que se convertiría en lugar de encuentro de políticos, aristócratas y de la gran burguesía madrileña; ahora todos muy empobrecidos. Era un restaurante elegante y caro para la época, en el que por supuesto ella no cocinaba, pero dirigía un equipo de cocineros y camareros. Aunque su inauguración fue todo un éxito, tan solo permaneció abierto tres años. Fue una pena pero los problemas financieros y las deudas provocaron el cierre, ya que sus clientes comían pero no pagaban. El *metre*, Ramón Ballesteros, se fue a Horcher, y el resto del equipo se dispersó. Aunque había acabado la guerra, la vida era muy difícil, eran los tiempos en que el racionamiento obligaba a «un plato único» en todos los locales públicos, lo que provocó que sancionaran al restaurante en muchas ocasiones, y con todas estas circunstancias, finalmente, el Parabere se vio obligado a cerrar. Además, hubo un intento de acusación por conspiración política, ya que un cliente habitual del restaurante utilizaba las tarteras que le llevaban del Parabere a la cárcel para enviar mensajes al exterior.

Después de todo era necesario normalizar su vida, su entorno, todo continuaba. Incluso su pasión por la lectura, que para ella no era nueva, y que la llevó a emprender algo que le recordaría a su Bilbao natal y tendría que ver con su gran afición. Antes de la guerra, en aquella ciudad había una tertulia literaria en el Lion d´Or de la Gran Vía bilbaína, y decidió organizar otra similar en Madrid, en la que no solamente se repetían los buenos recuerdos, sino que se refrescaban con diferentes contertulios y una nutrida concurrencia. También por aquellos días la editorial Espasa-Calpe publicaría la primera edición de su libro, que si bien no fue un éxito en primera instancia, conocería numerosas ediciones y posteriormente sería el libro de cocina más utilizado en las casas españolas a lo largo de tres décadas y sus ecos llegarían hasta la actualidad.

Su familia la recuerda durante los últimos años de su vida escribiendo y leyendo constantemente, siempre muy ocupada y entregada a su quehacer gastronómico. Aún entonces seguía colaborando con la revista *El hogar y la moda*, y a la vez escribía una enciclopedia de gastronomía en varios tomos, de los que solamente le faltaba uno por terminar antes de morir, lo que ocurrió cuando había cumplido setenta y siete años, por un coma diabético.

María Mestayer de Echagüe tuvo un carácter fuerte y decidido y en sus libros se observa su fórmula de trabajo, didáctica y muy clara, y que presenta indicaciones en un casi estricto sistema de paso a paso. Además tenía una memoria prodigiosa, se acordaba de todo y todo lo mantenía en su cabeza, pero le costaba muchísimo cerrar un capítulo o un artículo, así que lo leía, lo releía, lo modificaba y volvía a parecerle poco... era una auténtica perfeccionista. Ella decía de sí misma que era «lenta de concepción» y que solía emprender los proyectos con mucha fruición, algo desasosegada, inquieta incluso pero que el deseo de perfección estaba tan enraizado que ya era congénito en ella. Solamente se permitía trabajar y trabajar los textos hasta verlos muy bien, así que su labor es «ardua, penosa... pero facilitada por mi excelente memoria», y seguramente por el entusiasmo que se percibe en todos los textos que escribió desde que era joven hasta el final de sus días.

Le importaba algo que es realmente clave en la cocina: la precisión. No quería ver en sus textos «una cucharadita, una pizca», sino todo ello, y cada ingrediente medido y pesado, ¡las cantidades! Buscaba en cada caso el estricto control, la revisión de la dosis, de las unidades, todos estos aspectos. «Son lo que diferencian el nuevo modo de cocinar del antiguo», así que pesar, medir, controlar, se convertiría en una forma de establecer una cocina mucho más eficiente y, por tanto, unos platos mucho mejores. Ella se quejaba de la falta de finura de la cocina española, ésa era su lucha para mejorar nuestra cocina, algo de lo que podía hablar con conocimiento de causa debido a que había conocido una cocina europea elegante, medida, precisa y exacta. Y como su intención era mejorar la excelente base de la cocina española, todos esos defectos que había que pulir le molestaban extraordinariamente. Su gran aportación fue precisamente ésta: la capacidad que tuvo para percibir que sin medida la cocina no progresaría, el esfuerzo que aplicó para afinar las recetas tradicionales, para mejorarlas y para conseguir extraer lo mejor del día a día de la cocina que se hacía en la España de la época.

Más adelante, en 1943, escribiría un libro muy diferente, la *Historia de la Gastronomía*, una obra carente de referencias, hecha de retazos procedentes de lecturas y conversaciones, de anécdotas vividas por ella misma y por otros, que debido a su excelente memoria, había conservado. Sin embargo no documenta las referencias ni es una obra rigurosa o de investigación, y responde más bien a su propia curiosidad personal. Ella misma dice en el prólogo que no se ve capacitada para redactar un libro científico, que aquellas páginas eran más bien un entretenimiento tanto para ella misma como para sus lectores, y que no tienen aspiraciones de otra cosa. María Mestayer enternece cuando dice al final del prólogo que fue el entusiasmo juvenil el que la empujó a estudiar, pero que cuando escribe las páginas ya tiene casi setenta años y va sintiendo cierto desaliento..., así que anima a que alguien recoja la obrita y con esta pequeña ayuda «desbroce y amplíe nuestra historia gastronómica». En realidad, estas páginas no eran tanto un libro pensado por sí mismo como la recopilación de diferentes colaboraciones y pequeños ensayos que había ido haciendo a lo largo de su vida, y que en un momento dado, seleccionó y recopiló para elaborar una obra completa. En él explica que percibe cómo la sociedad está cambiando, pero que aún falta mucho, y que la sociedad española tendrá que andar el camino. Reconoce que ha pedido alguna ayuda a diferentes personas, de las que muy elegantemente —como es siempre— no cita el nombre, pero que ninguna de ellas la ha atendido, y algo decepcionada confiesa: «siento que la aportación patria sea tan corta; pero mis compatriotas, de una vez para siempre, sentaron plaza de sobrios y quieren seguirlo siendo».

En realidad las mujeres que se atrevían a hacer cualquier cosa desde escribir, cocinar, o a trabajar en cualquier aspecto, en suma, a hacer pública su actividad, no estaban bien vistas por la todavía vetusta sociedad de la época. Así, aunque Parabere tuvo muchos amigos relacionados con su profesión, sobre todo cocineros, no se llevaría bien con los escritores masculinos, quizás porque la percibían como una competidora. Dionisio Pérez «Post-Thebussem» era uno de ellos, y en sus obras presenta constantes referencias de su desacuerdo y críticas a la escritora. Ella dice que «Pese a Post-Thebussem, que asegura que en España la patata en el siglo XVI era de consumición corriente, yo aseguro lo contrario», y a continuación justifica su afirmación. A lo largo de esta curiosa obra, tan diferente de las demás, hace apuntes de la vida de muchos personajes famosos que incluye en un capítulo de biografías gastronómicas, repleto de anécdotas y ameno, pero sin bibliografía. Toda la información de que disponía era fruto de lecturas y de memoria, de disponer de excelentes relaciones y de haber viajado bastante y vivido mucho. Aun así, los párrafos de más interés son los que habla de sus conocidos y de su experiencia de primera mano, siendo especialmente interesante cómo María habla de cosas que ella pensaba que traería el futuro. Algunas que ya funcionaban en otros países, como eran las cafeterías. Después de hacer una descripción bastante exacta de las cafeterías americanas de autoservicio —que ella no conocía de primera mano— pero que hacía años que funcionaban allí, dice que sin duda formarían parte del futuro en todo el mundo, incluso para España, pero que en su época todavía no cuajarían en ninguna ciudad española, con excepción, quizás, de Barcelona. Ella era consciente del lugar secundario que ocupaba la mujer española en la sociedad y decía de estas modernísimas cafeterías que «mucho han de cambiar las costumbres para que nuestros hombres se molesten en ir a buscar su comida. Son demasiado comodones y los tenemos mal acostumbrados. Si es muy rico comerá en su casa con toda clase de comodidades o irá a un restaurante de lujo, donde los camareros no solamente tendrán que atender sus gustos, sino hasta adivinarlos; si es de la clase media, la maritornes trotará, y si es un obrero, la parienta». Además habla del *sashimi*, algo que en aquella época ni se conocía, pero que tendría tanto éxito cincuenta años después, y comenta que no comprende cómo puede extrañar a la gente porque, al fin y al cabo, en Europa se comen almejas y ostras crudas, y no dejaba de tener razón. Y al hilo del *sashimi* hace una reflexión sobre los pescados crudos, ya que en algunos locales donde se preparaba, para elaborar estos pescados los lavaban repetidas veces, lo que quitaba todo el sabor de las piezas. Es una afirmación con la que muestra a sus lectores que realmente tenía un paladar muy fino. Hoy, que el *sashimi* pertenece a los platos cotidianos, no se recomienda lavar el pescado, solo se enjuaga muy brevemente y siempre con agua fría.

Parabere vivió en una época en la que, despacio, se iban desatando muchos de aquellos estrechos lazos con la cocina francesa que con frecuencia eran malas copias y no tanto cocina francesa de primera fila. Y aunque ésta seguía teniendo un gran prestigio, algo comenzaba a cambiar en la sociedad española, una tendencia que comenzaría con ella y que culminaría con la obra de Simone Ortega, *1080 recetas de cocina*. Sin embargo, no deja de ser singular coincidencia que ambas escritoras, —Parabere y Ortega— fueran de origen francés. La burguesía francesa había ayudado a afianzar una cocina que les era propia, con sus características, sus productos y sus técnicas centenarias, mientras que la cocina española se debatía entre el excelente ejemplo francés y una cocina anticuada y retrasada a la que le hacía falta progresar. El quid de la cuestión estaba en que la gran cocina española se ponía en práctica en las casas aristocráticas y de la alta burguesía, y que en ellas se practicaba una cocina muy diferente a la popular. Cuando los observadores se acercaron a esta cocina popular y entendieron que se podía mejorar y que era fuente de conocimiento a la vez que de autenticidad, las cosas cambiaron. Fue el momento en el que muchas elaboraciones locales se elevaron, dando lugar a una auténtica cocina de calidad. Hasta entonces, una parte de la burguesía española había impedido el desarrollo de muchos de los aspectos culturales, y esto también ocurriría en la cocina: progreso en los fogones y en la mesa significaba en cierto modo abandono de los valores nacionales, del sentido de pertenecer a un país, y, por tanto, de deslealtad con él. Los aristócratas y la alta burguesía se inclinaban por la cocina francesa, que con frecuencia conocían de primera mano. La pequeña burguesía imitaba esta moda como podía, y las clases medias cocinaban y comían la cocina tradicional española, grupo que es en realidad el que la conservaría a través del tiempo. Pero como era una comida provinciana y mal presentada, la burguesía no se atrevía a subir el escalón con ella y a acercarla a sus mesas, sobre todo cuando había invitados. Quizás incluso se consumiría a diario, gustaba y forma parte de su cultura, pero carecía de un lugar propio en las fiestas, en la gran cocina de los banquetes y por tanto de presentación social. En realidad, la cocina española se quedaba fuera de los salones, relegada a las cocinas provincianas y humildes, de alguna manera era una cocina recóndita, pero no siempre lo sería, como veremos.

Aunque escribió algunas obras menores, la gran labor de Mestayer fue *La cocina completa, Enciclopedia Culinaria*. Un libro de recetas del que ella se había ocupado de testar una a una, algo que más tarde harían otros escritores gastronómicos, pero que hasta ella no había sido así. «Certifico que cuantas recetas integran esta obra han sido experimentadas por mí. Por tanto, puedo garantizarlas, tanto más cuando han merecido la aprobación de tan excelentes y renombrados cocineros...». Y es que no solamente había testado, sino que se ocupó de consultar con cocineros profesionales de gran talla en la época, como Teodoro Bardají con el que le unía una estrecha amistad, además de otros más, algunos de ellos franceses. Y este libro responde precisamente a ese interés casi pedagógico. Comienza por el principio explicando la cocina, su organización, los utensilios necesarios y la forma de mantenerlos. Y enseguida continua con la mesa, explicando el protocolo de la época, la forma de servicio y la organización, revelando las comidas que se hacían en España, las armonizaciones de los diferentes vinos, la etiqueta, los horarios... Después le tocaría el turno a los productos, desde las carnes a las hortalizas, incluyendo también pescados y frutas y, en un orden que resulta bastante lógico, añade las técnicas de cocina, que ella denomina modalidades. Completa esta parte generalista con el desarrollo de las reglas para conservar los alimentos, que eran realmente importantes en una época en la que las neveras eran escasas y los congeladores más aún. A ella le debió parecer un asunto clave, por lo que le dedica un capítulo completo, que completa además con un pequeño vocabulario. Una vez listos los preliminares considera que el ama de casa ya está instruida para comenzar a cocinar, con todo preparado y a punto, y ahora comienza el recetario propiamente dicho, desde los principios a los platos fuertes pasando por los elaborados, como las galantinas y toda la serie de recetas imaginables. El libro lo termina con una serie de menús que sugiere para facilitar el trabajo a las cocineras, y que incluyen desde los menús de Cuaresma hasta algunos de diario y otros festivos. Esto, en realidad, habla de esa necesidad de previsión tan propia de la cocina y que Parabere conocía perfectamente. Por otro lado, todos los platos de los menús están en el libro y se pueden consultar en él, y no hay ningún menú que tenga menos de cuatro platos, siendo lo más corriente cinco, y muchos de ellos de hasta de once. En realidad eran comidas muy contundentes, un estilo de cocina diferente que en la actualidad no se hace, pero que resultaba lo normal en la época. Unos menús que son muestra de una sociedad diferente, que tenía gustos y necesidades distintas a las actuales. Era una época en la que se ponían los entremeses en el almuerzo y la sopa por la noche —y jamás al revés—, y como nota de interés agrega que al redactar los menús, para que los comensales sepan que van a tomar, se deben poner artículos a los platos si se quiere seguir la moda. Es decir, «La ternera a la primavera» en lugar de «Ternera a la primavera». Aunque ella dice que personalmente le da igual y no pone los artículos, como era una cuestión de actualidad piensa que se lo debe señalar al lector para que éste lo ponga si le apetece. Con este comentario vemos como muchas modas vienen y van, y lo que parece novedoso en un momento es solamente repetición de algo que se puso en práctica en otra ocasión. A finales de siglo XX, el artículo volvió a ponerse de última moda —lo que provocaría la subida de los precios, de manera que si aparecía artículo había que pagar más—. María Mestayer era una mujer fuerte e independiente, que admiraba mucho a Emilia Pardo Bazán en su lucha por la mujer, aspecto en el que estaba profundamente de acuerdo con ella. Pero sin embargo fue muy crítica con sus libros de cocina, cuyas instrucciones consideraba muy poco precisas y excesivamente generalistas. En realidad eran recetas que proporcionaban una idea aproximada, y la bien amueblada cabeza de la Parabere no se contentaba con aproximaciones, sino nada más que con la exactitud.

Sus libros fueron un éxito editorial que se sigue publicando y vendiendo, ¡noventa años después de que se publicaran por primera vez! y su obra más importante, *La cocina completa*, ha conocido más de cuarenta ediciones en total. María Mestayer fue una adelantada a su tiempo, era consciente de que el mundo cambiaba, y de que cambiaría aún más, y hace al respecto un análisis muy interesante sobre la gastronomía en su obra *Historia de la Gastronomía*. En él da por hecho que la gastronomía estaría en el futuro ligada al turismo, a la nutrición y a la ciencia, y que era necesario recorrer cuanto antes esa senda y comprender el interés de la alianza, por lo que se debía comenzar a trabajar en ello cuanto antes. Además reconoce que la cocina española dejaba mucho que desear pero es sincera, y aunque ella es española y eso le duele, no dejaba de ser verdad, y por tanto de reconocerlo. Y en este análisis de la cocina española, hace un repaso por los diferentes grupos de alimentos, confesando que la confitería y la pastelería en España estaban muy por encima de la cocina y que se habían perfeccionado en parte gracias a la excelente copia que se realizaba de confitería extranjera, pero también por la mejora de la propia. Otros productos como los quesos, las conservas de hortalizas, frutas y pescados, los consideraba de excelente calidad hasta tal punto, comenta, que se exportaban. Es decir, que gustaban fuera de nuestras fronteras. Y da con el dedo en la llaga, señalando que la cocina «propiamente española no existe, que está aún por hacer, pues... nuestros guisos son regionales y no nacionales»[58]. Y para explicar esta afirmación señala que su experiencia al viajar por Europa le había enseñado que en cada país los platos eran universales, tanto en Inglaterra comos en Alemania o en Francia: desde el *porridge* al *chucrut*, desde el *pudding* al *sole Colbert*, en todas las localidades de cada país estos platos se podían encontrar prácticamente idénticos, con muy pocas variaciones. Y continúa, «en España no sucede igual... cada región se encastilla en sus tres o cuatro guisos... Teniendo tan buenos elementos en nuestros guisos regionales, nuestros cocineros... son los llamados a seleccionarlos, refinándolos y adaptando para cada uno una fórmula inmutable, formando así la cocina española». Es decir, según su criterio, la cocina nacional nacería de la cocina regional pero tendría que llevar a que, entre las distintas regiones, se conocieran los mejores platos del resto de ellas. Esto tendría lógicamente una relación estrecha con el naciente turismo de la época así como con la gastronomía como motor de actividad económica, que intuía pero que no llegaría a definir. Esa vinculación de la cocina con el turismo supondría un gran avance que algunos en su época ya apuntaban, como hizo Dionisio Pérez. Eran viajes que se realizaban a pie, en ferrocarril o en automóvil, que fue cuando «se gozó viajando y nació el turismo». Se quejaba de que «en España tenemos cuanto pueda atraer al turista menos nuestra cocina, pues si en las grandes capitales y en ciertos lugares se come magníficamente, no ocurre lo mismo en pueblos y villorrios». Y aunque los Paradores de Turismo ya funcionaban desde hacía años con la intención de promocionar diferentes regiones españolas, aun habría que trabajar muy a fondo en este sentido para conseguir una personalidad propia y una auténtica cocina nacional.

Por otro lado, y en lo relativo a la cocina y las elecciones personales, afirmaba que «la cocina del porvenir será individual. En las mesas se dará de comer a cada uno lo que le siente mejor o le apetezca», ya que «es estúpido imponer los mismos alimentos a individuos cuyos estóma-

---

58   *Historia de la Gastronomía*, 1996, 32.

gos, gustos y organismos difieren». La cocina hoy es algo parecido a esta predicción de la Parabere, en las casas, en los restaurantes y en los sitios de compras es posible hacer elecciones individuales sin menoscabo de los compañeros de mesa, y se pueden elegir diferentes menús, platos distintos y hasta ingredientes personalizados. Por otro lado y volviendo a su época, en los años treinta aún tenía peso en la sociedad la influencia cultural francesa y en la cocina era inevitable que también se percibiera. Esto no podía dejar de reflejarse en sus libros y María, que no olvidemos que era medio francesa, aunque escribe siempre en castellano, coloca los nombres franceses bajo las denominaciones de los grupos de alimentos y de algunas recetas. Así, bajo Berenjenas, *aubergine*, y a veces pone en lugar de los franceses, los ingleses, según el caso. Por ejemplo, bajo Pasteles a la inglesa, pone *pies*. Esto representaba un cultismo, la autora conocía las tres lenguas perfectamente y sabía cocinar en todas ellas, y el libro de alguna forma elevaba la cocina al ordenarla y organizarla correctamente, por lo que las explicaciones en otra lengua solo tienen un sentido aclaratorio, no olvidemos que todavía el lenguaje común de la cocina era el francés. Todas las recetas incluyen apartados en los que detalla las cantidades y el procedimiento perfectamente descrito, incluso en algunas de las recetas añade una corta explicación previa; sobre todo en las que tienen algo extraordinario, una dificultad añadida o un origen poco conocido. Y por otro lado, las que a ella le pareció que eran realmente sencillas y conocidas no incluyen este sistema de cantidades y procedimiento, sino unas explicaciones más cortas.

Murió en su casa de la calle Espartinas, donde nacería su nieto Gonzalo, que tanta información valiosa ha recogido para su biografía. Su salud ya estaba muy deteriorada. La muerte le sobrevino por un coma diabético el 19 de noviembre de 1949, un mes antes de cumplir setenta y dos años. En ese momento, estaba trabajando en su obra más ambiciosa, una *Gran Enciclopedia Culinaria*. Aquel era un proyecto enorme, que pretendía abarcar todo el conocimiento gastronómico de la época y que iba a estar compuesto por doce tomos, cada uno de ellos con una extensión aproximada de trescientas cincuenta páginas. El primer libro versaría sobre una serie de generalidades y el protocolo y servicio de mesa. El segundo trataría los «Elementos auxiliares de la cocina en general». Los siguientes tomos, del tercero al duodécimo, comprenderían «Caldos, sopas y cocidos», «Platos fríos y fiambres», «Ensaladas», «Vegetales —incluyendo arroz, maíz, pastas alimentarias—», «Huevos», «Tratado de pescados / Pescados del mar», «Tratado de las carnes de matadero», «Cordero y cerdo» y «Casquería», respectivamente. Ésta era la idea original, pero solo pudo completar los cinco primeros, dejando abundante material perteneciente al resto. Nunca llegó a ser publicada.

No deja de ser una contradicción observar el atraso que ha existido en España con respecto a la importancia que socialmente se le ha dado a la gastronomía, sobre todo si entendemos correctamente que es una forma más de expresión de una sociedad y una cultura. Al analizar la gastronomía de diferentes países y épocas, vemos como en los años en que María Mestayer trabajaba esforzadamente en su libro, Julia Child estudiaba en Cordon Bleu, la cocina francesa sentaba las bases de la revolucionaria «Nouvelle Cuisine» y el mundo entero asistía a una importante industrialización en el sector alimentario. Mientras la televisión americana comenzaba a dar sus primeros pasos y los locales de restauración hacían su entrada en el mundo moderno, María Mestayer se esforzaba por ordenar la caótica cocina española, por refinar las mesas corrientes y por estandarizar las recetas. Debemos reconocerle, por tanto, el esfuerzo que le supuso conocer lo que pasaba fuera y comprobar todo lo que quedaba por hacer dentro, para trabajar en un sector en el que el reconocimiento no era excesivo, pero sí el placer de organizar y ordenar, de sistematizar y ayudar a crear un concepto de cocina española. Finalmente, reconozcámosle que la gastronomía española mantiene una grata deuda con ella.

BIBLIOGRAFÍA

Anderson, L., «Comercial Success or Culinary Legacy: Turn-of-the-Century Spanish Culinary Nationalization», en: Revista Canadiense de Estudios Hispánicos, vol. 34, nº 2, invierno 2010.

Anderson, L., «Cooking up the Nation in Fin-de-Siècle Spanish Cookery Books and Culinary Treatises», en: Romance Studies 17.2 (2009):121-32.

Martínez Llopis, M., Historia de la Gastronomía española, Madrid, 1999.

Mendéz de Vigo, G., «Historia de la marquesa de Parabere», en: http://www.gastroeconomy.com/, octubre 2011.

Mestayer, M. Historia de la gastronomía, Gallarta, 1996.

Pardo de Figueroa, M.; Castro y Serrano, J., La mesa moderna: cartas sobre el comedor y la cocina entre el Doctor Thebussem y Un Cocinero de S.M., Madrid, 1888.

Retrato de Emilia Pardo Bazán por Gustav Wertheimer (1857)

EMILIA PARDO BAZÁN

Intelectual, escritora, aristócrata rebelde, activa y gourmet. Prolífica escritora, en todas sus obras, influenciadas por el naturalismo ofrece detalles de la cocina y gastronomía de su época. Además escribió dos recetarios «La cocina antigua» y «La cocina moderna», de gran éxito. Nació en La Coruña el 16 de septiembre de 1851 y falleció en Madrid el 12 de mayo de 1921.

Hay que apresurarse a salvar las antiguas recetas.

Una mujer fuera de su época: briosa, avanzada, atrevida, fuerte, sensual y algo más que descocada para sus días. Voraz, alegre y apasionada, aristócrata y castiza, no le importaba decir lo que pensaba ni escribir lo que sentía, pero jamás dejó de ser una señora a la española, *comme il faut.* Su carácter algo descarado, su posición y su fortuna le facilitaron hacer lo que le vino en gana, especialmente en la defensa de sus teorías sobre la mujer, que fueron por entonces un escándalo al que ningún hombre —y escasísimas mujeres— prestaron oídos. Pero que muchas décadas después daría sus frutos.

La Pardo Bazán no inventó nada nuevo, no creó ninguna receta, no cambió nada del estatus gastronómico de la época, pero rescató recetas españolas con la clara intención de que no se perdieran, y dejó constancia de cómo la cocina francesa y la española estaban muy apartadas en sus principios. También de un presente en el que la tendencia gastronómica era copiar la cocina francesa. Fue una valiente en todo, una adelantada a sus tiempos y a pesar de su brillantez no temió que escribir dos recetarios propios y un prólogo para la obra de otro ilustre gastrónomo gallego, Manuel María de Puga, Picadillo, fuera un menoscabo para una escritora de talento como ella.

Vivió en una época en la que Europa despertaba y se afanaba en el interés por la ciencia: Darwin publicaba *El origen de las especies*, Francia conocía un creciente interés por la modernísima industria alimentaria y en el terreno literario Zola hacía realidad la nueva escuela del naturalismo, que tanto éxito tendría y tantos dolores de cabeza le crearía a Doña Emilia en España. Era la época del ya maduro Víctor Hugo, de la gran cocina francesa, el auge del restaurante y de las tertulias literarias, cuando triunfaba Escoffier y el servicio de mesa era tan sustancial como la cocina. El refinamiento, la presentación, la luz incluso, todos los detalles alrededor de una comida se tenían en cuenta, importaban y provocaban que la elección de un restaurante se inclinara en un sentido u otro. En Francia, además de tener un producto excepcional, sabían cómo hacer las cosas. Allí se había desarrollado una auténtica escuela, de raíces antiguas, cuajada a partir de Carême, con recetarios muy didácticos destinados a profesionales altamente cualificados y también otros para el uso doméstico. La cocina francesa estaba constituida por una sólida base de excelentes productos y técnicas, además se encontraba dotada de recetarios muy prácticos que contenían instrucciones detalladas, por lo que estaban muy bien organizados y eran muy precisos. Además poseían un orden interno y una disciplina estricta. Su desarrollo era correcto y en ellos era posible estudiar todos los temas relacionados con la cocina. Al mismo tiempo que esta sólida base, había un público que apreciaba el esfuerzo que se hacía, que tenía posibilidades económicas para costear los gastos y, por tanto, disponía de la capacidad de comparar: la nueva clase burguesa se encontraba en su esplendor y el dinero fluía. Los franceses estaban convencidos de la importancia de comer bien y disfrutar de la mesa no se consideraba una actividad menor, por lo que la gastronomía en su conjunto vivía unos días espléndidos. La recién nacida y próspera burguesía francesa, rica y liberal, disfrutaba de los encantos de la Belle Époque mientras en España reinaba Isabel II y el país se consumía entre las guerras carlistas y aún incluso se percibían las consecuencias fatales de la guerra de la Independencia. Pronto se establecería la I República y a finales de siglo se perdería Cuba. Una España convulsa, sin solidez, anticuada y polvorienta, a caballo entre los reinados de Alfonso XII, la Gloriosa, el corto poder de Amadeo de Saboya y la llegada de Alfonso XIII, en la que se bebía chocolate y el café apenas se había empezado a consumir en las Cortes de Cádiz.

Una España, como toda Europa, influida por lo francés en la cultura, en el arte, en la literatura, y como no, en la gastronomía. Y mientras, Carême, Grimod de la Reynière, Brillat Savarín y muchos otros creaban un ambiente propicio a la gran gastronomía francesa que sería el modelo europeo.

En una época en la que todo lo francés tenía un gran arraigo en Europa, Emilia Pardo Bazán, que era de buen comer, se atrevió a decir lo que nadie decía, a hacer lo que nadie hacía: que la cocina española era sabrosa, sólida, sin artificio ni engaño, y era absurdo compararla o disfrazarla con la cocina francesa, entonces de rabiosa actualidad. Sin embargo, también era descuidada, se buscaba la cantidad frente al refinamiento, se copiaba mal la francesa y se carecía de rigor en las preparaciones. La influencia francesa, mal entendida, lo llenaba todo: los menús de las mesas de los aristócratas, así como en la corte española se escribían en francés, la lengua de la cocina, como Pardo Bazán la llama —y como era en la realidad— y ella reconoce estar en deuda con lo francés, pero exige que los menús se escriban en castellano. Hasta tal punto había llegado el afrancesamiento de la cocina que incluso el menú del banquete de bodas del rey Alfonso XII estaba redactado en francés. Aquella fue una moda larga y de hondo calado, que penetró hasta bien entrado el s. XX, y es que a pesar de su solidez y antigüedad, y de estar consolidada por la tradición, la cocina española caminaba muy lejos de la francesa. Alejada la española de una necesaria puesta a punto en las mesas elegantes y bien consideradas, no había otra opción que presentar la muy moderna entonces cocina francesa. La condesa de Pardo Bazán, preocupada por un lado por las recetas que se perdían y buena conocedora por otro de la cocina francesa que arrollaba en toda Europa, dictaminaba que «si hay que dar sentencia en el eterno pleito entre la cocina española y la francesa, opino que la comida es buena siempre cuando reúne las tres excelencias de la del Caballero del Verde Gabán: limpia, abundante y sabrosa». Era difícil nombrar todas las deficiencias que tenía la cocina española, en lo que suponía un auténtico debate entre el patriotismo y la verdad.

Hija única de aristócratas gallegos, los condes de Pardo Bazán, José-María Pardo-Bazán y María Amalia de la Rua-Figueroa, sus padres fueron clave en su educación, ya que le proporcionaron una formación muy completa y más avanzada de lo que en su época se daba a las jóvenes. Nació el 16 de septiembre de 1851 en La Coruña, y su infancia estuvo marcada por la capacidad de la biblioteca paterna y porque tuvo libre acceso a todos aquellos libros. La pequeña Emilia pudo leer todo lo que quiso y eso fomentó su vocación literaria, que fue muy precoz, aunque también en la biblioteca de su padre había libros prohibidos. Pero con catorce años tuvo permiso para leerlo todo, especialmente los más interesantes, los libros franceses ilustrados de los autores más pérfidos: Voltaire, Víctor Hugo, George Sand... Desde niña leyó todo lo que se acercaba a sus manos, y eso creó en ella una predisposición a la literatura así como un conocimiento profundo de las letras, y desde entonces sus libros preferidos fueron la Biblia, el Quijote y la Ilíada.

La familia pasaba los inviernos en Madrid y los veranos en La Coruña o Sanjenjo. Los inviernos eran aburridos, de colegio francés, pero le permitieron dominar un idioma que años después sería clave para entenderse con los más importantes escritores franceses. Una vez terminada su educación, en el año 1863, cuando la niña cumplía doce años, la familia se trasladó a La Coruña. Aquél fue un gran cambio, estaba rodeada de libros en la gran casona, y leer era su gran entretenimiento y placer. Pero no había dejado de estudiar, así que su formación continuaba, ahora de la mano de preceptores. Entre las materias de estudio, la música era una muy apropiada asignatura para una señorita de la época, y desde el inicio de esos estudios que sus padres organizaban para ella, Emilia se negó: no quería aprender a tocar el piano ni a cantar, solo quería leer y escribir.

Desde su infancia brotan los recuerdos que se reflejan en algunas de las escenas de sus obras... aquellas comidas gallegas abundantes y sólidas que conocía y describía tan bien habían dejado un recuerdo imborrable: «Esta fornida guisandera, un tanto bigotuda, alta de pecho y de ademán brioso, había vuelto la casa de arriba abajo en pocas horas, barriéndola desde la víspera a grandes y furibundos escobazos, retirando al desván los trastos viejos, empezando a poner en marcha el formidable ejército de guisos, echando a remojo los lacones y garbanzos, y revistando, con rápida ojeada de general en jefe, la hidrópica despensa, atestada de dádivas de feligreses; cabritos, pollos, anguilas, truchas, pichones, ollas de vino, manteca y miel, perdices, liebres y conejos, chorizos y morcillas... ¡Con cuánto placer vería el espectáculo de la gran cocina, la hermosa actividad del fuego de leña que acariciaba la panza reluciente de los peroles, los gruesos brazos del ama confundidos con la carne no menos rolliza y sanguínea del asado que aderezaba, las rojas mejillas de las muchachas entretenidas en retozar con el idiota, como ninfas con un sátiro atado, arrojándole entre el cuero y la camisa puñados de arroz y cucuruchos de pimiento! Y momentos después, cuando el gaitero y los demás músicos vinieron a reclamar su parva o desayuno, el guiso de intestinos de castrón, hígado y bofes, llamado en el país mataburrillo... La monumental sopa de pan rehogada en grasa, con chorizo, garbanzos y huevos cocidos cortados en ruedas, circulaba ya en gigantescos tarterones, y se comía en silencio, jugando bien las quijadas. De vez en cuando se atrevía algún cura a soltar frases de encomio a la habilidad de la guisandera; y el anfitrión, observando con disimulo quiénes de los convidados andaban remisos en mascar, les instaba a que se animasen, afirmando que era preciso aprovecharse de la sopa y del cocido, pues apenas había otra cosa. Creyéndolo así Julián, y no pareciéndole cortés desairar a su huésped, cargó la mano en la sopa y el cocido. Grande fue su terror cuando empezó a desfilar interminable serie de platos, los veintiséis tradicionales en la comida del patrón de Naya, no la más abundante que se servía en el arciprestazgo, pues Loiro se le aventajaba mucho. Para llegar al número prefijado, no había recurrido la guisandera a los artificios con que la cocina francesa disfraza los manjares bautizándolos con nombres nuevos o adornándolos con arambeles y engañifas. No, señor: en aquellas regiones vírgenes no se conocía, loado sea Dios, ninguna salsa o pebre de origen gabacho, y todo era neto, varonil y clásico como la olla. ¿Veintiséis platos? Pronto se hace la lista: pollos asados, fritos, en pepitoria, estofados, con guisantes, con cebollas, con patatas y con huevos; aplíquese el mismo sistema a la carne, al puerco, al pescado y al cabrito. Así, sin calentarse los cascos, presenta cualquiera veintiséis variados manjares».

Así describía una comida de fiesta en su obra *Los Pazos de Ulloa*, una cocina que conocía muy bien porque se había deleitado con ella en multitud de ocasiones. Aquellos días de su infancia y juventud gallegas le proporcionarían sólidos principios para escribir sus recetarios. También para ilustrar de primera mano sus obras, y para sus libros de cocina, cuyas recetas eran todas de su uso personal y había probado decenas de veces.

Mientras la niña crecía, en la casa de sus padres tenía lugar una vida social intensa: visitas y conversaciones a las que ella no era ajena, y que poco a poco la iban introduciendo en la vida de sociedad. También tuvieron incidencia en su desarrollo como escritora y aprendió las primeras fábulas de un señor amigo de la familia, Pascual Fernandez Baeza, anciano senador del reino al que ella llamaba con agudeza Baeza Fábulas, por su afición a escribirlas y recitarlas. Aunque a ella le aburrían mucho las fábulas, fue él quien le recomendó que, cuando escribiera, hiciera los versos a su aire, sin contar sílabas y sin seguir las reglas, que se dejara guiar por el instinto, que se liberara. Aunque Emilia muy pronto dejó de contar, de medir y hasta de hacer versos, aquella etapa de poeta representó un acercamiento a la literatura, como sucede con muchos escritores en sus comienzos[59]. Ya lo había decidido, ahora escribiría, pero... ¿qué? Aquel don que tenía estaba a punto de darse a conocer y apoyada por su padre publicó sus primeros versos en un suplemento literario del periódico *La Soberanía Nacional*, de Madrid. Además de las letras, en su infancia apuntaba su carácter picarón y gracioso —que de adulta continuaría cultivando— poniendo sobrenombres a los invitados de sus padres. Llamaba «el bichiólogo» a otro amigo de la familia, entomólogo, el señor Lambeye, al que le pedía constantemente que le contara sus viajes y le hablara sobre sus bichos. Interés por todo... era su carácter.

En la época, las escritoras gallegas proliferaban y alguna de ellas tuvo relación con su entorno, como la propia Concepción Arenal, que visitó en algunas ocasiones a sus padres, y Rosalía de Castro, también gallega y como la anterior algo mayor que ella. Pero todavía era pronto, y aún con su destino de escritora sin eclosionar, casi niña, se casó con un jovencísimo estudiante de Derecho. Corría el año 1868 y Emilita solo tenía 16 años. Unos meses antes se había vestido de largo, todo un rito en la época por el cual una jovencita pasaba a verse considerada mujer y seguro que la muy decidida Emilia no tenía ningún reparo en tomar marido tan solo dos años después de haber podido disfrutar de la literatura más inaccesible. Sin esperar apenas unos meses, en una relación relámpago, el 10 de julio de ese año se casó en el Pazo de las Torres de Meiras con José Fernando Quiroga, que como ella era otro niño de tan solo veinte años. Pepe era un buen partido, un chico de una buena familia cuyos padres eran antiguos amigos de los Pardo Bazán. Era tradicionalista y seguidor de los carlistas, sumamente religioso y muy alejado de los principios liberales en que Emilia se había formado. Un hombre que, aparte de darle tres hijos, no tuvo influencia alguna en la vida profesional de la gran escritora. La relación tan corta e impetuosa parece que corresponde a un brioso impulso juvenil más que a otra cosa, quizás los padres también estaban encantados con el enlace y total, ¿a qué esperar? Tenemos pocos datos de esta relación y de los primeros tiempos de casados, pero vivieron en una casa sencilla en Santiago de Compostela para que Pepe pudiera terminar sus estudios de Derecho.

Aquel mismo año fue el de la Gloriosa, la revolución que tuvo lugar solo dos meses después de su boda y que provocó la salida de Isabel II de España y poco después la llegada de Amadeo de Saboya. España vivi-

---

59   Antonio Cuesta *dixit*.

ría días inquietos, alborotados, y como su padre era del partido liberal progresista le invitaron a formar parte del gobierno y fue elegido diputado para las Cortes Constituyentes del 69. La familia al completo, con los recién casados incluidos, se trasladaron a Madrid, allí terminaría Pepe sus estudios y Emilia seguiría formándose y participando en la alta sociedad, lo que le correspondía por su situación social.

Podemos imaginar a una Emilia adolescente y recién casada que llega a la capital no como la niña que era sino como una mujer con derecho a divertirse. Como era inevitable, arrinconó su afición a la lectura y a escribir para descubrir ese otro Madrid de la aristocracia y la diversión nocturna. Muy pronto empezó a montar a caballo, a dar paseítos por la tarde en carruaje por la Castellana... También a asistir al teatro, a los toros y a todo tipo de espectáculos. Y por la noche saraos, teatro, bailes hasta la madrugada... entretenimiento anodino para ella, pero inevitable para las mujeres de entonces, en eterna minoría de edad. Sin duda, a ella le hubiera apasionado realmente otro Madrid, ese más rasgado, castizo, intelectual a la vez de las tertulias literarias y los cafés. Por aquellos días —que ella recordaría como extraños— asesinaban a Prim: mientras los noctámbulos vivían la noche madrileña en un animadísimo baile, los militares tomaban la capital.

Más allá de la diversión, la situación política era cada vez más difícil y la inestabilidad mayor, de manera que el padre de Emilia, de principios liberales y católicos, cada vez más aislado en su partido, en el que no encontraba apoyos por no querer renunciar a sus ideas, deja la política muy frustrado por las decepciones de esos años. Influida por su marido y por los desaires que los liberales habían hecho a su padre, Emilia se vuelve más conservadora y políticamente se inclina hacia el carlismo. Poco después, la familia al completo emprende un viaje por Europa, ya libre el cabeza de familia de los disgustos que le estaba dando la política, y alejado de obligaciones. Durante todo el año 1872 viajaron por Francia, Alemania, Inglaterra e Italia, y sin duda viajar fuera de España fue una experiencia que ayudó a la madurez de la escritora, y a convencerla que era ése y no otro el mundo que ella quería. La experiencia le ayudó además a entender de primera mano la situación de atraso en que se encontraba España con respecto al resto del continente, y dado el interés de Emilia por entenderlo todo sin traductores ni mediadores, aprendió inglés y alemán y tuvo oportunidad de perfeccionar el francés, lengua que ya había aprendido en el colegio. Además, aquel largo *tour* europeo le proporcionó la oportunidad de escribir unas crónicas de viajes que años después publicaría en el periódico *El Imparcial*.

Vuelta a España en 1876, con veinticinco años tiene a Jaime, su primer hijo, al que dedica un librito de poemas. Aquel también fue un año muy productivo y muy poco después del nacimiento del pequeño se convoca un premio en memoria del padre Feijoo. Ella compite y queda empatada nada más y nada menos que con Concepción Arenal. Finalmente gana la Pardo Bazán el premio y recibe un pequeño trofeo, una flor de oro y esmalte que llevaría con gran orgullo toda su vida. Sería un gran aliciente para Emilia.

Aquel premio le proporcionó el empuje necesario para escribir y publicar su primera novela, *Pascual López*, que no tuvo mucho éxito, pero que sería la primera de una larga obra. Poco después de publicarla enferma del hígado y los médicos le recomiendan ir a tomar las aguas de Vichy, en Francia. Nada más elegante y nada más apropiado para una escritora convaleciente. Allí, en una tertulia literaria conoce a Víctor Hugo y se acerca al movimiento naturalista francés de Zola, el cual ella transformaría en España en un tipo de realismo muy diferente al del aquél y que tenía excelentes antecedentes en el propio Quijote —su libro de cabecera— y en *La Celestina*.

Los tiempos se acercaban para Emilia mucho más atrayentes, incluso divertidos personalmente y productivos en lo profesional, y a su vuelta a España, a Santiago, donde tenía su casa, fue cuando explotó *La cuestión palpitante*, cuando realmente se conoció a la Pardo Bazán en España, quizás incluso cuando ella misma supo lo que era capaz de hacer. Su vida privada y su perfil público se entrecruzarían y le proporcionarían muchas satisfacciones y algún que otro disgusto.

La cuestión palpitante fueron una serie de artículos que la escritora publicó en el periódico *El Imparcial*, en el año 1883. En España estaban recién editados algunos libros de Zola: *Nana* y *Teresa Raquín* entre otros, que causaron una gran polvareda, porque presentaban entre sus páginas el descreído movimiento francés en toda su crudeza. La llegada de la nueva tendencia creó una gran inquietud en la sociedad española, y fue justo cuando Emilia publicó estos artículos en los que explicaba el nuevo movimiento naturalista de Zola, y con el que muchos la identificaron. Pero nada más lejos de la realidad, Emilia no comulgaba con el movimiento naturalista en su totalidad, hay que decir que detestaba los aspectos miserables, lo canallesco, lo feo, lo innecesario. Ella se decantaba más por un realismo que amara el paisaje y el ser humano, sin recrearse en los aspectos más sórdidos, como hacían los franceses, incluso el propio Zola aseguró que Emilia no era naturalista. Quería proporcionar a la novela un fondo bello y auténtico sin la miseria ni la sordidez típicas de la novela francesa naturalista. Sin embargo, la crítica no la entendió e interpretó justamente lo contrario: que ella apostaba por novelas fuertes, escandalosas, lo que desató una polémica importante no solo en los círculos literarios, sino en los religiosos, que tanto peso tenían en la sociedad española.

Aquello fue un escándalo, un auténtico escándalo... ¡Cómo una mujer española, madre —ya tenía tres hijos—, aristócrata... se atrevía a defender el movimiento naturalista francés! *La cuestión palpitante* fue todo un revuelo, ya que el naturalismo se consideraba al borde de la pornografía o incluso más, un movimiento duro, rasgado y, sobre todo, ateo. Fue tal el revuelo que Pepe, su marido, le pidió: «Emilia, tienes que dejar de escribir y además debes retractarte de todos esos artículos que has escrito en *El Imparcial*», a lo que ella, naturalmente, se negó. Y aquel fue el fin del prematuro matrimonio, en el que en realidad los cónyuges no se habían conocido ni estaban hechos el uno para el otro. Era el año 1884, el de su separación y también el de su despegue como escritora reconocida. En plena crisis matrimonial publica su novela *La dama joven*, que trata precisamente de las crisis en el matrimonio en una época en la que la separación era imposible legalmente. Pero Emilia consiguió algo muy difícil: que a pesar de la ruptura, el suyo terminara de forma amistosa, y que no se causaran muchos problemas mutuamente a pesar de que hubo que guardar las apariencias a lo largo de los años.

Emilia era aún una mujer joven, solo tenía treinta y tres años y muchas ganas de vivir. Era salada, ocurrente y vivaz. Además tenía fortuna, comenzaba una importante carrera como escritora y no le faltarían amigos, enemigos, ni amantes. Muy poco después de su separación inició una relación que era en principio intelectual y después fue sentimental con Benito Pérez Galdós. Ambos estaban acercándose al naturalismo francés, conociéndolo y españolizándolo a su estilo y eso les llevó a una unión que duro muchos años, y que la condesa salpicó varias veces con infieles relaciones esporádicas con otros personajes de la época como Lázaro Galdiano o con Blasco Ibáñez, con el que rompió porque se disputaron la autoría de una novela. Pero fueron aventuras efímeras y sin trascendencia, por lo que tras confesárselas a Galdós se hacía perdonar. Galdós y Pardo Bazán mantuvieron una apasionada relación: «Si hubiera vivido en una semana lo que yo... y lo que tú, ya no tendría miedo alguno. Nada eleva el espíritu como el amor: estoy convencida de que de él nacen no solo las bellas acciones, como opina Dante, sino el fuego artístico». «Hemos realizado un sueño, miquiño adorado, un sueño bonito, un sueño fantástico que a los 30 años yo no creía posible. Le hemos hecho la mamola al mundo necio, que prohíbe estas cosas; a Moisés, que las prohíbe también, con igual éxito». «Imposible parece que después de lo muchísimo que charlamos ya en los fementidos y angostos lechos germánicos, ya en los lujosos vagones, al amparo de los feld-mariscales que nos abrían la portezuela y nos llamaban príncipes, quede todavía una comezón tan grande de charlar más y un deseo tal de verte otra vez en cualquier misterioso asilo, apretaditos el uno contra el otro, embozados en tu capa o en la mía los dos a la vez, o tumbados en el impuro lecho, que nuestra amistad tiernísima hace puro en tantas ocasiones. Sí, yo me acuesto contigo y me acostaré siempre, y si es para algo execrable, bien, muy bien, sabe a gloria, y si no, también muy bien, siempre será una felicidad inmensa, que contigo y solo contigo se puede saborear, porque tienes la gracia del mundo y me gustas más que ningún libro»[60].

Benito Pérez Galdós leyendo galeradas de su discurso de ingreso en la Academia Española, con la presencia de la Pardo Bazán. 6 de febrero de 1897. Instantánea tomada por el fotógrafo Christian Franzen.

60   Parreño, I., cartas 50 y 51, 2013.

Vivió la vida con muchas contradicciones, pero las que más pesaban eran las internas, las más difíciles de arrinconar, y tuvo a pesar de todo una vida sentimental muy activa y feliz, pero trató de no escandalizar a la mojigata sociedad de la época. Era realmente un equilibrio difícil para una mujer de carácter fuerte. Para complicarlo más era profundamente religiosa, tenía una estrecha y cálida relación con sus hijos y todavía vivían sus padres. Todo aquello representaba una serie de importantes contrapesos para ella. Las contradicciones con las que tuvo que llevar su vida adelante debieron conducirla a situaciones de compromiso ante ella misma y a muchas dudas, pero las solucionó cuerdamente y no dejó de disfrutar ni una sola de las posibilidades que la vida le puso por delante. «Cariño, ya estoy rabiando porque vengas», le decía a Galdós, y en sus encuentros que eran todo lo furtivos que ambos podían leían sus obras, las comentaban y opinaban sobre ellas. Como su carrera era cada vez más intensa, decidió trasladarse a Madrid en el año 1890, donde se llevó a toda su familia, instalándose felizmente. Justo un año después fallecería su padre, lo que la sumiría en una depresión que inclinaría su pluma hacia temas espirituales.

Quizás fuera su amor por el realismo lo le llevó a escribir recetas de cocina, ¡qué más real y natural, incluso necesario, que el condumio! No hay nada más sólido, diario y atado a la tierra que la comida. Pero incluso en ese —considerado entonces— baladí campo tendría críticos: nada le fue regalado, nada fue fácil, todo el que pudo tiró una piedra contra ella, y cuando no era por un motivo, era por otro. Dionisio Pérez, el célebre Post-Thebussem decía de ella después de su muerte, en 1929, que «si bien es una insigne escritora, es una mediana cocinera» y que «fueron muchos los literatos —en este caso pudiera llamárseles amanuenses, o en lugar de escritores, escribientes— que sirvieron el deseo de cada editor de tener un libro de cocina en su catálogo. Dijérase, con razón, que ha sido ésta la más dañosa época para el renacimiento de la cocina española, perdiendo toda su eficacia aquella iniciada campaña de Thebussem... Estos autores de libros de cocina talaron sin discernimiento y sin crítica en los antiguos recetarios —no españoles enteramente, sino publicados en España—. Menos mal si ahí hubieran quedado el asalto y saqueo de los libros, pero con mayor extensión aún, menos crítica y menos inconsciencia se completó la hazaña funesta traduciendo del francés cuanto se tuvo a mano, viejo y desusado... Fatigada la gente de esta mediocre literatura, y desilusionada en los fogones de los engañosos recetarios, más mediocres aún, adivino otro periodo de indiferencia y olvido, en que la moda francesa se apoderó otra vez enteramente de la opinión española... El actual resurgimiento, que apasiona ya a mucha gente, no se debe a escritores, sino a profesionales autodidactos los más de ellos, que en paciente labor han reunido nuevas documentaciones y descombrado del montón de ruinas en que había quedado convertida la cocina nacional». En fin, Post-Thebussem solo salva de la quema a Thebussem, Mariano Pardo de Figueroa, a quien admiraba profundamente y del que incluso toma el nombre, y no estamos seguros de que la emprendiera con Pardo Bazán por ser mujer y atrevida, más que por sus libros en sí mismos.

Más adelante, Pérez se tranquiliza un poco y dice solamente que Doña Emilia: «Aunque no muy dominadora de la técnica del fogón, le dedicó con asiduidad las elegancias de su pluma incomparable»[61]. Es cierto que ella no era una cocinera. Pero, en realidad, a la historia de la gastronomía no le importa en absoluto que Emilia Pardo Bazán cocinara o no cocinara. Esa actividad no tendría relevancia con el paso del tiempo, pero sí el que conceptualmente se alejara de la tendencia de la cocina afrancesada para atreverse a elogiar los cocidos, las ruedas de chorizo presentadas en los aperitivos y las sopas. Que se decidiera a recuperar lo provinciano o al menos a elaborar el concepto de esa cocina que se perdía con cada mujeruca de cada lugar aislado que fallecía sin que nadie conociera sus recetas.

En su época fue muy criticada por la ligereza francesa de su obra frente al estilo de moda entonces en España, más pomposo y enfático. Incluso Zola, que conoció sus libros, estuvo de acuerdo en que ella nada tenía que ver con su movimiento. Decía que «el naturalismo de esa señora es puramente formal, artístico y literario» y tenía razón, ya que el naturalismo que él pregonaba era determinista, lo que se contradecía con el catolicismo que practicaba Emilia. Esta gordita, bajita y enérgica gallega concitó muchos amores y desamores durante su vida, pero también —y a la vez— mucha envidia y rivalidad, cuanto más cuando era una mujer, fácilmente criticable y diana de muchos dardos fáciles. Pereda y Clarín fueron muy críticos con ella, pero no fueron los únicos y tuvo otros aún más implacables como el Padre Coloma y Menéndez y Pelayo o incluso Valera, que impidió directamente su acceso a la Real Academia de la Lengua, y que consideraba su ingreso un proyecto cómico. Pero ella no se resignaba y seguía trabajando en sus libros, en su idea de proporcionar algo de progreso a España y en un feminismo activo que abrió camino, pero que en su época solo provocó desprecio.

---

61   Pérez, D., 1976, 252.

Menéndez y Pelayo escribiría a un amigo en Bruselas: «Hemos tenido aquí a la Pardo Bazán cerca de dos meses y ha acabado de empalagarme. Tiene el gusto más depravado de la tierra, se va a ciegas detrás de todo lo que reluce, no discierne lo bueno de lo malo, se perece por los bombos, vengan de donde vengan, y no tiene la menor originalidad de pensamiento, como no sea para defender extravagancias».

Con esta idea tan clara y activa de formar a la mujer y de proporcionarle las herramientas de las que también disponían los hombres de su tiempo, en 1892 creó la Biblioteca de la Mujer. Trabajaba activamente para cambiar la situación de las mujeres, no solo ante la sociedad, sino ante ellas mismas, para que consideraran que eran personas capaces de ser tan inteligentes, trabajadoras y activas como los hombres, y además, esta encendida defensa de la mujer no solamente se formuló con palabras, sino en sus obras, y con la creación de la Biblioteca. Fue una pena que este esfuerzo cayera en saco roto en la sociedad de su época, ya que mientras las sufragistas inglesas y norteamericanas formaban un auténtico ejército que empezaba a cambiar la situación femenina, las feministas españolas solo eran contadas y carecían de apoyo hasta por parte de las mujeres.

Emilia Pardo Bazán escribió dos libros de cocina: *La cocina española antigua* y *La cocina española moderna*, además de dejar muchos datos gastronómicos salpicados en sus obras y en los numerosos prólogos que escribió. En el prólogo de *La cocina española antigua* defiende ese esfuerzo activo que estaba realizando por crear esta Biblioteca con la que trataba de ayudar al progreso femenino, y que esa ilustrada minoría femenina pudiera formarse más y mejor, así como crecer en número. Desilusionada pero no abatida, confiesa que ni siquiera ha encontrado esa deseada minoría ilustrada y que, al menos, con este libro podrá facilitar en algo la vida doméstica a la mujer, ya que no ilustrarla. Así, el proyecto de la Biblioteca se truncó en el tomo noveno, lo que provocó que ella buscara otra vía para mejorar a la vida de la mujer de su época, y esta vía era la cocina.

Además de defensora de la mujer, de intelectual de primera fila y de prolífica escritora, la moneda tiene otra cara: la más personal y diaria, que nos revela a una Emilia mujer totalmente entrañable e incluso graciosa y tierna en su vida corriente, que demuestra su gracejo en las cartas que escribe a Galdós: «Y ahora, feo, mono, a mi vez digo yo ¿cuándo tendré el descordojo de ver tu geta? Me vas a convertir en gasterópodo o en cefalópodo si permaneces mucho tiempo cabe el instituto de las profundidades sup marinas. Vente, carambita, que estas ausencias ya pican en historia»[62]. Esta correspondencia nos muestra a la mujer frente a la condesa de Pardo Bazán, la intimidad y el garbo con que trataba a sus seres queridos y la forma en cómo se enfrentaba a la vida y que nos acerca, más que a sus obras intelectuales, a los libros de cocina cuyas recetas están extraídas de las suyas personales.

En el fondo la Pardo Bazán es una mujer española del s. XIX, con todo lo que esto implica. En ella están muy arraigadas las costumbres, los hábitos, la tradición e incluso la religión... todo lo que se espera de una mujer de su época, en el más estricto sentido de la expresión. Es inevitable, forma parte de un tiempo concreto, de una forma de entender la vida que por otro lado la desgarra. Y anhela la Europa más libre que tan bien había conocido en sus viajes, ese mundo inspirador, moderno, emancipado de prejuicios que en España y en ella misma están tan arraigados. Era como jugar con doble baraja en su propio interior. En las primeras frases de su prólogo, con una visible desilusión, confiesa que ya ha comprobado que ni siquiera a la supuesta España ilustrada le interesaba esta biblioteca femenina que tantas pasiones inspiraba en «el extranjero». Así que decide cambiar el rumbo al comprobar que la mujer seguía relegada a las faenas domésticas, de manera que ella haría algo útil en este aspecto, que era escribir estos recetarios que —se confiesa poco conforme pero activa en su propósito— al menos ayudarían a arreglar y regir bien la casa. Está aleccionada por el fracaso de su proyecto de la Biblioteca de la Mujer y es consciente de que el momento aún no ha llegado para la mujer española, así que: «decidí volver a la senda trillada» y publicar libros de cocina... el tiempo de la mujer llegaría más tarde. En realidad, la cocina no había sido su primera elección, era una elección forzada por las circunstancias.

El feminismo no había calado en España todo lo hondo que había hecho en Inglaterra o Francia y ni siquiera su libro se escribe para liberar a las cocineras, sino para entretener a las señoras. No para enseñar de forma didáctica a la cocinera —hubiera sido difícil porque el analfabetismo era muy elevado—, ni para profesionalizar la actividad de la cocina, sino para que el público «se chupara los dedos», quizás la más sincera expresión de gusto por la comida. En fin, Emilia Pardo Bazán fue una hija de su tiempo y de su espacio, de las contradicciones entre lo que se desea y lo que se vive, entre las creencias y las exigencias de la vida diaria. No era una gastrónoma ni una escritora gastronómica, aunque hubiera escrito dos manuales y a pesar de que le gustara

---

62   Parreño, I., carta 79, 2013.

comer bien. Sin embargo, tiene el mérito de haber dejado constancia de muchas recetas en las que se ve reflejada su época, el gusto y la moda, desde el punto de vista de una mujer. Prácticamente todos los recetarios que encontramos en la época, como el de Picadillo, Ángel Muro, recetas de Thebussem y Post-thebussem, de Ignacio Doménech y otros, son en cualquier caso de hombres, hasta la llegada de María Mestayer, que sí será una auténtica y apasionada cocinera que publicará algo más tarde excelentes recetarios.

En cuanto a las recetas, Pardo Bazán considera que las materias primas españolas son excelentes, aunque reconoce que las carnes de matadero se ceban mejor en otras naciones. Los vegetales, los pescados, los embutidos, las frutas, las aves de corral, la caza y las hortalizas los considera ideales. Y la cocina española: «Puede alabarse de sus sabores fuertes y claros, sin ambigüedad de salsas y de aderezos; de su pintoresca variedad según las regiones; de su perfecta adaptación al clima y a las necesidades del hombre, a su trabajo y a su higiene alimenticia; y de una tendencia vegetariana, debida quizá a las ideas religiosas y al calor». Todavía no había calado en ella, como tampoco en España, la diferencia entre una cocina excelente y otra suficiente, aunque ella sí conocía de primera mano la magnífica cocina francesa y a eso se deben las continuas comparaciones.

En *La cocina española antigua* presenta algunas recetas que ya apenas se preparabn en España, aunque habían tenido un gran nombre durante siglos, como la famosísima y milenaria olla podrida, y que como dice ella, es un «cocido muy ilustrado... un cocidazo... Reunidas muchas cosas buenas, ganan todas». Y curiosamente, en lugar de poner una receta suya o de algún español remite a Jules Gouffé, un cocinero francés que vivió en la primera mitad del XIX y que escribió algunos libros de cocina, y que escribió la receta como «Olla a la española». Hay también muchas recetas gallegas, y añade otras que considera típicas de otras regiones, pero es visible e inevitable incluso comprobar que las gallegas las conoce a la perfección: vieiras al estilo de Vigo, zamburiñas, centollas, caldo gallego... Además incluye algunas recetas de comidas que hoy apenas tienen cabida en los recetarios, como caracoles de muchas formas, ancas de rana y tortuga, además de lengua. Añade diversos tipos de migas, de sopas de ajo, de gazpachos, de gachas, ropa vieja... Era, sin duda, la antigua y contundente cocina española. Y además de estas recetas, algunas preparaciones que se habían dejado de preparar en la actualidad, como es el salpicón, que tuvo tanto éxito en el siglo de Oro: un plato de carne picada y menuda, cocida, aliñada en crudo con cebolla. Incorpora otra antiquísima receta, el almodrote, que hoy tampoco se prepara, pero que aún se elaboraba en la época con carne gelatinosa —pies de ternera— y queso manchego; y los hormigos, los potajes de castañas o el totalmente olvidado ya burete.

BIBLIOTECA DE LA MUJER
DIRIGIDA POR LA
CONDESA DE PARDO BAZAN

LA COCINA ESPAÑOLA ANTIGUA

Compañía Ibero-Americana de Publicaciones (S. A.)
RENACIMIENTO
MADRID   BUENOS AIRES
Puerta del Sol, núm. 15   Calle de Florida, núm. 251

Edición de *La Cocina Española Antigua* en la «Biblioteca de la Mujer»

En los recetarios de la Pardo Bazán es visible cómo la sociedad española había incorporado como suyas recetas de las provincias de ultramar, que vemos en la cantidad de recetas cubanas: mondongo habanero, mondongo criollo, sesos a la cubana, vaca frita a la cubana, gandinga criolla, patatas a lo habanero, patatas a la cuba y muchas otras más. Desgraciadamente, al analizar en esta época la historia de los manuales de cocina, hay muchas diferencias entre el conocimiento y la pulcritud que ponen los autores franceses en su desarrollo, el rigor con el que se estudian las pequeñas cosas que son las que hacen una cocina sólida y fuerte, y por otro lado el espíritu español que incluso en mujeres de sólida formación, feministas y de buen diente, deja muchos vacíos. Emilia Pardo Bazán ni siquiera trata de organizar y renovar, sino ordenar sus propias recetas, creando grandes grupos de alimentos cuyas explicaciones destina al uso doméstico y no tanto para profesionales. Ella no cocina, pero le gusta comer, le gusta la comida «limpia, abundante y sabrosa». Pues bien, eso no era suficiente para que existiera un auténtico refinamiento que hubiera podido competir con el francés. Y como al fin y al cabo Doña Emilia era una gran señora, termina el prólogo recomendando que ni la cebolla y el ajo las manipulen las señoras, lectoras directas de su libro, sino las cocineras, por ese avillanado rastro cebollero que pudiera chocar tanto con los encajes de las mangas y los rubíes de las manos.

En su obra posterior, *La cocina española moderna* —1917— con un recetario totalmente distinto al anterior, pero también doméstico y de diario, la Pardo Bazán reconoce que la cocina francesa está a la orden del día en España y que es inevitable que se hagan platos extranjeros, copiándolos «a nuestro modo». Ella trataba con todas sus fuerzas que España progresara, y considera, como muchos intelectuales de la época, que el mejor modelo para conseguirlo era el francés: «Entre los síntomas de adelanto que pueden observarse en España, debemos incluir el que se coma mejor, y sobre todo con más elegancia y refinamiento»[63] . Pero el libro sigue estando dirigido a mujeres de clase media, que no pueden pagarse un cocinero pero quieren comer bien y preparar buenas comidas a padres y esposos «para que no anden en fondas y cafés».

En cuanto al lenguaje de cocina, se encuentra con un problema que continúa proporcionándonos muchos dolores de cabeza en nuestros días, y es la cantidad de términos franceses que hay en cocina y que se han utilizado en España. La realidad es que la cocina francesa, más ade-

---

63   Prólogo a *La cocina moderna*, I, 1917.

lantada, inventa o hace suyos instrumentos, elaboraciones y técnicas, creando los términos para designarlos, y no se han creado otros términos castellanos debido precisamente a este origen francés de muchos aspectos de la gastronomía. Castellanizar algunos era imposible, por lo que Doña Emilia opta por lo más práctico, que es utilizar los franceses, que ya eran conocidos y muy populares, como eran *gratin* y *bechamela*. A principios de siglo se comenzaba a percibir que la cocina nacional empezaba a valorarse y a salir a escena, así que, en las mejores casas, algunos platos que hasta entonces solo se habían comido de puertas adentro como, por ejemplo, los callos a la madrileña, comenzaban a servirse en ocasiones más importantes como símbolo de adherencia a todo lo español. Para ella, «combinar lo excelente de los guisos nacionales con el gentil aseo y exquisitez que hoy se exige en la cocina universal, es lo que este libro tiende a fomentar un poco... la comida más corriente y barata admite escenografía». A la vez, reconoce los defectos de la materia prima nacional: los cortes de carne están mal practicados, la mantequilla está rancia y las aves mal cebadas, por lo que se hacían traer de Francia las pulardas del mans; sugería que de la cocina francesa se pueden copiar la delicadeza de la presentación, el cuidado del servicio de mesa y «lo que ennoblece esta exigencia orgánica —de la nutrición— es la estética, la poesía, la sociabilidad. También en la mesa puede el espíritu sobreponerse a lo material».

Por otro lado, la descripción que hace la escritora de las mesas corrientes en la España de entonces pone los pelos de punta: la olla volcada en una fuente, el mantel moreno y basto, un queso de bola que se arrima al pecho y se cortan tajadas de él, aceitunas flotando en agua turbia... grosería, suciedad y mala combinación de los platos unido a unas mesas en las que se servían decenas de platos, mal combinados y en gran cantidad. Como si realmente el recuerdo del hambre, o el hambre misma, hubiera sido cosa corriente en aquellas mesas. En realidad, sus libros de cocina son un paso más en la articulación de una cocina nacional, son obras que ayudan a asentar las recetas que ya funcionaban corrientemente y que tenían estrecha relación con las novedades francesas mejor aceptadas y que ayudaban a navegar en unos tiempos en los que la cocina sufriría muchos cambios.

En cuanto a los fritos, los de pescado se realizaban con aceite de oliva, los de carne o masa con aceite o manteca de cerdo, y los fritos de vegetales y huevos con mantequilla si era buena —cosa que solía ser bastante rara—. También incluye muchas recetas con *champagne* —rodaballo al *champagne*—, y hay recetas dedicadas a otros autores, o copiadas directamente de ellos, como el *Entrecôte* Ángel Muro, recetas en las que se copia o imita —ella lo reconoce en los títulos— algunos productos franceses, como el *foie-gras*, al que españoliza y llama fuagrás y que elabora con cerdo, jamón y avellanas. También presenta recetas que fueron muy modernas entonces, como la ensalada cubana —manzanas, apio, tomate, lechuga y mayonesa—, o la ensalada de violetas —lechuga, iris y violetas.

Menú de la celebración del nombramiento de Emilia Pardo Bazán como directora de la sección de literatura en el Ateneo de Madrid.

Al final de su vida, tras largos años de lucha y trabajo, iban llegando poco a poco los reconocimientos, no siempre con el asentimiento de todos sus colegas, y en 1906 es nombrada directora de la sección de literatura en el Ateneo de Madrid. En 1916 la nombran catedrática de literatura de la Universidad Central de Madrid, y fue la primera catedrática de

España, aunque tuvo que renunciar por falta de alumnos. Ni los profesores ni los alumnos de la Universidad admitirían que una mujer pudiera ser catedrática. Además, promovió las candidaturas de Gertrudis Gómez de Avellaneda y de Concepción Arenal para formar parte de la Academia de la Lengua, y también se habló de su propia candidatura, pero ninguna de las tres fue aceptada y habría que esperar más de un siglo, ya que la primera académica de número[64] sería Carmen Conde en 1978.

Doña Emilia murió en Madrid el 12 de Mayo de 1921, envidiada y repudiada por muchos colegas masculinos, habiendo dejado una gran obra literaria y el rastro de la contradictoria gastronomía de la época. Ella misma se definía así: «Mi alegría procede de muchas causas, y creo que en el fondo de ella hay un carácter contemplativo e inclinado a la seriedad y a tomar la vida quizá con sobrado corte de drama. Con ser tan risueña, no hay persona menos frívola, y casi todos mis disgustos han provenido de mi exceso de formalidad interior y del elemento trágico que yo misma me creo. Soy una combatiente y una amazona, hecha a suprimir todo lo que sepulta a la vida en melancolías incompatibles con el arte. Necesito esta especie de continua gimnasia para fortalecerme, pues tengo el contrapeso de una imaginación y una sensibilidad realmente excepcionales y enfermizas, que darían conmigo al traste por poco que les soltase las riendas».

BIBLIOGRAFÍA

Anderson, L., *Cooking up the nation*, Chippenham, 2013.

Luján, N., *Historia de la Gastronomía*, Barcelona, 1997.

Martinez Llopis, M., *Historia de la gastronomía española*, Madrid, 1981.

Pardo Bazán, E., *La cuestión palpitante*, Madrid, 1883.

—*La cocina española moderna*, Madrid, 1917.

—*Obras completas*, Madrid, 1957.

—*La cocina española antigua*, Madrid, 1981.

Parreño, I., Hernandez, M., eds., *Miquiño mio. Cartas a Galdós*, Madrid, 2013.

Perdices de Blas, L., Gallego, E., *Mujeres economistas*, Madrid, 1007.

Pérez, D., *Guía del buen comer español*, Madrid, 1976.

---

64   Hubo una académica honoraria en 1784, María Isidra de Guzmán y de la Cerda.

Retrato de Parmentier por François Dumont (1812).

ANTOINE AGUSTIN PARMENTIER

*Científico, intelectual, agrónomo. Institucionalizó
el consumo de la patata en Francia, esforzándose
por enseñar su cultivo y formas de uso para evitar las epidemias de hambre típicas de su época.
Además creó las primeras escuelas de panadería
e impulsó con un característico espíritu ilustrado
todas las acciones para la mejora y confort de los
hombres de su época. Bondadoso, generoso, entregado. Nació el 2 de agosto 1737 en Montdidier, falleció en París en 1813.*

Una brillante idea concebida en una oscura prisión. A.V.

*Monsieur, algún día, Francia le agradecerá
haber encontrado el pan de los pobres.*
Luis XVI

Hijo del esfuerzo, la constancia y el tesón, Antoine Agustín nació 12
de agosto de 1737 en Montdidier, en la Picardía, al norte de París. Sus
padres eran Jean-Baptiste Agustín y Marie-Euphrosine Millon, unos
honestos pero humildes comerciantes. Su madre pertenecía a una familia burguesa, estaba bien formada y educada, poseía un excelente carácter y era muy afectuosa, lo que le permitió proporcionar a sus hijos una
excelente educación, instruyéndoles en latín, gramática, matemáticas y
religión con ayuda del abate Daugi. Unos conocimientos que por cierto,
le serían muy pronto de gran utilidad al joven Antoine. Como sucede
con muchos de los grandes, una de las leyendas que le rodea no es cierta;
se trata de la orfandad de padre con tan solo cinco años, pero su padre
vivió hasta los setenta años y el propio Parmentier mantuvo buenas rela-

ciones con su familia, ayudándolos durante toda su vida y manteniendo estrecho contacto con sus hermanos. Hay que entender a Parmentier como un hombre forjado a través de dos de sus cualidades: por una parte su constancia e ímpetu en el trabajo, su vibrante actividad, y por otra como una persona tierna y de gran corazón, que fue consciente de la gran labor de su madre y de la importancia de las relaciones humanas. En su obra *Experiencias y reflexiones relativas al análisis del trigo y de las harinas*, publicada en 1776, dedica el prólogo a su madre y describe con palabras afectuosas su valor, su entrega y capacidad maternal. No era en absoluto común hacer el elogio de una madre en una obra tan técnica y menos por parte de un hombre que fue muy reservado y púdico a lo largo de toda su vida, aquello fue algo espontáneo que surgió y quedó como elogio a su madre, pero no fue habitual en él.

Cuando tenía once años falleció su hermano de nueve y poco después el más pequeño. Estas dos desgracias, sumadas a la precaria situación financiera de la familia y al empeoramiento de la salud de la madre, hicieron que el porvenir profesional de Antoine se aproximara a pasos agigantados, acortando su infancia y convirtiéndose en una auténtica necesidad, así que urgía buscar un trabajo para asegurar su porvenir y también para ayudar a la familia. Por todo ello, se unió extraordinariamente con su hermana Marie-Suzanne, con quien mantuvo una excelente relación durante toda su vida; él adoraba a esta hermana y años más tarde la tomaría como colaboradora, e incluso vivieron juntos durante los últimos años de su vida, cuando Suzanne se quedó viuda. Por otro lado, Parmentier, a pesar de su bondadoso talante natural no se casó ni tuvo hijos, lo que le permitió ser muy prolífico en otros aspectos de su vida, como lo fue en su faceta de científico.

La gran obra gastronómica de Parmentier fue introducir la entonces exótica patata en la alimentación de la Europa del XVIII y conseguir que no fuera una moda pasajera, sino que se implantara con fuerza y se extendiera a todo el mundo. Además de este titánico esfuerzo por hacer de la patata una posibilidad real para calmar el hambre de su tiempo, escribió numerosas obras sobre este tubérculo y su viabilidad alimentaria, ganó premios y el reconocimiento fue tal que en la actualidad, muchos de los platos que llevan patata se conocen como *a la Parmentier*. La biografía de Parmentier está sin duda ligada a la patata y a su trascendencia, que evitó la muerte por hambre de millones de europeos a lo largo de la historia y, en primer lugar, la suya propia cuando estuvo encarcelado durante la guerra de los Siete Años y se alimentó de aquel insípido pero nutritivo tubérculo.

Fue un hombre brillante en un tiempo difícil, ya que era demasiado joven para integrarse en el desarrollo de la labor de los enciclopedistas —que por aquellos días trabajaban intensamente—, debido a que estos pertenecían a una generación anterior, y por otro lado demasiado mayor para haber conocido el desarrollo científico del XIX. Sin embargo, en este difícil tiempo de transición que le tocó vivir, mientras la monarquía francesa agonizaba y la Revolución hacía su aparición para provocar el gran caos que engendró el final del Antiguo Régimen y la llegada del Nuevo, consiguió sacar partido a su inteligencia y a su experiencia gracias a una impresionante capacidad de trabajo. Relacionado con los reyes de Francia, con químicos, físicos y médicos del mayor prestigio, Parmentier trabajó muchísimo y con gran productividad, lo que podemos ver en su extensa obra compuesta por multitud de artículos y libros.

Imagen del tubérculo, obra del artista inglés John Gerard, en 1597.

Por su parte, el gran objeto de interés del químico y el fruto que lo relaciona para siempre con la historia de la alimentación, la patata, es originaria del altiplano andino aunque en Chile se descubrieron otras especies posteriormente. Llegó a Europa como una curiosidad de mano de los herbolarios y no tanto como producto destinado a la alimentación, aunque el padre Acosta, que sabía que los indios la consumían cotidianamente, relata cómo la cocinaban e incluso la conservaban. La patata llega a Europa cargada en buques españoles desde la actual Colombia, de manos de los hombres de Pizarro, tras la conquista del imperio Inca, que se produce en 1533. En 1567 ya había patatas en Gran Canaria, desde donde se enviaron al Papa y éste las hace llegar para su estudio y análisis a manos de Carolus Clusius —o Charles de L'Ecluse—, a Bélgica. Seis años después, en 1573, se encuentran referencias de este tubérculo en los archivos de las compras realizadas en el Hospital de la Sangre en Sevilla. Es precisamente Clusius quien las introduce en los jardines alemanes, país en el cual Parmentier las probará. Por su parte la primera descripción de la patata se la debemos al botánico suizo Caspar Bauhin en su obra *Phytopinax*, en 1596, y la llama, conforme a la clasificación botánica de Linneo, *Solanum tuberosum*. Las patatas fueron primero una curiosidad botánica que se cultivaba además de por la propia planta, por la sencilla flor blanca que desarrolla, y posteriormente se transformaron en una eficiente forma de alimentar al ganado. Se convirtieron en una fórmula nutritiva prácticamente desperdiciada, ya que los hombres no la consumían debido a que no se consideraba alimento humano. En realidad todo un despropósito, ya que a su vez no era alimento humano porque la comían los animales. Una auténtica paradoja. Para más complicación, la imaginación popular hizo de la patata un fruto con dos grandes peligros: por una parte, se alimentó el bulo de que transmitía la lepra, y por otro que tenía efectos afrodisíacos —lo cual se tenía entonces por pecado más que por mérito del alimento—, quizás porque otras plantas de la familia de las solanáceas son tóxicas. Además del desconocimiento, parece que el bulo nació de un divertido equívoco, cuando unos campesinos que no sabían qué hacer con ellas las comieron crudas y con su piel, lo que lógicamente les provocó trastornos intestinales, así que después de estas pruebas nadie se atrevió a comerla. Hasta un siglo después de que los españoles las conocieran en el nuevo continente no tenemos la primera imagen del tubérculo, que es obra del artista inglés John Gerard, en 1597.

Pero no fue Francia la primera nación europea que plantó y consumió patata masivamente, sino que fue en Alemania, cuando Federico el Grande ordenó sembrarlas en 1774, tras una crisis gravísima de cereal y la consiguiente hambruna, que acabó con miles de vidas, y que había comenzado en 1770. En Alemania se cierra el círculo, ya que fue allí donde Parmentier la conoció de primera mano, cuando fue hecho prisionero en la guerra y consiguió subsistir gracias a la patata. Como finalmente sobrevivió a aquellos duros días y pudo volver a París, convencido del valor nutritivo del tubérculo, se lanzó con ahínco a su estudio y difusión.

Pero volvamos a la vida de un jovencísimo Parmentier, quién comenzaba su desarrollo profesional muy pronto, apremiado por las necesidades y carencias de la casa paterna, así que con trece años y en busca de un trabajo propio de su edad pudo colocarse en la farmacia Frisón. Todo se desarrolló fácil y sencillamente, conocía bien el latín, que aprendió de manos de su propia madre y del buen abate que fue su tutor, y accedió de inmediato al puesto. Era un trabajo muy apropiado para un chico joven y despierto como él, y sus ocupaciones allí eran variopintas: tenía que realizar todas las preparaciones químicas, elaborar preparados y pócimas y hacer muchas pequeñas cosas propias de la labor de un aprendiz... Durante cinco años estuvo con el boticario en su pequeña ciudad, aprendiendo y trabajando intensamente. Tras este tiempo, en otoño de 1755, un joven Antoine de dieciocho abriles caminará a París, el gran destino de muchos otros hombres relacionados con la historia de la alimentación. Fue su primer viaje y lo hizo apenas sin equipaje, entre sus escasas pertenencias llevaba una carta de recomendación para su futuro destino, similar al primero: quería emplearse en la farmacia de un conocido, algo lógico si pensamos que ya dominaba el oficio y que destacaba en él. En aquel momento París estaba en plena efervescencia, allí se vivía una intensa actividad política que presagiaba la gran Revolución que sacudiría todo el país y Europa entera poco tiempo después. Pero además había una gran inquietud intelectual, se conocía muy bien la labor de los enciclopedistas y se lloraba la reciente desaparición de Montesquieu. Era el París prerrevolucionario, en el que se respiraba un ambiente cargado y difícil, intelectualmente inquieto, con una auténtica bomba de relojería en sus calles. En ese ambiente soliviantado, con Luis XV como monarca, el joven picardo[65] se instala modestamente en la ciudad y comienza a trabajar en una farmacia situada entre Les Halles y el Palacio Real, propiedad del farmacéutico Simmonet, una zona mundana, rodeada de hombres de negocios, de

---

65   Natural de la región francesa de la Picardía.

cortesanos, de tiendas de orfebres, de sombrereros y sastres que venían desde la rue Saint-Honoré. Para un joven de esa edad que viene de una pequeña ciudad, resultó todo un descubrimiento la cantidad de gente variopinta que pasaba por allí. Si bien el propietario de la farmacia no era familiar suyo, como alguna vez se ha pretendido, Simmonet era también de Montdidier, y por esa solidaridad provincial que se establece entre personas de la misma raíz, y gracias a la carta de su anterior jefe, le acogió en la farmacia y muy pronto descubrió su gran valía. Fue para él una segunda y valiosísima escuela, ya que el joven aprendió allí una forma de trabajar más afinada y estricta, especializada en las necesidades de un público de gran ciudad, muy diferente al provinciano al que había estado acostumbrado hasta entonces. Con un excelente laboratorio al que llamaban «cocina», quizás premonitoriamente, Parmentier trabajaba y aprendía la teoría de las marmitas, de los recipientes y de los materiales. La explosión de las ciencias que se produjo en el s. XVIII también benefició positivamente a las farmacias, y durante el reinado de Luis XIV se comenzó a reconocer el estatus científico de esta profesión. Hasta entonces, los boticarios no tenían reconocimiento oficial alguno y su estatus era similar al de las herboristerías o al de las tiendas de especias orientales. Pero hay que reconocer que en las farmacias de la época se vendían productos peligrosos e incluso tóxicos, como arsénico y otros venenos. Pronto se haría necesario establecer un reglamento que evitara los abusos con estos productos y por tanto se reforzaba la posición de los farmacéuticos. Esta profesión se llegó a considerar tan seria y cabal como cualquiera de las relacionadas con las actividades científicas; tengamos en cuenta que hasta el año 1682 no se reglamentó la circulación de los productos tóxicos.

Aquella era una Europa muy diferente de la actual, con dos imperios importantes, Austria y Prusia, que tenían problemas constantes entre sí, con una relación difícil hasta tal punto que la situación llevó a que en enero de 1757 comenzara la guerra de Austria contra Prusia, la guerra de los Siete Años. Francia se unió a la Alianza del Sacro Imperio Germánico y perdió la guerra contra Prusia. Pero no adelantemos acontecimientos, porque esta guerra tendría repercusiones importantes para nuestro protagonista. Como era buen farmacéutico, cuando consideró que estaba formado del todo quiso dejar la farmacia donde trabajaba pero no poseía medios para abrir una farmacia propia. Sin embargo, tenía ganas de prosperar, por lo que ingresó en el ejército de Hannover, en el cuerpo de farmacéuticos. Pero no fue por iniciativa propia, sino que el propio Simmonet, comprendiendo que su alumno

Parmentier era un hombre brillante y capaz, le sugirió alistarse en el ejército; y precisamente Gasicurt, el seleccionador, que había sido boticario mayor de Los Inválidos, era muy amigo de Simmonet. Los farmacéuticos no estaban integrados en la armada, se incorporan a ella extraoficialmente en 1754. Un año después, gracias a que la organización del ejército mejora y los cambios se suceden, se incorporarán al ejército oficialmente. Estos boticarios preparaban recetas familiares, expedían drogas bajo las indicaciones de los médicos y organizaban los sistemas sanitarios —como de aguas, basuras, etc.—. Desgraciadamente su reclutamiento era muy precario, y al inicio de la guerra de los Siete Años apenas tenían presencia a pesar de lo necesarios que eran. Hasta tal punto fueron imprescindibles que el propio rey encargó a su ministro que contratara boticarios, los cuales recibirían además una paga de cien francos. Gasicourt finalmente contrató a Parmentier como farmacéutico de tercera clase y quedó encantado con él, era un hombre joven, de veintiseis años, apasionado y voluntarioso, con una impresionante capacidad de trabajo. Más adelante, este trabajo le llevaría a ser contratado por el boticario jefe del Hotel des Invalides, Louis Claude Cadet de Gasicurt, con el que mantendría una estrecha amistad durante toda su vida. Su entrega al trabajo y a su deber llama la atención de Pierre Bayen, de quién se hace muy amigo y lo reclama para formar parte del hospital general de la intendencia. Muy poco después de haber sido contratado se produjo una tremenda epidemia de disentería y él se dedicó en cuerpo y alma a aliviar a los enfermos y a curar la enfermedad con todas sus fuerzas, con una entrega que sorprendió a sus superiores. Estos años anteriores a la guerra fueron para él una vida productiva y afectuosa, rodeado de amigos y que se desarrolló dentro de un ambiente estudioso y firme. Vivía y trabajaba rodeado de personalidades en química y física, como fueron Cadet de Gassicourt y Chamousset. Este último era intendente general de los hospitales de la armada del rey, era un hombre asombrosamente activo y enérgico que fundó un servicio de correos en el interior de París, además de otros servicios públicos. Fue especialmente interesante un sistema que desarrolló en relación con los seguros de enfermedad que sería de donde surgiría el actual régimen de seguridad social francés. Además instauró un sistema de concurso para reclutar personal sanitario y evitar que se dieran favoritismos, y cuyo único lema era el mérito de los solicitantes. Ésta era la época estudiosa e inquieta, de mucho trabajo y grandes cosas que descubrir, en la que vivió Parmentier, que en su trabajo como químico se especializó en química alimentaria.

Finalmente, era previsible, llegó la guerra a Francia y como parte del ejército, aunque no fuera soldado sino del cuerpo de farmacéuticos, Parmentier fue hecho prisionero cinco veces, nada más y nada menos. Afortunadamente las cinco consiguió escapar por canjes de prisioneros que se producían entre los dos ejércitos. La primera vez que fue capturado estuvo preso durante quince días, solo en un calabozo y comiendo invariablemente un menú compuesto por unos tubérculos desconocidos que le servían hervidos, humeantes e insípidos. Era su primer encuentro con las patatas, que le mantuvieron con vida y, más aún, sin enfermar, lo que le sorprendió y por supuesto le alegró extraordinariamente. Prisionero en Westfalia tuvo la ocasión de probar la calidad nutritiva de las patatas, casi desconocidos en Francia, donde solamente las tomaban las caballerías y el ganado doméstico. La guerra de los Siete Años fue providencial en el futuro de la alimentación en Europa y en todo el mundo, ya que la pobre y humilde patata, que solamente comían las caballerías y los animales de granja, fue vista por un inteligente químico con unos ojos diferentes. Los prusianos la llamaban *kartoffel*, y se la daban simplemente cocidas y con desprecio a los prisioneros, a quienes no consideraban mejores que las bestias de carga. En realidad, la hambruna que se extendió durante aquellos años por toda Europa provocó que apenas hubiera comida y que los mejores —aunque modestos— bocados los dejaran para el ejército. Como a los cautivos de guerra también era necesario darles de comer y había que abastecer las prisiones de alguna forma, se encontró una solución barata y fácil; esa solución se llamó patata. En Hannover, donde Parmentier también estuvo preso, casi todos aquellos prisioneros franceses y austríacos, igual que los carceleros rusos, creían que el consumo de la patata propiciaba el contagio de la lepra; aquella absurda leyenda que recorría toda Europa. Pero hemos dicho que «casi todos». Un joven y observador francés se dio cuenta de que no solamente no se enfermaba de lepra, sino que la patata nutría adecuadamente a las personas. Al acabar la guerra y volver a Francia, comenzó su particular cruzada en favor de la patata, presentando un trabajo titulado: *Examen químico de la patata*. Después se ocupó de tratar de demostrar la facilidad de cultivo de la patata y sus cualidades nutricionales, además de los usos en la cocina y la polivalencia de sus posibilidades. Tras aquellas capturas, Parmentier llegó entusiasmado con la novedad que había tenido la oportunidad de probar y acreditar en sus propias carnes. No solamente no le había producido enfermedad alguna sino que podía ser la gran solución para el problema más grave que tenía entonces Europa: el hambre. Era un problema, incluso mayor que la guerra. Debió ser una idea recurrente durante todos aquellos días, hasta que pudo volver a casa y estudiar el tubérculo en el laboratorio. ¿Tendría gluten? ¿Cómo funcionaba el almidón que se le suponía? ¿Crecería bien en aquellas tierras frías? Eran muchas preguntas a las que pronto encontraría excelentes respuestas, todas ellas satisfactorias y positivas para el avance de la ciencia y la mejora de la vida humana, el gran objetivo a lo largo de su carrera profesional.

Pero... ¿Cómo había llegado la patata hasta Prusia?, nada más y nada menos que ¡hasta un campo de prisioneros! Fue, lógicamente, a través de la primera vía que ya hemos relatado, mediante los viajes de los españoles, en concreto sería Pedro de Cieza, de la expedición de Pizarro, quien envió patatas y otros alimentos a España en primer lugar. Desde allí se enviaron algunas de ellas al Papa, quien las dio a Clusius para que las examinara y las estudiara. Pero además de ésta hubo otra vía, ya que los soldados castellanos las llevaron a Alemania durante la guerra de los Treinta Años —1618 a 1648— como alimento para las caballerías, y en caso de necesidad —cosa que no debía ser rara— también para ellos. Fue entonces cuando los civiles alemanes las tomaron crudas, y también cuando nació la leyenda la leyenda negra de que provocaban diversas enfermedades.

A pesar de que ser capturado no era la mejor situación deseable, Parmentier tuvo bastante suerte en éste como en otros acontecimientos de su vida y durante una de las capturas alemanas le ofrecieron la libertad condicional como prisionero y fue autorizado a vivir y trabajar con un farmacéutico de Frankfurt, con la única condición de no evadirse. Así fue como conoció a Meyer, un químico y farmacéutico muy prestigioso especializado en química alimentaria. Ambos tuvieron la gran suerte de entenderse extraordinariamente y más aún, Parmentier no fue ajeno a los encantos de la joven hija de Meyer. La estancia con este científico le permitió aprender muy bien el alemán y además disponer de más información sobre las patatas que había comido en la prisión. En cuanto a Meyer, que estaba encantado con el joven y entregado aprendiz francés, le ofreció a su hija en matrimonio, además de la disposición libre de su farmacia y como consecuencia de ello adquirir la nacionalidad alemana. A pesar de la jugosa oferta, ya que Meyer era un importante científico, Parmentier renunció a todo ello declinándolo por un sentimiento de profundo patriotismo: «Me tengo que ir, no he conseguido aún nada para mi país», les dijo al padre y a la hija, y ninguno de los dos, con el afecto que le profesaron consiguieron convencerle, de manera que Parmentier volvió a Francia.

Sin embargo Meyer que creyó conocer al joven picardo y sabía que llegaría muy lejos en su profesión, no cejó en su empeño y volvió a intentar atraerle. Y ya instalado en París, pocas semanas después de su llegada, el gran d'Alembert —un importante personaje del mundo científico en su época— le hizo una proposición casi increíble. Que un brillante y famoso químico alemán se interesara por un joven farmacéutico militar era algo asombroso. Aún más sorprendente era que d'Alembert hiciera de embajador de Federico II, llevándole una segunda sorpresa: se le ofrecía reemplazar al químico Margraff en Berlín, que era el jefe de la farmacia de la Armada prusiana. Una oferta así, con dos grandes protagonistas de la escena internacional en su época interesados en su persona, no se podía rechazar. ¡Era inaudita! y muy atractiva para un joven que comenzaba su carrera. Y sin embargo fue justamente lo que Parmentier hizo, rechazar la oferta que le hacían. Parece que los motivos eran estrictamente los que el alegó, no quería hacer su carrera para beneficio de otro país que el suyo propio.

A principios de 1763 la guerra de los Siete Años por fin acababa y Parmentier podía volver a París. Tenía solamente 27 años, casi ningún recurso económico y un porvenir francamente incierto. La farmacia de Simmonet se había traspasado, su antiguo jefe tenía un cargo que lo alejaba de París, y se reencontró con Chamousset de nuevo. Bajo su consejo, decidió aprender botánica en los jardines del rey, en un curso de excelente nivel durante el cual sería condiscípulo de Jean-Jacques Rousseau. Allí disfrutaron de una intensa formación y además algunos episodios divertidos, durante uno de los cuales explotaría un caldero, y aunque no pasó nada, todos se asustaron: «¡Cuidado, cuidado, señores!», gritaba Rouelle, el profesor, «Después de mezclar los ingredientes, ¡todo va a estallar!», y estalló, aunque afortunadamente sin causar daño alguno. En realidad fueron años increíblemente activos para Parmentier, pero sobre todo fructíferos, y ¡saldría a concurso la plaza de boticario mayor del hospital de Los Inválidos! De manera que en 1776 consiguió ser jefe farmacéutico del hospital. Aquella era una prestigiosa institución militar en la que las hermanitas de la Caridad, que cuidaban a los enfermos y que atendían a soldados de todas las edades, también hacían cumplir estrictamente las leyes religiosas. Durante seis años, Parmentier consiguió tener una relación equilibrada con las hermanas y como era inteligente y observador enseguida comprendió todo lo que había que hacer, que era un trabajo inmenso que abarcaba una gran cantidad de aspectos: revisar el reglamento de higiene, la calidad de las comidas, la conservación de los alimentos y la calidad del agua; inspeccionar la higiene de los desagües, los baños y las reservas de comida, organizar la panadería, preparar y economizar la calefacción. Casi todo pasaba por su competente revisión, lo que le llevaba a trabajar muchísimas horas. Pero no solo era eso, además también se relacionaba con los pensionistas y enfermos. «Todo era bondad, todo era buen humor, su competencia y su espíritu de empresa». Él formaba parte —y se sentía parte— de la gran familia de Los Inválidos, vivía en un cuartito en la misma institución y comía con los pensionistas, a sus horas, que eran militarmente estrictas. Las hermanas le consultaban todo y él solucionaba desde los pequeños incendios a las epidemias que se producían en el hospital. Pero en realidad, el propio hospital fue un campo de investigación fenomenal para el espíritu de Parmentier, y si durante el día estaba entregado al trabajo, por las tardes y las noches se dedicaba a escribir. Quería dejar constancia de sus estudios, y es que una de sus grandes preocupaciones, como reconoce en sus escritos, era: «Mejorar la calidad de los alimentos y la vida del pueblo, el progreso de la técnica y, con todo ello, obtener la bajada del precio de los alimentos».

Pero las hambrunas no dejaban de asolar el país, y de nuevo en 1769 hubo una gran carestía de alimentos en Francia. Fue cuando la Academia de Besançon, con la idea de paliar este grave problema instituyó unos premios para estimular los estudios sobre sustancias alimenticias y nutritivas, especialmente las de tipo vegetal que pudieran sustituir al pan, ya que uno de los grandes problemas que había era la carencia de cereal. Y sería justamente entonces cuando se decidió a presentar su trabajo a la Academia de Besançon, lo que sin duda supuso una gran revolución en su vida. Por su parte, años antes, el parlamento de Besançon había prohibido el cultivo de la patata por la absurda opinión popular de que facilitaba el contagio de la lepra —otra vez la misma historia, aburrida para Parmentier en su lucha desde la ciencia—, pero en 1748 se derogó la ley y, muy al contrario, se animó a la gente a que cultivara patatas. Parmentier estaba en esta época trabajando como farmacéutico en Los Inválidos, y como conocía de primera mano la capacidad nutritiva de la patata, se presentó y ganó el premio del concurso. Además del reconocimiento académico, otros científicos comenzaron a compartir el punto de vista de Parmentier con respecto a la patata, ya que en la situación dramática que se vivía cada vez había más hambre... Realmente, hay que entender que el concurso tuvo una gran importancia, porque el hambre estaba mellando muy seriamente la sociedad francesa y los más pobres vivían y morían en los caminos, de pura inanición. Pero a pesar de la necesidad y del hambre, e inexplicablemente, el resultado de este primer estudio fue un fracaso, porque la gente no quería tomar ni patatas ni pan de patata, así que una de dos: o no tenían suficiente hambre o la receta que presentó Parmentier no era buena. Desde muchas instancias se tomó la batalla de la patata como propia, tanto desde el Estado como desde la Iglesia. Por ejemplo, el obispo de Castred organizó, por su parte, una auténtica cruzada contra el hambre, ordenando a los sacerdotes de su diócesis que animaran a la gente a consumir patatas, que ahora declaraban milagrosas. Así, en 1769, el sacerdote parisino de la parroquia de Saint-Roch decidió dar a los miserables que iban a comer allí una económica sopa de patatas. La receta se publicó en Dijon en 1772, en el libro *Cocina de pobres*, una obra de Varenne de Béost escrita con el fin de remediar los efectos de la hambruna provocada por la falta de trigo. Pero el experimento no funcionó, y seguía siendo perentoria la necesidad de conseguir finalizar con la hambruna, era urgente. En ese mismo año, los miembros de la Facultad de Medicina de París trabajaron durante semanas para investigar si la patata era realmente nociva o no, pero como decidieron por unanimidad que no representaba peligro alguno, se dio el pistoletazo de salida para el consumo masivo del tubérculo. Sin embargo, una nueva dificultad aparecería: y es que los terrenos donde se habían hecho las plantaciones de Los Inválidos pertenecían a las monjas de la Caridad, y Parmentier y su equipo se vieron obligados a dejarlos y a interrumpir las investigaciones.

Pero nada le detenía, tenía un espíritu incansable que le conducía al éxito y que no le permitía lamentarse ni perder el tiempo, así que si ocurría algo en su investigación él buscaba otra salida. Y mientras, seguía trabajando y escribiendo continuamente para tratar de dar a conocer los beneficios que supondría el consumo de la patata, la cual todavía no tomaban nada más que la ganadería y las comunidades religiosas durante los días de ayuno. Curiosamente los religiosos, aprovechando el vacío legal de la patata, ya que no estaba clasificada en la llamada «escala de los seres», consideraban que no rompía el ayuno y que la podían comer durante esas jornadas, lo que era un excelente truco para despistar el hambre que pasaban todos, especialmente los religiosos y más aún durante los duros y repetitivos ayunos a los que se sometían.

Sin embargo Parmentier no fue el único que creyó en las propiedades del tubérculo, también otros dos franceses, Joachin Faiguet de Villeneuve y François Mustel, escribieron sobre las propiedades de la patata y sus posibilidades para la alimentación humana. Poco a poco no solo los científicos, sino también las comunidades y los agricultores se convencerían de las bondades de la patata, lo que beneficiaría a toda la sociedad francesa y terminaría ayudando a finalizar la hambruna.

Y aunque su vida profesional transcurría vibrante y repleta de actividad, la vida personal continuaba paralela e inexorablemente, y en 1776 se producirá una desgracia en la vida de Parmentier, la muerte de su madre cuando él tiene treinta años. Aquellas circunstancias, por una parte le obligaron a solucionar la vejez de su padre, que era poco emprendedor y no tenía medios, y por otro lado se llevó a su hermana mayor, Marie-Suzanne, a vivir con él a París. Ella se convertiría en sus manos y sus pies, llevaría la casa y le haría de secretaria y ayudante, la relación será una bendición para ambos, ya que los dos hermanos se llevaban muy bien y estaban entusiasmados con la idea. Parmentier se convierte en el cabeza de familia y casa a otro de sus hermanos, Antoine-Simon. Durante estos días que pasa en Montdidier solucionando diversos asuntos relativos a su vida privada, en París avanza peligrosamente la Revolución. La situación social era más difícil por momentos, y el hambre continuaba estando muy presente en Francia y creciendo rápida e insistentemente.

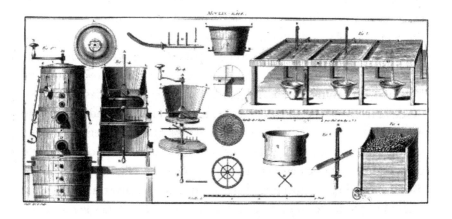

De la obra de Parmentier *Recherches sur le vegetaux nourrisant.*

Además de investigar y escribir, Parmentier trataba de llevarlo todo al lado práctico y para dar ejemplo de cómo se podía utilizar bien la patata, organizaría cenas en las que se consumía ésta como ingrediente principal. La cena más señalada entre todas fue la del 29 de octubre de 1778, a la que se invitó a Lavoisier y a Benjamín Franklin —este último de gira por Francia para buscar apoyos en la guerra contra Inglaterra— y que tuvo lugar frente a los hornos de la panadería del ayuntamiento de los Inválidos. El 1 de noviembre de ese mismo año consiguió sentar de nuevo a un grupo de invitados para tomar el pan de patata y veinte platos más elaborados con ella. Y aunque el pan no era una golosina precisamente, el periódico *Le Journal*, de París, hace una reseña de la celebración y señala que la patata es «el descubrimiento más importante del siglo», lo que supuso una excelente publicidad para los libros del investigador y para —poco a poco— dar a conocer el nutritivo tubérculo.

El hecho es que la patata tiene —y tuvo para Parmentier— un problema que es la falta de gluten, algo que Parmentier conocía bien, pero por otro lado estaba la capacidad nutritiva y el alto contenido en almidón. ¿Podría conseguir elaborar un pan con ella? Ésa era su gran cuestión. Pero aunque hubo otras personas —como Samuel Engel— trabajando para conseguir moler y panificar la patata, finalmente fue imposible: era necesario mezclarla con harina de trigo para conseguir una panificación de mejor calidad.

Para él era importante que la ciencia aportara beneficios de orden práctico para la sociedad —como dice en la introducción de su obra *Manera de hacer pan con patata*— pero, sobre todo, era una obligación de todos ayudar a combatir el hambre terrible —«cruel y devoradora» le llama—, y que tanto él como sus conciudadanos conocían tan bien. En la época debió suponer una bendición que apareciera un alimento tan nutritivo y fácil de cultivar como la patata, además de ser fácilmente adaptable a muchos climas y altitudes. Cuánto más cuando se podía utilizar para tantos usos y trabajar con diferentes técnicas de cocina, desde la fritura a las guarniciones, a las cocciones y al asado. Casi todo es posible con la patata, uno de los alimentos más polivalentes. Dulce y salada, en sopas, guisos y fritas, fue durante mucho tiempo el alimento principal de regiones en las que las cosechas de trigo se perdían por diversas fatalidades: guerras, plagas y climatología adversa. Parmentier intentó por todos los medios panificar la harina de patata y lo consiguió en parte, pero le fue imposible obtener panes de tanta calidad como los que proporciona el trigo, ya que el proceso de leudado aparece gracias a la levadura que actúa en presencia del gluten, el cual solamente tiene este cereal en cantidad suficiente, y que provoca que los panes se ahuequen tras el amasado, proporcionando así una miga ligera y aireada. Sin embargo sí es posible hacer panecillos de patata salados o dulces y mezclar la fécula de patata con el trigo para conseguir una razonable calidad de panificación, que fue la solución que encontraron para que aquellos panes fueran comestibles y agradables. Se embarcó en la preparación de un tratado de panadería dirigido a las mujeres, a las que tenía en gran consideración y opinaba sobre ellas que eran muy organizadoras, amigas del orden y capaces de llevar el hogar, cómo no.

Debido a las diferencias que tuvo —por aquel motivo de los terrenos en los que cultivaba patatas— con las hermanas de la Caridad que atendían a los enfermos, tuvo que dejar el hospital y la farmacia de Los Inválidos. Pero la suerte le miraba siempre con buenos ojos, y Luis XVI le otorga el puesto de boticario personal, ¡finalmente dispone de una renta que le permite dedicarse únicamente a la investigación!, puede mantener una casa y tiene su propio trabajo. Aquello supuso una auténtica bendición para Parmentier.

El entusiasmo de Parmentier le lleva a escribir mucho y en profundidad sobre la forma de panificar con patata sin ayuda ni proporción alguna de cereal. Incluso se proponía hacer con la patata una bebida similar a la cerveza elaborada con trigo, y es que, en realidad, Parmentier había comenzado una auténtica cruzada para popularizar el tubérculo, desde aquellos lejanos días de su prisión alemana. Aprovechando el entusiasmo de los reyes de Francia, Luis XVI y María Antonieta, que estaban encandilados por la vida rústica y agrícola, consiguió que en el campo militar de Sablons, en Neuilly, en una zona donde Luis XV revisaba a las tropas, se destinara un espacio a plantar patatas exclusivamente. Los reyes, tras escuchar detenidamente las explicaciones del científico sobre los beneficios de la patata en alimentación, fueron conscientes de las ventajas que traería para su pueblo, y Luis XVI le dijo en aquella ocasión a Parmentier: «Señor, Francia le agradecerá un día haber encontrado el pan de los pobres». Parmentier estaba encantado de haber encontrado un mecenas tan importante y tan entregado, su sueño se hacía realidad. Y mientras en la corte se preparaba todo para celebrar el santo del rey, en la víspera, dando un paseo junto a los reyes franceses por el campo de patatas, Parmentier ofrece a los monarcas un ramito de la delicada flor blanca, con tan buena fortuna que Maria Antonieta y Luis XVI se ponen respectivamente el *bouquet* de flor de patata, él en su sombrero y la reina en el cabello. Nada más que decir, aquello se puso de moda en la corte y todo el mundo llevaba ramilletes de flor de patata como adorno, lo que provocó que se plantaran masivamente... Pronto llegarían a la mesa. Parmentier sabía cómo incitar a que el pueblo las consumiera, y mientras la flor de la patata adornaba las cabezas más aristocráticas de toda Europa, él jugaría a provocar con cierta picardía al pueblo para que valorara aquel preciado alimento. Mientras pasaban las semanas, en aquel campo baldío todo iba cambiando: las plantas de la patata iban creciendo y Parmentier dio órdenes de vallar el terreno, manteniendo una guardia de soldados armados con bayonetas para protegerlo. Gran espectáculo, e inaudito: unos soldados armados defendiendo unas plantas exóticas y desconocidas, cuyas flores adornaban las cabezas de los aristócratas. Aquello atrajo el interés de la multitud como preveía Parmentier, asistiendo encantado al interés general del pueblo, que veía extraño —cuanto menos— que unos soldados protegieran un simple cultivo. Consiguió excitar la atención y provocar un interés inaudito por aquella plantación. Así que la opinión general concluyó que si el rey hacía guardar de esta forma un campo, aquello sería valioso, incluso... ¡Más de lo que se pensaba! Así que poco a poco, mordieron el anzuelo y algunos ladronzuelos intentaron robar aquellas plantas aparentemente tan bien guardadas. La trama estaba bien urdida y los soldados, en apariencia relajados, facilitaron disimuladamente que los ladrones tuvieran éxito en su ratería. Despacio pero firmemente y con grandes dificultades, la patata se iba integrando en las mesas francesas. Y el mismo Parmentier lo decía en todas las reuniones de agricultores a las que asistía: «Traten a las patatas como un metal precioso para la salud y la economía, elijan lugares expuestos para la plantación, y todos comprobarán la abundancia de la planta con muy poco esfuerzo».

Escaso tiempo después de su exitoso experimento llegarían con todo su rigor los días sangrientos de la Revolución, los cuales obligaron a Parmentier doblemente, por un lado a cerrar la panadería, y por otro a pensar en la alimentación del siguiente invierno, que sería muy difícil... Vuelve durante una temporada corta a su casa de Montdidier, localidad que vive unas jornadas terribles, pero no por culpa de la Revolución sino de una tormenta extraordinaria que dejaría el pueblo como una escombrera: las noticias de árboles caídos, edificios derribados y una población devastada alarman de tal modo a Parmentier que decide ir para ayudar en la medida de lo posible, y socorrer sobre todo a su hermano y a su joven familia, quienes viven aún en la ciudad arrasada. Parmentier, que era un hombre práctico, llevaría consigo semillas y granos y explicó en reuniones a los agricultores cómo deberían utilizarlos, mientras ante el inesperado regalo los hombres le agradecen calurosamente la ayuda y todos le tratan como a un santo; en Montdidier se le quería y se le tenía siempre en cuenta.

Pero lo que verdaderamente convenció a la gente de que debía consumir patata fue la llegada de la Revolución Francesa. Por aquellos difíciles días simplemente no había otros alimentos y fue necesario consumirlas a pesar de la mala fama que todavía tenían, gracias a lo cual, finalmente se consiguió que se conocieran y se popularizaran.

Tras muchos años de esfuerzo para mejorar su sociedad, las difíciles circunstancias históricas habían ayudado a Parmentier a implantar el tubérculo en cuyo estudio tanto había trabajado: creía firmemente en su objetivo y luchaba por él. En la época de la Convención y el Directorio, la gente estaba tan hambrienta que las patatas fueron el alimento que se consumió casi diariamente. Ya no era necesario hablar de sus cualidades, de su sabor o de otras bobadas, todo había pasado a un segundo plano y ahora lo más importante era simplemente que quitaba —y muy eficazmente— el hambre. Y aunque con ella no se podía hacer el tan deseado pan, sí se podía comer de muchas otras formas. En época de Napoleón, finalmente, se ordenó que los jardines de Las Tullerías se convirtieran en campos de patata.

Años antes de que Parmentier emprendiera su cruzada pro-patata, era conocida por algunos estudiosos, y Diderot y D'Alembert ya recogen a la patata y otros productos americanos en su *Enciclopedia* — que se publicó entre los años 1751 y 1772—, y señalan que se consumen cocidas o asadas, con un poco de mantequilla. Así, la patata tampoco era una desconocida del todo, hasta un agrónomo francés, Henri-Louis Duamel du Monceau, comprobó que el tubérculo había sido útil durante una epidemia de disentería. Pero fue tras Parmentier cuando todos los científicos e intelectuales de la época asisten con alegría a este nuevo descubrimiento agrícola: Voltaire, Buffon, Condorcet y muchos otros se interesan por los trabajos del científico y su valor social. Para Parmentier no era solo el valor de la patata por sí misma, sino lo que suponía como elemento benéfico en su lucha contra el hambre en Francia, y con este objetivo se ocupó además de todo lo que tenía que ver con el bienestar público: analizar la mejor forma de tener calidad en el agua y en el aire, de cómo hacer las exhumaciones de forma higiénica, ; de la manera de conservar de forma higiénica las salas de los hospitales, y del mantenimiento y vaciado de los pozos negros, un grave problema para la salud pública. Además, y para remediar la escasez de azúcar de caña, analizaría la mejor forma de extraer el azúcar de la uva y de otras plantas dulces, y se interesaría por la conservación de la harina, del vino y los productos lácteos. Hasta tal punto se hizo por entonces importante extraer azúcar de otros alimentos, que Parmentier llegó a desarrollar técnicas que se usarían en el futuro, algunas de ellas con gran éxito como fue la primera refinería de azúcar de remolacha, que le encargó Delessert y que se inauguró en 1801.

Su amistad con Cadet de Vaux, al que había conocido durante su estancia en Los Inválidos, y que como él también era farmacéutico, continuaba siendo cada vez más estrecha. Fue su gran amigo y compañero de trabajo durante muchos años y juntos fundaron en 1788 una escuela de panadería en París, una de las grandes ilusiones de Parmentier. Se establecieron en la rue de la Grand Truanderie aunque desgraciadamente tuvieron que cerrarla cuando llegó la Revolución. A aquella inauguración asistiría Benjamín Franklin como embajador americano en Francia la mañana del 8 de octubre de 1788. A la carta que le escribieron para invitarle a la inauguración, Franklin contestó amablemente que asistiría, y que estaba interesado: «No solamente en el pan de patata, sino en todos los trabajos relacionados con la panadería... Los aliados americanos quieren conocer la obra del señor Parmentier, al que será un honor conocer». Al día siguiente todo era emoción, el pequeño local estaba atestado de gente y se le hicieron grandes honores a Franklin. Se hizo una demostración y Parmentier explicó cómo lo más importante del proceso eran las operaciones primordiales, y extraer el almidón de la patata, así como la preparación de la pulpa. Dieron a todos los asistentes unos panecillos de patata al horno, que degustaron y que tuvieron un gran éxito. Y tras conocer a Parmentier, Franklin opinó: «Es el mejor hombre del mundo y posee una impresionante variedad de útiles conocimientos, a la vez que una personalidad con mucho fuego y vivacidad, y, sin duda, conoció todos los detalles de la panadería mejor que nadie».

El mundo pronto se dispondría a una singular apertura hacia la tecnología agroalimentaria, que ya se percibía en el interés que despertó el descubrimiento de Parmentier. Con su trabajo sobre los métodos de enlatado y conservación, Appert que también era contemporáneo de Parmentier, provocaría pocos años más tarde el interés del gobierno francés. Parmentier no solamente trabajó con la patata, sino que realizó investigaciones sobre la conservación de los alimentos y la tecnología de mejora de estos. El maíz, el opio y el cornezuelo del trigo fueron otros de sus objetos de estudio, los días y las noches eran cortas para él, estaba interesado en todos los fenómenos y preocupado por resolver muchas situaciones.

Llegaron los días de la Revolución, durante los que no tuvo muchas simpatías entre los diferentes gobiernos —a pesar de que su único interés era la investigación, y no la política—, debido a que había sido premiado reiteradamente en época del rey. Aún así el carácter popular de la patata y su capacidad de facilitar la vida de los desfavorecidos habló en su favor, afortunadamente, y aunque en realidad fue sospechoso, todo el tiempo sería a la vez indispensable, por lo que no se prescindió totalmente de él. Aunque no tuvo puesto administrativo alguno, poco después, cuando pasó la efervescencia republicana, le hicieron supervisor para la Armada, y trabajaría en la preparación de las galletas de mar, que los marinos llamaban bizcochos en el sentido literal del término latino —*biz-cocto*—, un pan cocido dos veces que era la alimentación básica de los marinos en los viajes largos. Poco a poco, la animadversión con la que se le miró durante los primeros días terminaría, y al acabar la Revolución, durante el Directorio, se le incluye entre los directivos del Instituto de Economía Rural. Durante el Consulado fue profesor de economía política y de agricultura de la Escuela Central, presidente del Consejo de salubridad del Departamento del Sena, inspector general del Servicio de sanidad del ejército y administrador de los hospitales; una gran cantidad de cargos que solamente serían una parte de todos los que tuvo y que su vitalidad le permitió aceptar.

Parmentier estaba dotado de una gran capacidad de trabajo, y no solamente se ocupó de la química o la farmacología, ciencias en las que se inició tan joven, sino que tuvo la inteligencia de dominar todas las ciencias relacionadas con la mejora de la alimentación y su abaratamiento. Tuvo un compromiso interior y personal con el progreso del pueblo francés y a él dedicó todos sus esfuerzos y los frutos de su conocimiento. En su libro *Tratado sobre la cultura y los usos de la patata, de la batata y de la alcachofa de Jerusalén* aporta diversas formas de cocinar las patatas y de hacer pan con ellas, que era su gran preocupación, y que, por otra parte, quizás sea el primer recetario de patatas de todos los tiempos. Tenía un gran mérito, ya que él no era cocinero, sino químico, y aunque ambas actividades tienen mucho en común, escribir un libro de recetas sobre un producto nuevo para un científico de tal categoría entonces, se explica solamente por su interés sincero en el desarrollo y mejora de la vida. En este libro, que es más que un recetario, expone la forma de cocinar las patatas, detallando por ejemplo cómo se practica la cocción. Como era un excelente químico y conocía bien la diferencia entre el almidón de la patata y el gluten del pan, reconoce que no es posible hacer pan solo de la patata, pero sí a partir de la fécula o pulpa, como la llama, mezclada con trigo. Y es que realmente, ¡había que explicarlo todo! La patata era una gran desconocida en las cocinas y la gente no sabía qué hacer con ella, ya que cruda es incomestible. Pero en realidad hay que entender su interés por hacer pan observando el tiempo que le rodea. Cuando la comida por excelencia de la Francia más pobre era entonces el pan: el pan que quitaba el hambre, el pan que sostenía la vida. Era más que un alimento, representaba el símbolo de lo básico, de la prosperidad, de tener satisfechas todas las necesidades y de no sufrir carencia alguna. De hecho el pan ha sido la gran excusa, esa pequeña gota que colma el vaso en el desarrollo de muchas revoluciones y no es extraña la persistencia de Parmentier en conseguir ese pan de patata, que sabía que podía satisfacer de más formas que solo al estómago. Comer pan, aunque fuera de patata, significaba tener el estómago y el espíritu tranquilos.

A lo largo de esta obra explica la forma de utilizar una de las armas más importantes del panadero, la levadura, que es necesario añadir ¡cómo no! al pan de patata igual que al de cereal. Cree tanto en su pan de patata que dice que: «Si las operaciones precedentes se han ejecutado bien, después de repetir las experiencias varias veces, se obtendrá un pan blanco leve y muy nutritivo, sin mezcla alguna de harina —de trigo, claro—, con un cierto gusto herbáceo y salvaje que es típico de la patata». Facilita, como mente organizada que es, las cantidades de cada ingrediente, la proporción que se evaporará durante la cocción, e incluso hace una reflexión sobre el precio que tendría el pan de patata, que era una de sus grandes preocupaciones: abastecer bien a buen precio a todos.

Parmentier, finalmente, trabajó toda su vida y murió a los setenta y seis años en 1813 de tuberculosis, en su casa de París. Su hermana Marie-Suzanne había fallecido unos años antes, por lo que se había quedado sin compañía familiar alguna. Su tumba, en el cementerio Père-Lachaise en París, la mantienen algunas empresas farmacéuticas.

Sus huellas no solamente dejan rastro de la mejora de la vida cotidiana en la Europa de la época, también los años posteriores tienen una deuda con Parmentier. La cocina, la nutrición y la supervivencia le deben su descubrimiento y entrega. La gastronomía, por su lado, le debe muchos platos con su nombre y sabremos que llevan patata todos los que añaden el Parmentier como apellido. Por ejemplo, el hachís Parmentier, que es similar a un pastel de pastor —puré de patata condimentado con picadillo de carne, todo gratinado en el horno—. Las patatas Parmentier son dados de patata salteados en mantequilla con cebolla, ajo y bacón, y el potaje Parmentier es un guisote de puerros y patata. En realidad, Parmentier tuvo que inventar las recetas de la patata, y en sus libros hay pastellillos de patata, combinados con perejil y mantequilla, bollitos alemanes, que se elaboraban con patata cocida y miga de pan, y se freían en mantequilla, dejándose después cocer a fuego suave con leche y harina. Quizás esta receta la aprendiera durante su estancia en Alemania. Las patatas paisanas, simplemente asadas al fuego, el puré de patatas, enriquecido con huevo y harina. También los guisos de patata con algo de carne, el «pastel económico», hecho con patata cocidas y molidas, puestas en una terrina con yema de huevo, azúcar y cáscara de limón, cubierto por las claras a punto de nieve. Y galletas de patata, confituras, café, por supuesto diversas variedades de pan de patata y la crema de Marie-Suzanne Parmentier, receta dedicada a su hermana, con azúcar, leche, yemas de huevo y agua de azahar. Singulares, imaginativas y casi todas ellas con una base de patata cocida.

Un hombre bueno, con una mente brillante, práctica y analítica. Un modelo de patriota, de corazón noble y de entrega a un ideal. Sin duda, Parmentier y la patata forman un tándem que ha mejorado el mundo.

BIBLIOGRAFÍA

Kahane, E., *Parmentier ou, la dignité de la pomme du terre. Essai sur la famine*, París, 1978.
Messer, E., «Potatoes», en: *Cambridge World History of Food*, Kiple, K., Ornelas, K., (eds.), 2010
Muratori-Philip, A., *Parmentier*, Mayenne, 2006.
Reynière, G., *Almanach des Gourmands*, París, 1810.
Toussaint-Samat, M., *History of food*, Masachussets, 1994.

Jardín de Ziryab. Reproducción del siglo XVI o anterior.

ALI-IBN NAFI ZIRYAB

Músico, artista, cuentista. Ziryab fue el engranaje de cambio en la Córdoba andalusí, a la que llegaría bajo el reinado de Abderramán II. Modificó la forma de comer, la presentación de los platos en la mesa, cambiando el menaje, la vajilla, los manteles... y siendo protagonista directo de las modas que se siguieron desde el palacio califal y que tuvieron una importante repercusión en todo Al-Ándalus. Nacido en Bagdad en el 790, fallecido en Córdoba en 852.

Ordenando la mesa ordenamos el mundo. A.V.

Córdoba fue una de las ciudades más importantes del mundo en el s. IX, el escenario perfecto para que se desarrollaran las aventuras del culto e inteligente Ziryab. La capital del califato omeya era una ciudad que administraba un gran territorio, que disfrutaba de un entorno fructífero y bien organizado... sin duda estaba preparada para convertirse en una espléndida ciudad que sería modelo de cultura y refinamiento. En ella emergía el escenario rico, cultivado y sensual de la corte musulmana, tiempos de esplendor en los que el emir Abderramán II, generoso y magnánimo era mecenas de filósofos, médicos, astrólogos y músicos. Fue un príncipe culto, poeta y apasionado por la vida, por la ciencia y por las mujeres —todo ello no necesariamente en este orden— hasta el punto de que su capacidad amatoria estuvo bien probada por sus ochenta y siete hijos. El emir de Córdoba vivió en una magnánima corte, rodeado de riqueza, de fastos y de grandes e importantes construcciones. Y en gran medida, tanto su padre Alhakem como después él mismo habían sido artífices y creadores de todo aquello. Abderramán fundó la primera ceca de moneda de Córdoba, construyó varias mezquitas, creó una gran biblioteca y un sistema de anales oficiales e históricos. Se ocupó de que los anaqueles de aquella biblioteca estuvieran surtidos con muchas y variadas obras, para lo cual las hizo traer de todas partes del mundo conocido, e incluso se ocupó de que llegaran procedentes de Bagdad, libros, joyas, el tesoro real de los abasíes. También actuó como mecenas de algunas personalidades de gran interés, entre ellas la que nos interesa aquí para la historia de la alimentación: Ziryab.

Pero no todo era dulce para el conjunto de la población hispanoárabe. Mientras la familia de Eulogio de Córdoba recordaba aún los pacíficos tiempos en que habían vivido sus nobles ascendientes y su pertenencia a la antigua y aristocrática clase patricia bético-romana, los omeyas creaban una corte al estilo de las más ricas y lúcidas orientales, como reconocía el propio Eulogio: «... el pueblo de los árabes, engrandecido en riquezas y dignidad en tierras hispanas, se apoderó bajo una cruel tiranía de casi toda Iberia. En cuanto a Córdoba, llamada antaño Patricia y ahora nombrada ciudad regia tras su asentamiento, la llevó al más elevado encumbramiento, la ennobleció con honores, la engrandeció con su gloria, la colmó de riquezas y la embelleció con la afluencia de todas las delicias del mundo más allá de lo que es posible creer o decir, hasta el punto de sobrepasar, superar y vencer en toda pompa mundana a los reyes de su linaje que le precedieron; y mientras bajo su pesadísimo yugo la Iglesia... era arruinada hasta la extinción»[66]. La población hispana mantenía un fuerte sentimiento de conquista por parte de los musulmanes, que habían invadido su tierra e impuesto una religión, una cultura y una forma de vida. Además de una época de apogeo económico, también fue un tiempo de florecimiento del movimiento mozárabe de los mártires que perdieron la vida durante el reinado de Abderramán. La convivencia pacífica de las tres religiones, que en muchas ocasiones se pone como modelo, es una falacia histórica. Los musulmanes no fueron ni generosos ni comprensivos con cristianos o judíos: imponían graves tributos, hacían razzias en los barrios habitados por personas de otras religiones, y cuando era necesario ejecutaban a los disidentes.

En esta espléndida época del ilustrado Abderramán, muchas personas dejaban Oriente atraídos por la fama de Al-Ándalus y cruzaban el mediterráneo para tener acceso a una corte rica y muy joven, en la que con toda seguridad tendrían posibilidades de prosperar debido a la proverbial generosidad de los emires. Uno de aquellos aventureros

66   Eulogio de Córdoba, 1998, 116.

fue Ziryab, cuyo nombre completo era Ali Ibn Nafi, aunque se le conocía más por su sobrenombre, que significa mirlo, en árabe. El apodo describía al músico por su bella voz, comparable a la del pájaro homónimo, y por su tez oscura, similar al negro plumaje de esta ave. Ziryab era un músico y cantor, hombre refinado y culto que llegó a Córdoba desde la lejana Bagdad, donde era discípulo de otro afamado músico de la corte del rey llamado Ibrahim Al-Maussilí. Pero no solamente era músico, sino que revolucionó la corte cordobesa con sus novedades gastronómicas traídas desde la gran capital árabe. Algunas de ellas provenían de la tradición clásica y otras eran orientales, pero sin duda, la llegada de todas ellas provocó una modificación en la forma de alimentarse de todo Al-Ándalus.

Ziryab había nacido en el año 790, bajo el reinado del gran califa Harún Al-Raschid, el cual pertenecía a la dinastía abasí, reinante entonces en Bagdad. Se trataba de una época soberbia, que podría parecer casi legendaria, pero fue real: Harún Al-Raschid fue el protagonista de muchas de las historias de *Las mil y una noches*, era un califa ilustrado que hizo vivir a sus súbditos una época espléndida en los campos científico y económico y que se comportó como un auténtico mecenas y bienhechor de la cultura, de las artes y del conocimiento. Aunque por otro lado, también fue un gobernante sanguinario e islamista radical al más puro estilo de un cruel sátrapa, capaz de ejecutar muchas muertes crueles. Bagdad en aquella época se desplegaba como una de las ciudades más poderosas y notables del Mediterráneo y de Oriente. Ubicada a orillas del Tigris, había sido fundada en el año 761 por Al-Mansur, muy cerca de las ruinas de Babilonia, y conoció un tiempo de apogeo bajo Harún Al-Raschid. En gran parte, esto se explica por el carácter generoso y magnánimo del monarca, que estaba relacionado con todos los poderosos de su época, y que incluso llegó a intercambiar regalos con el otro extremo del mundo conocido: se le ocurrió enviar a Carlomagno, entre otros presentes, las llaves del Santo Sepulcro. En Bagdad se había concentrado gran parte de la tradición de la Antigüedad, sin duda fue una encrucijada urbana en la que se recogió el saber con mayúsculas, todo era propicio para que esto ocurriera, y entre otros centros de formación se crearon escuelas de traducción del griego y latín al árabe, lo que propició la conservación de gran parte del legado del mundo antiguo.

De forma paralela, Córdoba también se iba convirtiendo en una capital a la altura de las más importantes de la época, y según la expresión de un cronista árabe, el tiempo de Abderramán, fue una verdadera luna de miel de Al-Ándalus con su rey, quién imitó a los califas de Bagdad en el desarrollo de la vida palatina, lo que se pudo permitir gracias a la categoría del tesoro real. Todas las mercancías que llegaban de Oriente pasaban por sus manos: desde alhajas a libros, pieles, sedas y piedras preciosas... hasta mujeres, a las que el rey era muy aficionado. Los objetos y los viajeros llegaban hasta Córdoba por mediación de las tradicionales caravanas guiadas por mercaderes judíos que hablaban en multitud de lenguas, y que en sus viajes alcanzaban lugares tan lejanos como el delta del Indo e incluso China. El objeto más famoso que llegó desde Bagdad fue el collar que el emir regaló a su favorita, conocido como El Dragón, el cual había pertenecido a Zubayda, esposa de Harún Al-Raschid, y que costó a Abderramán diez mil dinares de oro. La personalidad dadivosa y espléndida del monarca cordobés, como vemos, fue decisiva para que Ziryab encontrara un medio propicio para instalarse y dar a conocer su música y todo su saber, incluido el gastronómico.

Pero volvamos a Bagdad, a la corte de Harún Al-Raschid, donde el jovencísimo Ziryab tenía un maestro de música, Isaac Mucili, que era el favorito en la corte y el músico preferido del emir, el que tocaba para él y le proporcionaba nuevos intérpretes y cantantes. Un día, el califa quiso saber si no disponía de nuevos talentos para presentarle, e Isaac le dijo: «Tengo un discípulo que canta bastante bien, gracias a mis lecciones, y tengo motivos para creer que ha de honrarme algún día».

El califa le solicitó que el joven fuera a verle de inmediato y así fue. Ziryab llegó al palacio y fue presentado al monarca. Pronto se ganó la confianza de éste, sus modales eran gentiles y su conversación entretenida y divertida. Harún Al-Raschid estaba interesado en sus conocimientos de música y en conocer nuevas canciones y ritmos, tenía ganas de novedades, y el inteligente Ziryab le contestó: «Sé lo que los otros saben, pero además sé lo que otros no saben. Mi estilo propio no es sino para alguien tan inteligente como tu señor, si quieres voy a cantar lo que jamás has oído». Al monarca le hizo gracia el joven músico y pidió que le llevaran un laúd, lo que se hizo de inmediato, entregándole el instrumento de su maestro. Pero Ziryab no quiso usarlo, y pidió otro diferente, un laud algo original y distinto a los habituales el cual había fabricado él mismo. «¿Por qué no quieres usar el laúd de Isaac?», dijo Harún. Ziryab le contestó: «Si deseas que te cante alguna cosa por el método de mi maestro me acompañaré con su laúd, pero si quieres conocer lo que yo he inventado es de todo punto necesario que use el mío». Entonces, para dulcificar la firmeza de su respuesta, comenzó a explicar la forma en que había construido su laúd, y para mostrar que también sonaba plácidamente y que el público comprobara sus habilidades, empezó a cantar y a tañer una canción compuesta por él mismo. El joven, además de entretenido era avispado y buen diplomático: aquella canción era una oda en la que agasajaba al califa. Naturalmente, éste se quedó encantado con el músico y cuando volvió a estar con el maestro le recriminó con duras palabras no haber presentado antes en la corte a ese cantor y músico de primera fila. A Isaac le dolió profundamente el reproche y lamentó en su corazón el haber presentado al joven músico, pero sus palabras no expresaron sus pensamientos: «Siento no haberos presentado anteriormente a este músico, es cierto, pero desconocía que cantara, y mucho menos que compusiera canciones».

Pero cuando Isaac salió de la presencia de Harún estaba muy enfadado con el joven. Aguijoneado por la envidia, le reprochó duramente que le hubiera ocultado sus habilidades hasta entonces: «Me has engañado indignamente, ocultándome toda la extensión de tu talento; voy a ser franco contigo: estoy celoso de ti, como lo están siempre artistas iguales que cultivan el mismo arte. Además, has agradado al califa, y sé que pronto vas a suplantarme en su favor. Esto no se lo perdonaría ni a mi propio hijo, y si no fuera porque te conservo un resto del cariño de maestro, no tendría el menor escrúpulo en matarte, sucediese lo que fuera... Elige, pues, entre estos dos partidos: o ve a establecerte lejos, jurándome que nunca volveré a oír hablar de ti, y entonces te daré para tus gastos lo que quieras, o quédate contra mi voluntad; más te prevengo que entonces todo lo arriesgaré para perderte. ¡Elige, pues!». El camino estaba claro, y era de salida. Ziryab no tuvo duda alguna, y como muchos otros habían hecho antes, eligió salir hacia una lejana Al-Ándalus en busca de mejor fortuna. Así, salió de Bagdad de inmediato sin siquiera despedirse de Harún Al-Raschid, con su familia y el dinero que Isaac le había proporcionado, y en busca de un lugar donde se necesitara a un joven músico y cantor.

Sin embargo, no todo el mundo en Bagdad lo había olvidado. El califa, pocos días después, ordenó a Isaac que llevara a su presencia al joven músico, pero este le dijo: «Siento no poder complacerte, este joven está poseído, cree que los genios le hablan y le inspiran los aires que compone, y está tan orgulloso de su talento que se cree sin igual en el mundo. No habiendo sido recompensado, ni vuelto a llamar por ti, ha creído que no aprecias su talento y se ha marchado furioso. Ignoro donde está ahora, pero da gracias a Dios de que se haya marchado, porque tenía accesos de locura y entonces daba miedo de verlo». Harún Al-Raschid se debió quedar apenado, porque Ziryab había disfrutado de una gran privanza con él[67], no solo en la escena narrada, que debió ser en la que se conocieron, sino que debieron tener más trato que aquella única ocasión ocasión de la que tenemos noticia, pero en cualquier caso, la música del joven aprendiz le había fascinado.

Sin saberlo, Isaac definía con la expresión de «estos accesos de locura» un trance similar que les ha sucedido a otros grandes músicos a lo largo de la historia: se han sentido inspirados por algo que no han sabido describir, algo divino que les dicta una composición, unas notas, un aire... A Ziryab le ocurría lo mismo, y creía oír música en sus sueños, algo que él describía como oír cantar a los genios. Cuando aquello le sucedía, se levantaba del lecho alterado y llamaba de inmediato a dos jóvenes de su serrallo, Ghazlan y Honaida, obligándolas a coger sus laúdes para enseñarles la melodía que había escuchado, mientras él escribía la letra de la canción, y así con este sistema conseguía no olvidarla. En esas ocasiones pasaban la noche cantando, haciendo poemas, tocando y conversando hasta el amanecer. Isaac sabía que esto no era locura, sino brillantez, la inspiración de los grandes genios, pero no se lo confió así al califa, y éste, aunque quedó apenado tras la salida de Ziryab de Bagdad, también permaneció tranquilo. Pero finalmente, quizás Ziryab tuviera un genio de verdad, ya que incluso los celos de Isaac, una circunstancia que hubiera podido ser muy peligrosa para él, fueron un detonante positivo para su vida y su carrera, obligándole a salir de una ciudad en la que posiblemente no hubiera prosperado por tener un maestro excesivamente posesivo, acaparador y celoso.

Así, siguiendo el ejemplo de tantos que buscaban un rumbo que les llevara de camino a una nueva vida, se dirigió hacia el oeste y llegó hasta África, donde había sido precedido de su notoriedad. Allí oyó hablar de la rica corte del emir Alhakem —el padre de Abderramán—, en Córdoba, y de su reputación como monarca fastuoso y se decidió a escribirle pidiéndole un lugar en la corte. Por todas partes contaban maravillas de la generosidad y mecenazgo de Alhakem, y él se sinceró con el monarca, narrándole sus aventuras y cómo se había visto en la necesidad de salir de Bagdad. Sobre todo, se dolía de cómo su propio maestro había hecho uso para sí de algunas de sus invenciones, sin reconocer siquiera su autoría. A Alhakem le gustó mucho la idea de disponer de un músico de ese talento en la corte de Córdoba, un joven que llegaba desde el centro del mundo culto de entonces y que aportaría a su corte algo del brillo de aquella ciudad.

---

67   Ben Al-Qutiya, Iftitah al-Andalus, t.I., 1974, 205.

El destino quiso que no solamente Ziryab estuviera deseoso de llegar a Córdoba, sino que también Alhakem se sintiera contento de que llegara a la corte cordobesa un culto y prometedor músico. Se decidió a abrir las puertas de la corte y de la ciudad a Ziryab, prometiéndole una buena recompensa por su futuro trabajo, asegurándole que sería bien pagado, y como primera muestra de ello envió a un músico judío, de nombre Mansur, a esperarle a Algeciras.

Ziryab se embarcó para cruzar el Estrecho con su familia, que consistía en dos esposas y cuatro hijos, además de algunos esclavos, dejando África atrás definitivamente y para siempre y llegó a Algeciras, donde le recibió Mansur. Pero tan solo dos días después de haber desembarcado, les llegó la noticia del fallecimiento del emir, y... ¡qué gran decepción debió sentir Ziryab!... hasta tal punto que decidió volver a África. Sin embargo, conociendo a los emires y cómo funcionaba la corte cordobesa, Mansur le convenció de que debía ir a Córdoba, ¡habría otro monarca! y un buen músico siempre era bien recibido. Además, el sucesor de Alhakem era su notable hijo Abderramán; las expectativas no podías ser mejores. Mansur no desperdició el tiempo y escribió al nuevo emir desde Algeciras, dándole a conocer el caso de Ziryab. El califa se alegró de la llegada del músico, y no solamente le dijo que cumpliría el pacto hecho con su padre, sino que le rogó que no retrasara su llegada a Córdoba. De inmediato, escribió a los gobernadores de las provincias y a los alcaides de las ciudades por donde pasaría el bagdadí, para que proporcionaran al músico y su familia provisiones y escolta, de forma que pudieran hacer el viaje lo más acomodados que fuera posible, solicitándoles además que se les tratara con dignidad y como su posición de futuro músico de la corte requería.

Ziryab llegó a Córdoba junto a su familia, acompañado de Mansur y con grandes esperanzas: el futuro le sonreía. El monarca, como deferencia a él, envió a uno de sus eunucos principales a su encuentro a las afueras de Córdoba, el cual llevaba una reata de mulas con provisiones y otras menudencias para su confort y el de sus mujeres. Para no llamar la atención por la belleza de sus jóvenes esposas, Ziryab entró en Córdoba de noche, y ya en el interior de la ciudad le condujeron a una mansión —su futuro hogar—, que era espléndida y grande y estaba bien dotada. Allí no faltó nada para toda la familia, y el emir incluso le envió un vestido de honor para presentarse en la corte dignamente, lo que sucedería pocos días después.

Los viajeros dispusieron de tres días para instalarse en la casa —cortesía del monarca—, transcurridos los cuales Abderramán hizo llamar a Ziryab. Tanto el califa como el músico deseaban la entrevista, el joven se revistió con su nuevo traje para honrar al califa que tan generosamente le recibía y Abderramán, contento por su llegada, y nada más verle, le asignó una pensión de doscientos dinares al mes. ¡Toda una bienvenida! Pero eso no fue todo y como Ziryab ya era padre de cuatro hijos, Abderramán, Jafar, Obeydulah y Yahya, el emir dispuso que para cada uno hubiera una renta de veinte dinares al mes.

Representación de Abd Al Rahman II en un sello de Correos.

El monarca se sentía espléndido y decretó que se le deberían pagar, además de todo aquello, tres mil dinares anuales divididos en las fiestas más importantes. En cada una de ellas se le proporcionaría una cantidad del total. Así, habría mil dinares en cada una de las dos grandes festividades musulmanas además de quinientos el día de año nuevo y otros quinientos el día del solsticio de verano, época en el que además se le proveería de trescientas medidas de trigo para el consumo anual de su casa. Además del dinero, le proporcionó varias casas, entre ellas una bella almunia cerca de Córdoba, algunas tierras y el importe de diversos impuestos, que irían a parar directamente a su bolsillo. Se calcula que el total de la entrega que le hizo Abderramán sería de unos cuarenta mil dinares, que no solamente entregó de palabra, sino que regaló formalmente, con sus escrituras.

Después de las penalidades pasadas, para Ziryab todo aquello debió ser de verdad un auténtico regalo. El músico recibió en Córdoba constantes muestras del afecto y la esplendidez del monarca, hasta tal punto que en una ocasión que le cantó una canción que fue de su especial agrado, dijo a los tesoreros que le entregaran treinta mil dinares, ¡un gran capital! Los tesoreros no querían dar una cantidad tan importante por una canción. Soliviantados, dijeron que eran tesoreros de los musulmanes y que tenían la obligación de cobrar y vigilar sus tributos, y que ellos no estaban para dilapidar el tesoro, sino para gastarlo en cosas útiles. A Abderramán le pareció tan justificada y lógica la negativa que hizo que se pagara a Ziryab de su bolsillo personal, y prometió tener en cuenta la fidelidad de los tesoreros.

Ziryab estaba sobrecogido, agradecido y más que satisfecho por la espléndida retribución: Abderramán y Córdoba habían conquistado el corazón del bagdadí. Además de mecenas, Abderramán se convirtió en un amigo para él y de inmediato le acogió entre sus más cercanos, admitiéndole como igual en su vida privada, además de ser el músico de la corte. Por las noches le invitaba a beber vino de palma y a cantar, a tocar y a divertirse con él. Le tomó afecto, lo trató como a un igual y se deleitó con su compañía constante, tratándole —y permitiendo que le tratara— con total libertad.

Ziryab tocaba su laúd y cantaba para el monarca, algo que le gustaba muchísimo, pero cuando Abderramán se cansaba de música siempre quería algo más, y le pedía que le contara historias. Ziryab tenía una memoria portentosa, era culto y disponía de mucha información porque había leído muchísimo. Al emir le gustaban las anécdotas de otros reyes, el pensamiento de los filósofos, los dichos de hombres sabios y las historias de poderosos de todos los tiempos y lugares; y Ziryab sabía narrarlas como nadie.

La relación entre ambos se iba estrechando, el emir y el músico se llegaron a hacer inseparables, se hicieron amigos de verdad hasta tal punto que Ziryab comía con Abderramán, algo que suponía un gran honor para cualquiera. Su apego por el músico llegó a tal intimidad que mandó construir una puerta privada e imperceptible por donde Ziryab pudiera entrar a placer a sus apartamentos personales, evitando la incomodidad del paso por todo el palacio. A cambio, Ziryab le contó el secreto de su genio y cómo una inspiración llegaba por las noches para iluminar su laúd y su garganta.

Pero además de influir en el ánimo y en la vida de Abderramán, la llegada de Ziryab tuvo una gran repercusión en la ciudad: Córdoba estaba preparada para el cambio y él creo allí la primera escuela de música de Europa, una casa de belleza y, sobre todo, fue el promotor del cambio de unas costumbres ciertamente algo rústicas todavía, especialmente en lo relativo a la forma de vestirse, de peinarse y de alimentarse. Iba a modernizar la ciudad.

La escuela de música funcionaba de una forma no convencional, y cuando un joven llegaba con la intención de tomar lecciones de canto, Ziryab le hacía rodar por un cojín redondo llamado «masurah» y después le hacía probar la fuerza de su voz. Si su voz era escasa, le ceñía la tela de un turbante a la cintura, una práctica que entonces se llevaba, para aumentar la voz y su fuerza, creyendo que incrementaba la potencia vocal. Si el joven no abría la boca, o tartamudeaba, o apretaba los dientes al hablar, Ziryab hacía que le colocaran en la boca un trozo de madera que llevaría día y noche hasta que las mandíbulas se expandieran lo suficiente. Después de esta prueba, hacía gritar al aspirante a voz en grito, animándole a prolongar el sonido todo lo posible. Si esta voz era potente, clara y sonora, lo admitía entre sus alumnos y no reparaba en esfuerzos ni fatigas para conseguir que fuera un gran cantante. Pero si no tenía buena voz después de estas pruebas, no lo admitía.

Desde luego, su gran pasión era la música, más que ninguna otra. Los cambios que había hecho en su propio laúd —y que su maestro no conocía— cuando rasgueó el instrumento y cantó por primera vez ante Harún Al-Raschid, consistían entre otros en una modificación del sistema de las cuerdas. El laúd antiguo tenía cuatro cuerdas, cuyo equilibrio se encontraba en relación con los cuatro humores del cuerpo, que según los músicos de entonces respondían a cuatro sonidos naturales principales. Ziryab añadió una cuerda más en el centro de todas, que producía sonidos más armoniosos y completaba la sonoridad del instrumento. Ésta era el doble de gruesa que la cuerda de agudos, y con su apoyo perfeccionaba estos tonos gracias a la presencia de unos sonidos mucho más graves. Además, tocaba el laúd con una púa fabricada de garra de águila en lugar del antiguo plectro de madera, proporcionando así un sonido más limpio y nítido. Sin duda era un hombre versado profundamente en la música, capaz de dominar todos los aspectos alrededor de ella, desde la construcción de instrumentos al canto, así como la composición de letras y aires. Además, con su prodigiosa memoria, conocía de memoria miles de canciones y letrillas y podía recitarlas a placer. No solo tenía una gran memoria, era listo e inteligente, culto y brillante como pocos, y disponía de una completa y vasta formación.

Además de estas habilidades, Ziryab conocía otras ciencias, si no tan a fondo como la música al menos razonablemente, como eran la astronomía y la geografía. Una de las cosas que le gustaba escuchar al emir era la descripción de la división de la tierra en siete climas, y los productos que se podían extraer de cada una de estas zonas, con los detalles sobre sus temperaturas y peculiaridades; también los mares que las dividían, que tipo de personas había en ellas y que vida hacían. Todo aquello causaba sensación en el monarca y le divertía enormemente. Además, Ziryab poseía el encanto de los buenos conversadores, podía hablar durante horas para entretener a su público con todo su conocimiento, y como conocía a fondo la literatura, entrelazaba unas y otras narraciones y podía, de esta forma, entretener durante horas a su monarca, y ya amigo, Abderramán. Talentoso, agudo y perspicaz, era capaz adivinar lo que el emir deseaba antes incluso de que lo manifestara, lo que causaba un gran placer en Abderramán. Y tuvo una precaución fundamental: había aprendido —duramente— la lección y se ocupó de no volver a suscitar celos. Su experiencia con el maestro bagdadí había sido suficiente, de esta forma, fue educado y amable con todos, no participó en las intrigas de la corte ni se mezcló en las cuestiones de estado, quedando así fuera de la trama de poder y evitando, por tanto, las complicaciones que esto pudiera acarrearle.

Era, por tanto, un ejemplo para todos: de costumbres sanas y discretas, educación refinada y hábitos elegantes, fue un modelo para la corte e incluso para el pueblo de Córdoba, a quienes educó en las nuevas costumbres. Llevó consigo pequeñas cosas que modificaron la manera de vivir allí: hasta entonces, tanto hombres como mujeres andalusíes llevaban el cabello descuidado y cortado con un flequillo irregular sobre la frente, pero la moda cambió en cuanto vieron a Ziryab y su familia peinados pulcramente y con el cabello partido con raya en medio, la frente despejada y los mechones pasados por detrás de las orejas para evitar que este cubriera el rostro.

Cuando Ziryab llegó a Córdoba, la ropa de los monarcas andalusíes se lavaba con agua de rosas y flores, por tanto, la ropa olía muy bien pero no quedaba limpia del todo, su aspecto era algo amorfo y no del todo pulcro. El músico les enseñó cómo se podía mezclar el agua de rosas con sal y con litargirio, un mineral que, molido, ayudaba a quitar el mal olor de las ropas más sucias. Este invento les encantó a todos y lo pusieron en práctica de inmediato, de manera que la corte entera dejó de disimular el mal olor para, definitivamente, oler bien.

En cuanto a las comidas, también creó nuevos hábitos, tanto en lo relativo a los alimentos como al protocolo y formas de comer en la mesa. Su llegada personificó una revolución en la forma de alimentarse. En lugar de presentar la comida como se hacía hasta entonces, sobre mesas de tablas de madera, las cuales no siempre estaban muy limpias, enseñó la forma de preparar unas bandejas de fino cuero, que era mucho más higiénico y resistente, y además se podía limpiar muy bien. Los tapetes más finos y mejor realizados no solamente recubrían las mesas, sino que también se convirtieron en guadamecíes de vistosos colores con los que se cubría, protegía y acolchaban las paredes de las mansiones más lujosas. Además, los sillones, cojines y camas se revistieron de ese mismo cuero fino y trabajado, que siempre estaba limpio, en lugar de los montones de viejas mantas de algodón que se usaban anteriormente. Para que sus innovaciones no fueran flor de un día, una moda pasajera, Ziryab fue en persona a aquellos lugares en donde se curtía el cuero y enseñó a los artesanos la forma de cortarlo, decorarlo y prepararlo para que se pudieran confeccionar con ellos aquellos bellísimos e higiénicos manteles.

La taberna de Anah. Diversos personajes musulmanes preparan y beben vino pese a la prohibición de Mahoma. Miniatura árabe.

Hasta entonces se bebía en vasos de oro, plata y otros metales, todos ellos recipientes opacos, lo que también cambió Ziryab, implantando el uso de cristalería fina, para lo que enseñó a la corte el cambio que supondrían los vasos de cristal de roca. Las copas opacas presentaban un grave problema, ya que en ellas no se podía observar el color del vino, y si éste era bueno resultaba una pena perder parte de su disfrute visual. Lo mismo sucedía con el agua y los refrescos. Si el agua era cristalina y excelente era mejor verla, y si no lo era resultaba mucho más saludable observarla por si contenía algún tipo de suciedad, para no ingerirla. Además, las ponzoñas y venenos que se añadían intencionadamente a una bebida se detectaban mucho mejor en vaso de cristal que en uno metálico. Por otro lado, los metales tienen, como último inconveniente, la particularidad de que pueden añadir partículas tóxicas a la bebida dependiendo de las aleaciones, o como poco agregar cierto matiz metálico al vino o al agua. Para que en la corte se conocieran las grandes cristalerías, Ziryab mandó traerlas, finas y lujosas, desde Oriente. Seguramente tuvo mucho que ver con Abul-Kasim Abbas Ibn-Firnas, el primer artesano que fabricó piezas de cristal de roca en su taller y que regaló a Abderramán la primera copa de cristal de roca tallada realizada en la ciudad.

El vino que se servía durante las comidas en la relajada sociedad cordobesa, poco dada a excesos de austeridad religiosa, se presentaba en las nuevas y bellísimas copas de cristal, que eran transparentes y brillantes, en las cuales se podía disfrutar de la vista de un buen caldo. Ziryab sumó varios placeres en la bebida: contemplar su color, disfrutar de los matices y mejorar el sabor del vino que, gracias al cristal, permanecía sin cambios. El vino corría en los banquetes sin problema alguno y sin los ñoños recatos religiosos que tendrían lugar posteriormente.

La relación entre los dos especiales personajes, el emir y el músico, dejó en Córdoba innumerables rastros, ya que Abderramán se dejaba aconsejar y ponía en práctica todas las recomendaciones que Ziryab le sugería. En cuanto al orden en las comidas, se impuso un nuevo sistema totalmente distinto al que se venía poniendo en práctica: hasta entonces se servían los platos desordenadamente, colocándolos todos a la vez sobre la mesa, sin orden entre unos y otros y ahora se imponía un orden en el servicio. En realidad, las diferencias entre el banquete y las comidas ordinarias no se demostraban en la calidad, sino en la cantidad de alimentos. Ziryab sugirió organizar los servicios de comidas con un orden concreto, de manera elegante y delicada, de modo que resultaran aún más apetecibles y suculentos. En lugar de poner un enorme cordero asado sobre la mesa, como hasta entonces se hacía, se comenzó a servir la mesa al estilo de Bagdad, comenzando por los vegetales y la tafayas[68], las sopas y caldos, y presentando después los platos de carnes y más tarde las aves, alimentos que se tomaban muy sazonados. Entonces podían servirse los dulces: almojábanas y alcorzas, rosquillas, alfeñiques, figuritas de azúcar y todo tipo de pasta de frutas perfumadas rellenas de alfóncigos y avellanas. Solo al final se tomaban las frutas frescas, en temporada, naturalmente. Este sistema de servicio en las comidas era el que se practicaba en la Antigüedad, pero la costumbre de hacerlo así se había perdido en los últimos siglos. En cuanto a las bebidas, se elaboraban diferentes tipos de hidromiel, jarabe de áloe, de sándalo y de mástico. También se hacían jarabes de menta y de rosas frescas, de violetas, de granadas, jarabe de agraz, limón y lavanda; algunos más dulces aún de dátiles, uvas y manzana. Este jarabe se mezclaba con agua fresca e incluso helada en verano, para aliviar el calor, pero también se diluía como si fuera una infusión, en agua caliente.

Con estas nuevas formas de preparar la mesa y de comer, Ziryab descubrió un mundo nuevo de placeres gastronómicos a su monarca y al territorio que ya era el suyo, enseñando la forma de disfrutar de todos los sentidos durante la comida, y no solamente a aplacar el ímpetu por satisfacer al estómago hambriento. La corte de Abderramán fue un lugar perfecto en el momento ideal para la recepción de este mensaje, que caló allí y se difundió en todo Al-Ándalus. La valoración que se hacía de la sensualidad en la corte provocó que fueran capaces de disfrutar de los gozos de la vista a través de una bonita presentación, y que disfrutaran de la belleza de las presentaciones. Con una cierta picardía trataba de abrir el apetito mediante pequeños aperitivos salados y ligeramente picantes o encurtidos, y también se procuraba que los comensales disfrutaran por anticipado de la comida gracias a la belleza de una mesa bien puesta con elementos lujosos, transparentes, impecables.

El éxito de Ziryab en la implantación de las nuevas costumbres alimentarias, consistió que todo estaba preparado para el cambio, que había riqueza y ganas de disfrutar de los placeres de la vida, y que él supo comunicar todos sus conocimientos. Tan fuerte fue su impronta que muchas preparaciones y salsas tomaron su nombre, entre las cuales dejamos dos importantes, la Zirbaya[69], que es un plato que toma

---

68 Un guiso de carne de cordero que se acompañaba de almendras, albóndigas y cilantro, con muchas variedades.
69 Anónimo, 2005, 72.

el nombre del músico: «Se toma una gallina joven, limpia, y se pone en una olla con poca sal, pimienta, cilantro seco, canela, azafrán y lo que baste de aceite dulce y vinagre, y cuando se ha cocido la carne de gallina se toma de almendras descascarilladas y machacadas y de azúcar blanco bueno, cuatro onzas de cada una; se disuelven en agua de rosas, se vierte en la olla y se le deja hervir; luego se deja en el rescoldo, hasta que suba su grasa. Es de mucho alimento y bueno para todos los temperamentos; se hace este plato con gallinas o pichones o torcazas, o con carne de cordero joven».

Y además está la hechura de verdura a lo Ziryab: «Se toma carne de carnero joven y gordo, se pone en la olla con sal, cebolla, cilantro seco, pimienta, alcaravea, dos cucharadas de aceite y una de almorí macerado; se pone a un fuego moderado y luego se toman los brotes tiernos de la coliflor; se les quitan las hojas y se cortan menudas con sus cabezas, se lavan, y cuando la carne está casi hecha se le pone la coliflor; luego se maja carne roja de un pedazo tierno y se bate en la fuente con huevos y pan escogido, almendras, pimienta, cilantro y alcaravea; se espesa con ello la olla poco a poco y se deja en el rescoldo hasta que se seque su salsa y se suba su grasa y se presenta»[70].

Se puede decir que Ziryab convirtió a Córdoba, y con ella a Al-Ándalus, en una ciudad y un territorio, respectivamente, más cosmopolitas y refinados. Consiguió que se recuperaran algunos viejos logros del mundo romano, que habían sido clave en la elaboración de los alimentos y en el desarrollo del banquete, eliminando la rusticidad y las costumbres toscas y escasamente refinadas, cambio que, por otra parte, fue muy bien recibido. Y es que Córdoba no solo fue la gran capital omeya, antes había sido capital de la rica provincia Bética, en tiempos de Roma. Una ciudad refinada e importante, en la que se podían degustar todo tipo de exquisiteces y platos bien preparados y presentados, tan buenos como en la propia capital del imperio, Roma. Pero hacía al menos tres siglos que la cultura alimentaria romana se había perdido prácticamente del todo y se había olvidado el hábito de la distinción y de la elegancia en la presentación de platos y en las comidas. Incluso se había disipado la memoria de un alimento que los cordobeses tenían muy cerca, porque era silvestre: la calidad de unos deliciosos tallos que en época romana sí se comían. Ziryab le ofreció a Abderramán un manjar que no se tomaba en Occidente desde los antiguos tiempos del

---

70   Anónimo, 2005, 203.

imperio romano. Esos crujientes y finos tallos que hoy llamamos espárragos que se presentaban hervidos y que a Abderramán le encantaron.

Además, Ziryab se inventó un plato conocido como al-tafaya o tafaya, elaborado con carne de cordero y albondiguillas de carne picada, además piezas triangulares de pasta, fritas en aceite de semilla de cilantro. También un plato de pescado frito que se llamaba en su honor «takalliyah Ziryab».

Ziryab actuó casi como maestro de ceremonias de la corte en todo lo relacionado con la alimentación: él proponía y Abderramán aceptaba gustoso, incluso solicitaba más novedades continuamente, por lo que siempre había que estar preparando platos, historias y canciones para el monarca. Las comidas hispanomusulmanas no se diferenciaban de todas las del entorno mediterráneo: eran un momento para la convivialidad, para comer, beber y hablar, para disfrutar, parte de la vida. Más aún, en la epicúrea corte de Abderramán, en la que al monarca le importaba especialmente los gozos sensuales, y comer, escuchar buena música y recrearse en las historias de un culto bagdadí: disfrutar de todo esto formaba parte de ellas.

Al pasear por las calles de Córdoba, Ziryab se empaparía de aquel pueblo, nuevo para él, y recíprocamente también los cordobeses contemporáneos aprenderían de aquel árbitro de la elegancia cómo vestir, como peinarse y ese saber estar propio de quién ha viajado mucho. Observar a los cordobeses y comprobar todo lo que podía hacer por ellos debió ser un estímulo para él, que había llegado a la ciudad con treinta y dos años y muchas ganas de hacer cosas nuevas. Se le ocurrió que podía modificar algunas cosas para refinar a la población y no solo a la corte, limar algunos pequeños aspectos que mejorarían la presencia de los habitantes de la ciudad, cosa que consiguió. Lo primero que hizo fue enseñar a que los andalusíes se cambiaran el estilo de las ropas según la estación, acomodándola a cada tiempo por los colores y por las calidades de los tejidos. Los hispanomusulmanes solían llevar las prendas coloreadas durante el invierno, hasta el día de San Juan, momento en el que se consideraba que comenzaba el verano, y Ziryab propuso que durante el tiempo intermedio entre invierno y verano, en la primavera, se vistieran con *jubbas*, prendas ligeras y de colores alegres, muy apropiadas para este tiempo. Y, si fuera necesario, que las acompañaran de chalecos de materiales ligeros y sin forrar, debido a la proximidad del verano. Propuso que en el estío se usaran telas ligeras y colores blancos preferiblemente, similares a los mantos que usaban las clases bajas. Y al finalizar el verano, durante el otoño, que se vistieran con un *mihshah*, al estilo de los de Persia. Un ropaje de un solo color, con un buen forro, confeccionado con telas gruesas, para cuando las mañanas comenzaban a ser muy frías. En invierno recomendaba que las mejores telas eran las gruesas y rayadas, incluso las pieles si se lo podían permitir, para completar un atuendo apropiado.

Pero proporcionar algo de orden a los vestidos no fue lo único que hizo Ziryab, también introdujo otras modas, y entre todas ellas una peculiar y curiosa: creando la que llamó Casa de Belleza, que pronto se abarrotó de visitantes. Allí enseñó a los cordobeses a depilarse, a utilizar cosméticos y recortarse el cabello a la moda oriental, e impuso la moda de que las mujeres dejaran el cuello al descubierto, costumbre por la que fueron muy criticadas, pero que todas repitieron. Pronto, la Casa de Belleza se convirtió en lugar de reunión, y allí tomaban refrescos variados tanto hombres como mujeres: agua aromatizada con esencia de azahar o rosas, leche y jarabes de membrillo, manzana, granada, limón y horchata... y a veces se acompañaban de dulces: pastelillos de queso y agua de rosas, fritos de almendra, tortas de mantequilla con piñones y nueces —casi como turrón—, o pasteles de avellana y miel.

Ziryab cambió el panorama de la Córdoba del s. IX: enseñó una forma nueva y práctica de vestirse, mostró cómo peinarse y mantenerse agradablemente atractivo. Además, provocó que redescubrieran algunos alimentos, inventó platos y fue el motivo de la inspiración para otros. La riqueza que le proporcionó Abderramán hizo que pudiera permitirse las bagatelas de la vida elegante, y con sus conocimientos artísticos —de los cuales no nos ha llegado ninguna composición concreta—, ha llegado a ser tan conocido como los grandes políticos, como los más ilustres sabios, como los monarcas de su época.

Ziryab nunca volvió a Bagdad. Su patria definitiva y última fue Córdoba, donde murió en 852[71], con sesenta y dos años. Dejó varios hijos, el mayor de los cuales, llamado Abderramán, heredó su talento y gracia y continuó difundiendo su ciencia entre la gente de al-Andalus.

---

71   De Prado, J., 2006, 876.

BIBLIOGRAFÍA

All-Makkari, Ahmed ibn Mohammed, *The History of the Mohammedan Dynasties in Spain, vol. II* (trad., Pascual de Gayangos), Londres, 2002.

Anónimo, *La cocina hispano-magrebí*, manuscrito del s. XIII (trad., Huici Miranda, A.), 2005.

Ben Al-Qutiya, Iftitah al-Andalus, (ed., Sánchez Albornoz, C., La España musulmana), t.I., 1974.

Bolens, L., *La cocina andaluza, un arte de vivir*, Madrid, 1991.

De Prado, J., *Ziryab, Medieval Islamic Civilization* (Mery, J.W., ed.) Nueva York, 2006.

Dozy, R., P., *Historia de los musulmanes de España*, Madrid, 2010.

Eulogio de Córdoba, *Obras completas de San Eulogio* (trad., e intr., Aldana García, M.J.) Córdoba, 1998.

Sánchez Albornoz, C., *La España musulmana*, Madrid, 1974.

Villegas, A., *Saber del Sabor. Manual de Cultura Gastronómica*, Córdoba, 2008.

L. Boilly 1824

La Gourmandise.